民用航空应用型人才培养特色教材

民航飞机电子电气系统与仪表

马文来　术守喜　主编

北京航空航天大学出版社

内容简介

本书系统介绍了民航飞机电气、电子、通信及仪表的基本概念、原理与应用。电气系统部分主要介绍典型飞机的电气系统，飞机的导线、电缆、控制和保险装置等电气电路设备，直流发电机、交流发电机、蓄电池等飞机电源系统，飞机输配电系统、飞机电源并联运行控制及保护、电力传动、电力启动、灯光照明等飞机用电设备；航空仪表部分主要介绍仪表基础知识，如大气数据仪表、姿态仪表、航向仪表、发动机仪表等；电子系统主要包括大气数据系统、姿态系统、航向系统、飞行管理及控制系统、彩色气象雷达、风切变探测及预警系统、空中交通警戒与防撞系统、近地警告系统、增强型近地警告系统等；通信系统部分主要介绍通信的基本概念、无线电传播属性及收发原理、卫星通信系统以及典型飞机机载通信系统。书中每章后附有章节重要知识点及思考题，便于学习使用。

本书可作为高等院校飞行技术、空中交通管理、飞行签派等专业的教材，也可作为民用航空相关专业学生的选修课用书，还可作为航空企事业单位、民航局及其下属管理局相关工作人员、航空爱好者的培训学习资料。

图书在版编目(CIP)数据

民航飞机电子电气系统与仪表 / 马文来，术守喜主编. -- 北京 : 北京航空航天大学出版社，2015.8

ISBN 978-7-5124-1858-5

Ⅰ. ①民… Ⅱ. ①马… ②术… Ⅲ. ①民用飞机—电子系统 ②民用飞机—电气系统 ③民用飞机—飞行仪表 Ⅳ. ①V271

中国版本图书馆 CIP 数据核字(2015)第 176743 号

民航飞机电子电气系统与仪表

马文来　术守喜　主编

责任编辑　梅栾芳

*

北京航空航天大学出版社出版发行

北京市海淀区学院路 37 号(邮编 100191)　http://www.buaapress.com.cn

发行部电话:(010)82317024　传真:(010)82328026

读者信箱: goodtextbook@126.com　邮购电话:(010)82316936

涿州市新华印刷有限公司印装　各地书店经销

*

开本:710×1 000　1/16　印张:22.75　字数:485 千字

2015 年 9 月第 1 版　2020 年 12 月第 7 次印刷　印数:9 501～11 000 册

ISBN 978-7-5124-1858-5　定价:59.00 元

项目支持：

- 国家级专业综合改革试点项目
- 山东省卓越工程师教育培养计划试点专业项目
- 山东省高等学校特色专业建设项目
- 滨州学院航空工程重点学科建设项目

序

近年来，随着我国民航事业的迅猛发展，对专业人才培养质量提出了更高的要求。无论从政治素质、规章意识、责任意识，还是从专业知识、专业素质、技术能力等多个方面，均需要更高的培养标准。反观目前我国民航专业教材，较普遍存在着知识相对陈旧，体系架构不甚合理，呈现形式较为单一，适应性针对性不强，国际化开放性偏低等问题，难以适应我国民航业快速发展的实际情况，从而影响从业人员的培养质量，已成为阻碍我国民航快速发展的不利因素。

滨州学院飞行学院是经教育部、民航局批准的以本科教育为主体的二级学院。2006年，其率先在全国地方普通高校设置了第一个飞行技术本科专业，目前设有飞行技术、飞行安全、民航机务工程、空中交通管理与签派、机场运行与管理5个专业方向。学院始终坚持"服务民航，就业民航"的办学方针，依托国家级专业综合改革试点专业、国家级大学生校外实践教育基地建设项目、山东省特色专业、卓越工程师培养计划以及高等学校人才培养模式创新实验区建设项目，依靠航空工程重点学科建设以及承担的国家级、省部级教科研项目等，全力打造具有民航特色的教学体系，大力培养民航发展所需要的高层次专业技术人才。

在多年教学实践、探索与总结的基础上，为适应我国民航对专业人才的需求，及时反映最新的研究与实践成果，更好地服务于民航专业人才培养，我们组织编写了"民用航空应用型人才培养特色教材"丛书。丛书注重"专业建设融合行业标准，学历教育对接岗位技能"，突出民航行业标准性、规范性、国际性以及民航专业人才高素质、严要求、强技能；注重于对专业建设多年来的探索与实践，汲取专业教师的实际教学经验、成果和大量学生的反馈意见；注重紧密联系民航技术的新发展、新变化，大量吸收和借鉴国内外的研究资料和成果；注重知识结构的基础性、系统性和全面性，内容充实，覆盖面广，力求充分反映当前的民航实际，便于多层次读者的学习需求。

人才培养是民航事业的重要组成部分，也必将随着民航事业的发展而发展。与人才培养密切相关的教材编撰只有不断适应新技术、新要求，着眼当下，放眼未来，才能真正服务于民航专业人才培养。本丛书的编写正是在民航专业人才培养教材建设方面的尝试和探索，试图推广专业教学经验和教学成果，促进民航专业的教学改革，提高民航专业人才培养质量，以更好地服务于我国民航事业的发展。

编委会

2015 年 8 月

前　言

现代民航飞机装备了越来越多的电气、电子、通信系统及仪表设备，已经成为保障飞行安全、提高飞行效益不可或缺的设备，也是提高飞机技术、性能的重要因素，同时，装备的水平也标志着一个国家的民航技术水平。

本书是根据中国民用航空局关于对飞行技术专业的指导性专业规范文件要求，紧密结合飞行技术专业建设标准及专业培养目标，为全面培养高素质民航飞行人才编写的专业教材。

本书的编写源于对飞行技术专业多年的探索与实践，编写过程汲取了任课教师多年的教学经验和成果，参考了诸多国内外航空院校的资料，融合了多年来学生对该课程内容的反馈；紧密联系民航飞机电气电子系统、通信系统及航空仪表等领域的新发展、新变化，大量吸收和借鉴了国内外的研究资料和成果，对现代民航飞机所配备的电气电子系统、通信系统和航空仪表的基本概念、原理与应用进行了较为全面的阐述；同时在结构安排上注重各设备和系统之间的联系与综合，力求内容充实，覆盖面广，充分反映了当前的民航实际，便于学生学习。

为方便组织教学，本书将相关内容进行了分类介绍。第一部分为飞机电气系统的内容(第 1～6 章)，主要包括典型飞机的电气系统、飞机电气电路设备、飞机电源系统及并联运行的控制保护、飞机输配电系统、飞机用电设备；第二部分为电子系统与航空仪表的内容(第 7～12 章)，主要包括大气数据仪表系统、姿态与航向仪表系统、发动机仪表系统、自动飞行及管理系统、雷达系统及其在多方面的应用；第三部分为飞机通信系统(第 13 章)，主要包括通信的基本概念、无线电收发原理、卫星通信系统以及典型飞机通信系统。鉴于民航飞机设备的特殊需要，书中保留了部分英美制单位，未统一为国际标准单位。

本书由马文来和术守喜共同完成。在编写过程中得到了学院领导的大力支持，各位同事也为本书的编写提出了许多建设性的意见和建议，多位毕业学生针对课程和教材提供了诸多有意义的反馈信息，在此表示诚挚的谢意！另外，本书的编写参考了相关研究资料、国外相关专著、国内其他民航院校的相关教材、国家民航局相关规章、航空企事业单位及国外航校的培训教材及行业标准等，在此一并表示感谢！

本书注重科学性、系统性、实用性和前沿性，与其他同类教材相比，各章增加了知识结构及重要知识点内容，有助于自主学习及对本书知识的系统掌握。可以作为高等院校飞行技术、空中交通管理、飞行签派等专业的教材，也可以作为民用航空相关专业学生的选修课用书，还可作为航空企事业单位、民航局及其下属管理局相关工作人员、航空爱好者的培训学习资料。

鉴于编者水平以及时间的紧迫性，书中难免存在错误和不足，恳请广大读者批评指正。

编　者

2015 年 4 月

目　录

第 1 章　飞机电气系统概述

1.1　飞机电气系统基本构成

飞机的电气系统是指飞机的供电系统和用电设备，包括电源系统、输配电系统和用电设备三个部分。早期的飞机用电量很少，主要供给无线电收发机、灯光照明和发动机电力启动使用。现代飞机使用了大量电动机构，加上各种机载设备的用电量，如通信、导航、自动驾驶等，使电气系统成为现代飞机上不可缺少的部分。典型的飞机电气系统如图 1-1 所示。

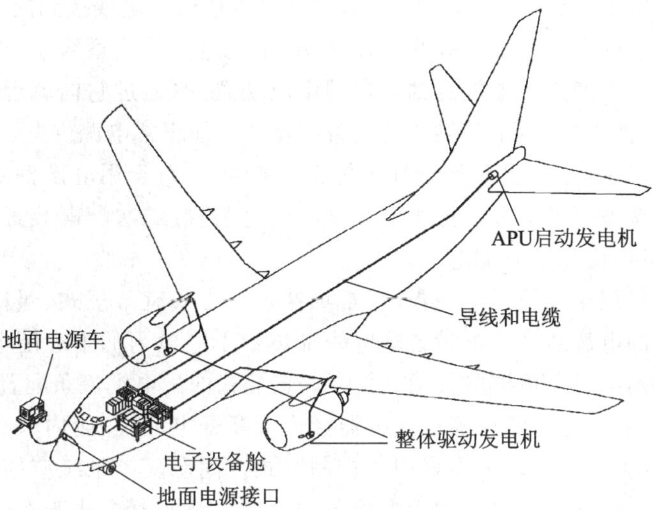

图 1-1　典型飞机电气系统

1.1.1　飞机供电系统

飞机供电系统是飞机上电能产生、调节、控制、变换和传输分配系统的统称，包括从产生电能一直到用电设备端的部分，可以分为飞机电源系统和飞机输配电系统两部分。

1. 飞机电源系统

飞机电源系统是飞机上电能产生、调节、控制和电能变换部分的总称，包含飞机电源及到电源汇流条间的部分。通常，飞机电源系统由主电源、辅助电源、应急电源、二次电源和地面电源及其连接与监控部分组成。

主电源又称一次电源，由航空发动机直接或间接传动的发电机及其变换调节、控制保护设备等构成，飞机正常飞行时能向全机提供足够数量和保证质量的电能，以满足用电设备的需要。辅助电源是飞机发动机未工作时或部分主电源发生故障时向飞机供电的电源，应急电源是主电源故障后向飞机飞行必需的用电设备供电的电源，由于应急电源容量小或储能有限，此时飞机必须就近着陆。二次电源由电能变换器构成，用于将主电源产生的一种形式的电能转变为另外一种或多种形式的电能，以满足不同用电设备的需要。地面电源通过电缆和机身的插座向飞机供电，以供在地面通电检查机上用电设备和启动发动机使用。当飞机停于机场时，最好由机场的地面电源供电。

2. 飞机输配电系统

飞机输配电系统是指从电源汇流条到用电设备端的部分。飞机输配电系统又称为飞机电网，由输电线、配电装置和保护元件等构成。

配电方式有集中式、分散式和混合式三种。集中式配电系统设有中心配电装置，所有电源的电能都送到此配电装置，所有用电设备也通过电线接到配电装置，这种配电方式下飞机上的电源都处于并联工作状态，该配电方式仅适合于小型飞机。分散式配电是将各电源产生的电能送到各自的配电装置，并通过它向就近的用电设备供电，一旦某电源出现故障，由其供电的设备则转由其他正常电源供电。该配电方式简单、可靠。混合配电方式设有多个用电设备汇流条，分布于用电设备附近，称为二次配电装置。所有电源的电能仍然集中在中心配电装置，二次配电装置由中心配电装置供电，这样可以简化中心配电装置。

配电系统可以由飞行员进行控制，常见的控制方式有常规式、遥控式和固态式。常规控制方式的电源线和用电设备输电线都集中于座舱内的中心配电装置，由飞行员控制电源和用电设备电路的接通和关断。遥控式的配电汇流条配置在用电设备附近，飞行员在座舱内通过继电器或接触器接通或断开电路，座舱内只有控制线，没有供电线，现在的大中型飞机大多采用该控制方式。固态配电系统应用微型计算机和分时多路传输总线来控制电源和用电设备的通断。该控制方式既有遥控式的特点，又简化了控制线，减轻了飞行人员的负担，降低了飞机电网的重量，提高了电网的可靠性和易维修性，是先进飞机配电控制方式的发展方向。

飞机电网有很多分类方式。根据电压分类时，分低压和高压(60 V以上)电网两种；根据电流类型分类时，则分为直流电网和交流电网。对交流电网来说，又有单相和三相电网之分；就电网的线制来划分，有单线、双线、三线、四线等。根据电网的用途来划分，又有主电网(即供电网)、配电网、辅助电网和应急电网等。

3. 正常和非正常供电

在飞机的飞行准备、起飞爬升、着陆和停机等各个阶段，要对飞机进行操纵，完成飞行任务所需的工作，若此时供电系统能连续地完成其全部功能性工作，称为飞机正常供电状态。该工作状态中，有用电设备的转换、发动机转速的改变、汇流条的切换和同步、多发电机系统的并联或解除并联等。

供电系统的非正常工作状态是一种意外的短时失控状态，非正常工作状态对供电性能不作要求，但要保证安全。非正常工作状态的发生不可控制，发生的时刻也不可精确预测，但其恢复到正常工作状态是可控制的。例如配电线短路，一旦发生短路，短路电流会迅速增大，电网电压急剧降低，从而可能使电网中其他用电设备无法正常工作，但随后该电路中的保护装置动作，切除了短路，系统又会恢复正常。又如，在非并联运行的多发电系统中，若其中一台发电机发生故障，则该发电机的控制器会将它的励磁电路切断，并将发电机输出的馈电线中的接触器断开，于是由该电机供电的所有用电设备都失去了电能供应，但随后供电系统将这些用电设备转换到正常工作的发电通道，则其又会恢复正常工作状态。

若飞行中飞机主电源已不能提供足够的或符合规定要求的电能，要求使用应急电源的工作状态，称为供电系统的应急工作。由于应急电源容量小，只能向飞行操纵和降落必须的设备供电，且供电时间有限。

由地面电源向飞机电网供电使飞机用电设备工作的状态，称为地面电源工作状态。民航飞机通常采用两台或两台以上的发动机，每台发动机上装一台或两台发电机，以提高主电源的可靠性。为了提高发电和配电系统的可靠性，在一个主发通道故障时，由该通道供电的设备应转接到其他的正常发电通道，以实现主电源的备份。但是，即使是多发动机的飞机，多套主电源在运行过程中仍有可能完全失效，因此应急电源是必需的。

应急电源有两种类型：应急蓄电池和应急发电机。前者因储能有限，属于短期供电应急电源，一般规定应急供电时间为 30 min；后者属于长期供电电源。蓄电池供电时，供电电压将随着供电时间的增加而降低，甚至低至 18～20 V，应急设备必须在该低电压状态下正常工作。

对于国内航线的飞机，应急供电时应到就近或备降机场着陆，且所用通信和着陆仪表设备用电量不大，应急电源容量可略小。对于跨洋飞行的飞机，在到达任一机场前，必须进行长时间飞行，飞机上除有国内航线飞行所需用电设备外，还应有短波通信和无线电测向机等用电设备。用增大蓄电池容量的方法满足应急供电要求是不现实的，宜采用应急发电机。

须特别注意的是，应急电源必须具有独立性，即不依赖于主电源或其他电源而能自行工作。

4. 电源容量的选取

飞机电源系统的容量是指主电源的容量，等于飞机上所有主发电系统的容量之和。直流电源的容量为 kW(千瓦)数量级，交流电源的为 kVA(千伏安)数量级。

发电系统的额定容量是在电源质量指标符合技术要求的情况下可长期连续工作时的最大容量。发电系统的工作状态受到环境因素的影响，地面工作时，只能靠内部风扇冷却，允许输出功率较小；高空飞行时，尽管进气温度降低，但大气密度也同时降低,散热效果将变差;飞机低速飞行时,进风量相对较小;飞机超声速飞行时进气温度会因绝热压缩而急剧升高,也将使发电机最大允许容量降低。变速工作的直流发电机低速时的功率极限受励磁绕组热量的限制,高速时则受摩擦损耗和换向条件的限制。喷油冷却交流发电机的最大允许工作容量受飞行高度及速度的影响较小,但变速交流发电机的低速最大允许工作容量也受励磁过大的限制。

电源系统的容量不仅取决于发电机和变换器(对于 VSCF 电源),还与从电源到电源汇流条的主馈线容量有关,馈电线的容量应等于电源的额定容量。

飞机低压直流发电机的额定容量有 3 kW、6 kW、9 kW、12 kW 和 18 kW 数种。交流电源的额定容量有 15 kVA、20 kVA、30 kVA、40 kVA、60 kVA、90 kVA、120 kVA和 150 kVA 等数种。

飞机交流发电机允许在 150%额定负载状态下工作 2 min,在 200%额定负载状态下工作 5 s。变速恒频(Variable Speed Constant Frequency,VSCF)电源发电通道的过载能力略低。

在多发电机电源系统中,如果一个发电通道出现故障,则不应卸去用电设备,只有在两个或两个以上发电通道故障时才需要卸去次要用电设备。在无负载自动管理的飞机上,卸载工作由飞行员完成,由于飞行员操作的滞后,往往易导致电源过载。所以,2 min 的过载要求是为了满足电源故障时人工监控负载的需要和短时工作用电设备的需要;5 s 过载要求则是为了满足电动机启动和配电电路导线接地短路故障排除的需要。

飞机电源的容量取决于用电设备的用电量大小,如果电源还负有启动航空发动机的责任,则还应满足启动的需求。飞机用电设备取决于飞机的类型及其任务,大型飞机的用电设备比小飞机多得多,而旅客机的设备又与货运机有较大差异。同一飞机在不同飞行阶段所使用的用电设备也不同,航前和航后一般由地面电源或辅助电源供电。由图 1-2 可见,飞机在起飞与爬升时的用电量最大,因此电源的总容量应按最大用电量选取。

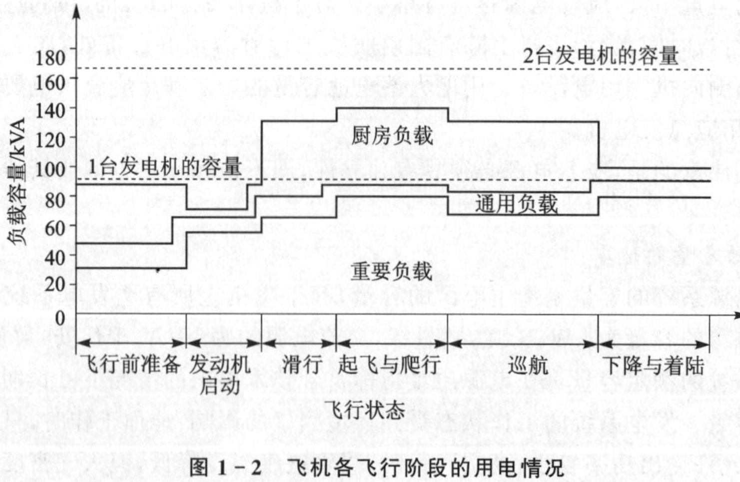

图 1-2 飞机各飞行阶段的用电情况

1.1.2　飞机用电设备

飞机用电设备是指飞机上所有需要全部或部分用电驱动或者需用电工作的设备。飞机用电设备按用途可以分为电力传动设备、加热和防冰负载、航空电子设备和照明设备四大类。

(1) 电力传动设备

根据飞机上某些工作机构的需要，电力传动设备采用电动机或电磁铁作为动力。以电动机为动力的传动设备称为电力传动机构(简称电动机构)，如襟/缝翼、舵面、力臂调节、起落架收放装置以及驱动油泵、阀门、空调风扇等的电动机等，包括直流电动机构和交流异步电动机构。用电磁铁作为动力的传动设备，称为电磁传动装置(又称电磁活门等)。电力传动设备功率约占总负载的30％。

(2) 加热和防冰负载

此类负载在大型运输机上占到总负载的40％左右。这类负载对电能类型和质量无特殊要求，可以采用直流电、变/恒频交流电供电。

(3) 航空电子设备

航空电子设备对电能质量要求较高，需要恒频交流电供电，容量约占20％。

(4) 照明设备

照明设备对电能质量无要求，直流电、变/恒频交流电都可供电，约占8％。

飞机用电设备按其重要性或者供电余度的要求不同，可分为飞行关键设备、飞行重要设备和通用设备三大类。

(1) 飞行关键设备

飞行关键设备是确保飞机安全返航或就近降落(包括维持可操纵飞行)所必需的最低限度的用电设备，如仪表、飞行控制系统、仪表着陆系统和通信电台等。一旦它们供电中断，将威胁飞机和机上人员的安全，为此，必须将其配置在重要负载汇流条上。正常供电期间由主电源供电，当主电源失效时，应能自动或人工转为应急电源供电。

(2) 飞行重要设备

飞行重要设备是完成飞行任务所必需的设备，如民航飞机中的座舱增压和空调设备等。在飞机应急供电时，为确保关键负载得到供电，将视故障严重程度的不同来切除部分乃至全部飞行重要设备。

(3) 通用设备

通用设备对供电要求最低，如座舱照明和厨房炊具等，即使其不能正常工作，也不危及飞行安全，故当主电源发生局部故障而提供的功率有限时，为确保对关键负载和重要负载的供电，根据故障的严重程度，应首先切除部分乃至全部通用设备。

根据飞机用电设备的重要性，飞机供电系统对不同的设备采用不同的供电余度，如图1-3所示。

(1) 关键设备:一般接在备用汇流条或重要汇流条上,如发动机和飞机操纵控制、导航设备、起落架收放和舱门启闭设备、灭火设备等。一般要求四余度供电,即两套独立的主电源、一套备用电源、一套应急电源。如应急电源是蓄电池,则要求蓄电池必须处于充满电的状态,以便在应急时有足够的电能储备。

(2) 重要设备:如座舱环境控制系统、防/除冰设备等。一般要求三余度供电,即两套主电源及一套备用电源。

(3) 通用设备:如客舱一般照明设备、旅客娱乐设备、厨房设备等。一般接在通用汇流条、厨房汇流条或卸载汇流条上,由主电源供电,是单发飞行及启动主发时的首先卸载对象。

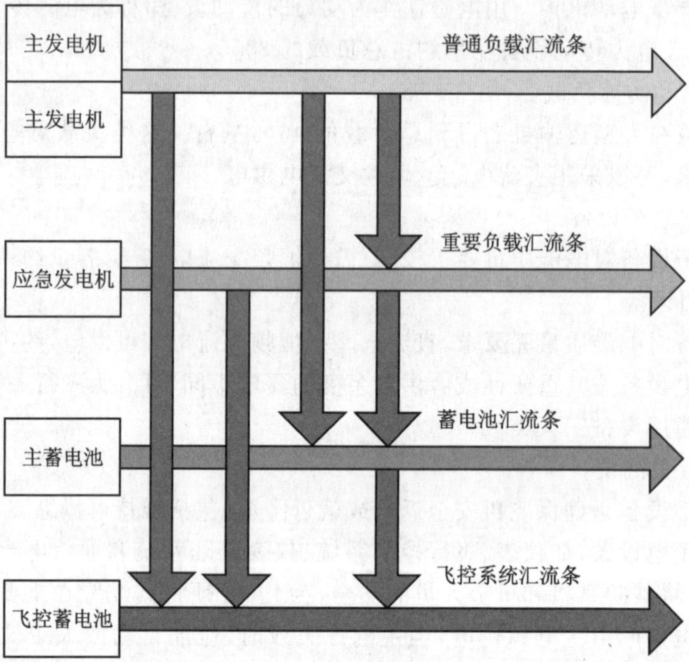

图 1-3　飞机供电余度

飞机上的用电设备种类很多,对供电的要求也各不相同,下面就用电设备对电能质量的要求进行简单讨论。

(1) 用电设备的供电频率

有的飞机用电设备必须使用直流电,有的必须使用交流电,有的则二者均可使用。有的在使用交流电时必须使用恒频交流电,有的也可以使用变频交流电。直流电磁铁、接触器和继电器、直流电动机只能使用直流电;集成电路、微机芯片不仅要求提供直流电,而且要求直流电压较稳定;变压器、磁放大器和交流电动机只能供交流电,通常希望提供频率较稳定的交流电;白炽灯和电加温设备既可供给交流电,也可供给直流电,它们对交流电的频率也没有要求,可由变频交流电源供电。

(2) 用电设备的启动特性

白炽灯点亮前后的灯丝电阻相差数十倍，故接通电源时的电流要比正常工作时的电流大得多，但因灯丝的热惯性很小，故一般不计其初始接通电源的过程。电动机则不同，它的启动电流大，启动时间长，有明显的启动过程。若飞机供电系统发生故障，导致供电短暂中断，电路中的电动机将停转。一旦恢复供电，这些电动机将同时启动，会给电网带来很大冲击。实际上，任何用电设备都有一个从启动到稳态的工作过程，但多数设备的这个过程都较短，故一般可忽略不计。

(3) 用电设备的输入电压特性

不同用电设备的工作电压是不同的。集成电路、计算机芯片的工作电压为±15 V和±5 V，并可以进一步减小；飞机用白炽灯的工作电压有很多种，一般功率越小工作电压越低；雷达发射机的功率管工作电压则达数千伏。多数交流电动机的额定电压为115/200 V。直流电动机的额定电压为28.5 V或270 V。电源电压变化范围对用电设备的影响很大。供电电压的变化有两种——稳态电压变化和瞬态电压变化。稳态电压不稳定是由于飞机使用过程中工作环境变化、发电机转速或负载大小变化所造成的，是一种缓慢的变化。瞬态电压变化是由供电系统突加或突卸负荷、电源或汇流条切换系统故障引起的短时电压变化，集成电路、微机芯片、电子元件等对电压稳态和瞬态变化敏感，电压变化过大会导致其永久性损坏。

(4) 用电设备对供电系统的影响

用电设备运行的数量和功率、用电设备的加入与退出都直接影响到供电系统的工作，对供电电压大小、频率、电压波形和供电系统的发热、机械应力、电应力等都有影响。

用电设备的性质不同，影响程度也不同。对于线性负载，总的影响较小；但是在三相系统中，三相负载配置的不对称，会导致三相电压的不平衡，并使三相电机损耗加大。电动机是一种特殊用电设备，它的启动特性和稳态运行特性差别较大。直接启动时，启动电流很大且有较低的功率因数，对电网电压、电流和频率都有影响。直流电机的特性和工作状态与供电电压直接相关，当电压大于电动势时，为电动机工作状态，当电压约等于电动势时，电机空载工作，基本上不吸取电源功率；当电压小于电动势时，为发电机工作状态，电机向电网提供功率，即储存于电机内的机械能向电能转化。故大型电动机在电网突然短路、电网电压降低时，将工作于发电机状态，也会向短路点输送电流。

电子设备的增多，会使交流供电系统的波形发生畸变。因为电子设备内部电源首先会将输入的400 Hz交流电通过二极管整流电路整流成直流电，经电容滤波后送稳压电路，整流滤波电路是一种典型的非线性电路会使交流电源输入电流中出现高次谐波，该高次谐波在电源内阻抗上产生高次电压降，从而使电源电压波形畸变，损耗加大，并对电网上其他用电设备产生不良影响。通信电台发射机、雷达和电子对抗设备发射机往往属于脉冲工作负载，发射期间功率消耗很大，从而使供电电源长期处于瞬变状态，使得供电质量降低。

供电系统具有正常、非正常和应急工作三种状态。在供电系统正常时,除非特别规定,一般用电设备应具有满足设计要求的全部技术性能。在电源或汇流条转换出现供电中断时,对用电设备的性能不作要求,但恢复供电后,设备性能应全部恢复。在供电系统非正常期间,除非另有规定,一般对设备性能不作要求,但必须保证安全,一旦供电恢复正常,用电设备也应全部恢复其特性。应急供电时,由于应急电源的电气特性一般具有主电源的特性,应急状态工作的电气设备必须在该条件下仍具有规定的特性,并保证安全可靠。

1.2 飞机电源系统的发展

1.2.1 发展趋势

整体来看,飞机电源系统的发展趋势为安装容量不断增长和交流电的广泛使用。以中国民航的几种典型机型为例,飞机主电源的安装容量如图 1-4 所示。由图 1-4 可见,早期中小型飞机的机载电源以直流为主,电源容量最小的运-5 型飞机只有一台 3 kW 的直流发电机。中型涡轮螺旋桨飞机上,则出现了交、直流发电机共有的情况,如运-7、安-24 和伊尔-18 等飞机。大型喷气式运输机则完全以交流电源取代了直流电源的主电源地位,且容量大大增加。波音 747 飞机装有四台 90 kVA 的交流发电机,电源总安装容量高达 360 kVA。大型飞机以交流电源为主,直流电源只占总容量的 5%～10%,一般用变压整流器以二次电源的形式提供。

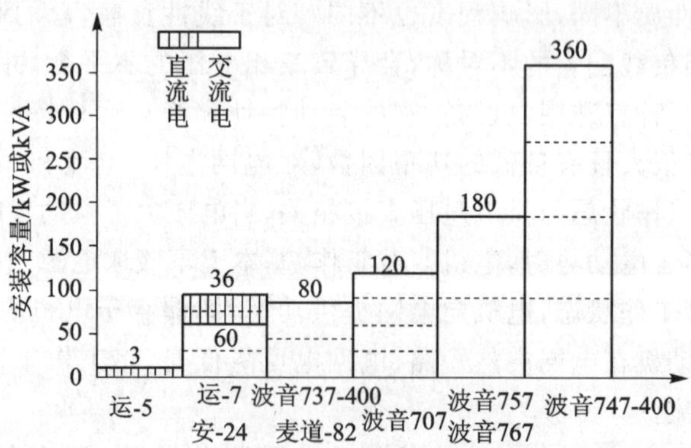

图 1-4 飞机电源容量的发展

1.2.2 典型发展阶段

不同文献对于飞机电源系统的发展有不同的分类叙述方法,此处按照飞机动力装置的发展情况,分成活塞式飞机、涡轮螺旋桨飞机和喷气式飞机三个阶段,分别说明电源系统的发展概况。

1. 活塞式飞机的电源概况

早期飞机都是活塞式发动机，中国民航使用过的机型有安-2、运-5、立-2、伊尔-14及C-46等。这些飞机均采用28 V的低压直流电源系统，电源容量只有几千瓦到十几千瓦，并以蓄电池作为应急电源，少量负载用的交流电源则由旋转变流机提供。这种低压直流电源系统也一直沿用至今。

在这些飞机的直流电源系统中，发动机通过减速器直接驱动直流发电机而产生直流电源。电压调节器最初为振动式，以后发展为炭片式，电源系统的控制方式多采用借助继电器和接触器进行人工控制。

2. 涡轮螺旋桨飞机的电源概况

随着航空事业的发展，涡轮螺旋桨飞机使飞机的升限和航程都增大，对电源容量的需求也随之增加。自20世纪50年代以来，在一些飞机上逐渐采用了交流电源系统，因而出现了在涡轮螺旋桨飞机上交流与直流电源并存的情况。我国民航使用的伊尔-1、安-12、安-24、运-7、肖特-360和ERJ-145等机型都属于该类型。

这些飞机仍保留有28 V的低压直流电源系统，同时还配备有由交流发电机供电的交流电源系统。如伊尔-IS飞机除了装有8台12 kW的直流发电机外，还装有4台8 kVA的交流发电机。

在这一阶段的交流电源系统中，一般采用有刷交流发电机及分散式的供电方式。电压的调节一般采用交流磁炭式(磁放大器和炭片调压器)电压调节器，其控制方式仍多为继电器与接触器组成的人工控制电路。

3. 喷气式飞机的电源概况

现代大型喷气运输机也随着科学技术的进步而不断发展。其动力装置由涡轮喷气发动机、涡轮风扇发动机发展为高涵道比的涡轮风扇发动机，大大节约了燃油，电源系统也随着其发展而日趋完善。

目前，喷气式飞机的电源系统均以交流电作为主电源。在较早的涡轮喷气飞机波音707、三叉戟、图-154及波音737-200等飞机上，均采用由恒速传动装置驱动的无刷交流发电机发电，电源总容量为80～120 kVA，波音707等少数飞机上仍采用磁放大器调压。20世纪60年代以后，晶体管调压器在飞机上得到了广泛应用，控制电路则在继电器的基础上增加了晶体管元件，自动化程度得到提高。到波音737-300和以后的波音757、波音767飞机上，恒速传动装置与交流发电机合为一体，成为所谓的整体驱动发电机(Integrated Drive Generator，IDG)，集成电路和电子计算机在飞机上得到广泛应用，昔日的指示仪表大多以数字显示代替，而且一些主要机件都具备了自检功能。在这些飞机上，单台发电机的容量已经发展到90 kVA，在波音787、空客A380等新型的飞机上，电源系统的控制和保护几乎全部实现了自动化。

1.3 先进飞机的电气系统

随着科技的进步，飞机电源系统也越来越先进。资料表明，B737-800与B737-300相比，驾驶舱的仪表板采用了大尺寸显示器，增加了航空电子设备，改进了座舱的内饰，使乘客感到更加宽敞和舒适。以上改进对于飞机电气系统而言，就是使驾驶舱和客舱用电量大幅度增加，主发电机的功率由2×60 kVA增加到2×90 kVA。与此同时，APU. G(辅助动力装置发电机)发电容量也从40 kVA增加到90 kVA。

20世纪70年代，航空界出现了全电飞机(All-Electric-Aircraft，AEA)的概念。飞机上存在液压能、气压能等多种形式的二次能源(飞机发动机动能经转换得到的能源)，以电能取代液压能、气压能等其他形式的二次能源能够提高飞机的可靠性、可维护性及经济性，提高飞机的总体性能。全电飞机的发展不是一蹴而就的，多电飞机(More-Electric-Aircraft，MEA)就是向全电飞机发展过程中的一个过渡阶段。多电飞机指的是用电力系统部分取代一定二级能源的飞机。多电技术的关键是大功率发电机和大功率电动机及相应控制系统和保护系统的发展。航空技术的发展带来飞机用电量的快速增加，要求飞机供电系统的容量也相应增加。随着电力电子技术、计算机技术的发展，飞机供电系统的电压等级从28 V低压直流向115 V/400 Hz恒频交流、270 V高压直流、115 V变频交流和230 V变频交流的方向发展。

多电飞机是未来飞机发展的方向之一，随着波音787和空客A380等飞机项目的开展，多电飞机目前已成为现实。MEA的特征是具有大容量的供电系统，广泛采用电力作动技术，飞机质量相对较轻，具有可靠性高、维修性好、营运成本低等优势。

1.3.1 空客A380多电飞机

A380飞机是典型的多电商用飞机，其完全按多电飞机电力系统来设计，总的发电功率是915 kVA。其中，由发动机驱动4台150 kVA的变频交流发电系统，发电容量共600 kVA，频率在360～800 Hz之间；由辅助动力装置(Auxiliary Power Unit，APU)驱动两台120 kVA恒速发电机，发电容量共240 kVA；一个空气冲压涡轮系统驱动一个75 kVA发电系统。A380飞机大部分的作动装置采用电力作动，使飞机的设计更为简单，地面保障设备减少，飞机性能大大提高。

1.3.2 波音787多电飞机

波音787飞机也是典型的多电商用飞机，与A380飞机相比，波音787飞机更接近全电飞机。它完全按多电飞机设计，总发电功率是1 450 kVA。波音787飞机的电源系统与以往的波音飞机相比有着很大的区别，飞机上的电源来自4个安装在发动机上的230 V/250 kW变频交流发电机和2个安装在辅助动力装置上的230 V/225 kW变频交流发电机，变频系统取代了传统的恒频系统，频率在360～800 Hz之间；一个空气冲压涡轮系统驱动一个 10 kVA 交流发电系统。主电源经过变频、整流、变压分配后形成飞机的 4 种电源模式，即传统的 115 V 交流、28 V 直流和新的 230 V 交流、270 V 直流。其中 230 V 交流和 270 V 直流电源主要用于以往由气源系统驱动的系统部件。波音 787 飞机采用以太网路提供驾驶舱及各部分的信息通信；采用无需放气的涡轮风扇发动机，减少各类热空气管道，取消了传统的气源系统，而以电力系统代替。这样的设计优化了飞机能源的使用，提高了发动机的效率。由于取消了气源系统的各个部件，如活门、管道等，因此大大降低了飞机的重量，系统的可靠性得到显著提高，飞机的维修成本也得到有效降低。

1.3.3 F35 战斗机

F35 战斗机是典型的多电飞机，技术更加先进，能携带更大的高能武器。它完全按多电飞机来设计，总发电功率为 250 kW。F35 战斗机采用固态配电技术，对飞机的电力系统进行了优化设计，一次配电和二次配电系统采用集中控制，飞机电源系统可靠性大为提高，整机重量大大减轻，飞机性能更为优越，是典型的第二代多电飞机。F35 的综合机载机电系统主要包括热/能量管理系统、启动/发电系统和电静液作动器系统等，并由飞机管理系统控制，从而使机载机电系统在布局、能量利用和信息共享控制上实现了最优化，使得该飞机更接近于全电飞机。

1.3.4 飞机电气系统的发展趋势

目前，世界上航空工业发达的国家都在积极研制先进的飞机电气系统，主要包括以下几方面的工作。

1. 大力发展变速恒频交流电源和高压直流电源

随着科学技术的进步，新型电磁材料、电力电子器件、大规模集成电路、微型计算机等技术迅猛发展，为飞机电源的进一步发展提供了丰厚的物质基础。例如：由于电力电子器件和集成电路的发展，恒速恒频交流电源发展为变速恒频交流电源。由发动机直接驱动的交流发电机产生变频交流电，经过交-直-交或交-交变频器将变频交流电变换为恒频交流电，这就是变速恒频交流电源。变频器主要由电力电子器件构成，它取代了恒速恒频交流电源中的恒速传动装置，克服了后者的严重缺点，是恒频交流电源发展中的重要进步。

目前国内外都在研制变速恒频交流电源。1972 年美国第一套变速恒频电源装备于 A－4 飞机上试飞。此后，F－18、F－5G 等飞机也装备了变速恒频交流电源。我国也在积极研制该型电源。发展变速恒频系统主要应解决体积、重量和可靠性等问题。解决这些问题的主要途径包括：研制高速发电机，目前国外达到的水平为 15 000～30 000 r/min；研制高性能的电力电子器件，包括改进性能，减小体积重量，增大功率，增加可靠性等；新一代集成电路的应用和高温电子组件的生产等。

飞机电源的另一个重要发展方向是采用额定电压为 270 V 的高压直流电源。高压无刷直流发电机有两大类:电磁式和永磁式。电磁式无刷直流发电机是无刷交流发电机与二极管整流桥的组合,调压方便,制造技术成熟,保护装置比较简单。由于具有较大磁力的新型永磁材料(钴、钐钴、钕铁硼)的出现,使制造大功率的永磁式直流发电机成为可能。永磁式直流发电机没有励磁绕组,没有电刷与滑环,转子结构简单,工作可靠,效率极高。永磁式发电机的主要缺点是不能用调节激磁电流的方法来调节电压,也不能用灭磁的方法来消除过电压故障和短路故障。

由于变速恒频电源系统供电质量高,维护性好,重量方面也可与恒速恒频交流电源抗衡,且继承性好,因而近期将大量使用。但限于供电体制,系统重量仍较大,不易实现不中断供电,不适应机电操作系统和全电飞机的发展,因此其可能只是一种过渡系统。高压直流电源系统结构简单,可靠性高,维护性好,容易实现不中断供电,能以最低的全周期费用提供高质量的电能,适应机电操作系统和全电飞机的发展,因而它将成为未来先进的飞机电源系统最优先选用的方案。

2. 积极研制固态配电系统

固态配电系统是指将微处理机技术和集成电路技术运用于配电系统。固态器件与多路传输技术应用于供电系统,改变了常规的飞机电网开关电器必须安装于飞行员附近并且用手动控制的方式,可由计算机终端自动控制。这样,常规布局电网中所有的控制线均可由总线取代,可进一步减轻电网重量,提高可靠性。通过固态电气逻辑和多路传输技术实现的负载自动管理系统,又称为电气负载管理中心,能使配电系统具有自适应处理功能,可大大提高飞机的性能,减轻飞行员的负担。

3. 系统的综合化

飞机上的系统越来越多,大量信息被多个系统共享,因而机载系统综合化是必然的发展趋势,例如正在研制的航空电子设备综合化系统、综合火力/飞行控制系统、电气综合控制系统等,机载电子系统的综合化方案将直接影响到飞机电气系统的组成和布局。

本章重要知识点

(1) 飞机的电气系统包括电源系统、输配电系统和用电设备三个部分。

(2) 飞机供电系统是飞机上电能产生、调节、控制、变换和传输分配系统的统称,包括从电能产生一直到用电设备端的部分,可以分为飞机电源系统和飞机输配电系统两部分。

(3) 飞机电源系统是飞机上电能产生、调节、控制和电能变换部分的总称,包含飞机电源及到电源汇流条间的部分。通常,飞机电源系统由主电源、辅助电源、应急电源、二次电源和地面电源及其联接与监控部分组成。

(4) 飞机输配电系统是指从电源汇流条到用电设备端的部分。飞机输配电系统又称为飞机电网,由输电线、配电装置和保护元件等构成。配电方式有集中式、分散式和混合式三种。配电系统可以由飞行员进行控制,常见的控制方式有常规式、遥控式和固态式。

(5) 应急电源有两种类型：应急蓄电池和应急发电机。应急电源必须具有独立性。

(6) 飞机电源系统的容量是指主电源的容量，等于飞机上所有的主发电系统的容量之和。直流电源的容量为kW(千瓦)数量级，交流的为kVA(千伏安)数量级。

(7) 飞机用电设备按用途可以分为电力传动设备、加热和防冰负载、航空电子设备和照明设备四大类。

(8) 飞机用电设备按其重要性或者供电余度的要求不同可分为飞行关键设备、飞行重要设备和通用设备三大类。

(9) 早期中小型飞机的机载电源以直流为主，大型喷气式运输机则完全以交流电源取代了直流电源的主电源地位，而且其容量大大增加。

(10) 全电飞机(All-Electric-Aircraft，AEA)指的是以电能取代液压能、气压能等其他形式的二次能源的飞机，而多电飞机(More-Electric-Aircraft，MEA)则是向全电飞机发展过程中的一个过渡产品。

思考题

1. 简述飞机电源系统的组成和功能。
2. 什么是飞机的正常与非正常供电？
3. 飞机用电设备有哪几种分类？
4. 飞机电气系统的发展趋势是什么？

第2章 飞机电气电路设备

2.1 飞机导线和电缆

2.1.1 飞机导线

飞机导线是飞机电网的主要组成部分，承担着传递电气信号及传输电能的重要任务。为了减小电阻及便于焊接，飞机上的导线通常采用浸锡、镀镍或者镀银的铜线作为线芯，外面包有绝缘层。也有的飞机导线采用铝线制成，使用铝线的目的是为了减轻飞机重量，减少发动机的耗油量，从而提高经济效益。铝线在电阻较小或短时间使用的电路中具有一定的优势，如应用在发动机的启动电路中，则有接头不易处理的问题。

飞机上的导线根据适用电压的不同分为低压导线和高压导线两种，主要区别在于绝缘层厚度不同，如图 2-1 所示。低压导线的绝缘层较薄，主要是塑料，保护部分是涂油的棉织套或尼龙套；高压导线的绝缘层较厚，早期飞机一般采用硫化橡胶，现在多采用耐高温塑料，如聚四氟乙烯等。

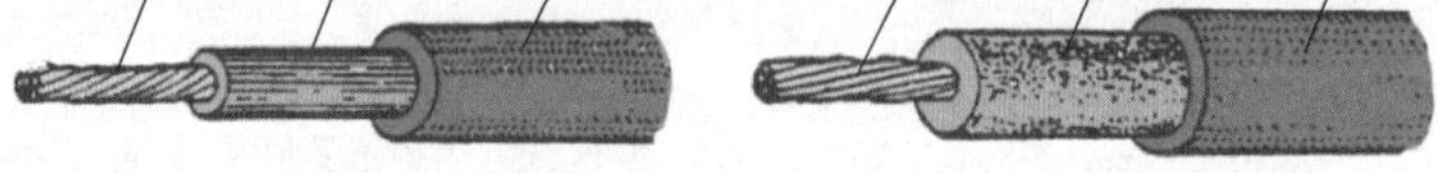

(a) 低压导线 (b) 高压导线

图 2-1 飞机导线

飞机导线的型别主要由外包的绝缘材料决定，由于导线的镀层及使用的绝缘材料不同，导线的耐用性和适用温度范围也不相同。一般而言，镀锌的额定工作温度为 135 ℃，镀银为 200 ℃，镀镍为 260 ℃。在选用导线或电缆时，要考虑到其温度适用等级和绝缘等级，普通区域绝缘材料（温度＜135 ℃）一般由 PVC、尼龙或其他塑料材料组成；高温区域绝缘材料（温度＞250 ℃）一般为带玻璃纤维的聚四氟乙烯材料。在民用航空器的某些重要飞机系统（如导航系统）内都采用耐高温和耐磨的导线。

飞机导线的直径是通过电流密度计算的，电流密度指的是单位面积内通过电流的大小。电流密度过小，则导线重量过大，不够经济；电流密度过大，则导线的阻抗会增加，同时发热量增大。另外，考虑到交流电的集肤效应，飞机上的导线大多采用多股芯线代替单股芯线。在选择导线时，导线的尺寸必须满足当有电流流过时不会产生过大的电压降，并且不过热。

飞机上的导线标准主要采用以下美国标准：

(1) MIL－W－5086、7072、7139、16878、25038；

(2) MIL－C7078；

(3) BMS13－XX；

(4) F/W48/111/2－20。

以 MIL－W－7139 导线为例：

- 工作电压：600 V；
- 环境温度范围：－60～250 ℃。

以 BMS13－48 Type12 Class1 为例：

- 工作电压：600 V；
- 环境温度范围：－65～250 ℃。

为了便于使用和维护，在飞机的所有系统中，每根导线和单芯电缆都有标记，如图 2－2 所示。按照不同的标准，标记也各不相同，这些标记是厂家用特殊的打印机打在导线和电缆上面的，打印的颜色主要取决于导线的颜色。此外，导线的颜色也可作为区分系统的标记，如三线电源的 A 相用红色，B 相用黄色，C 相用蓝色，中线用黑色。

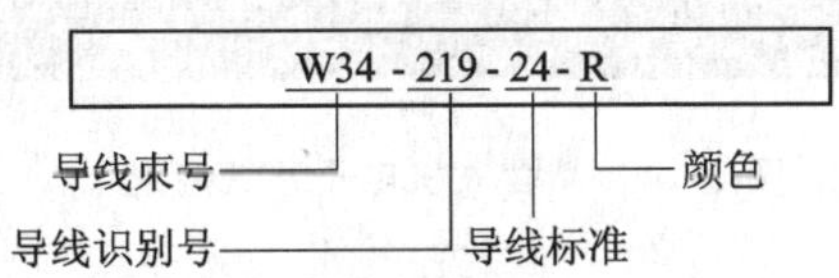

图 2－2　一种导线标记

2.1.2　飞机电缆

为了在飞机上合理布置导线，便于维护，飞机导线一般成束有规则地安装在飞机上，这种成束的导线称为电缆。

根据飞机电气系统的不同要求，如可靠性、电磁干扰等，有的飞机电缆外部带有屏蔽层，有的则不带，如图 2－3 所示。有的电缆甚至直接是由一束导线捆扎而成，如电子系统的电缆等，如图 2－4 所示。

由于捆扎导线构成的电缆尺寸受到限制，如一个线束含有 75 根导线或其直径为 2 in(英寸)[①]时是可用的。无论从机械还是电学的观点来看，所有的导线在外观上都要求安装得完整和整齐。除了同轴电缆要求尽可能直以外，导线和线束应该平行铺放，在桁条或翼肋区域应成直角。

---

①“in”为非标准计量单位，1 in＝25.4 mm。

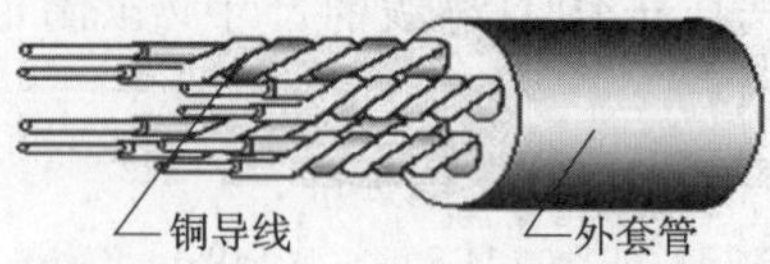

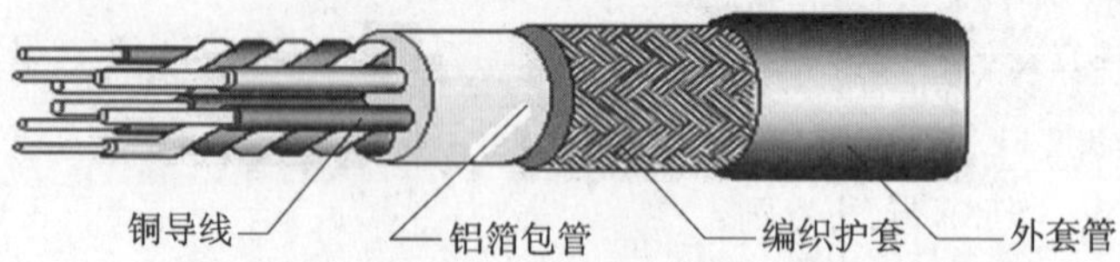

图 2-3　飞机电缆

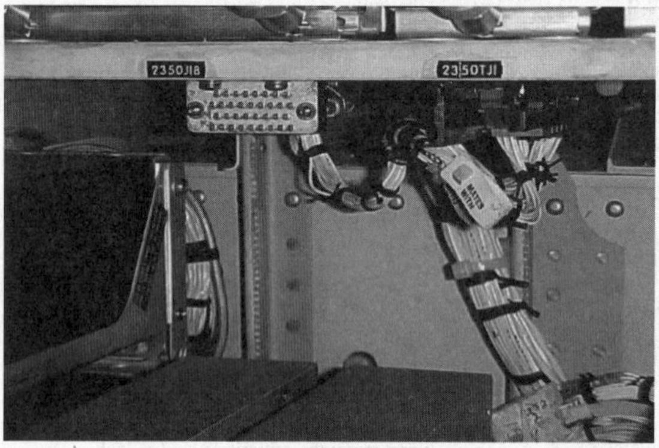

图 2-4　某型飞机电子系统电缆

2.1.3　连接装置

飞机上的电缆和导线要通过连接装置连接起来才能形成完整的飞机电气系统，这些连接装置根据要求不同分为较永久性的连接装置和按照维修计划需要拆卸的连接装置两大类。

1. 压　接

较永久性的连接装置主要有钎焊和压接两种方式。其中，压接是飞机导线连接的最主要方式，能够提供端子和导线之间低成本、高品质的连接。压接是通过专用工具的操作，利用压力将不同的端子与相对应的导线连接而成。图 2-5 为部分专用压接工具及连接端子。

与钎焊相比，压接可以自动化完成，保证良好的导电率和较低的电压降，连接强度大并且消除了钎焊的焊药污染及虚焊问题。

2. 接线钉和插销

接线钉和插销属于需要拆卸的连接装置。接线钉可以是螺钉或螺栓，可以将导线连接在其他导体上。插销又称为电连接器、插接件或插头插座，属于方便拆卸的连

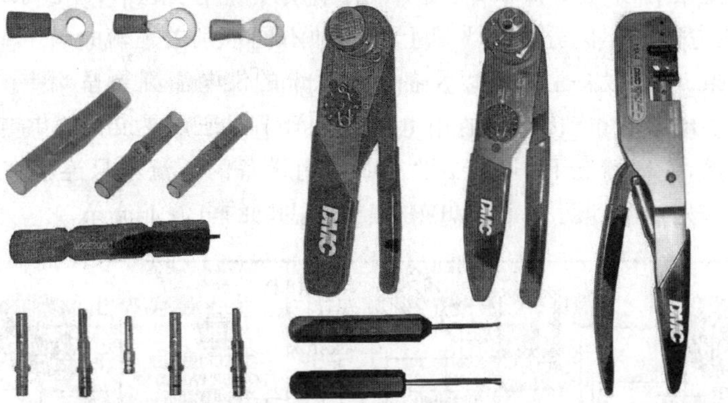

图 2-5　部分连接端子及专用工具

接装置，应用较多。航空插销的常见类型如图 2-6 所示。

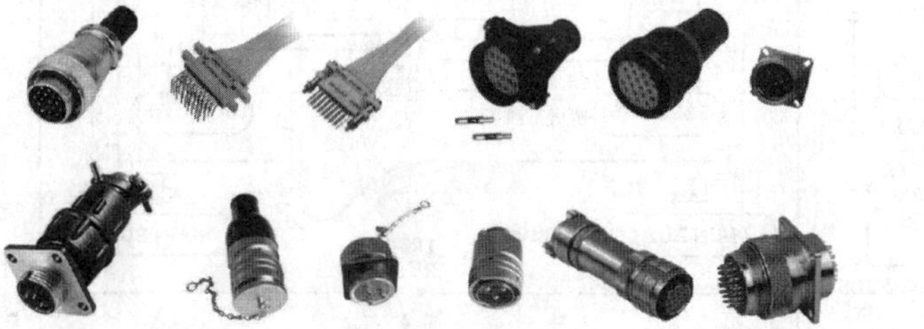

图 2-6　常见的航空插销

飞机上的插头插座种类较多，构造大同小异，都由壳体、绝缘体、接触体三大基本单元组成，插头插座可以分合，通过接触体即内部插针和插孔导电。飞机上用的插头插座要求带有定位槽和连接帽，以保证连接的正确性及稳固性，满足航空工作的需求。图 2-7 为一种典型的插销分解图。

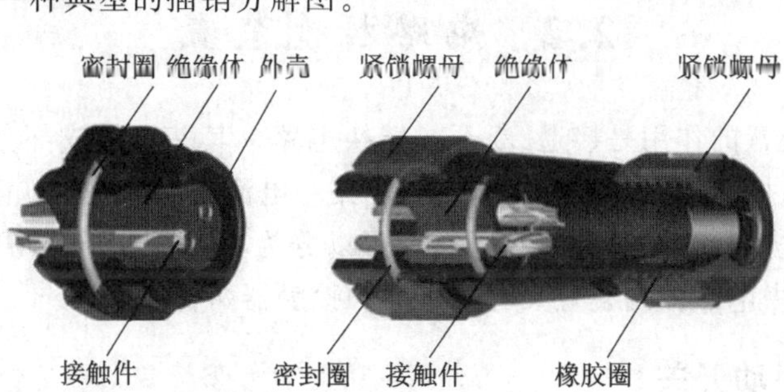

图 2-7　插销分解图

3. 汇流条

汇流条又称为接线条或配电条，实际上是一根低电阻的导体，通常是镀银的铜条或铜棒。汇流条可以将多根导线通过螺栓、接线片等连接起来，进行系统地输入和输出连接，完成电能的不同分配。飞机上有各种不同级别的汇流条，主要有主汇流条、蓄电池汇流条、电子设备汇流条以及各个分系统的供电汇流条等，不同的汇流条分属于不同的子供电系统，连接不同的用电设备。为了保证重要设备的供电，汇流条可以根据需要切除，一般情况下，非重要设备或通用设备的汇流条只连接在主发电机上，电源故障时首先切除。图 2-8 为 B737-800 飞机的电源汇流条。

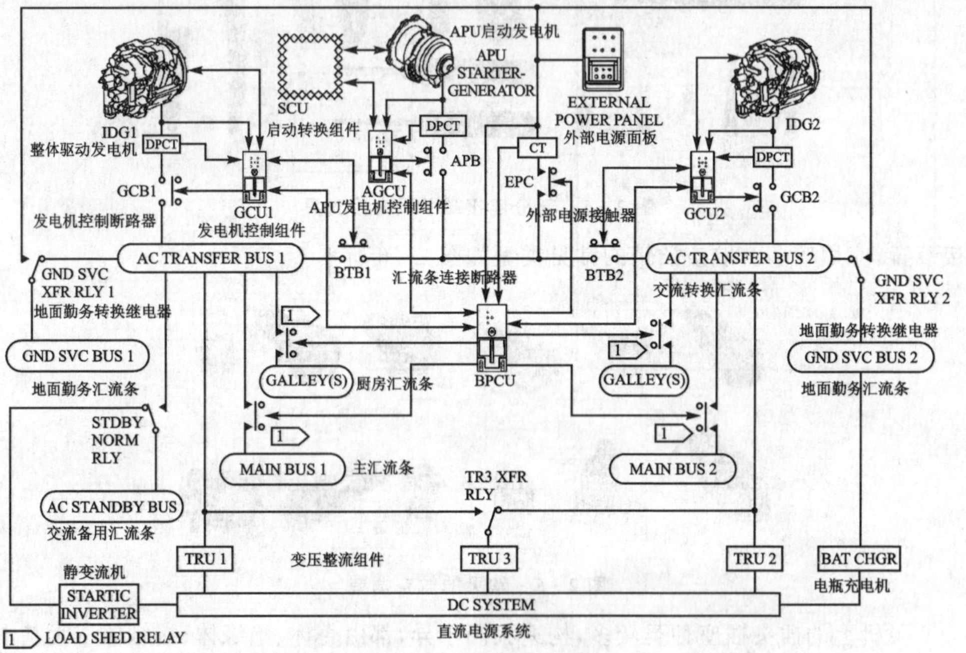

图 2-8　B737-800 飞机汇流条

2.2　电路控制装置

电路控制装置的作用是接通、断开或转换电路。其基本组成部分都是活动触点和固定触点，通过触点的断开与闭合，实现电路中电流通断的控制。电路控制装置又称为开关电器，按照活动触点的触发方式，可以分为手动开关、机械开关及电磁控制装置三大类，其中电磁控制装置又有继电器和接触器两种类型。

2.2.1　手动开关

手动开关是通过人工操作实现电路通断及转换的开关，一般应用在较小电流(35 A 以下)的电路中，包括各种扳动开关、按钮开关、旋钮开关等。

1. 扳动开关

扳动开关是直接由操作人员通过手动扳动开关手柄来实现电路接通、断开及电路转换的手动电路控制装置，具有一定的断流容量及承载能力。常用的扳动开关有拨动开关、联动开关、限动开关和保护开关等。

(1) 拨动开关

由于构造的不同，拨动开关实现的电路通断功能也各不相同，开关的操作位置有两位或三位。有的拨动开关只能实现一个电路的开通和断开，有的可以在断开一个电路的同时接通另一个电路，有的则能实现多路转换。图 2-9 为常见的拨动开关。

(2) 联动开关

联动开关能够实现多个电路的联合控制，常见的联动开关如图 2-10 所示。

(a) 内部结构　(b) 外　形

图 2-9　拨动开关

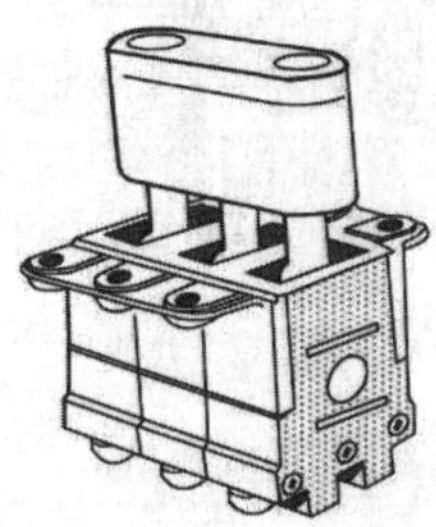

图 2-10　联动开关

(3) 限动开关

顾名思义，限动开关为限定动作的开关，能够防止误操作，对电路的开合起限定和保护作用。如图 2-11 所示的限动开关，开关 1、开关 2 和开关 3 在同一时刻只能有一个闭合。

(4) 保护开关

保护开关在开关外部设有保护套，对开关能起到一定的保护作用，防止误操作。图 2-12 为 种常见的保护开关。

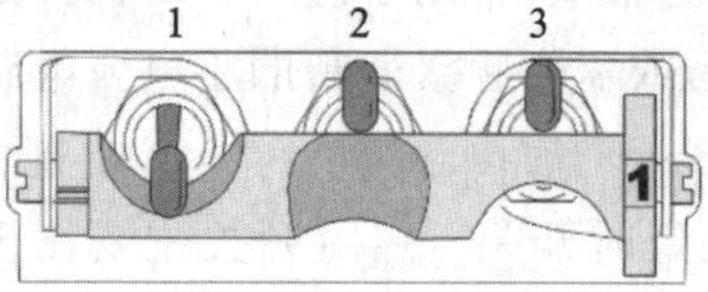

图 2-11　限动开关

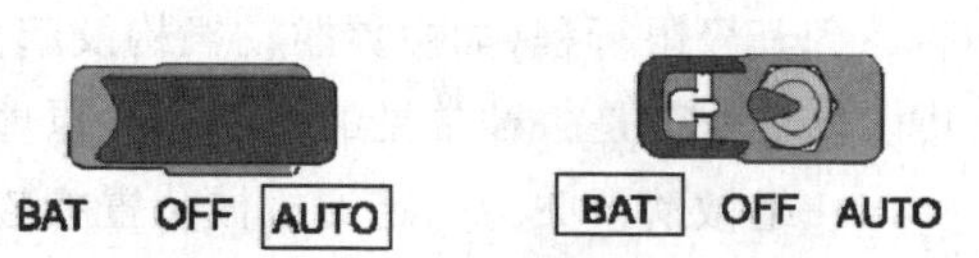

图 2-12　保护开关

2. 按钮开关

按钮开关是以按钮为传动装置的开关。结构上，按钮开关一般都具有插棒、弹簧和触点。工作方式大致有三种：按下工作，松开复位；按下自锁，再按下复位；按下一次，电路转换一次。由于工作方式不同，按钮开关的结构也不相同，有单级、双级、多级等多种形式，外形也有圆形、方形、多边形等，并涂有不同的颜色。图 2-13 是常见的按钮开关内部结构及外形。

3. 旋钮开关

旋钮开关主要应用在指示面板上，通过改变箭头的位置改变电路的选择。一般情况下，旋钮开关会与变阻器结合使用，用于通断电路的同时调节电流，如用于飞机仪表板及照明灯光的亮度调节、音量大小调节等。常见旋钮开关的外形如图 2-14 所示。

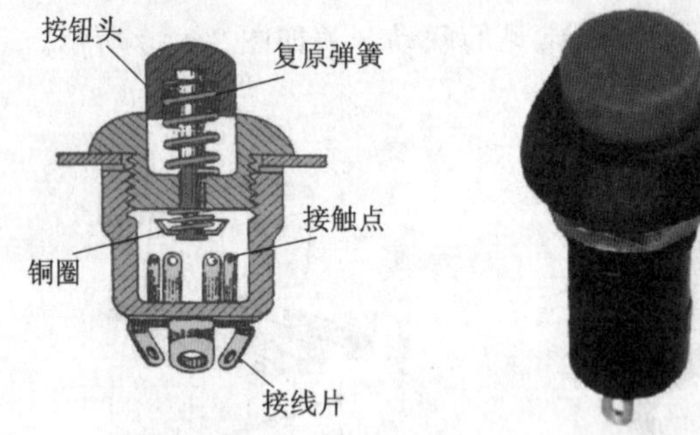

(a) 内部结构　(b) 外　形

图 2-13　按钮开关

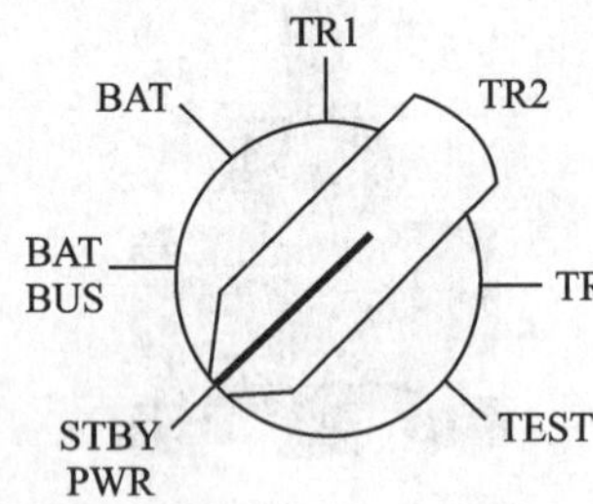

图 2-14　旋钮开关

2.2.2 机械开关

机械开关是靠机械外力来实现电路通断的一类飞机电路控制装置。机械开关通常用在由机械力自动控制触点开通和断开的电路中。机械开关的种类很多，下面介绍两种：微动开关和接近开关。

1. 微动开关

微动开关动作迅速，性能可靠，精度高，寿命长，是飞机电气系统广泛应用的一类开关。所谓的微动，指的是开关触点开通和闭合的行程很短，常用于感测一个器件是否达到其极限行程（如襟翼驱动机构及起落架机构等）或需要频繁通断的小电流电路中。图 2-15 是一种常见的微动开关原理图。

一组微动开关与一定的机械装置相连，可以构成定时开关。定时开关主要用于控制用电设备在预定时间内按照一定顺序可控地工作。图 2-16 是一种定时开关的结构。

2. 接近开关

接近开关没有固定触点和活动触点，因此又称为无触点行程开关。它能监测被测物体与开关的距离，当被测物体与开关接近到一定距离时，就能触发开关电路，实

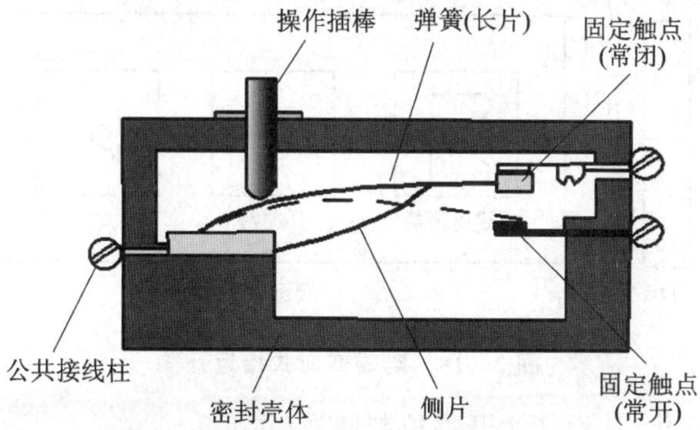

图 2-15　微动开关

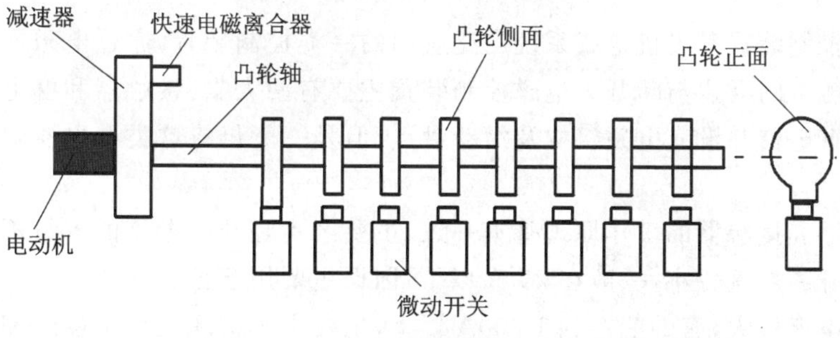

图 2-16　定时开关

现电路的通断。由于接近开关没有触点，因此安装方便，反应迅速，定位准确，寿命长，并且没有机械碰触。缺点是触点容量较小，输出短路时易烧毁。接近开关目前广泛应用于行程控制、自动计数及各种安全保护等方面，如用于飞机舱门的安全关闭检测等电路中。某种接近开关的外形如图 2-17 所示。

图 2-17　某种接近开关

接近开关是利用传感器与被测物体之间的相互能量变化来获取信号的，根据传感器的不同，接近开关可以分为电磁感应式、光电式、电容式、霍尔式、红外式等多种类型。下面以电磁感应式接近开关为例介绍一下接近开关的工作原理。

如图 2-18 所示，当金属目标靠近接近开关时，其内部会产生涡流，从而导致振荡衰减，甚至停振。振荡器振荡及停振的变化被后级放大电路处理并转换成开关信号，触发驱动控制器件，从而达到非接触实现开关的目的。目标离传感器越近，线圈内的阻尼就越大；阻尼越大，传感器振荡器的电流越小，开关驱动量就越大。

其他类型的接近开关也是通过测量物体靠近时开关内部产生的电气信号变化将信号放大，以控制电路的接通和断开。如电容式接近开关，当物体接近开关时会引起

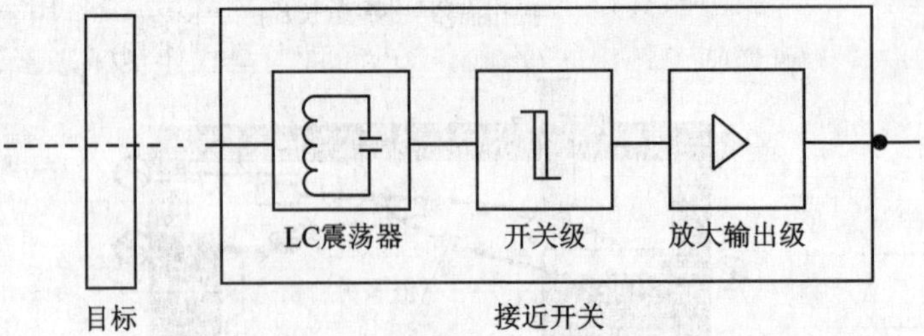

图 2-18 电磁感应式接近开关

开关内部电容的变化,从而产生开关控制信号。

2.2.3 电磁控制装置

电磁控制装置是飞机电气系统广泛应用的一类控制装置,通过电磁铁产生磁力实现开关触点的吸合与断开。电磁控制装置主要有两大类:接触器和继电器。虽然目前某些继电器并没有电磁机构及活动触点,但是一般仍将这类继电器归于电磁控制装置。

继电器和接触器的工作原理基本一致,主要区别是开断电流的容量不同。继电器控制的开断电流较小,一般在 25 A 以下,因而主要用于控制普通电路。接触器控制的开断电流较大,有的能达到 1 000A 以上,主要用于实现远距离接通和断开大电流电路。

1. 继电器

继电器是具有隔离功能的自动开关元件,能够自动和远距离地操纵开关器件。它实际上是用小电流去控制大电流工作的一种“自动开关”,故在电路中起着自动调节、安全保护、转换电路等作用,较早在飞机上得到了广泛应用,如电源、空调、起落架、燃油、照明、飞行操纵等都需要用到继电器。继电器的种类很多,下面分别介绍电磁继电器、极化继电器、固态继电器和混合继电器。

(1) 电磁继电器

电磁继电器一般由铁心、线圈、衔铁、触点簧片等组成,如图 2-19 所示。只要在线圈两端加上一定的电压,线圈中就会流过一定的电流,从而产生电磁效应,衔铁就会在电磁力吸引的作用下克服返回弹簧的拉力而吸向铁心,从而带动衔铁的活动触点与常断触点吸合,使主电路接通。当线圈断电后,电磁铁的吸力也随之消失,衔铁就会在弹簧恢复的作用下返回原来位置,使活动触点与常断触点断开,主电路断开。这样通过电磁铁的吸合和断开就实现了主电路开通和关断的目的。对于继电器的“常通”、“常断”触点,可以这样来区分:继电器线圈未通电时处于断开状态的触点,称为“常断触点”,处于接通状态的触点称为“常通触点”。飞机上应用的电磁继电器多为直流继电器,即控制电流为直流电。

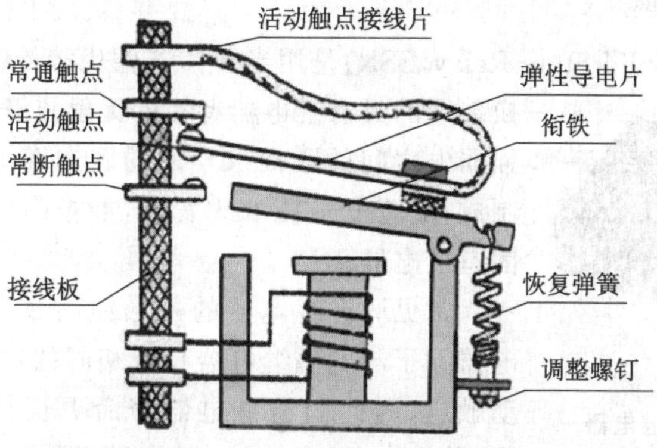

图 2-19　电磁继电器

(2) 极化继电器

极化继电器是一种特殊形式的电磁继电器，与电磁继电器的主要区别是能够反映输入信号的极性。极化继电器具有两个工作磁通：一个是永久磁铁产生的极化磁通 Φ_m，另一个是由电磁铁工作线圈产生的工作磁通 Φ_g。工作磁通的大小和方向取决于输入信号的大小和方向。

通过线圈的电流方向不同，衔铁的动作方向也不同，因而极化继电器具有方向性，可以应用在需要反映输入极性的场合，如应用在运-7 飞机上的反流继电器等。由于两个磁通的共同作用，其灵敏度较高，动作迅速，但是切换容量相对较小，体积也较大。下面简要介绍一种极化继电器的工作原理。

当线圈不通电时，衔铁理论上应该处于中立位置。但是实际上，这个位置是极不稳定的，受到外界干扰时就会出现偏移，如向左偏移。向左偏移后，由于永久磁铁的吸力，活动触点就会与固定触点吸合。向右偏移也类似。

如图 2-20 所示，按电流方向通电后，根据右手定则，左端为 N 极。同性相斥，活动触点就会往右运动，并与右边的固定触点吸合。如果需要与左侧固定触点吸合，只需要施加相反的电流即可。

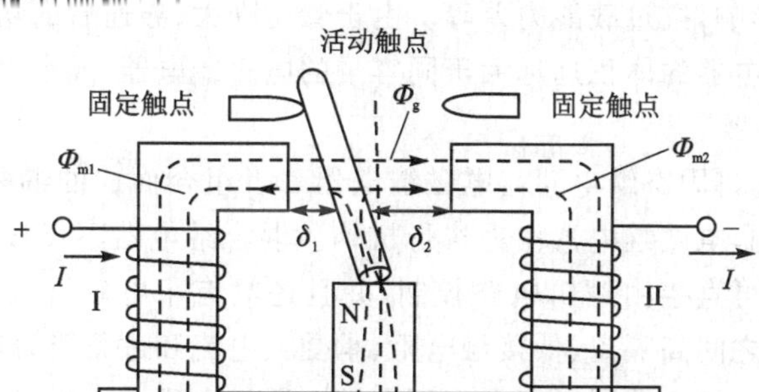

图 2-20　一种极化继电器

(3) 固态继电器

固态继电器(Solid State Relay,SSR)是用半导体器件代替传统机械触点作为切换装置的具有继电器特性的无触点开关器件,能够实现强弱电之间的隔离。早期的固态继电器多用分立元件制成,随着电子技术的发展,如今已广泛使用集成化的固态继电器。

图 2-21　固态继电器

常见固态继电器的外形如图 2-21 所示。固态继电器除了与电磁继电器具有相同的功能外,由于没有活动触点,因此固态继电器寿命更长。其优点还有体积小,灵敏度高,耐振动,工作时无噪声,并且能方便地与 TTL、COMS 等电子线路相兼容等。固态继电器的种类很多,下面简要介绍一种光电耦合固态继电器的工作原理。

如图 2-22 所示,光电耦合固态继电器是一种四端口器件,两个端口为输入端,中间为光电隔离环节,另外两个端口为输出端。信号输入后,经触发电路使发光二极管发光,发光二极管发光后触发光敏三极管,使光敏三极管导通,控制固态转换器件(大功率三极管、场效应管等)产生开关信号,实现主电路的控制。

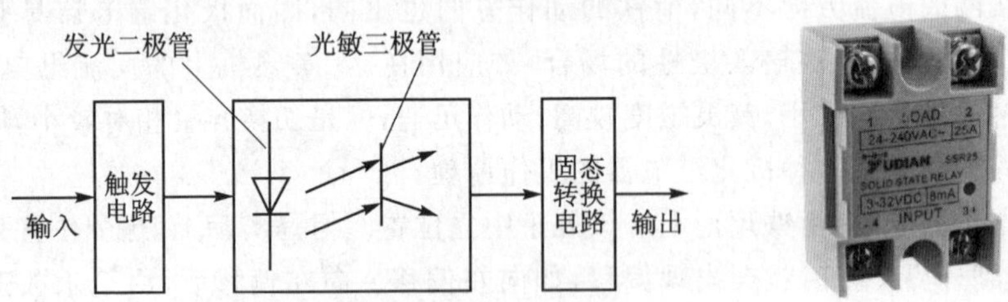

(a) 原理框图　　(b) 外　观

图 2-22　光电耦合固态继电器

固态继电器也有一些缺点,如导通后的管压降大,不能实现良好的电气隔离,易受温度和辐射的影响,抗过载能力差等。由于管压降大,导通后的功耗和发热量也较大,同功率固态继电器的体积远远大于同容量的电磁继电器,成本也较高。

(4) 混合继电器

混合继电器是将固态继电器与电磁继电器二者组合而成的继电器,利用固态继电器作为反应机构,电磁继电器作为执行机构。混合继电器不仅极大地提高了继电器的灵敏度,使它可直接由逻辑电路控制,并且还具有了电磁继电器的某些固有特点,如输入与输出之间高隔离、低接触电阻、承受大电流和过载能力增强、易实现多组转换等。当然,混合继电器同时也具有固态继电器和电磁继电器二者的缺点,如固态继电器易受温度和辐射影响,电磁继电器的动作慢、触点污染等。混合继电器的原理框图如图 2-23 所示。

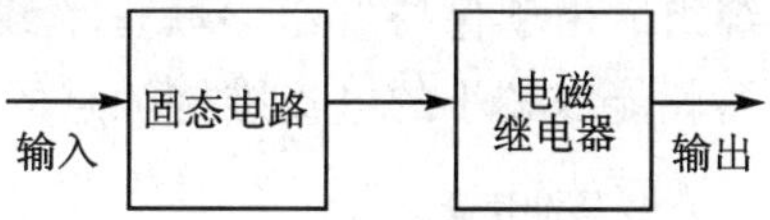

图 2-23　混合继电器原理框图

2. 接触器

接触器的主要作用是远距离地接通、断开和转换交、直流主电路或大容量控制电路。它可以安装在飞机的任何位置，飞行员通过驾驶舱内的控制开关控制接触器线圈电路，产生电磁力，间接控制大电流的接通和断开。

接触器与继电器的原理基本一致，其种类较多。图 2-24 为接触器的常见分类。

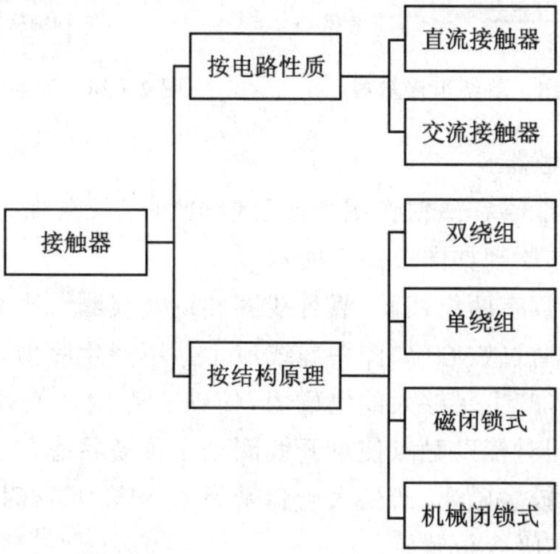

图 2-24　接触器分类

(1) 单绕组接触器

单绕组接触器只有一个工作绕组，工作原理如图 2-25 所示。

线圈未通电时，活动铁心在返回弹簧的作用下带动活动触点与固定触点分开，此时主电路断开。线圈通电后，电磁铁产生的磁力大于返回弹簧的弹力，使活动触点和固定触点相接触，主电路接通。当线圈断电以后，在返回弹簧的作用下，活动铁心将回位，主电路再次断开。

(2) 双绕组接触器

双绕组接触器与单绕组接触器相比，最大的区别是具有两个绕组：吸合绕组和保持绕组，分别起吸合和保持的作用，其工作原理如图 2-26 所示。

线圈通电后，保持绕组被短接，此时只有吸合绕组工作。吸合绕组导线粗，电阻小，因此电流大，能产生较大的电磁吸力，可将触点接通，从而接通主电路。当触点接通以后，辅助接触点会在铁心的作用下被顶开，这时，保持绕组不再处于短路状态，电流将通过吸合绕组和保持绕组。由于保持绕组串联进了线圈,因此线圈的电阻会增大,电流会减小,这时接触器就能以较小的电流维持触点的接通状态。

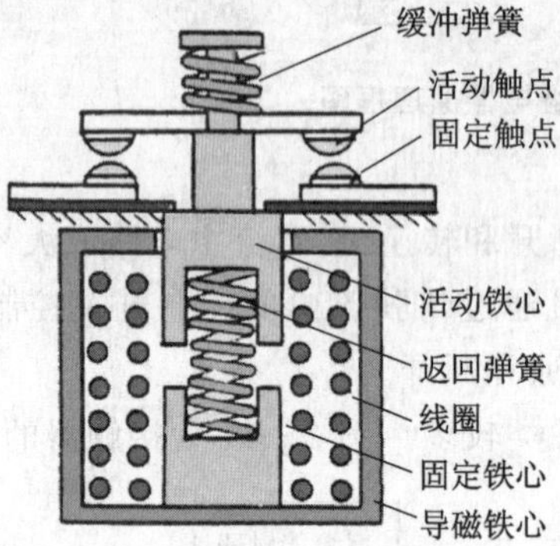

图 2-25　单绕组接触器

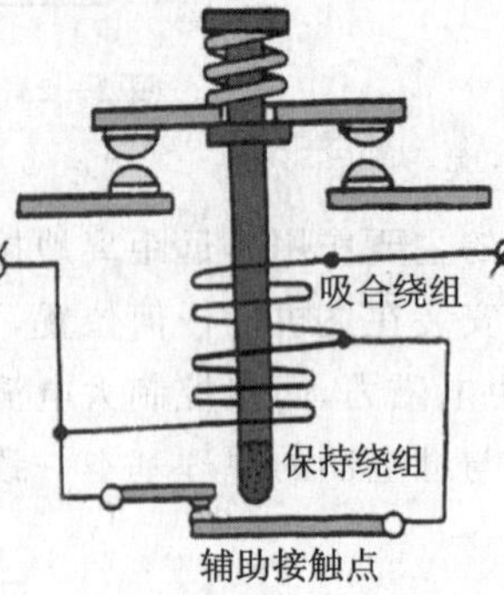

图 2-26　双绕组接触器

(3) 磁闭锁式接触器

磁闭锁式接触器能够在磁铁作用下使已吸合触点长久保持吸合状态,以节约电能,减少损耗。其工作原理如图 2-27 所示。

磁闭锁式接触器具有两组线圈:吸合线圈和跳开线圈。当线圈都不通电时,永久磁铁的磁通只有部分通过铁心(如图中虚线所示),不产生吸力,铁心不动作。吸合线圈通电后,线圈磁通将产生足够大的电磁力,使铁心克服弹簧弹力向下运动,主电路的三对触点将吸合,同时辅助触点使跳开线圈处于预备状态。主电路吸合以后,永久磁铁将会在铁心通过较多磁通,产生大于弹簧弹力的吸力,这时不论吸合线圈是否通电,接触器都将保持在吸合位置。

当跳开线圈通电后,铁心内将产生与永久磁铁相反的磁通,产生的电磁力与弹簧的弹力共同作用使接触器触点迅速断开,同时吸合线圈处于预备状态,为下一次工作做好准备。

(4) 机械闭锁式接触器

机械闭锁式接触器通过机械自锁的方式实现吸合线圈断电后保持接触器的状态。其工作可靠性高,长时间工作时不需用电,因而在飞机上应用较广泛。机械闭锁式接触器有两个线圈——吸合线圈和脱扣线圈,通过两个线圈的不同作用实现触点的吸合与断开,其工作原理如图 2-28 所示。

当吸合线圈通电后,将产生足够的电磁力带动活动铁心克服弹簧弹力向下运动,触点闭合以后,活动铁心会被脱扣线圈的活动铁心锁住,吸合线圈断开,同时使脱扣线圈接通,做好准备。这时如果脱扣线圈不通电,接触器将一直处于吸合状态。

当脱扣线圈通电后,脱扣线圈将产生足够的电磁力带动活动铁心克服弹簧弹力向右运动。此时闭锁解除,吸合线圈活动铁心将在弹簧的作用下向上运动,断开触点,同时接通吸合线圈电路,为下一次工作做好准备。

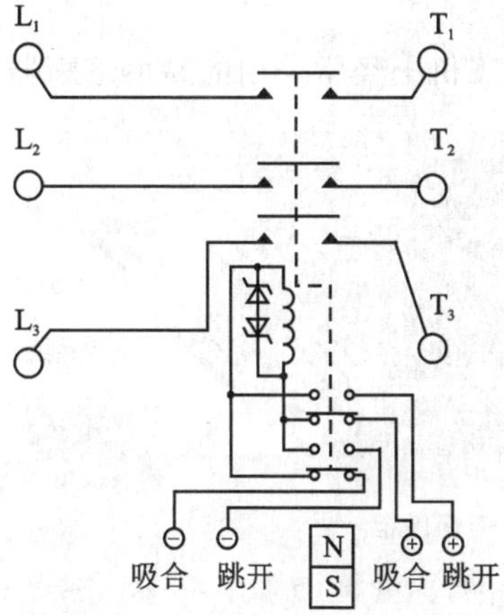

图 2－27　磁闭锁式接触器

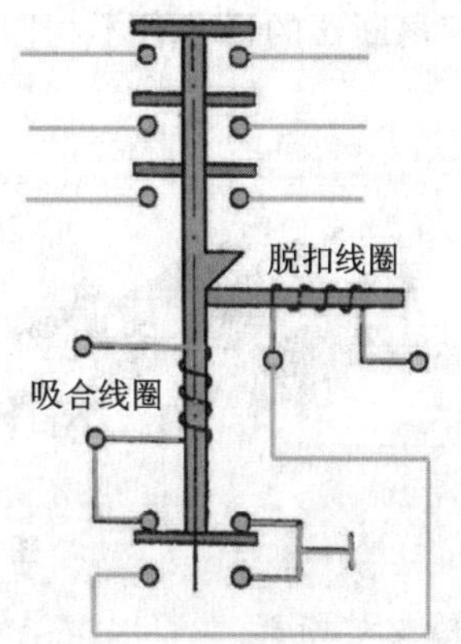

图 2－28　机械闭锁式接触器

2.3　电路保险装置

飞机上用电设备很多，导线较长，多数飞机又以金属机体作为公共地线，如果飞机上的电气设备使用不当或者由于振动、摩擦等原因，可能使导线及电缆的绝缘层出现破损，容易造成短路。另外，飞机上的各电气设备工作不正常时，可能会出现长时间过载，导致发热量增大，烧坏导线和电气设备，造成供电中断，甚至引起火灾等严重事故。所以飞机上的输电线路需要增加保护装置，当出现短路或过载时可将不正常工作的电气设备从系统中切除，从而保证飞机电气系统的正常工作。

飞机上的电路保护装置主要有两大类：熔断器及断路器。

2.3.1　熔断器

熔断器又称为保险丝、熔丝，其主要构成元件是特定熔点的金属丝。将熔断器串联在电路中，当电路过载或短路达到熔断器熔点时，熔断器会过热熔断，从而切断电路，起到保护电气系统的作用。熔断器一般只能一次性使用，但其结构简单，价格低廉，因此在飞机上得到了广泛的应用。按照熔断器熔断性质的不同，飞机熔断器分为易熔、难熔和惯性三大类。

1. 易熔熔断器

易熔熔断器常用铜、银、锌、铅、锡等金属材料制成。热惯性较低，主要起过载保护作用，额定电流一般为 0.15～50 A。飞机上的易熔熔断器一般将熔丝装在玻璃管内，玻璃管两头有金属插脚插入专用的熔断器座内，如图 2－29 所示。为了适应电子计算机、微电子设备的发展需要，现在已经出现了微电流（如

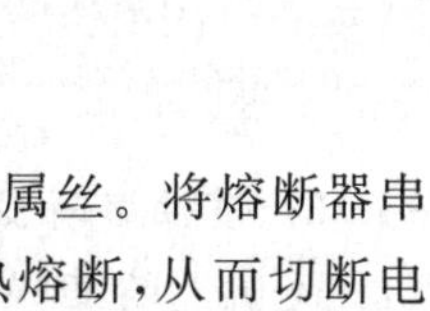

图 2－29　易熔熔断器

2 mA)规格的小型熔断器。

易熔熔断器的形状各不相同,图 2-30 为飞机上经常采用的易熔熔断器。

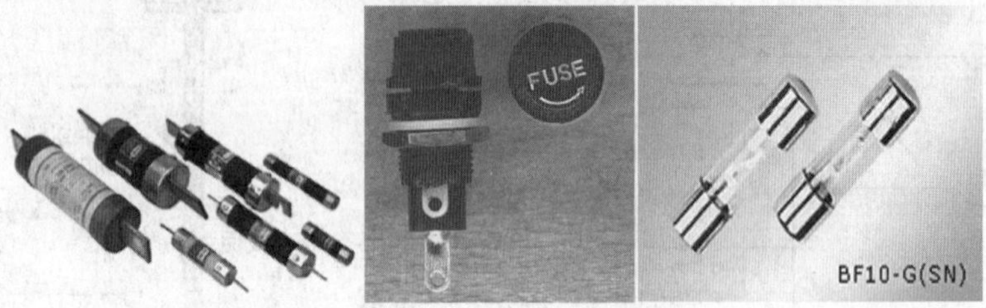

图 2-30　常见易熔熔断器

2. 难熔熔断器

难熔熔断器一般采用难熔金属片作为熔断片,如在铜片上挂上薄层锡。由于锡的熔点比铜低,当发热达到锡的熔点时,锡会熔化并渗入到铜片中去,形成类似的铜锡合金,其熔点比铜要低一些。熔断片周围包有石棉水泥,可以吸收熔断片的部分热量,增加熔断片的热惯性,使熔断片断开时产生的电弧迅速熄灭。

难熔熔断器对小电流不敏感,常用于大电流线路中,起短路保护作用,如飞机电源系统的短路保护,额定电流一般为 200～900 A,典型型号有 NB-100、NB-200 及 NB-300 等。飞机上常用难熔熔断器的外观如图 2-31 所示。

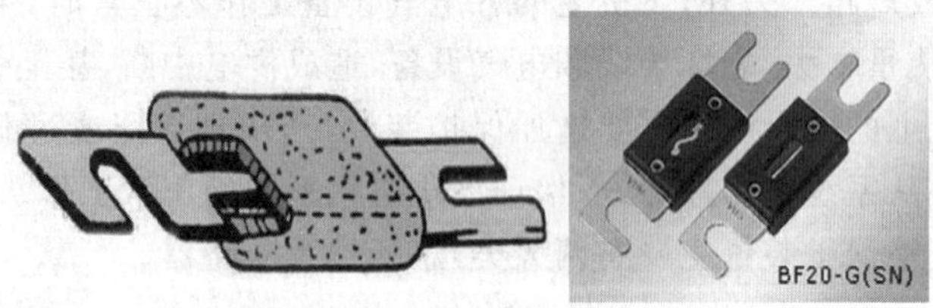

图 2-31　难熔熔断器

3. 惯性熔断器

飞机上的某些电气设备存在着短时过载的情况。如电动机在启动的时候电流很大,而正常运行的时候电流则相对较小。如果采用易熔熔断器保护,则电动机无法完成正常启动;如果采用难熔熔断器保护,那么电动机虽然能够正常启动,但是如果电动机长时间过载就无法得到保护。这时就需要一种熔断器,它既能够承受短时间的过载,又能提供短路保护,这种熔断器称为惯性熔断器。惯性熔断器的结构如图 2-32 所示。

惯性熔断器在结构上主要包含两大部分:短路保护部分和过载保护部分。起短路保护作用的主要是黄铜熔片,周围被起灭弧作用的石膏粉包围着。黄铜熔片的熔断电流比额定电流大得多,在短路或过载电流特别大时将会熔断。起过载保护作用的主要是低温焊料,它将两个 U 形铜片焊接在一起,过载持续一段时间后会熔断。

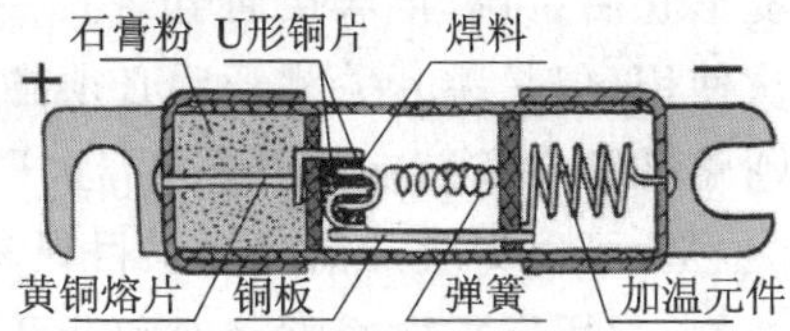

图 2-32　惯性熔断器

当惯性熔断器通过电流时，黄铜熔片和低温焊料都会被加热。当通过过载电流时，由于黄铜熔片的熔断电流较大，所以不会熔断。低温焊料同惯性较大的铜板焊接在一起，需要经过一段时间才会熔化，弹簧片将 U 形铜片拉开，电路被切断。当通过短路电流时，温度超过黄铜熔片的熔点，黄铜熔片会迅速熔断，切断电路。同样，由于低温焊料的热惯性较大，短路时其亦不会熔断，而黄铜熔片将超过熔断电流迅速熔断，起到短路保护的作用。惯性熔断器常用在有启动性能要求的电路中，如电动机启动电路中，其额定电流一般为 5～250 A。

2.3.2　断路器

断路器又叫自动保险电门或自动保护开关，其主要原理是利用双金属片热元件发热产生形变，在短路和长时间过载时自动切断电路，起到保护作用。断路器能够将电路保护和普通开关的作用合二为一，可以多次使用，因此在飞机上被大量使用，以取代熔断器。

断路器的种类很多，一般可以分为扳动式和按压式两种。如国产的 ZKC 型和 ZKP 型断路器都属于扳动式断路器。按压式断路器具有按钮开关和熔断器的双重作用，又被称为跳开关，其原理如图 2-33 所示。

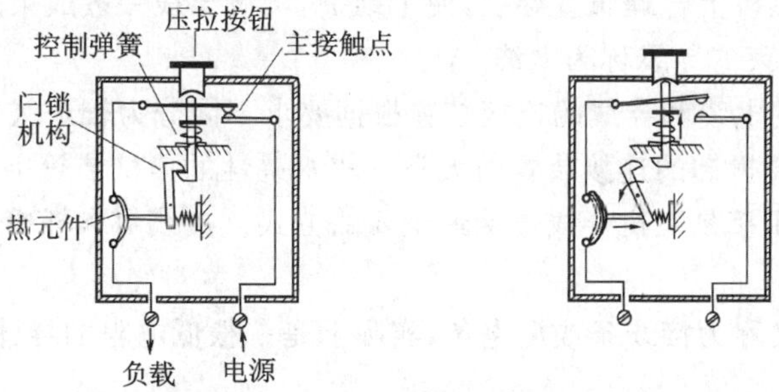

(a) 内部构造　　(b) 断路器过热断开

图 2-33　按压式断路器原理

按压式断路器主要由双金属热元件、开关装置和机械闩锁机构三个部分组成。正常工作时，按下压拉按钮，主电路接通，同时机械闩锁机构在弹簧的作用下将触点锁住，电路将持续保持接通状态。当电路中电流超过规定值时，双金属热元件将大量发热引起形变，带动机械闩锁机构往相反方向运动，使其脱钩，电路在弹簧的作用下断开。当双金属片降温恢复形状后,可以再次接通电路。

按压式断路器可以多次使用,但是跳开关跳开后必须排除原有故障之后,方可再次使用。飞机上的按压式断路器常常安装在跳开关板上,只有压拉按钮露出在面板外,跳开关涂有一圈白色标志带,可以为跳开情况提供目视参考。有的跳开关有两个按钮——闭合按钮和脱扣按钮,常用在需要经常接通和断开的小功率电器中,主要起开关作用。跳开关外形如图 2-34 所示。

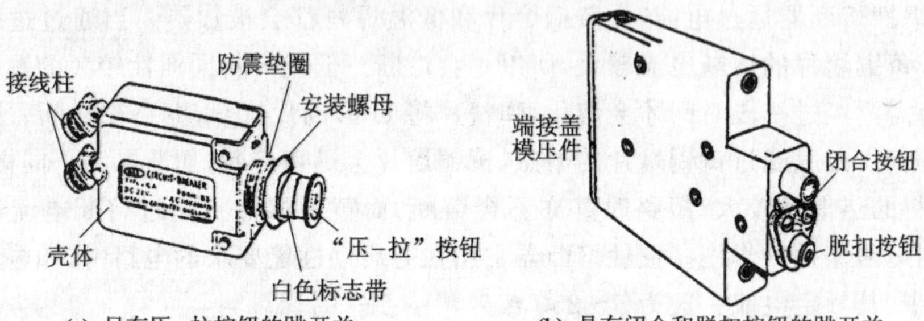

(a) 只有压-拉按钮的跳开关　(b) 具有闭合和脱扣按钮的跳开关

图 2-34　跳开关

本章重要知识点

(1) 飞机导线是飞机电网的主要组成部分,起到传递电气信号及传输电能的重要任务。

(2) 飞机上的导线根据应用电压的不同分为低压导线和高压导线两种,主要区别在于绝缘层厚度不同。

(3) 飞机上的导线通常采用浸锡、镀镍或者镀银的铜线作为线芯,外面包有绝缘层。也有飞机导线采用铝线制成。

(4) 为了在飞机上合理布置导线,便于维护,飞机导线一般成束地有规则地安装在飞机上,这种成束的导线称为电缆。

(5) 飞机上的电缆和导线的连接装置根据要求不同分为较永久性的连接装置和按照维修计划需要拆卸的连接装置两大类。较永久性的连接装置主要有钎焊和压接两种方式,其中,压接是飞机导线连接最主要的方式。接线钉和插销属于需要拆卸的连接装置。

(6) 汇流条又称为接线条或配电条,实际上是一根低电阻的导体,通常是镀银的铜条或铜棒。

(7) 电路控制装置又称为开关电器,按照活动触点的触发方式,可以分为手动开关、机械开关及电磁控制装置三大类,其中电磁控制装置又有继电器和接触器两种类型。

(8) 接近开关没有固定触点和活动触点,因此又称为无触点行程开关。接近开关是利用传感器与被测物体之间相互的能量变化来获取信号的。

(9) 主要的电磁控制装置有接触器和继电器两大类。继电器和接触器的工作原理基本一致，主要区别是开断电流的容量不同。

(10) 极化继电器是一种特殊形式的电磁继电器，与电磁继电器的主要区别是能够反映输入信号的极性。

(11) 混合继电器是将固态继电器与电磁继电器二者组合而成的继电器，其利用固态继电器作为反应机构，电磁继电器作为执行机构。

(12) 熔断器又称为保险丝、熔丝，其主要构成元件是特定熔点的金属丝。

(13) 惯性熔断器起短路保护作用的主要是黄铜熔片，起过载保护作用的主要是低温焊料。

(14) 按压式断路器主要由双金属热元件、开关装置和机械闩锁机构三个部分组成。其主要原理是利用双金属片热元件发热产生形变，在短路和长时间过载时自动切断电路，起到保护作用。

思考题

1. 与普通电磁继电器相比，极化继电器有什么特点？

2. 固态继电器的优点有哪些？

3. 双绕组接触器、机械闭锁式接触器和磁闭锁式接触器与普通单绕组接触器相比，其特点分别是什么？

4. 惯性熔断器的工作原理是什么？

5. 断路器的工作原理是什么？使用时需要注意什么？

第3章 飞机电源系统

3.1 常见飞机电源类型

常见的飞机电源类型有低压直流电源(LVDC)、恒速恒频(Constant Speed Constant Frequency,CSCF)、变速恒频(Variable Speed Constant Frequency,VSCF)、变速变频(Variable Speed Variable Frequency,VSVF)、高压直流电源(HVDC)等几种类型。上述几种电源类型的顺序也基本代表了飞机电源的发展历程。

3.1.1 低压直流电源

自1914年飞机上第一次使用航空直流发电机以来,飞机直流电源系统经历了一百多年的发展过程,其额定电压由6 V、12 V,逐步发展为28 V的低压直流电源系统,并一直沿用至今,其电源系统构成如图3-1所示。28 V低压直流电源系统主要由直流发电机、调压器、保护器和滤波器等组成。

低压直流电源系统是早期使用的一种电源系统,其具有良好的调速性能,控制、保护设备简单,易实现并联供电,可用作启动发电机,减轻机载设备的重量,早期得到了广泛的应用。但是随着多电飞机技术的广泛发展,飞机装机容量的不断增加,低压直流电源存在的问题也越来越明显,从而促进了交流电源的出现和发展。目前低压直流主电源只在30座以下的小型支线飞机、通用航空飞机上使用,大型飞机上使用的低压直流电源大多以二次电源的形式提供。

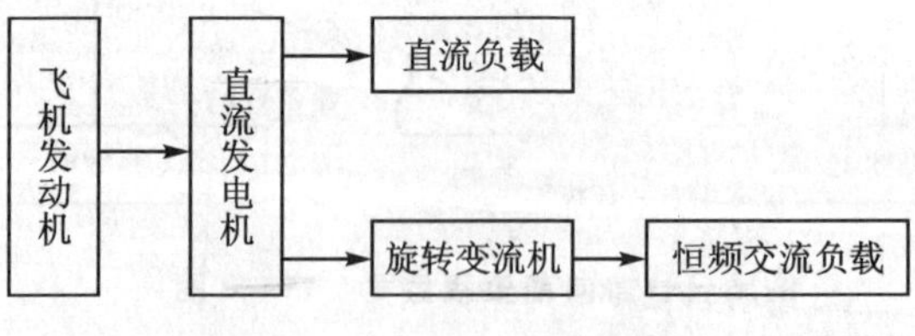

图3-1 飞机直流电源系统

3.1.2 交流电源系统

随着航空技术的不断发展,机载电子设备和电力传动装置不断增加,机上设备用电量显著增加,对供电质量要求也不断提高。低压直流电源系统已不能满足飞机的用电需要,在很大程度上促进了飞机交流电源系统的发展,飞机上选用交流电源主要有以下几个原因。

(1) 电源容量的增加,要求提高电压以减轻重量

随着飞机装机容量的增加,如果仍然采用低压直流电源系统,则发电系统和配电系统的重量将会增加很多。对直流发电机而言,由于换向条件的限制,有刷直流发电机电压不能太高,因此其重量必然十分可观,例如,功率为 18 kW 的直流发电机重量为 41.5 kg,而喷油冷却的 60 kVA、115/200 V 的交流发电机的重量却只有 17 kg。低压直流供电系统的电网重量也很大。如某型轰炸机电网重量达 630 kg,占全机重量的 1.75%,若将电压从 28 V 提高到 120 V,重量约可减少 150 kg。

适当提高电源电压能够有效减轻飞机电源重量。但是,由于直流电机存在换向系统,电压升高将使直流电机换向火花增大,造成开关设备灭弧困难,降低了直流电源系统工作的可靠性。而交流电源系统不存在换向系统,通过提高电压,可以减轻发电设备和飞机电网的重量。

(2) 飞机电源工作环境的变化,需要采用交流电

随着飞机飞行高度的增加,空气逐渐稀薄,水蒸气含量会急剧减少,在 10 000 米高空,水蒸气含量约为海平面的 1/360。水蒸气对直流电机电刷具有润滑作用,水蒸气含量的减少会使直流电机换向困难,加快碳刷的磨损。

直流发电机碳刷的磨损和火花是其发热的主要原因,由于直流发电机的构造原因,只能采用迎面气流风冷的方式,冷却效率较低。而交流发电机的发热主要在定子上,可以通过油冷的方式对其冷却,冷却问题比较容易解决。

(3) 电压和电能变换的要求

飞机上各种不同的用电设备需要多种不同电压的交流电源和直流电源,这些电源需要通过电能变换装置从主电源获得。低压直流主电源转换成其他电压的直流或交流相对困难,电能质量不容易得到保障。而交流主电源则能很容易地通过变压器和整流设备变换成不同电压的交流电和直流电。电能变换的可靠性高,效率高,损耗小。

目前,大型飞机采用的交流电源参数为 3 相、115/200 V、400 Hz。飞机交流电源系统主要有恒速恒频交流电源、变速恒频交流电源、变速变频交流电源三种类型。

1. 恒速恒频交流电源(CSCF)

CSCF 通过恒速传动装置(Constant Speed Device,CSD,简称恒装)使发电机以恒速运行从而产生恒频交流电,是目前应用最广泛的一种飞机交流电源系统,其工作原理如图 3-2 所示。恒速恒频交流电源对飞机上的各类负载基本都适用,并且由于电源频率恒定,用电设备和配电系统的重量比变频系统轻,配电也比较简单。恒速恒频交流发电机可以单台运行,也可以并联运行,而且电气性能好,供电质量相对较高。

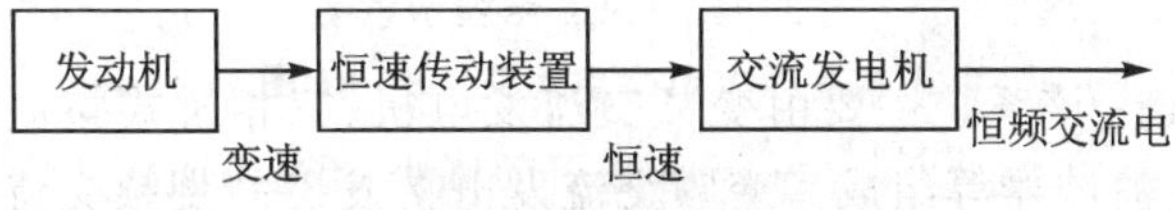

图 3-2 CSCF 结构示意图

目前,波音 757、767、777 等系列飞机大多采用组合驱动发电机(Integrated Drive Generator,IDG)的方式来产生恒频。所谓的组合驱动发电机就是将恒速传动装置和发电机合二为一,构成一个整体。IDG 采用晶体管调压,既减轻了飞机设备的重量,又提高了系统的工作可靠性。质量功率比可达到 0.45 kg/kVA,平均故障间隔时间达到 1 000 小时以上,电机过载能力强,可在 150%额定负载下连续工作。控制电路在保留某些继电器、接触器的基础上,增加了晶体管元件、集成电路和电子计算机,使系统自动化程度大大提高。目前有 30 kVA、60 kVA、90 kVA、120 kVA 等多种规格。与恒速传动装置和发电机分开使用的系统比较,组合驱动发电机的体积较小,重量较轻,且维护较为简单。其工作原理结构如图 3-3 所示。

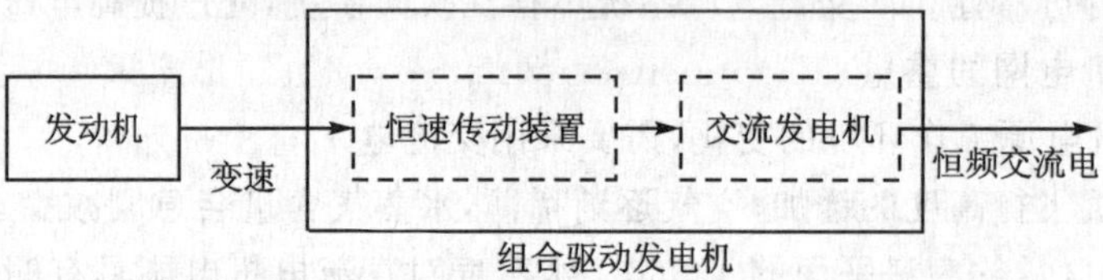

图 3-3 组合驱动发电机结构示意图

恒频交流电源的应用消除了低压直流电源的缺点,几十年来,恒速恒频电源经历了很大的发展,其优点是:工作环境温度高,过载能力强。但缺点也很明显:①恒速传动装置的生产制造及使用维护困难;②电能变换效率低,主电源效率约为 70%;③电能质量难以进一步提高;④难以实现启动发电。

2. 变速恒频交流电源(VSCF)

电力电子技术的发展为变速恒频电源(VSCF)的出现奠定了基础。1972 年美国通用电气公司研制的 20 kVA VSCF 电源首次在 A-4 飞机上装机使用,此后的 20 多年,VSVF 电源有了迅速发展,成为新型飞机电源发展的方向。

VSCF 与 CSCF 电源的不同之处仅在于主电源,如图 3-4 所示。变速恒频交流电源是通过变频设备将变频交流电转换为恒定频率的交流电。变频系统可以采用交-直-交系统,也可以采用交-交系统。

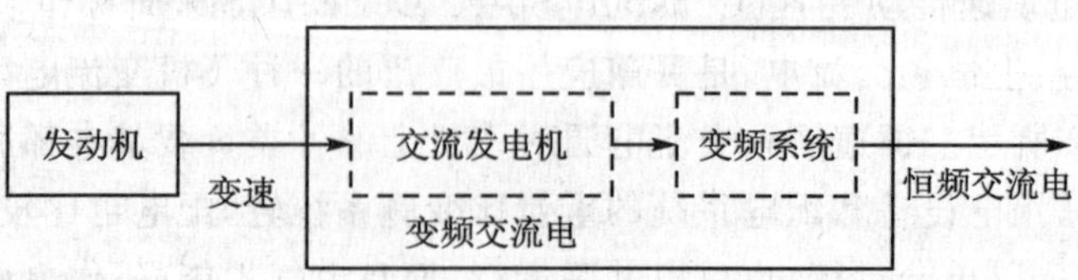

图 3-4 VSCF 结构示意图

交-直-交系统:该系统主要由变频交流发电机、三相桥式整流电路、逆变器、波形综合系统、输出滤波器等组成。变频交流发电机发出的变频交流电由三相桥式整流电路整流成直流电,再由逆变器逆变为恒频交流电,最后由波形综合系统和滤波器改善波形后输出。该系统控制方式相对简单,但是重量较大。

交-交系统：该系统主要由高频无刷交流发电机、交-交变频器、功率滤波器等组成。交-交变频器把变频交流电变换成恒频交流电，再经滤波后输出。相对来说，交-交变频器控制电路复杂，但重量相对较轻。

VSCF与CSCF的电气性能比较如图3-5所示。与恒速恒频交流电源相比，变速恒频交流电源由于使用了变频设备产生恒频，因此具有以下优点：①电气性能好，电源输出频率恒定，精度高，无频率瞬变现象；②系统损耗小而效率高；③使用维护性好；④可靠性高，使用寿命长。VSCF由于采用了电力电子器件进行电能的变换，其固有的缺点是：①允许工作环境温度较低；②承受过载和短路能力较差。

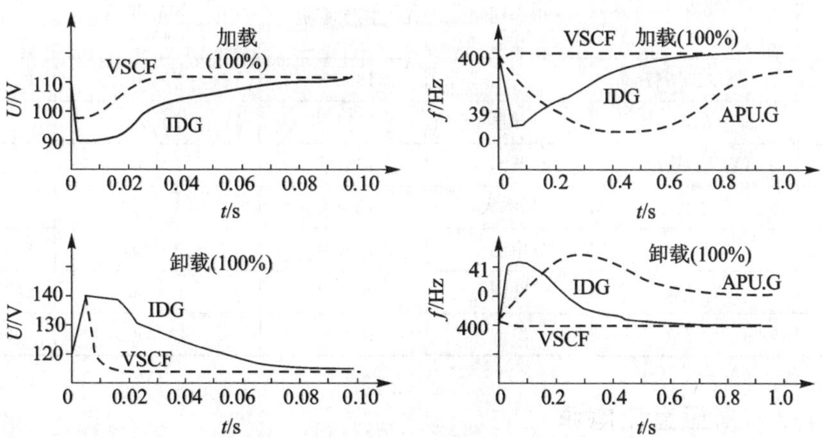

图3-5　VSCF与CSCF电气性能比较

可以看到，整体上变速恒频电源系统的供电质量明显优于恒速恒频系统。但由于大功率变速恒频电源系统受到电力电子功率器件的限制，因此可靠性方面难以达到预期要求，还需要进一步地研究和发展。

3. 变速变频交流电源(VSVF)

变频交流电源系统由交流发电机和控制器构成，系统只有一次变换过程，如图3-6所示。交流发电机直接由发动机附件传动机匣驱动，没有恒速传动装置(恒速恒频系统采用)和频率变换装置(变速恒频系统采用)，输出为变频交流电。

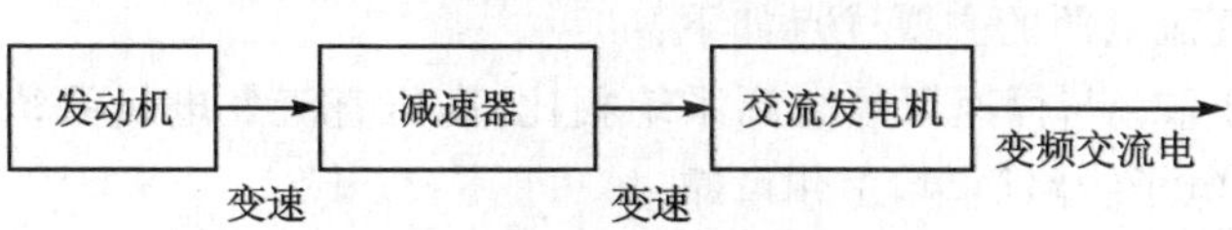

图3-6　VSVF结构示意图

变频交流电源系统具有结构简单、重量轻、体积小、可靠性高、费用低、能量转换效率高、功率密度高等优点，易于构成启动发电系统。单从电源系统本身而不考虑配电系统、用电设备和发动机启动等因素，在各种飞机电源系统方案中，变频交流电源系统整体最优，并且重量和体积较小。

VSVF的输出频率取决于发动机减速器的输出转速，由于多数大型民航运输机均采用涡桨发动机或涡扇发动机，发动机转速变化范围大，因此VSVF具有频率变化大的缺点，难以满足机载电子设备对供电品质的要求，其发展曾一度受到限制。随着电力电子技术及其在飞机上应用的发展，变频交流电源系统更易于构成变频交流启动发电系统，因此，在新研制的大型民用飞机如波音787飞机和空客A380飞机上也得到了应用。已装备变频电源的飞机机型如表3-1所列。

表3-1 装备变频电源飞机列表

序　号	飞机名称	生产国家	生产时间	主发电机容量/kVA	频率范围/Hz
1	贝尔法斯特	英国	1966年	8×50	334～385
2	SF-340支线	瑞典	1984年	2×26	—
3	ATP支线运输	英国	1987年	2×30	—
4	全球快车	加拿大	1994年	4×40	324～596
5	新舟-60	中国	1997年	2×20	325～528
6	A-380	欧洲	2008年	4×150	360～800
7	B-787	美国	2009年	4×250	360～800

3.1.3 高压直流电源

20世纪70年代以来，半导体功率器件、大规模集成电路和新型磁性材料的快速发展为在飞机上应用高压直流电源提供了新的技术基础。高压直流电源系统的额定电压为270 V，可与115/200 V、400 Hz的恒频交流电源兼容，因为115/200 V三相交流电经桥式整流后的直流电压就是270 V。高压直流电源主要由无刷直流发电机和控制及保护装置构成。因为高压直流系统高空断弧困难，所以所有普通带触点的开关器件均无法使用，只能采用没有触点的固态功率控制器或混合式功率控制器，控制系统复杂。高压直流系统效率高，恒速恒频交流电源效率在68%左右，而高压直流电源的效率可达到85%以上。

采用高压直流电源的主要优点如下：

(1) 工作可靠。与恒速恒频电源系统相比，高压直流发电机系统仅发电机上有两个轴承，而且电子线路简单，工作可靠。

(2) 重量轻。高压直流电网比低压直流电网轻，也比恒频交流电网轻。即使对于未来采用复合材料的飞机，用双线制直流电网，仍然比115/200 V三相交流电网轻。

(3) 连续供电。与低压直流电源相同，直流发电机易于并联供电，电源工作可靠，也可构成互为备用的电路，能够保证向飞机电子设备和计算机连续供电。

(4) 节省电能。飞机电子设备均配备内部电源，采用恒频交流电源供电时，电子设备的内部电源是降压、整流、滤波和稳压电路的组合，工作效率低。采用高压直流电源后，可以直接用开关稳压电源作为电子设备的内部电源，可将效率提高约 40%。另外，高电压输配电能的线损也较小。

(5) 安全性高。同样电压下，直流电比 50 Hz 或 400 Hz 的交流电对人员更安全。

目前美国的军用飞机如 F－14A 战斗机、S－3A 和 P－3C 反潜机等局部采用了高压直流技术。F－22 战斗机采用了 65 kW 的 270 V 高压直流电源系统；F－35 战斗机采用了 250 kW 的 270 V 高压直流启动发电系统。因此，270 V 高压直流电源是未来飞机电源的发展方向之一。

3.1.4　混合电源

对于某些机型而言，有时单一的主电源难以满足需要，因此需将两种及以上的不同主电源结合使用。这就是混合电源。其中以低压直流和交流电源混合居多，交流电源可以是变频交流电，也可以是恒频交流电。若飞机上照明、加温、防冰等设备用电较多，该类设备对电源频率要求不苛刻，因此可采用变频交流与低压直流混合供电，如新舟－60 飞机。若飞机上二次电源功率较大，则宜采用恒频交流与低压直流混合供电。

我国生产的歼 7－Ⅱ型飞机采用低压直流与变频交流混合供电，歼 8－B 型歼击机采用低压直流与恒速恒频交流混合供电，恒速恒频交流电通过电磁式恒速传动装置获得，美国 F－22 战斗机则采用 HVDC 和 VSCF 混合供电。一般情况下，采用混合供电系统是飞机供电系统发展过程中的一种过渡性措施。

3.1.5　其他电源类型

上文所述的电源主要是飞机主电源的类型，飞机除了主电源外还有辅助电源、应急电源等，现予以简单介绍。

1. 辅助电源

辅助电源主要有两种形式：蓄电池和 APU 带动的发电机。对于小型飞机而言，辅助电源主要是蓄电池；对于大型民航运输机而言，辅助电源主要是 APU. G。APU 通常是一台小型燃气涡轮发动机，一般位于飞机尾部，由它带动空气压缩机和一台交流发电机，可向飞机电网提供交流电源，在空中一定条件下还可提供气源。波音和麦道等系列飞机的辅助电源都属于这种类型。

有的涡轮螺旋桨飞机除主发动机以外还配有小型涡轮喷气发动机，简称小三发。由它带动直流启动发电机，可以作为地面检查电源和空中备用电源，在高原机场还可用作提供附加推力的发动机。

2. 应急电源

飞机应急电源仅在应急情况下向飞机关键设备供电，供飞机紧急操纵和返航使用,其容量较小。应急电源主要有蓄电池和冲压式涡轮发动机两种类型。小型飞机的应急电源主要是蓄电池;大型民航运输机主要采用冲压式涡轮发动机,其平时收于机体内,当飞机失去动力后,自动或手动释放于机身外,靠迎面气流吹动涡轮,带动发电机或应急液压泵工作。

3.2 飞机直流发电机

3.2.1 预备知识

在介绍飞机发电机之前,有必要对几个问题做简要的说明,以便后续内容的学习,说明力求简洁明了,用最简单的原理描述相关问题。

1. 发电机的工作原理

闭合电路的一部分导体做切割磁感线运动时,在导体上就会产生电流,这叫做电磁感应现象,产生的电流叫做感应电流。发电机能够发电就一定存在着线圈切割磁感线的运动。需要注意的是,这个运动是指相对运动,不论是线圈运动,还是磁场运动,还是二者存在运动差,都会出现切割磁感线运动,都会产生感应电流。

因此,对于发电机而言,转子和定子不是固定的,转子部分可以产生感应电流,定子部分也可以产生感应电流。

2. 工作磁场的产生

工作磁场可以由线圈通过通电的方式产生,也可以由永磁体自身提供。为发电机等提供工作磁场的过程称为励磁,产生励磁的绕组称为励磁绕组,发出电能的绕组称为电枢绕组。由于永磁体的磁场是不可控的,因此一般情况下较少采用永磁体励磁,多采用线圈通直流电的方式励磁。励磁电流可以由外电源提供(他励),也可以由自身发出的电能提供(自励)。

3. 直流电的获得

直流电可以由直流发电机直接产生,也可以由交流电整流产生。整流电路有桥式整流和半波整流及其他扩展方式。一般情况下,无论是发电机直接发出的直流电还是通过整流电路获得的直流电,其输出都不是平滑的,需要增加滤波电路以提高供电质量。

4. 电机的可逆性

理论上讲,发电机和电动机只是电机的两种运行形式,其本身是可逆的。也就是说,同一台电机,既可作发电机运行,也可作电动机运行。电机线圈切割磁感线能够在线圈中产生出感应电流,同样,如果在线圈中通电,则线圈会受到磁力的作用,产生运动。但对于一个特定电机而言,可逆性不是绝对的,这取决于电机的物理结构和设计。此外,从设计要求和综合性能考虑,电机可逆运行的技术性和经济性未必可以兼得。

3.2.2　有刷直流发电机

1. 工作原理

直流电机的工作原理可用图 3－7 所示的简单模型进行说明。图 3－7 中，两个空间位置固定的永磁体 N 极与 S 极之间安放一个绕固定轴（几何中心）旋转的铁制圆柱体（称为电枢铁心，实际应用中大多用冲制为圆形的硅钢片叠压而成）。铁心与磁极之间的间隙称为气隙。假设铁心表面只敷设了两根导体 ab 和 cd，并联接成单匝线圈 $abcd$。线圈首末端分别与弧形铜片（换向片）相连。换向片与电枢铁心共同旋转，换向片之间以及换向片与铁心和转轴之间均相互绝缘。由换向片构成的整体叫换向器，而整个转动部分称为电枢，寓意为实现机电能量转换之中枢。为了将电枢与外电路连通，安置两把电刷（图中的矩形片 A 和 B，实际电机中多为瓦形体，弧度与换向片一致），电刷的空间位置也是固定的。

当原动机以恒定转速 n 沿逆时针方向拖动电枢旋转时，上述模型电机就成了一台直流发电机。根据电磁感应定律，导体内会产生感应电动势，每旋转一周，对于电枢绕组而言，其产生的感应电动势是交变的，如图 3－8 所示。

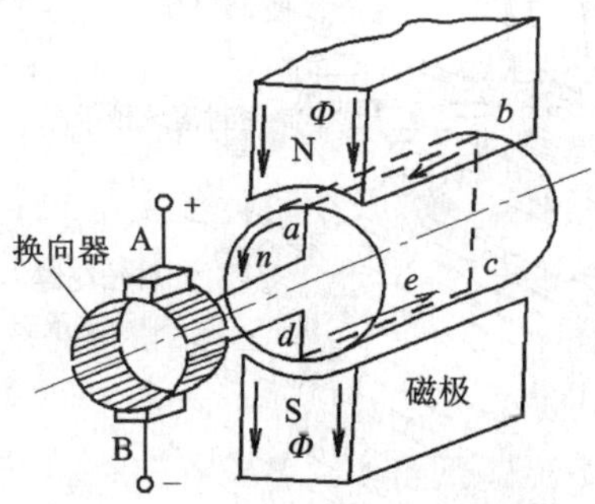

图 3－7　直流发电机工作原理

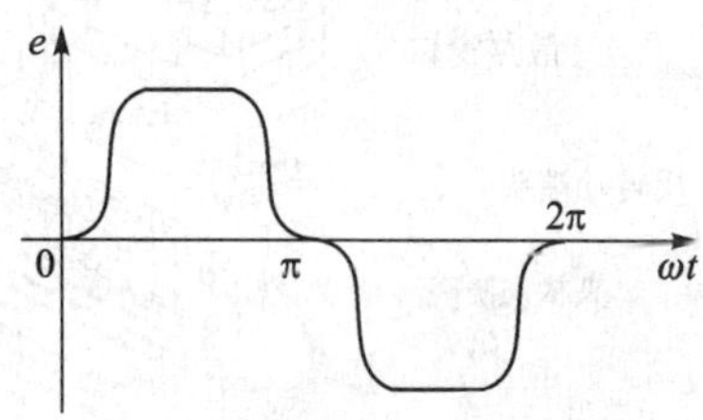

图 3－8　电枢绕组中的电动势

由于电刷 A 只与处于 N 极下的导体相接触，则当导体 ab 在 N 极下时，电动势方向由 b 到 a 引到 A，电刷 A 的极性为正极；当导体 cd 转至 N 极下，电刷 A 与导体 cd 接触，电动势改由 c 到 d 引到 A，A 的极性依然为正极。经过换向，电刷 A 的极性永远为正极，电刷 B 的极性永远为负极。电刷 A、B 间的电动势 e_{AB} 为直流电动势，其波形如图 3－9 所示，这就成为一台简单的直流发电机。因为只有一个线圈，所以这个直流电机的供电电压和电流波形的脉动都会比较大，为使电刷端电动势的脉动程度降低，实际发电机中的电枢上不只敷设一个线圈，而是合理设计了多个线圈均匀分布，并按一定规律连接起来组成电枢绕组。例如，当每个磁极下均匀分布的导体数为 2 时，电动势波形将如图 3－10 所示。一般情况下，若每极下均匀分布的导体数大于 8，则电动势脉动幅度将小于 1%。

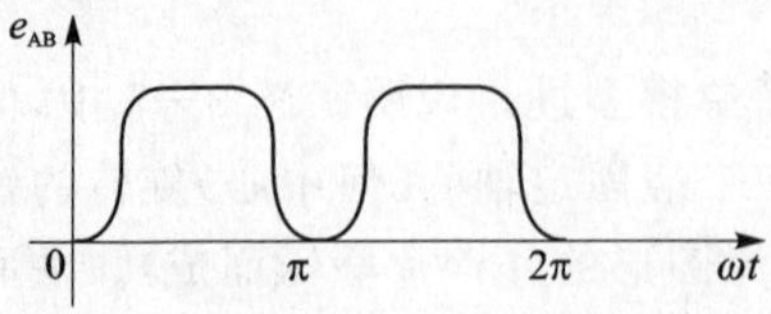

图 3-9　AB 间的电动势

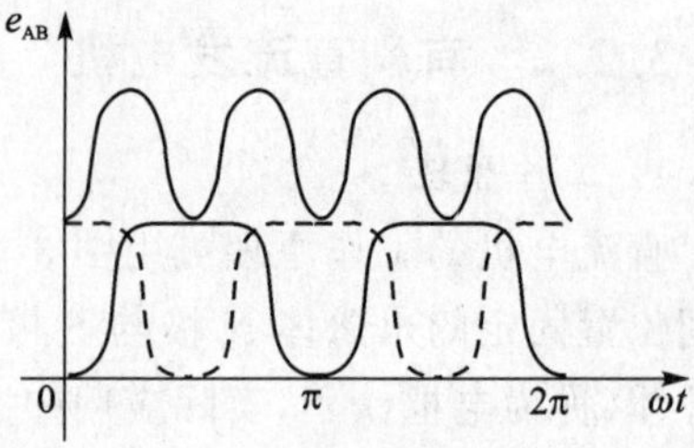

图3-10　两串联线圈换向后的电动势波形

2. 结构和组成

飞机有刷直流发电机由定子、转子、电刷和换向器等部分组成。如图 3-11 所示,定子用于安放磁极和电刷,用于产生主磁场,让磁力线构成回路。转子部分又称为电枢,是电机的转动部分,包含电枢铁心、电枢绕组、换向器和转轴。电刷装置包含电刷、刷握和弹簧,电刷安装在刷握内,由弹簧将它压紧在换向片上。

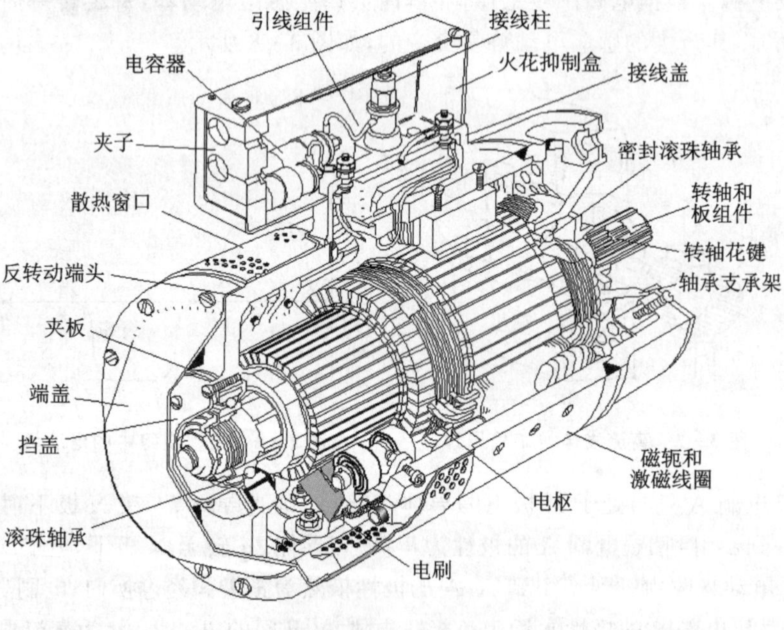

图 3-11　有刷直流发电机结构

直流发电机的磁极一般不用永久磁铁,而是由励磁绕组通以直流电流建立磁场。为降低发电机运行过程中磁场变化可能导致的涡流损耗,磁极铁心一般用 1~1.5mm厚的低碳钢板冲片叠压而成。由于电机中磁极的 N 极和 S 极只能成对出现,故磁极的极数一定是偶数,并且要以交替极性方式均匀排列。

电枢铁心用来构成磁通路径并嵌放电枢绕组。为了减少涡流损耗,电枢铁心一般用厚 0.35 ~0.5mm 的涂有绝缘漆的硅钢片叠压而成。电枢绕组由多个用绝缘导线绕制的线圈连接而成。

换向器的作用是把电枢绕组内的交流电动势用机械换接的方法转换为电刷间的直流电动势。换向器由多片彼此绝缘的换向片构成，有多种结构形式。常见的如图3-12所示。

电刷的作用是把转动的电枢与外电路相连接，使电流经电刷进入或离开电枢并与换向器配合作用而获得直流电压。电刷装置由电刷、压紧弹簧、刷盒等零件构成，如图3-13所示。

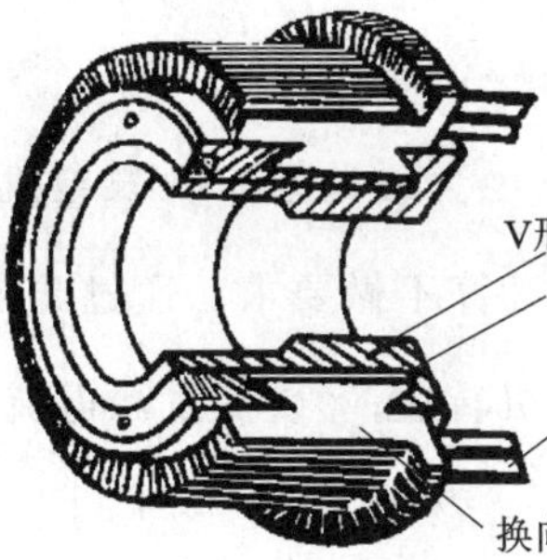

图3-12　换向器

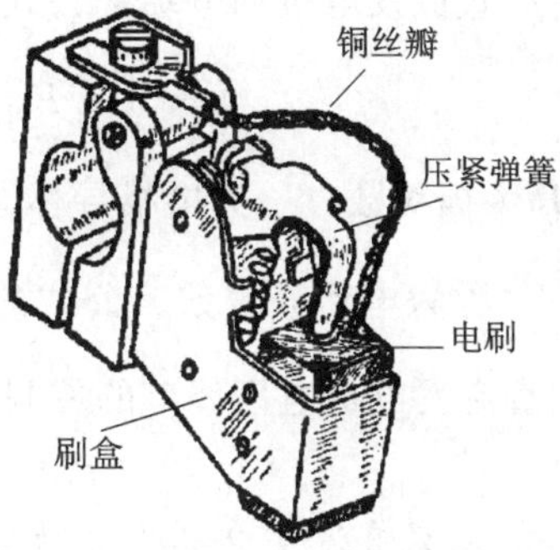

图3-13　电刷装置

3. 直流发电机的励磁

励磁方式是指励磁绕组的供电方式。直流发电机按励磁方式一般可分为他励、并励、串励和复励四类，下面分别介绍。

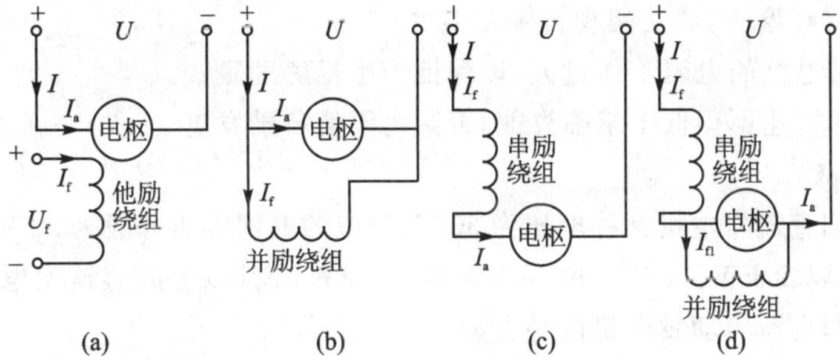

图3-14　励磁方式

(1) 他　励

励磁绕组由其他直流电源单独供电，如图3-14(a)所示。

(2) 并　励

励磁绕组与电枢绕组并联，电枢电压即励磁电压，如图3-14(b)所示。

(3) 串　励

励磁绕组与电枢绕组串联，电枢电流即励磁电流，如图3-14(c)所示。

(4) 复　励

励磁绕组分为两部分,一部分与电枢绕组串联,另一部分与电枢绕组并联,如图 3-14(d)所示。

大部分飞机直流发电机也可以作电动机运行,其具有良好的启动性能和宽广平滑的调速特性。不同的励磁方式对于直流电动机的工作特性有着重要影响,关于这些内容将在后文详细讲解。

4. 有刷直流发电机的电动势

有刷直流发电机的电动势公式为:

$$E=\frac{PN_a}{60a}\phi n=C_E\phi n$$

式中,P 为极对数,N_a 为电枢导体总数,a 为支路对数,ϕ 为磁通量,n 为发电机转速。$C_E=\frac{PN_a}{60a}$称为电动势常数。公式的具体推导过程及计算不做要求。通过此公式可以得到直流发电机电压调节的控制方法:①改变原动机转速;②改变励磁电流,调节磁通量。

5. 并励式直流发电机的自励发电

飞机的直流发电机一般采用并励式直流发电机。由于励磁方式属于自励,因此在发电机运行以前,必须满足一定的条件才能实现自励发电。并励式直流发电机自励发电的条件如下:

(1) 发电机的磁极要有剩磁,没有剩磁就无法建立磁场,自然不能自励发电。

(2) 励磁电流产生的磁场方向与剩磁场的方向相同,这样才能保证电流产生以后励磁能够持续增大,成功实现自励发电。

(3) 励磁电路的电阻不能过大,以保证产生足够励磁。

(4) 最低转速不得低于某临界值,否则也不能自励发电。

6. 参　数

飞机有刷直流发电机标称电压为 30 V(对应的电网电压一般为 28 V),额定容量有 3 kW、6 kW、9 kW、12 kW 和 18 kW 等。6 kW 及其以上的直流发电机有单纯的直流发电机和直流启动发电机两种类型。

3.2.3 整流式直流发电机

有刷直流发电机由于具有电刷和换向装置,限制了其高空性能和可靠性,而整流式直流发电机可以有效地克服这些缺点。整流式直流发电机分为变频交流发电机整流和无刷直流发电机两大类。

1. 变频交流发电机整流

如图 3-15 所示,当发电机被发动机带动运转时,飞机蓄电池或外接电源经过调压器内的控制电路,再通过滑环与电刷为发电机的励磁绕组供电,产生旋转磁场。旋转磁场切割发电机三相电子绕组，在其中感应出三相交流电动势，然后经过安装在发电机内的三相桥式整流电路，就可以得到脉动较小的直流电。

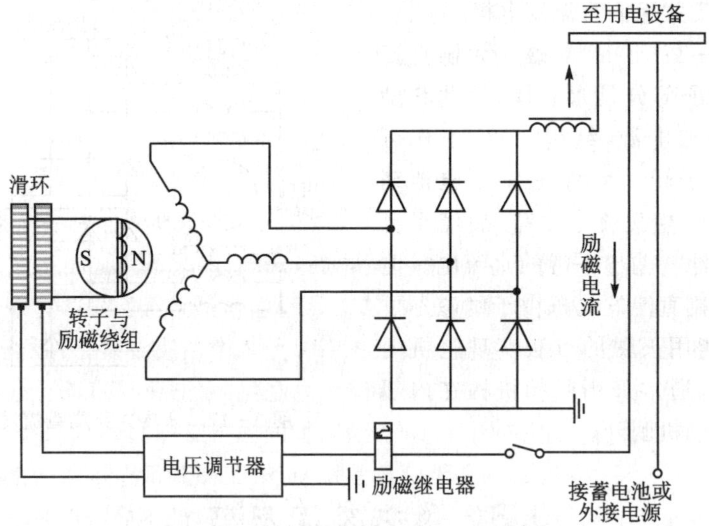

图 3-15　整流式直流发电机原理

2. *无刷直流发电机*

上述整流式直流发电机虽然克服了有刷直流发电机的一些问题，但是仍然存在电刷，在可靠性和维修性方面仍存在一定不足，而无刷直流发电机可以解决这个问题。

无刷直流发电机有电磁式无刷直流发电机和永磁式无刷直流发电机两种类型。

(1) 电磁式无刷直流发电机

如图 3-16 所示，电磁式无刷直流发电机由永磁式副励磁机、励磁机和旋转整流器等组成。该发电机先发出的其实是三相交流电，其原理与后文中将要讲到的三级式无刷交流同步发电机基本相同，此处不详细解释。三相交流电经三相桥式整流电路整流后滤波输出平滑的直流电。

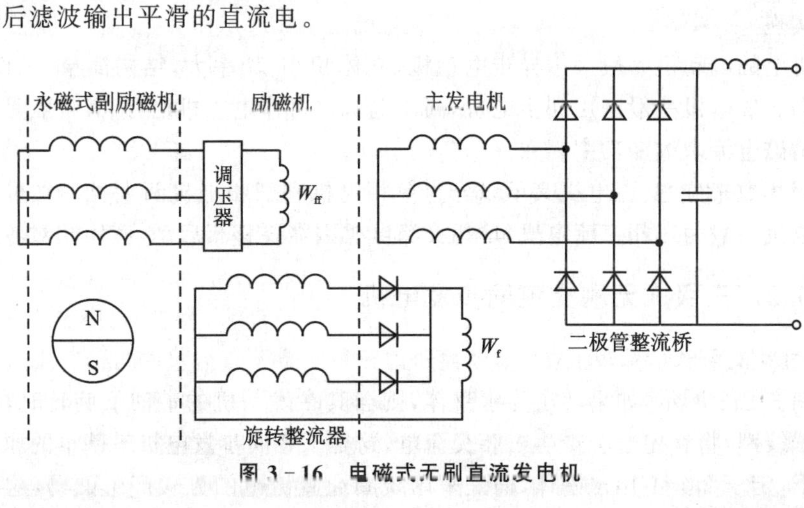

图 3-16　电磁式无刷直流发电机

电磁式无刷直流发电机增加了副励磁机，其作用是为励磁机提供励磁，使励磁机能够产生发电机自身需要的励磁。

(2) 永磁式无刷直流发电机

如图3－17所示，永磁式无刷直流发电机的转子部分是永磁体，因此其励磁不需要外加电源，结构简单，工作可靠。永磁转子转动后将在双Y电枢绕组上感应出三相交流电动势，后经整流电路整流后滤波输出平滑的直流电。但是永磁式无刷直流发电机由于励磁不可控，因此不能用灭磁的方法实现电机内部短路保护，通常采用脱扣机构在内部短路时与原动机脱开。

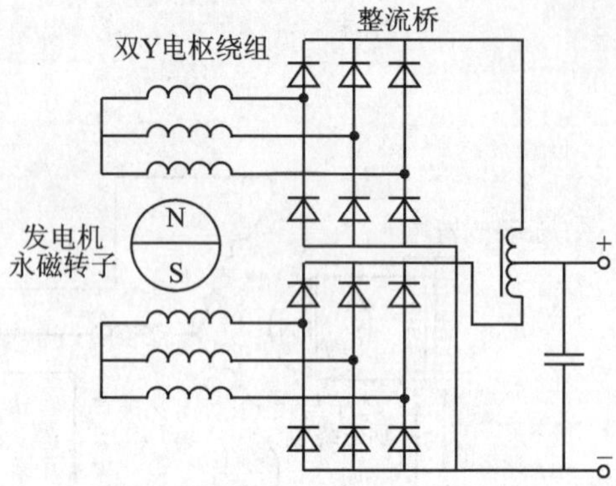

图3－17　永磁式无刷直流发电机

3.3　飞机交流发电机

3.3.1　交流电机的类型

交流电机是飞机上最常用的一种电机。交流电机与直流电机相比，由于没有换向器，因此结构简单，制造方便，比较牢固，容易做成高转速、高电压、大电流、大容量的电机。

交流电机可以分为同步电机和异步电机两大类。同步电机转子的转速 n 与旋转磁场的转速相同，称为同步转速。n 与所接交流电的频率(f)及电机的磁极对数(P)之间有严格的关系：$n=60f/P$。所以对于交流电机而言，其调速要通过改变频率的方式来实现。

飞机上的电动机一般采用异步电动机，其体积小，功率大，结构简单，工作可靠，启动容易。发电机一般采用同步电机，同步电机也可作电动机运行，其特点是可以通过调节励磁电流来改变功率因数。

按照相数来分，交流电机又可以分为单相电机和三相电机两大类。飞机上应用的交流电机一般为三相交流电机，单相交流电机因需要移相启动，应用相对较少。

3.3.2　三级式无刷交流同步发电机

1. 同步发电机的原理

如图3－18所示，如果转子为永磁体，则当其在发动机的带动下旋转时，磁场会切割定子线圈，将在定子上产生三相交流电，这是三相同步发电机最基本的原理。一般情况下，定子部分不用永磁体，而是采用线圈通直流电的方式产生磁场，这时就需要引入电刷装置，以提供励磁电流，如图 3－19 所示。

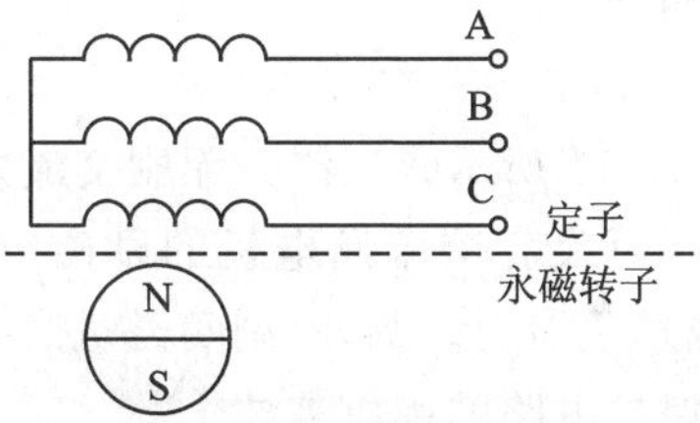

图 3－18　同步发电机的原理

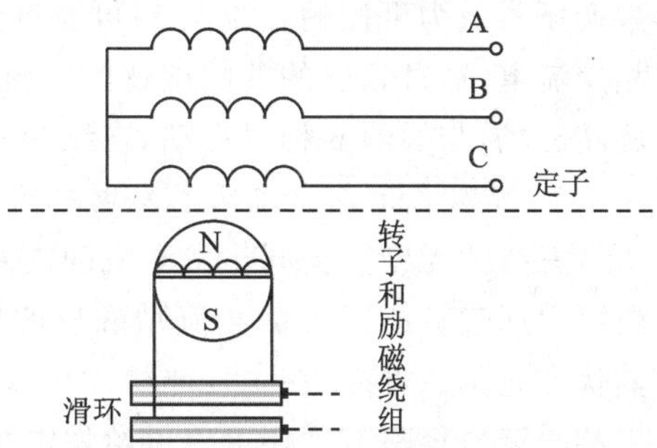

图 3－19　有刷同步发电机原理

有刷交流发电机存在电刷和滑环，可靠性低，使用条件受到了很大限制。旋转整流器的发明有效地解决了这一问题，促进了飞机同步发电机供电性能的提升。其原理是在定子上供给励磁机励磁电流，使励磁机发出三相交流电。三相交流电经整流后成为直流，为主发电机提供励磁电流，因而可以不用电刷和滑环。旋转整流器式无刷交流发电机有两大类：三级式和二级式。

2. 三级式无刷交流同步发电机的工作原理

如图 3－20 所示，三级式无刷交流同步发电机由永磁式副励磁机、交流励磁机和交流发电机三部分组成，因此称为三级式。下面部分为转子，上面部分为定子。永磁式副励磁机的作用是产生交流励磁机的励磁电流，其本身可以看作是一个永磁直流发电机，其通过调压器输出可控的直流电，该直流电为交流励磁机提供励磁电流。交流励磁机的主要组成部分是旋转整流器，可以实现旋转和整流两个过程。通过这两个过程，旋转整流器将感应生成的三相交流电转换为直流电，该直流电即为交流发电机的励磁电流，在交流发电机中产生三相交流电。

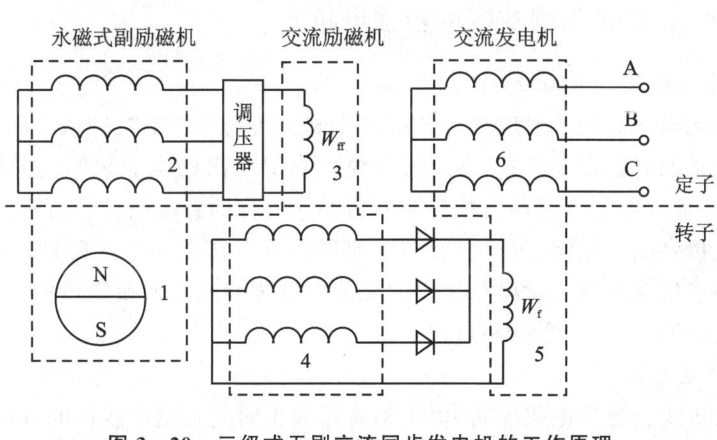

图 3－20　三级式无刷交流同步发电机的工作原理

简要梳理一下其工作过程：1 旋转，在 2 中产生三相交流电；2 中的三相交流电通过调压器成为可控的直流电 3；可控直流电 3 为 4 提供磁场；4 旋转切割磁场产生三相交流电，通过相连的共同旋转的整流器整流成直流电 5；直流电 5 同样旋转，成为旋转磁场，与线圈 6 相对运动，在线圈 6 中产生三相交流电。

3. 三级式无刷交流同步发电机的内部构造及应用

三级式无刷交流同步发电机的内部构造如图 3－21 所示。三级式无刷交流发电机可以通过调压器改变交流励磁机的励磁电流，从而改变交流发电机的励磁电流。其优点是励磁可靠，在主发电机输出短路时具有强励磁能力。此外，副励磁机产生的三相交流电经整流后还可以供给发电机的控制和保护电路的用电需要。

三级式无刷交流同步发电机在大型民航运输机上应用广泛，波音 747、757、767，以及 MD－82、空客 A320 等机型均采用了三级式无刷交流同步发电机。

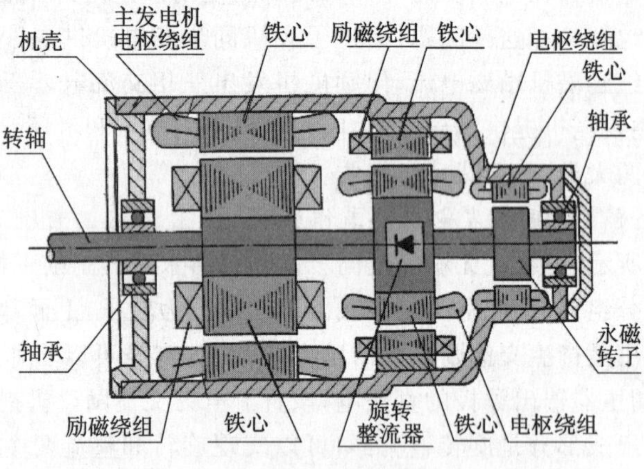

图 3－21　三级式无刷交流同步发电机内部构造

3.3.3　二级式无刷交流同步发电机

1. 工作原理及内部构造

二级式无刷交流同步发电机与三级式无刷交流同步发电机的最大区别是二级式交流发电机采取的是自励方式，即励磁电流由自身发出的电能提供。如图 3－22 所示，通过旋转整流器旋转获得三相交流电后经整流得到直流电，整流得到的直流电为交流发电机提供励磁电流(可以将旋转整流器本身看作是一个电磁铁)，在定子绕组上感应得到三相交流电。发电机发出的交流电通过调压器转换为可控直流电为交流励磁机提供电流，形成一个循环过程。

2. 问题及应用

对于二级式交流发电机而言，由于整流器的正向电阻是非线性的，电压低时电阻大，因此要想实现自励发电，就必须有足够大的剩磁。可以考虑在励磁机定子铁心中加入永磁片或在励磁机磁极间嵌入永磁磁极的方式增大剩磁。

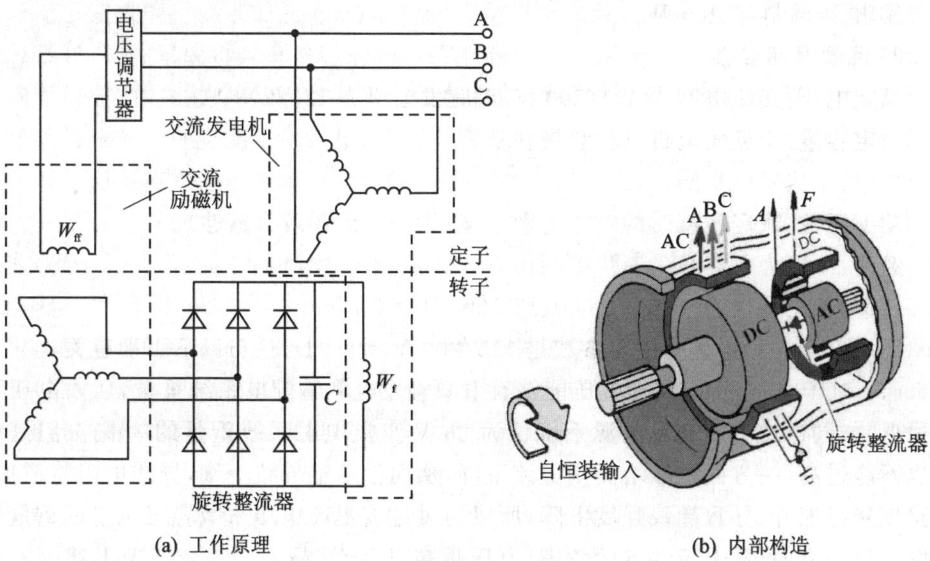

图 3-22　二级式无刷交流同步发电机工作原理及构造

例如，波音 707 飞机的二级式无刷交流发电机采用的是在交流励磁机两个磁极中间加装永久磁铁的方式。采用二级式无刷交流同步发电机的有波音系列的 707 及 737 等。

3.3.4　交流供电的主要参数

1. 飞机交流供电系统的主要指标

交流供电有两个最重要的参数：电压和频率，主要指标如下。

电压指标：

① 空载到额定负载：(115±1.0)V

② 100％到 125％额定负载：(115±1.5)V

③ 125％到 150％额定负载：(115±2.0)V

④ 非正常稳态电压极限：(115＋15/－10)V

⑤ 对称负载时三相电压不平衡：＜0.6 V、相移＜0.6°

⑥ 不对称负载时三相电压不平衡：＜3 V、相移＜1.5°

频率指标：

频率：(400±4)Hz

其他指标：

① 波峰系数：1.41±0.08

② 单次谐波分量：＜0.03

③ 直流电压分量：＜100 mV

④ 电压调制：<1.5 V

2. 主要技术性能

额定电压：交流电网为 115/200 V，对应发电机为 120/208 V。

额定容量：交流发电机三相总视在功率。

单位：千伏安（kVA）

功率因数：额定负载时的功率因数，一般为：$\cos\psi=0.75$（感性）。

频率：一般为 400 Hz

转速：常见转速为 6 000、8 000、12 000、24 000 r/min。

飞机交流电源系统的主要参数是 115/200 V、400 Hz，这与以下因素有关：

(1) 对于电压来说，增加电压能够有效减轻发电和输配电系统重量，所以电压不能过低，如同样功率的交流电源系统仅为 28 V 直流电源系统重量的 30%。但是电压也不能过高，一方面电压增高则电流下降，从而使传输导线变细，导线电阻将增加，线路压降将上升，导致导线强度下降，所以通过过度提高电压来减轻飞机电网重量不可取。另一方面，从安全性方面考虑，电压越高，安全性越差。综合考虑上述因素选择 115/200 V 的电压比较合适。

(2) 对于频率来说，频率增高后，电磁器件的体积和质量都能降低，但是提高频率就需要提高发电机转速，这会受到轴承和机械强度的限制；另外，当频率过高时，集肤效应会使导线电抗增大，损耗增多，当频率超过 kHz 级别时，为了防止电磁干扰，需要增加屏蔽，这又增加了电网重量。因此总体来说，400 Hz 最为合适。

3.3.5 恒速传动装置

1. 概述

恒速传动装置（CSD，简称恒装）是 CSCF 交流电源的重要组成部分。1946 年，美国发明了恒速传动装置，开辟了恒速恒频交流电源的新时代。恒速传动装置将发动机的能量传递给发电机，其安装位置如图 3－23 所示。发动机 N_2 通过塔轴、附件齿轮箱、恒速传动装置，然后带动交流发电机转动。恒装可以保证在发动机转速变化时输出较恒定的转速。

恒速传动装置的输出转速一般有 6 000 r/min、8 000 r/min、12 000 r/min 等，少数输出转速能达到 24 000 r/min。按照能量传递的方式分类有液压式、电磁式、气压式、机械液压式等，使用最广泛的是机械液压式。现在 CSD 较常见的形式是将恒速传动装置与发电机装在一个壳体内，与发电机共用润滑和冷却等回路，组成组合驱动发动机（IDG）。IDG 除与发电机集成在一起外，其原理与 CSD 基本一致。

2. 恒装的工作原理

如图 3－24 所示，恒速传动装置输出的转速是由两部分合成的，一是发动机输入轴经过游星差动齿轮系统直接传输的转速，其随发动机转速变化而变化；二是液压马达经游星差动齿轮系统传输的转速，二者合成后的速度将保持输出转速的恒定。在

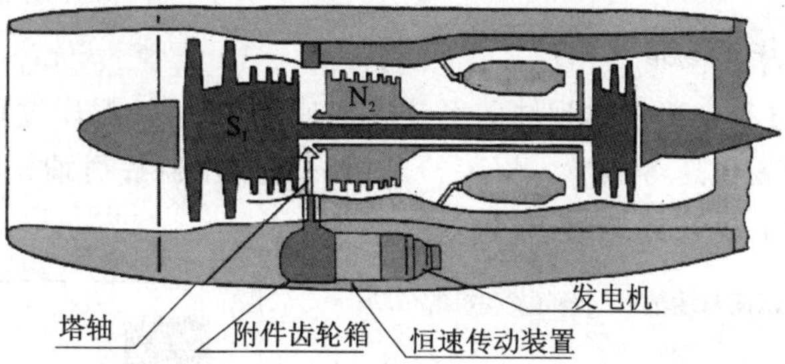

图 3-23　恒装的安装位置

这种传动装置中，发电机所需功率大部分由游星差动齿轮机构直接传递，而液压泵和液压马达只传递小部分功率，所以泵和马达的重量及体积都比较小，因而整个恒装的体积和重量都不大，使其工作可靠性相对较高。

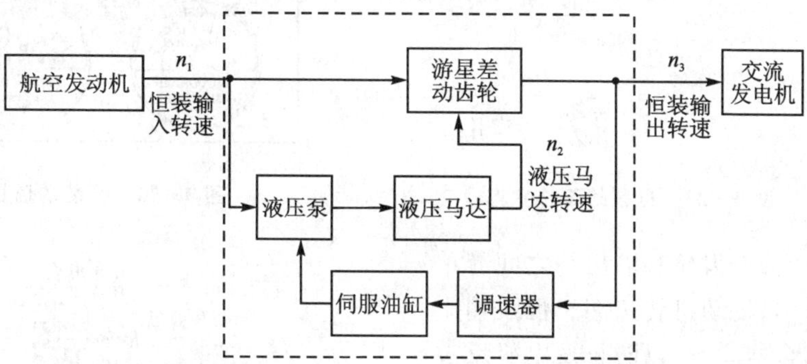

图 3-24　机械液压式恒装的结构框图

3. 恒装的工作状态

为保持发电机转速在额定值所需要的恒装输入轴转速称为制动点转速，又称为直通传动点转速(波音公司资料)。当恒装输入轴转速分别等于、低于或高于制动点转速时，恒装存在以下三种工作状态，如图 3-25 所示。

(1) 零差动工作状态

此状态下，恒装输入轴转速等于制动点转速。液压马达不转动，整个系统类似于固定传动轴，恒装输入转速等于发电机额定转速。

(2) 正差动工作状态

此状态下，恒装输入轴转速低于制动点转速。此时，转速调节系统会使液压泵可动斜盘向左倾斜，柱塞行程改变，泵向马达打油，对中心盘压力增加。发动机转速越低，液压泵的可动斜盘倾斜角越大，液压马达转速越高。液压马达起加速作用。

(3) 负差动工作状态

此状态下，恒装输入轴转速高于制动点转速。与正差动工作状态相反，可动斜盘向右倾斜，发动机转速越高，可动斜盘向右倾斜越大，液压马达逆时针转速越快。液压马达起减速作用。

4. 恒装的故障及保护

恒装在工作过程中可能出现油路系统堵塞或漏油、滑油温度过高、运动部件磨损或卡死、输出欠速或过速等故障。恒装的监控一般采用监控滑油压力和温度的方式进行,一种典型的监控装置如图 3-26 所示。

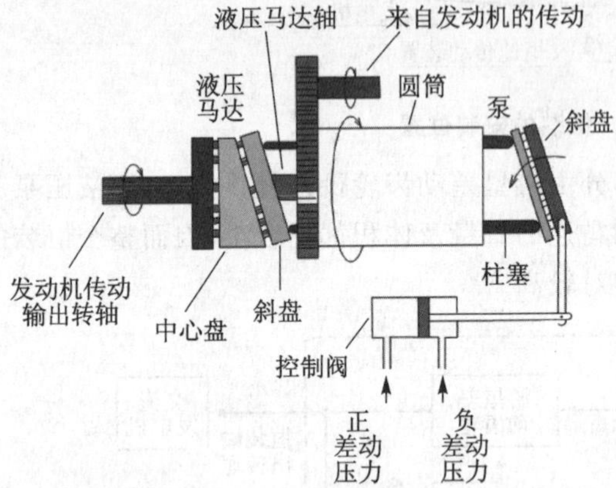

图 3-25 恒装的工作状态

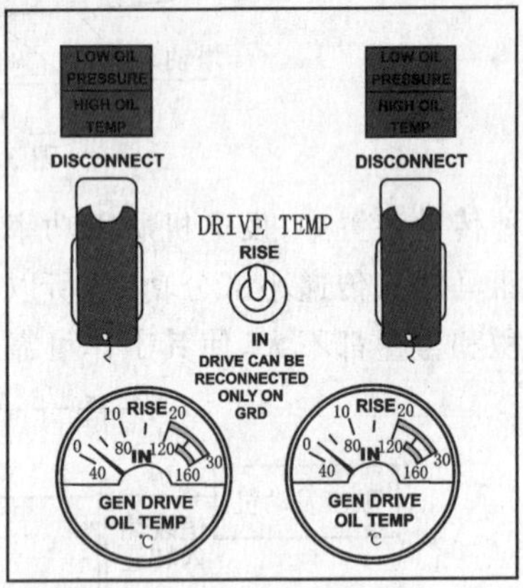

图 3-26 恒装的监控

恒装的输出齿轮和输出轴之间有单向离合器。当发动机转速高于恒装输出转速时,离合器脱开,以防止发电机反过来传动恒装。

恒装欠速时,发电机会从电网切除,若输出转速又恢复,则该发电机可重新投入电网。恒装输出过速时,应使斜盘达到最大负倾角,若转速仍降不下来,则应将恒装与发动机传动轴脱开。

恒装装有手动脱开机构,如图 3-27 所示。飞行员若发现恒装不正常时,应该手动断开恒装,恒装脱开电门有红色保护盖保护,不能随意操纵。恒装输入轴上有剪切颈,该部分可以在机械卡死时断开,以保护恒装和发电机的附件机匣。

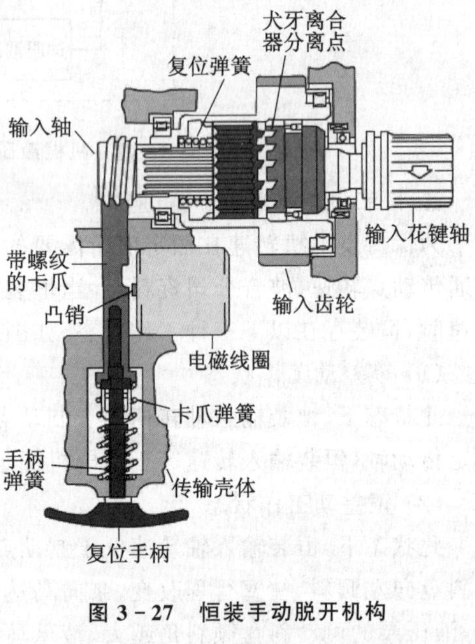

图 3-27 恒装手动脱开机构

3.4 发电机的电压调节

飞机上的用电设备都需要一个基本恒定的电压，但是对于发电机而言，负载和转速等的变化都会引起发电机输出电压的变化。因此，为了满足飞机用电设备的需要，必须调节端电压使其保持在一定的范围之内，这称为发电机的电压调节。

当转速或负载发生变化时，直流发电机可以通过改变励磁电流的方式使磁通发生变化，从而补偿转速或负载变化对发电机端电压的影响。交流发电机同样也可以通过调节发电机或励磁机的励磁电流来调节发电机的端电压。在一定条件下能自动保持发电机端电压基本恒定的装置称为电压调节器。由于不论是直流发电机还是交流发电机，其电压调节方式都是通过改变励磁电流实现的，所以二者的电压调节器在应用和原理上都基本一致。

早期的飞机直流发电机由于额定容量一般小于1.5 kW，大多采用振动式电压调节器。其通过一个对励磁电流敏感的继电器在发电机的励磁电路中串入或切除一个附加电阻的方式调节励磁电流。通过改变附加电阻的串入和切除时间就可以调节励磁电流的平均值，使电压恒定在额定范围内。这种方式的主要缺点是触点容易磨损，可靠性低，因而只适用于小容量发电机。

碳片式电压调节器是目前直流发电机应用较多的调压装置，交流发电机也同样适用，可用于中大功率的飞机发电机，励磁电流可达到10～15 A。主要缺点是碳片容易磨损，碳柱损耗大，抗振动与冲击能力差，调压精度低，动态响应慢。

现代飞机发电机大多采用晶体管式的电压调节器，具有体积小、质量轻、调压精度高、可靠性高、动态响应快的特点。利用晶体管原理制成的集成电压调节器在体积、重量与调压方面则更具有优势。

3.4.1 碳片式调压器

碳片式调压器由碳片电阻、电磁铁和固定在电磁铁上的弹簧三个基本部分组成。外观如图3-28所示。碳片电阻一端与衔铁上的碳质接触点接触，另一端由调整螺钉顶住，其本身可视为一个可变电阻器，与发电机励磁绕组相连。碳片电阻主要由碳片之间的接触电阻构成，当作用在碳片电阻上的压力改变时，其电阻可在几十欧姆到零点几欧姆的范围内均匀改变。

图3-28 碳片式调压器外观

碳片式调压器的工作原理如图3-29所示。碳片电阻的阻值取决于衔铁的位置，衔铁越靠上，碳片电阻越小，反之则越大。其工作过程如下：

发电机转速增加或负载减小→输出电压升高→下方电磁铁电流增大→电磁铁吸力增大→衔铁向下

运动→碳片电阻阻值增大→励磁电流减小→发电机输出电压减小。

发电机转速减小或负载增大时，工作过程正好相反。随着发动机转速及负载的变化，衔铁会相应地改变其平衡位置，使碳片电阻相应变化，改变励磁电流，最终形成输出电压的动态平衡。碳片式电压调节器属于电气机械式的调压装置，其具有以下缺点：①消耗功率大，达到电机励磁功率的25%；②碳片易磨损，寿命短；③调压精度不高；④耐振动及冲击差。

使用碳片式电压调节器要注意以下两个问题：①碳片调压器只能相对地使发电机电压恒定，而不能绝对地将电压保持在某一数值；②上述调节过程只有当发电机转速在正常工作范围内和发电机的负载不超过额定值时才能发生。

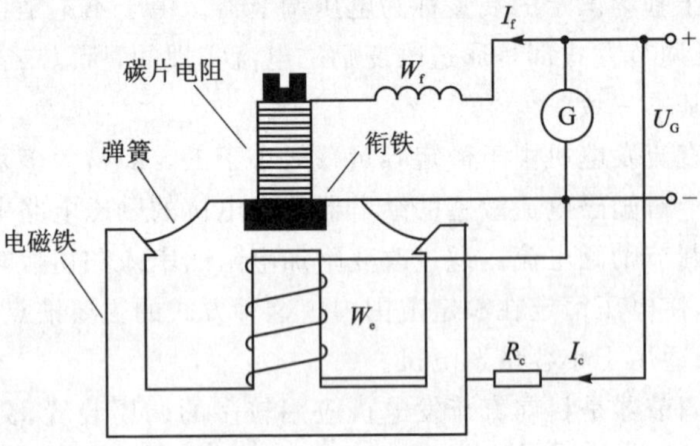

图 3-29　碳片式调压器原理

3.4.2　晶体管电压调节器

随着大功率电力电子器件与集成电路元件的出现，晶体管调压器得到了比较广泛的使用。与碳片式电压调节器相比，其具有以下优点：

(1) 体积小，重量轻，寿命长；

(2) 性能稳定，工作可靠，维护简便；

(3) 稳态误差小；

(4) 动态品质高；

(5) 电压调节范围大。

晶体管调压器主要是通过改变电力晶体管的开关状态即通过改变电力晶体管的导通比来调节发电机励磁电流，从而保持发电机电压基本恒定。通过改变电力晶体管开关状态调节励磁电流的原理如图 3-30(a)所示。晶体管本身相当于一个开关，当给晶体管基极施加开通信号后，晶体管将会导通，相当于开关闭合；当给晶体管一个相反信号后，晶体管将截至，相当于开关断开。输出电压 U_e 不是连续的，如图 3-30(b)上图所示。由于存在电感，输出电流 i_e 是连续的，如图 3-30(b)下图所示，二极管在晶体管断开时起续流作用。

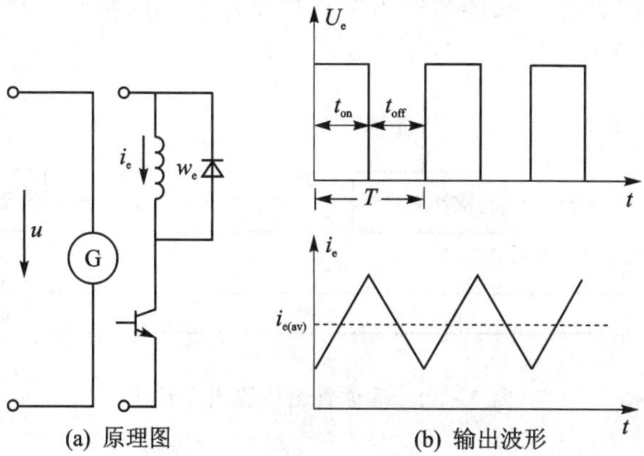

(a) 原理图　　　　(b) 输出波形

图 3-30　晶体管调节励磁电流原理

这里，$U_e = E \cdot \dfrac{t_{on}}{T} = E \cdot \sigma$，其中周期 $T = t_{on} + t_{off}$，$\sigma = \dfrac{t_{on}}{t_{on} + t_{off}} = \dfrac{t_{on}}{T}$，$\sigma$ 称为占空比，即晶体管的导通比，改变占空比就可以改变输出电压的大小。控制信号波形与输出电压的波形是完全一致的。因此，通过调节控制信号就可以精确控制励磁电流的大小。如图 3-31 所示，晶体管调压器脉冲调节的方式有两种：一种称为脉宽调制(Pulse Width Modulation，PWM)，即保持控制信号的周期不变，改变一个周期内脉冲的宽度 T_{on}；另一种称为脉频调制(Pulse Frequency Modulation，PFM)，即保持脉冲宽度不变，改变控制信号的周期 T。这两种方式都可以改变占空比 σ，从而调节输出电压。一般情况下，从控制、设计和材料等方面考虑，PWM 使用较多。

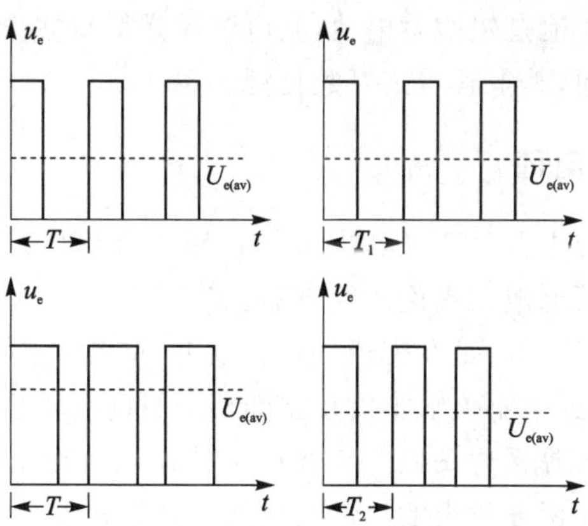

(a) PWM　　　　(b) PFM

图 3-31　晶体管调压器脉冲调节方式

晶体管调压器的工作原理如图 3-32 所示。通过检测比较电路比较基准电压与输出电压的差值,该差值经过波形变换电路及整形放大电路处理,成为电力晶体管开关控制信号,通过改变电力晶体管的占空比调整发电机的励磁电流,从而使发电机输出电压稳定。

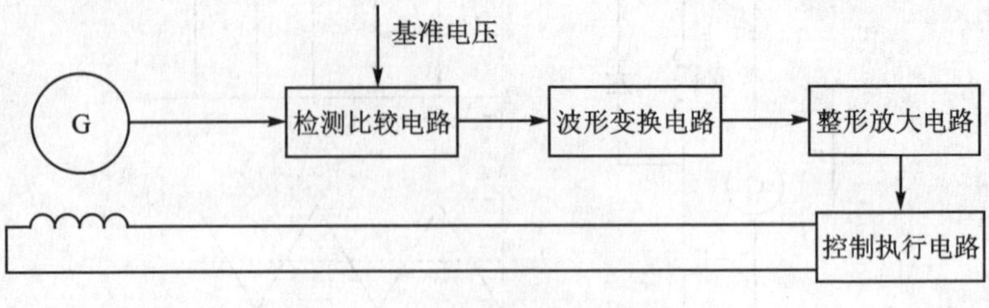

图 3-32 晶体管调压器工作原理

3.5 航空蓄电池

蓄电池(storage battery)是将化学能直接转化成电能的一种装置。充电时,将电能转换为化学能,放电时,将化学能转换为电能。蓄电池在各类飞机上都有所应用,是非常重要的辅助电源和应急电源。

航空蓄电池的种类很多,按照用途不同,航空蓄电池可分为飞机蓄电池和地面蓄电池两种。飞机蓄电池的作用是在飞机发动机不供电时,提供维持飞行必需的电能,必要时可以作为飞机发动机的启动电源。地面蓄电池主要作为地面检查用电设备和启动发动机的电源。此外,蓄电池在直流系统中还可起到良好的平波作用。

按照电解质的性质不同,航空蓄电池可以分为酸性蓄电池和碱性蓄电池两大类。飞机上常用的酸性蓄电池是铅酸蓄电池,其电解质是稀硫酸;常用的碱性蓄电池有镍镉蓄电池和锌银蓄电池,其电解质是氢氧化钾。

3.5.1 铅酸蓄电池

铅酸蓄电池是法国人普兰特(G. Plante)于 1859 年发明的,距今已经历了 150 余年的发展历程。铅酸蓄电池在理论研究方面、在产品种类及品种、产品电气性能等方面都得到了长足的进步,不论是在交通、通信、电力、军事,还是在航海、航空各个经济领域,铅酸蓄电池都起到了不可缺少的重要作用。目前在小型飞机上,铅酸蓄电池应用较多,如塞斯纳、钻石等系列飞机。与普通铅酸蓄电池相比,航空铅酸蓄电池极板较薄,电解液密度大,能保证较大的活性物质利用系数和较小的内阻,并且重量轻,尺寸小,启动性能好。缺点是寿命较短,通常仅为普通蓄电池的 1/5～1/10。

1. 铅酸蓄电池的工作原理

(1) 电动势的产生

铅酸蓄电池的正极板物质是二氧化铅(PbO_2),负极板物质是海绵状的铅(Pb),

电解液是稀硫酸(H_2SO_4)。在硫酸溶液中水分子的作用下,少量二氧化铅可与水生成可分解的不稳定物质氢氧化铅($Pb(OH)_2$),氢氧根离子在溶液中,铅离子(Pb)留在正极板上,故正极板上缺少电子。负极板海绵状的铅(Pb)与电解液中的硫酸(H_2SO_4)发生反应,变成铅离子(Pb^{2+}),铅离子转移到电解液中,负极板上留下多余的两个电子。可见,在电池开路的时候,由于化学作用,正极板上缺少电子,负极板上多余电子,两极板间就产生了一定的电位差,这就是铅酸蓄电池的电动势。一个单体的铅酸蓄电池电动势约为 2.1 V。

(2) 放电及充电过程

如图 3-33 所示,铅酸蓄电池放电时,在蓄电池的电位差作用下,负极板上的电子经负载进入正极板形成电流 I,同时在电池内部进行化学反应。

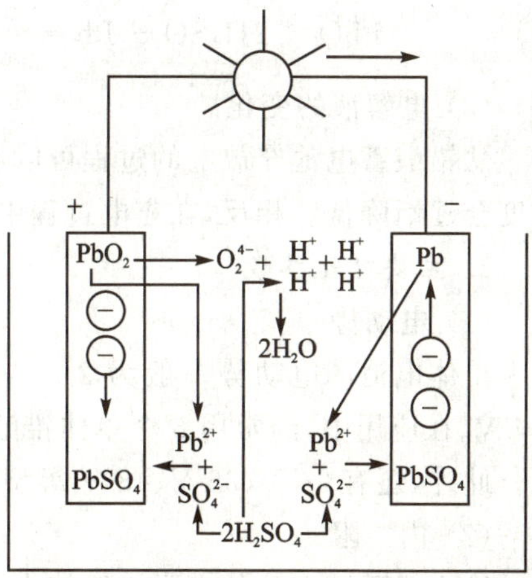

图 3-33　铅酸蓄电池的放电过程

负极板上每个铅原子放出两个电子后,生成的铅离子(Pb^{2+})与电解液中的硫酸根离子(SO_4^{2-})反应,在极板上生成难溶的硫酸铅($PbSO_4$)。正极板的铅离子(Pb^{4+})得到来自负极的两个电子(2e)后,变成二价铅离子(Pb^{2+})与电解液中的硫酸根离子(SO_4^{2-})反应,在极板上生成难溶的硫酸铅($PbSO_4$)。正极板水解出的氧离子(O^{2-})与电解液中的氢离子(H^+)反应,生成稳定物质水。

电解液中存在的硫酸根离子和氢离子在电力场的作用下分别移向电池的正负极,在电池内部形成电流,整个回路形成,蓄电池向外持续放电。放电时 H_2SO_4 浓度不断下降,正负极上的硫酸铅($PbSO_4$)增加,电池内阻增大(硫酸铅不导电),电解液浓度下降,电池电动势降低。

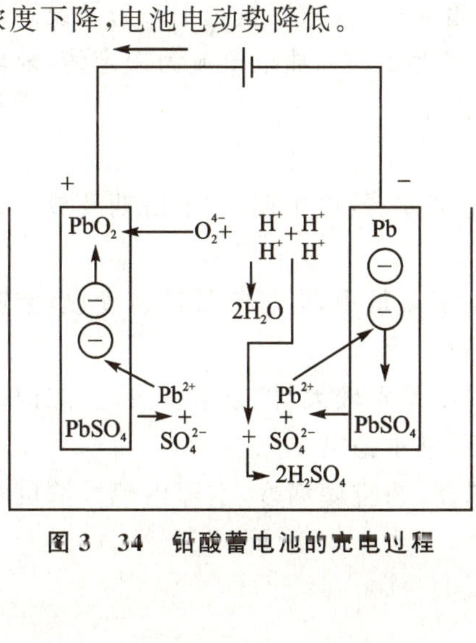

图 3-34　铅酸蓄电池的充电过程

如图 3-34 所示,充电时,应外接直流电源,使正、负极板在放电后生成的物质恢复成原来的活性物质,并把外界的电能转变为化学能存储起来。

正极板在外界电流的作用下,硫酸铅被离解为二价铅离子(Pb^{2+})和硫酸根负离子(SO_4^{2-}),由于外电源不断从正极吸取电子,故正极板附近游离的二价铅离子(Pb^{2+})不断放出两个电子来补充,变成四价铅离子(Pb^{4+}),并与水继续反应,最终在正极极板上生成二氧化铅(PbO_2)。负极板上,外界电流的作用下，硫酸铅被离解为二价铅离子(Pb^{2+})和硫酸根负离子(SO_4^{2-})，由于负极不断从外电源获得电子，则负极板附近游离的二价铅离子(Pb^{2+})被中和为铅(Pb)，并以海绵状铅附在负极板上。

电解液中，正极不断产生游离的氢离子(H^+)和硫酸根离子(SO_4^{2+})，负极不断产生硫酸根离子(SO_4^{2-})，在电场的作用下，氢离子向负极移动，硫酸根离子向正极移动，形成充电电流。

充放电时的化学方程式如下：

$$PbO_2 + 2H_2SO_4 + Pb \underset{\leftarrow 充电}{\overset{\rightarrow 放电}{\rightleftharpoons}} PbSO_4 + 2H_2O + PbSO_4 + 电能$$

(3) 电解液的变化

从铅酸蓄电池充放电的过程可以看出，铅酸蓄电池在放电过程中产生水，电解液浓度会逐渐降低。相反，在充电过程中消耗水，电解液的浓度会逐渐升高。

2. 主要电气参数

(1) 电动势

单体电池的电动势一般为 2.1 V，标称为 2 V，能最低放电到 1.5 V，充电到 2.4 V。在应用中，经常用 6 个单体铅酸蓄电池串联起来，组成标称 12 V 的铅酸蓄电池。此外，还有 24 V、36 V、48 V 等型号。

(2) 内　阻

航空铅酸蓄电池的内阻一般较小，为百分之几到千分之几 Ω。内阻在不同条件下是变化的。在充放电过程中，由于电解液的不断变化，蓄电池的内阻也在不断变化。放电时间越长，内阻越大；放电电流越大，内阻越大；低温时，内阻也增大。

(3) 容　量

蓄电池的容量是指完全充电状态下，按一定放电条件，放电到所规定的终止电压时所释放的电量，用 C(capacity)表示。不同的放电条件下，蓄电池能够释放的电量是不一致的。放电电流越大，有效容量越小；温度越低，有效容量越小。为了设定统一条件，规定了一个标准的放电条件：电解液温度为 20 ℃，放电电流为额定值，放电方式为连续放电。蓄电池容量的单位是安时(Ah)。

(4) 放电及充电特性

蓄电池的放电过程可以分为四个阶段：放电初期、放电中期、放电后期及放电终了。其特性曲线如图 3－35 所示。

放电初期(*AB* 段)：极板空隙内外电解液密度差很小，电解液扩散速度慢，空隙内的硫酸被大量消耗，补充不足，电动势下降迅速。

放电中期(*BC* 段)：极板空隙内外电解液浓度差别较大，扩散速度快，空隙内硫酸的消耗和补充基本相同，电动势下降缓慢，电压基本稳定。

放电后期(*CD* 段)：极板上沉积的硫酸铅增多，将空隙堵塞，空隙内硫酸浓度下降，电动势下降迅速。

放电终了(*D* 点以后):当蓄电池放电到 *D* 点以后,蓄电池已经失去了放电能力,此点为蓄电池的放电终了电压。此时如果继续放电,蓄电池电压将下降到零,如 *D* 点以后虚线所示。过量放电会损坏蓄电池寿命,因此在 *D* 点以后不允许继续放电。当放电停止以后,由于硫酸的扩散作用,极板空隙内的硫酸浓度又有所上升,电动势也会逐渐上升。

蓄电池的充电与放电过程基本类似,如图 3-36 所示。随着充电时间的延长,到了充电后期,基本上极板上所有的活性物质都已经参与反应,这时如果再继续充电,电流基本上全部用于电解水,可能会使蓄电池大量产气而鼓包,影响蓄电池寿命。当停止充电后,由于硫酸的扩散作用,电动势会逐渐下降,最终会趋于稳定。

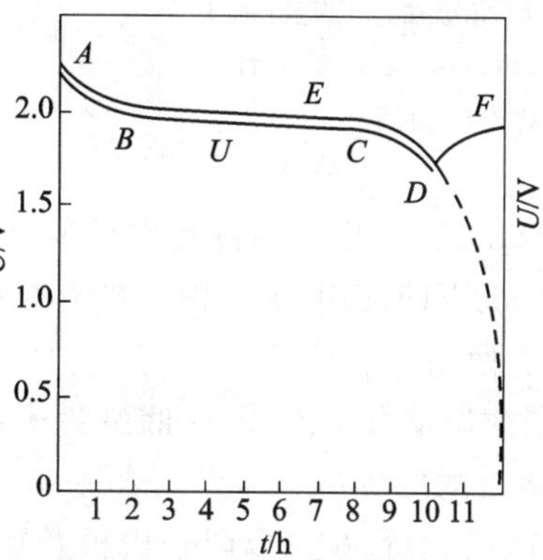

图 3-35 放电特性

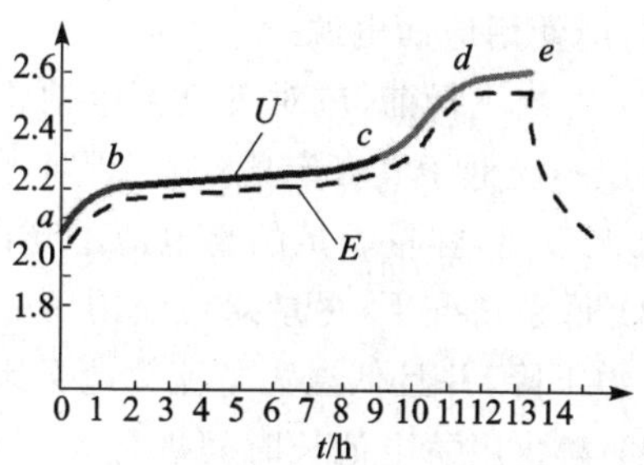

图 3-36 充电特性

(5) 典型铅酸蓄电池性能

以 12HK-28 型铅酸蓄电池为例,其主要性能数据如下:

① 单体额定电压:2 V

② 单体电池终止电压:1.7 V

③ 充足电电压:2.13~2.17 V

④ 额定容量:28 Ah

⑤ 额定电流:2.8 A(10 h 放电率),5.6 A(5 h 放电率)

⑥ 额定电压:24 V

⑦ 短时间(3.5 min)放电电流:170 A

3. 构 造

铅酸蓄电池包装在防酸、防震的壳体内,壳体一般由聚苯乙烯等材料制成。铅酸蓄电池都是由单体电池串联而成,单个平板之间由多孔隔板隔开,避免物理接触引起的短路。其构造如图 3-37 所示。

4. 使用注意事项

(1) 地面通电时一般不允许使用飞机蓄电池,地面检查飞机用电设备和启动发

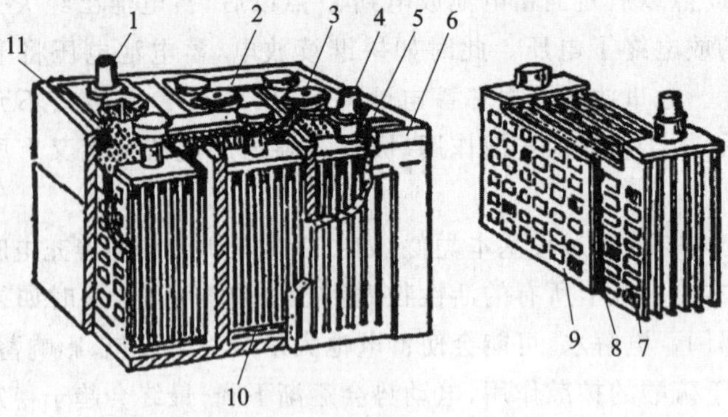

1—负极柱；2—连条；3—加液孔盖；4—正极柱；5—壳盖；6—外壳
7—正极板组；8—隔板；9—负极板组；10—肋条；11—封胶

图 3-37 铅酸蓄电池构造

动机时，应使用地面电源。

(2) 每次飞行前，应对飞机蓄电池进行电压检查，用双倍额定电流放电时，蓄电池的电压不应低于其额定值；为了保证紧急情况下的使用，要确保飞机上的蓄电池容量在75%以上，容量不足的蓄电池不允许装机使用。

(3) 低温情况下，尽量避免使用飞机蓄电池启动发电机，因为低温会使蓄电池的放电能力下降，并且低温大电流放电会影响蓄电池的寿命。

(4) 禁止用蓄电池长时间进行大电流放电或过量放电，以防止极板严重硬化，缩短蓄电池寿命。

3.5.2 镍镉蓄电池

镍镉蓄电池的正极物质是氢氧化镍($Ni(OH)_3$)，负极板物质是镉(Cd)，电解液是氢氧化钾(KOH)，属于碱性蓄电池。与铅酸蓄电池相比，镍镉蓄电池具有较长的使用寿命，其充放电次数为300～800次，最高可达2 000次，使用期可长达3～10年。另外，镍镉蓄电池具有良好的大电流放电特性，自放电电流小，充电放置半年后仍具有70%以上的容量；其次，镍镉蓄电池还具有低温特性好、结构牢固、维护简单等优点。镍镉蓄电池在大型飞机上应用较为广泛，如在空客A350XWB宽体飞机上就采用了镍镉蓄电池，其主要缺点是造价相对较高，单个电池输出电压较低，因此体积比铅酸蓄电池更大。

1. 镍镉蓄电池的工作原理

充电时，极板之间有离子的交换，氧离子从负极板转移到正极板，只要有充电电流存在，这个过程就一直持续，直到负极板上的氧离子都被去除，留下金属镉，正极板变成氧化镍。放电过程与充电过程相反，正极板失去氧离子，而负极板逐渐获得氧离子，正常放电期间，没有气体释放。

镍镉电池的充放电化学方程式如下：

$$2Ni(OH)_3+2KOH+Cd \underset{\leftarrow 充电}{\overset{\rightarrow 放电}{=\!=\!=}} 2Ni(OH)_2+2KOH+Cd(OH)_2+电能$$

在充放电过程中，电解液氢氧化钾（KOH）不参与反应，故电解液的密度和液面高度几乎不变。因此不能通过电解液的变化来判断蓄电池的充放电状态，通常用测量电压的方式来判断充放电程度。

2. 镍镉蓄电池的使用及维护

单体镍镉蓄电池的电动势一般为1.34～1.36 V，基本不受电解液密度和温度的影响。镍镉蓄电池存在一种称为热失控的效应，即当蓄电池接入能提供高电流的恒定充电电压的情况下，热失控会使温度增高，从而使电池内部电阻降低，进而使更多的电流进入蓄电池，引起恶性循环。极端情况下，产生的热量足以烧坏电池，因此给镍镉蓄电池充电需要用专门的方法，在电池里加装温度传感器，用于检测是否有热失控的情况发生。

3.5.3 锌银蓄电池

锌银蓄电池在充电后，其正极板活性物质是过氧化银（Ag_2O_2），负极板活性物质是锌（Zn），电解液是以氢氧化钾（KOH）为主并配以锌酸盐的饱和水溶液，是一种碱性蓄电池。放电结束后正极板活性物质变为银（Ag），负极板活性物质变为氢氧化锌（Zn(OH)）。

锌银蓄电池的突出优点是体积小，重量轻，容量大，此外还具有放电电压平稳和自放电小的特点。主要缺点是寿命短，容易产生内部短路故障，造价也较高。

锌银蓄电池的充放电化学方程式如下：

$$Ag_2O_2+2Zn+2H_2O \underset{\leftarrow 充电}{\overset{\rightarrow 放电}{=\!=\!=}} 2Ag+2Zn(OH)_2$$

锌银蓄电池由于放电过程中电解液中的水参与化学反应，因此，放电时电解液的密度会越来越大。

3.5.4 其他蓄电池

在飞机上还有其他类型的蓄电池，如锂电池和镍金属氢化物电池等。

锂电池家族包含20多个不同的产品，阳极、阴极及电解液都有很多种，选择的材料类型取决于成本、使用、寿命、温度等多种因素。锂电池是目前被看好的非常有前景的航空蓄电池技术，和铅酸蓄电池等其他电池相比，其具有寿命长、重量轻、维护少、充电时间短、能量密度大、无记忆效应等优点。

但是目前锂电池不会迅速替代飞机主电池，因为锂电池在安全性方面存在一定不足，如电解液容易自燃，存在自爆的可能性等。此外，其成本较高，并且电池制成以后每年都会损失一些存储容量，电池老化速度受到温度影响，温度越高，老化速度越快。

镍金属氰化物电池与密封式镍镉产品技术类似,在放电时能产生恒定电压,有非常好的长期储电性能和很长的循环寿命(充放电超过 500 次)。这种电池不需要维护,但是充放电却需要格外小心,不正确的充电或过量放电可能造成此类电池的永久性损坏。目前,已研制出新一代镍金属氰化物 12 V 电池,作为一般滑翔机上的常规密封铅酸蓄电池的直接替代品,已经成为世界上较先进的蓄电池之一。

3.5.5 蓄电池的安装及排气

飞机根据其尺寸配有一个或两个主电池,电池一般安装在配电点附近,以减少线路损耗。不同机型的安装位置如图 3-38 所示。电池舱内一般配有接盘,用于收集溢出的电解液,保护飞机机体。由于电池从飞机上脱落会有失火的危险,因此电池安装必须可靠固定。

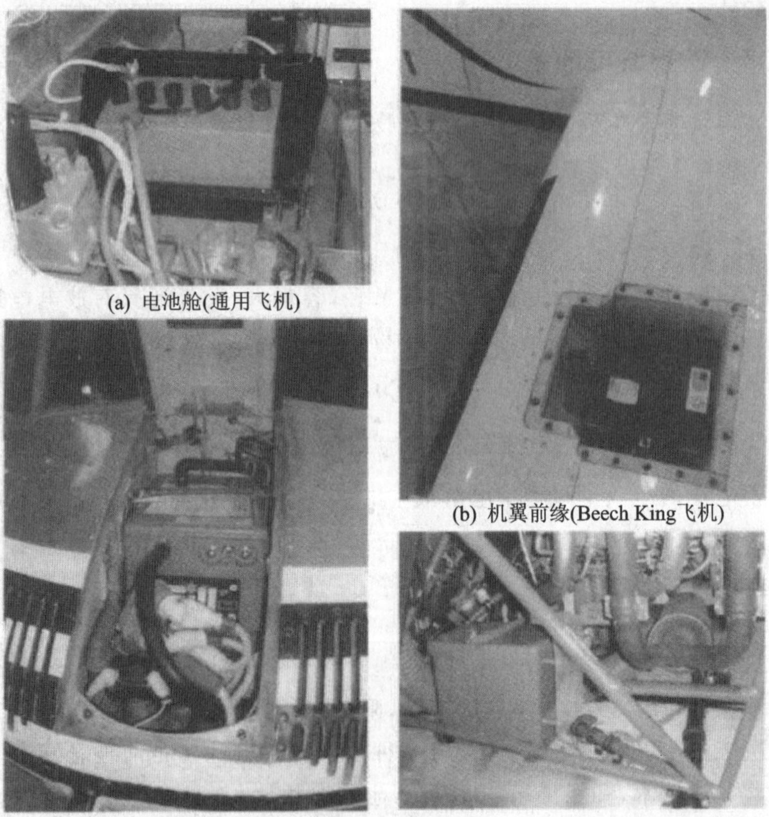

(a) 电池舱(通用飞机)

(b) 机翼前缘(Beech King飞机)

(c) 机头设备舱(中型直升机)

(d) 外部安装(小型直升机)

图 3-38 典型的蓄电池安装位置

蓄电池必须安装有排气装置,使气体排出并容纳电解液的溢出,如图 3-39 所示。排气管路通常是橡胶或其他耐腐蚀的导管,通过它将气体排到飞机外(通常是机身蒙皮处)。在加压飞机上,机舱与外部的压力差把气体导入排气系统,有些蓄电池带有捕获器,用于保存有害气体和蒸汽。

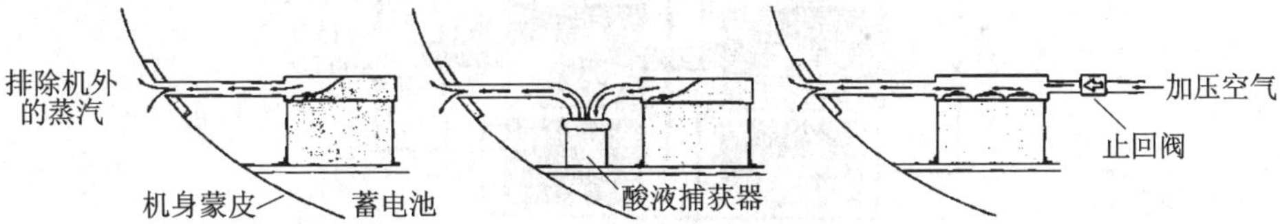

图 3-39　飞机蓄电池的排气

3.6　飞机电能变换设备

飞机上的主电源一般只有一种,或为 115/200 V、400 Hz 的交流电,或为 28 V 的低压直流电。但是飞机上用电设备种类很多,交流电源系统的飞机可能需要用到低压直流电,直流电源系统的飞机也可能用到高压交流电。此外,不同用电设备对于电源的电压和频率也都有不同的要求。因此,不是所有的飞机用电设备都能够采用飞机电网的电压和频率。要解决这一问题,就需要用到飞机电能变换设备。电能变换设备是飞机上二次电源、备用电源等设备的主要组成部分。飞机上的电能变换设备很多,按照设备有无旋转部件可以分为旋转型和静止型两大类。老式飞机上的直流升压器和旋转变流机等都属于旋转型电能变换设备,而变压器、静变流机和变压整流器则属于静止型。

3.6.1　旋转变流机

旋转变流机实际上是将直流电变换成交流电的电动机-发电机组,在低压直流系统中作为二次电源,为交流设备供电,分为单相变流机和三相变流机两大类。

单相旋转变流器的原理如图 3-40 所示。其可将飞机上的低压直流电源转变为 115/200 V、400 Hz 的交流电,通常由一个并励或复励的直流电动机和一个旋转电枢式的单相交流发电机组成。当变流机通直流电时,左边的直流电动机开始旋转,带动右侧交流发电机的电枢旋转,产生 115/200 V、400 Hz 的交流电,通过滑环和电刷向外输出。

三相变流机和单相变流机的原理类似,通常由一个直流复励式的电动机和一个具有永磁转子的三相交流发电机组成。直流电动机带动三相交流发电机旋转输出三相交流电。

旋转变流机工作效率较低,约为 47%～51%,并且变流机体积大,质量大,噪音高,质量功率比大,可靠性差,随着电力电子技术的发展,目前正在逐步被静止变流器所取代。

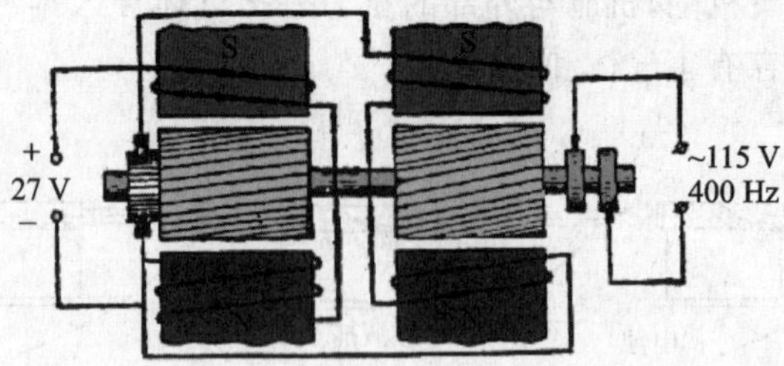

图 3-40　单相旋转变流机

3.6.2　静变流机

静变流机(Static Inverter,INV)是将飞机上的直流电转变为相应电压及频率交流电的静止电能变换设备。其主要作用是在主电源为直流电源的系统中,作为二次电源为仪表和无线电等设备提供一定电压和频率的交流电。在主电源是交流电的系统中,与飞机蓄电池配合作为应急交流电源,维持飞行必需的交流用电设备的运行。

静变流机通常由输入滤波器、逆变器、输出滤波器、稳压电源、振荡器、激励电路和控制电路等组成,如图 3-41 所示。

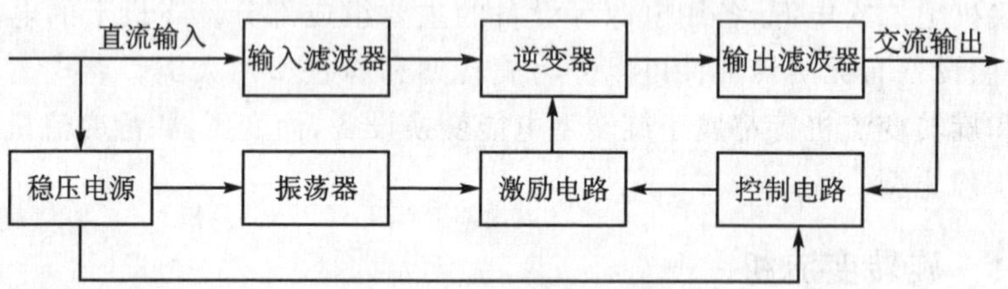

图 3-41　静变流机原理

1. 输入滤波器

输入滤波器连接在输入直流电源和逆变器之间,主要作用是消除逆变器产生的波纹电压对直流电源的影响。

2. 逆变器

逆变器是静变流机的核心部件,通过它将直流电进行斩波或调制,输出一定波形的交流电。逆变器的种类很多,按照输出波形可以分为矩形波逆变器、脉宽调制逆变器、正弦波脉宽调制逆变器、阶梯波合成逆变器等。其中正弦波脉宽调制逆变器在体积、重量及性能方面都有优势,目前应用较为广泛。

3. 输出滤波器

输出滤波器的作用是消除逆变器输出中的高次谐波电压,以获得理想的正弦波,满足用电设备对电能质量的要求。

4. 稳压电源

稳压电源为振荡器和控制电路提供稳定的直流电压,以便提高系统工作的精确度和可靠性。

5. 激励电路

激励电路将振荡器输出的交流电压脉冲信号经过整形放大成逆变器功率开关器件的控制信号，控制逆变器的正常工作。

6. 控制电路

控制电路根据输出的电压特性，控制功率开关器件的控制信号，以便在输出电压变化或负载变化时保持输出电压不变。

几种常见单相逆变器主电路结构及工作波形如图 3-42～图 3-44 所示。

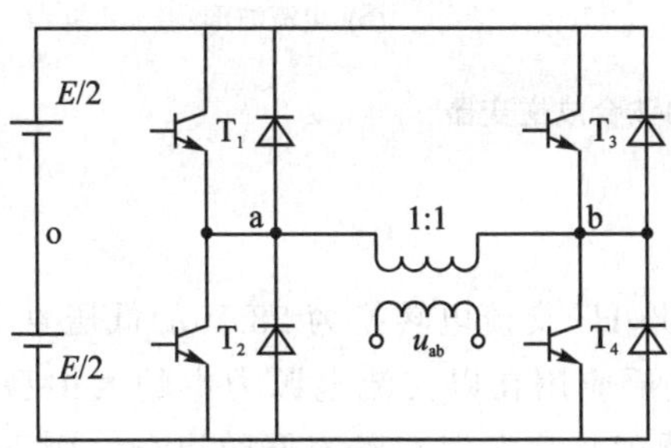

(a) 主电路

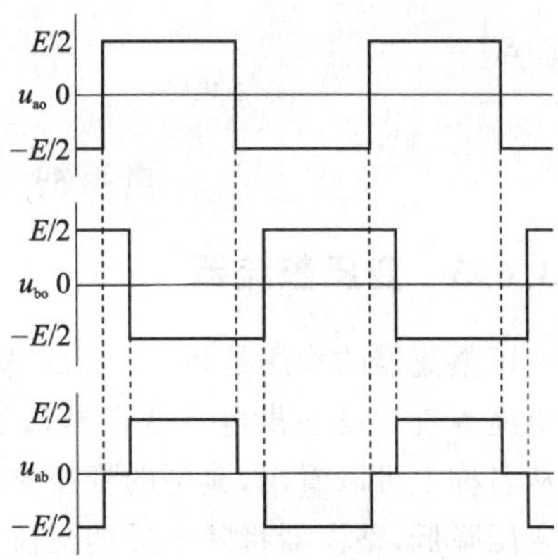

(b) 电流波形

图 3-42　矩形波逆变器

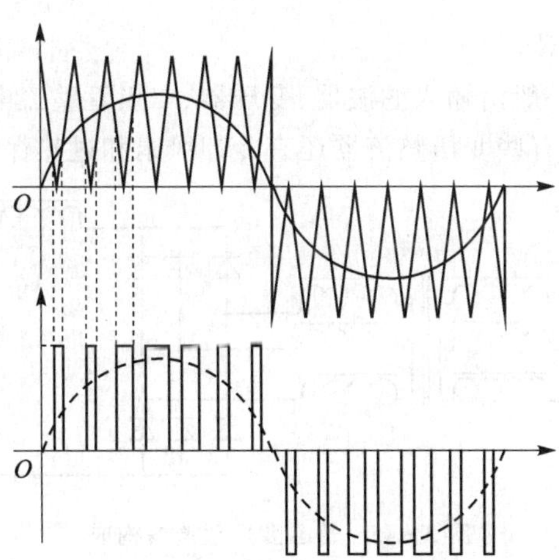

图 3-43　正弦脉宽调制逆变器

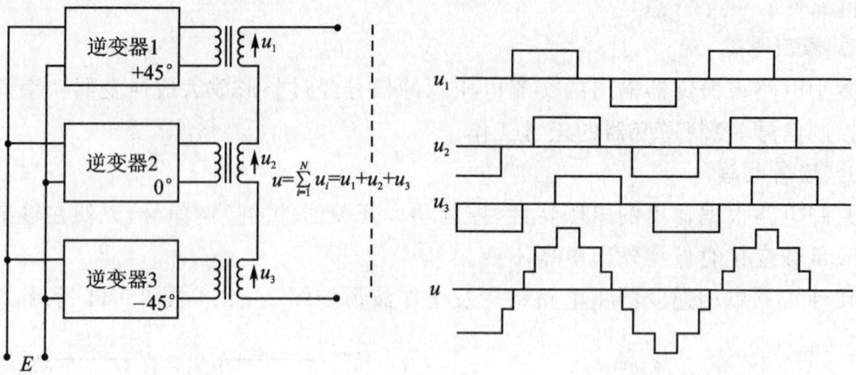

(a) 主电路　　(b) 电流波形

图 3－44　阶梯波合成逆变器

3.6.3　变压整流器

变压整流器的作用是将 115/220 V、400 Hz 交流电转换为 28 V 的低压直流电，为蓄电池等直流设备供电。变压整流器主要应用在以交流电源为主的大中型飞机上。从名称上可以看出，典型的变压整流器就是变压器与整流器的组合。变压器将交流电压降低，整流器将降压后的交流电转换成直流电。由于其自身没有输出电压调节作用，因此输出电压受负载和电源电压影响较大，并且因其具有变压器，体积和重量也较大。目前，先进飞机大多采用电子式的变压整流器，可以克服普通变压整流器的不足。

1. 普通变压整流器

普通变压整流器一般由输入滤波器、变压器、二极管整流电路和输出滤波器等组成，如图 3－45 所示。有些变压整流器还有冷却风扇和过热保护装置等。

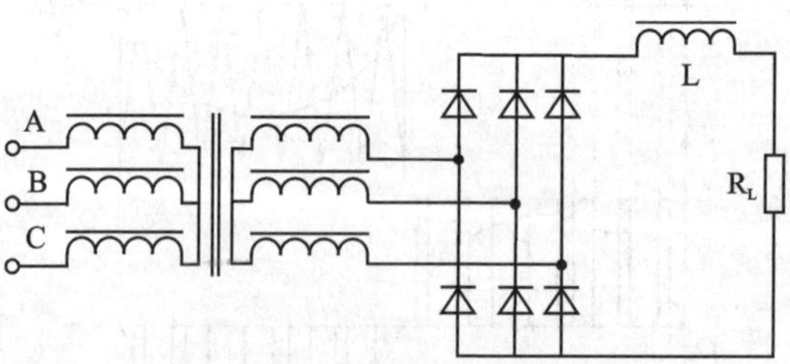

图 3－45　普通变压整流器构成

输入滤波器通常为 L 或 π 型 LC 滤波器，其作用是减小变压器工作时对交流电源的影响。

变压器的作用是将 115/220 V、400 Hz 交流电变换成低压交流电，其质量占到了整个变压整流器重量的一半。为了降低重量，铁心通常采用高饱和磁感应和低损耗的铁磁材料。

二极管整流电路的主要作用是将低压交流电整流成 28 V 低压直流电，根据变压器和整流器的线路连接方式，整流电路可以分为三相半波整流、三相全波整流和六相全波整流等类型。

输出滤波器的作用是对输出的脉动直流电进行滤波，以减小脉动，获得理想的直流电。

变压整流器输出电压 U_d 与负载电流 I_d 的关系称为变压整流器的外特性，如图 3－46所示。从外特性上可以看出，输出电压与输入电压有关，同时也与负载电流有关，随着负载电流的增大而减小，初始部分电压变化较剧烈。所以在使用普通变压整流器时，一般应接入一个很小的固定负载，从而可避开变化较剧烈的初始部分，以保持电压稳定。

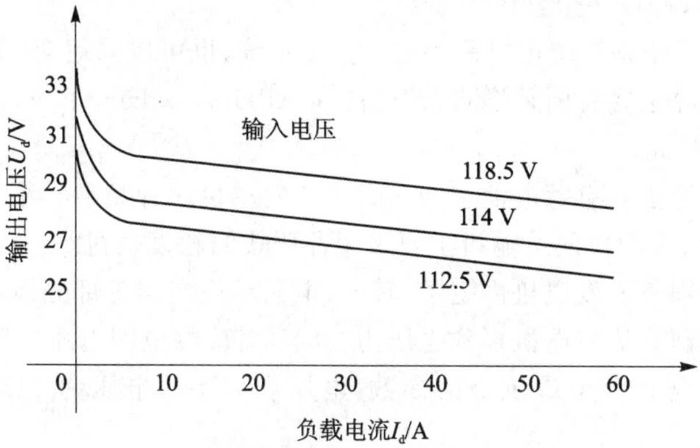

图 3－46　变压整流器的外特性

2. 电子式变压整流器

电子式变压整流器实际上是一种具有隔离功能的直流变换器，由输入 LC 滤波器、输入桥式整流电路、直流滤波电路、高频逆变器、降压变压器和输出整流滤波电路及控制和保护电路等组成。

其原理是先将高压交流电转换成高压直流电，然后逆变成高频交流电，通过降压变压器降压成低压交流电，然后通过整流及滤波电路输出低压直流电。

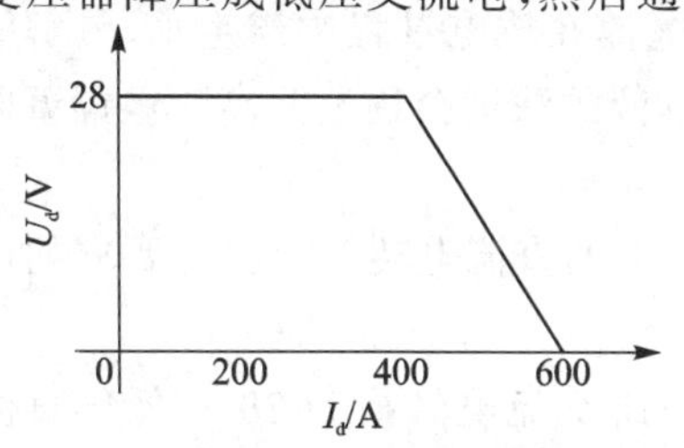

图 3－47　电子式变压整流器外特性

电子式变压整流器利用逆变电路改变了交流电的频率，故变压器体积、质量小。又因为逆变器可以调节输出电压，因此输出电压不受负载及输入电源电压的影响。

电子式变压整流器含有电力电子器件，因此需要控制最大输出电流，以免电力电子器件过载而损坏。其外特性如图 3－47 所示，在 400 A 以内，电压调节器正常工作，输出电压不因负载和电源电压变化而变化。电流超过400 A后，输出电压降低，到600 A时，输出电压降为零，从而避免了输出电流的进一步增大，起到了保护电力电子器件的作用。

本章重要知识点

(1) 常见的飞机电源类型有低压直流电源(LVDC)、恒速恒频(Constant Speed Constant Frequency，CSCF)、变速恒频(Variable Speed Constant Frequency，VSCF)、变速变频(Variable Speed Variable Frequency，VSVF)、高压直流电源(HVDC)等几种类型及它们的混合形式。

(2) CSCF通过恒速传动装置(Constant Speed Device，CSD，简称恒装)使发电机以恒速运行从而产生恒频交流电，是目前应用最广泛的一种飞机交流电源系统。

(3) 组合驱动发电机(Integrated Drive Generator，IDG)将恒速传动装置和交流发电机合二为一，构成一个整体。

(4) VSCF的变频系统可以采用交-直-交系统，也可以采用交-交系统。

(5) 辅助电源主要有两种形式：蓄电池和APU(Auxiliary Power Unit，辅助动力装置)带动的发电机。

(6) 应急电源主要有蓄电池和冲压式涡轮发动机两种类型。小型飞机的应急电源主要是蓄电池，大型民航运输机主要采用冲压式涡轮发动机。

(7) 飞机有刷直流发电机由定子、转子、电刷和换向器等部分组成。

(8) 飞机有刷直流发电机标称电压为30 V(对应的电网电压一般为28 V)。

(9) 交流供电有两个最重要的参数：电压和频率。电压为115/200 V，频率为400 Hz。

(10) 当恒装输入轴转速分别等于、低于或高于制动点转速时，恒装存在零差动、正差动、负差动三种工作状态。

(11) 碳片式电压调节器是目前直流发电机应用较多的调压装置，而现代中大型飞机发电机大多采用晶体管式电压调节器。

(12) 按照电解质的性质不同，航空蓄电池可以分为酸性蓄电池和碱性蓄电池两大类。飞机上常用的酸性蓄电池是铅酸蓄电池，其电解质是稀硫酸；常用的碱性蓄电池有镍镉蓄电池和锌银蓄电池，其电解质是氢氧化钾。

(13) 铅酸蓄电池的单体电池为2 V。铅酸蓄电池在放电过程中产生水，电解液浓度会逐渐降低。相反，在充电过程中消耗水，电解液的浓度会逐渐升高。镍镉蓄电池在充放电过程中没有电解液的变化。

(14) 静变流机(Static Inverter，INV)是将飞机上的直流电转变为符合要求的电压及频率交流电的静止电能变换设备。

(15) 变压整流器的作用是将115/220 V、400 Hz交流电转换为28 V低压直流电。在使用普通的变压整流器的时候，一般应接入一个很小的固定负载，从而可避开变化较剧烈的初始部分，保持电压稳定。

思考题

1. 大型飞机的交流电源主要有哪几种类型？
2. VSCF 电源有哪些优缺点？
3. 高压直流电源有哪些优点？
4. 并励式直流发电机自励发电的条件有哪些？
5. 三级式无刷交流同步发电机的工作原理是什么？
6. 碳片式调压器的工作原理是什么？
7. 铅酸蓄电池放电的四个阶段是什么？
8. 铅酸蓄电池的使用注意事项是什么？
9. 普通变压整流器的构成和使用注意事项是什么？

第4章　飞机输配电系统

4.1　飞机电网构成形式

4.1.1　直流电网

直流电网构成比较简单,通常采用单线制或双线制。对于全金属结构的飞机,通常采用单线制,利用飞机机体作为负回路;对于复合材料的飞机,则需要采用双线制。

单线制是将电源和用电设备的负极接线柱用一根较短的导线直接连接在飞机机身上,利用飞机的金属机身作为负线。优点是能够大大减轻电网重量,而且机体负线回路电阻小,电压损失小,便于连接、使用和维护。单线制的问题是容易发生短路故障,此外,利用机体作为负线会对磁罗盘和无线电接收机造成较大电磁干扰。

双线制是利用一根导线将电源正极与用电设备正极相连,称为正线;另外一根导线将电源负极与用电设备负极相连,称为负线。与单线制供电相比,其可靠性较高,不容易发生短路故障。此外,一般正线与负线均平行敷设,通过电流时它们产生的磁场会相互抵消,对磁罗盘和无线电接收机的影响较小。缺点是重量较大,维护较复杂。

4.1.2　交流电网

交流电源系统根据发电机和供电馈线连接方式的不同可以分为单相供电系统和三相供电系统两大类。单相交流供电系统与直流系统类似,对于金属机身的飞机而言,一根馈线将电源连接到汇流条,另一根则利用飞机机体形成回路,应用相对较少。三相交流供电系统在现代飞机上应用广泛,主要有下面几种连接方式。

1. 以机体为中心的三相四线制

如图4-1所示,其特点是以机体为中线,省略了中线的质量,所以电网质量相对较轻。单相用电设备可接于相与相之间,也可以接于相与地之间,因此可以获得两种电压(线电压与相电压)。由于三相对称,其通断控制及保护设备都比较简单。因为对飞机壳体的电压只是相电压,所以对机上人员相对比较安全,现代飞机上普遍采用这种供电形式。

2. 不接中线的三相三线制

如图4-2所示,该供电方式下,单相用电设备的电压为线电压,由于三次谐波的补偿作用,其波形失真小。此外,在正常情况下,供电系统不与飞机机体构成回路,对机上人员比较安全。主要缺点是对供电设备只能提供一种电压(线电压),某一相短路时还会出现单相用电设备串联的现象,使这些设备都不能正常工作。

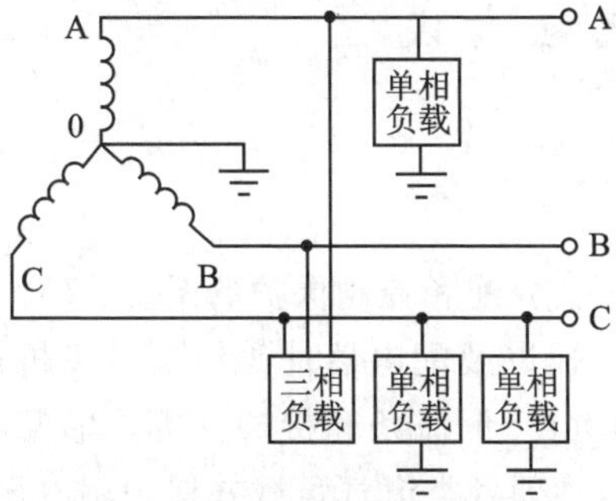

图 4－1　以机体为中心的三相四线制

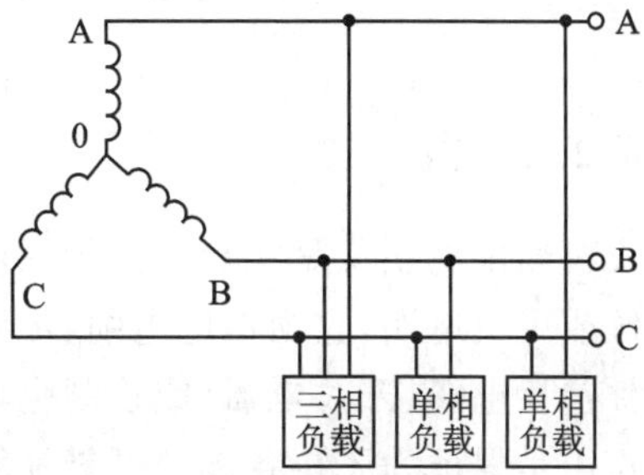

图 4－2　不接中线的三相三线制

3. 以单相为主兼有三相的供电系统

如图 4－3 所示,该交流供电方式是一种特例,应用于安－24 飞机的交流电源系统中。这种飞机的电源系统装有两台 18 kW 的直流发电机和一台 16 kVA(另一台备用)的交流发电机,分别提供直流和交流电源。

其交流电源由连接成三角形的三相有刷交流同步发电机提供,但是主要使用其中的 A－C 相以提供交流电源,因此这部分是一个单相交流电源系统。除了连接有 B 相设备汇流条外,还输出 A 相到自动驾驶仪汇流条,向自动驾驶仪三相负载供电,自动驾驶仪的供电属于三相供电系统。

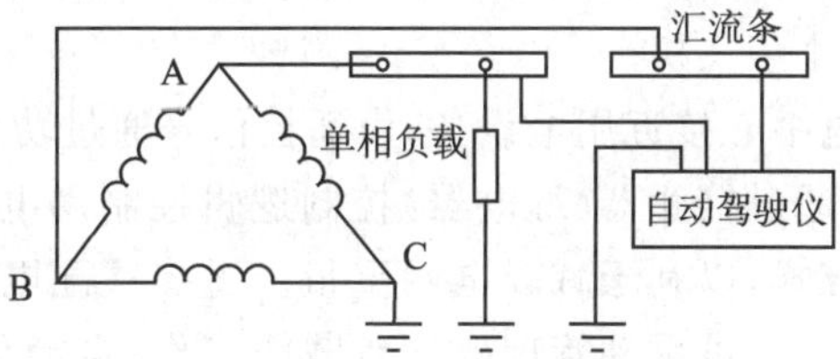

图 4－3　以单相为主兼有三相的供电系统

4.1.3　对飞机电网的要求

飞机电网的分布取决于飞机上用电设备的位置,由于其几乎分布于飞机全身,因此飞机电网非常复杂,容易发生短路、断路或其他故障。为了保障安全飞行,对飞机电网的要求很高。

(1) 飞机电网必须有非常高的可靠性,要求在正常供电和非正常供电的情况下,保证重要负载不断电,特别是保证飞行关键负载的不间断供电。

(2) 供电质量要高,供电质量直接影响到用电设备的性能和寿命。

(3) 电网重量要轻,要对飞机电网进行科学合理的设计,采用先进的配电技术,尽可能地减轻电网重量。

(4) 飞机电网必须易于安装、检查、维护和改装。

4.2 飞机输配电方式

4.2.1 概 述

飞机输配电系统是实现电能到用电设备输送、分配和控制保护的系统，又称为配电系统或飞机电网，它由馈电电缆、汇流条、配电板以及配电器件等组成。飞机输配电器件包括电缆、开关电器(或控制电器)、保护电器、汇流条和接插件等。输配电系统的作用是保证为飞机各部分可靠地输配电能，管理各类电气负载并保护用电设备。

按机载供电的性质，飞机配电方式分为低压直流、三相交流和高压直流三种方式。直流电网常采用负线与机身搭接的单线制，交流电网常采用三相四线制。按结构配置，飞机配电方式可分为集中式配电、分散式(独立)配电和混合式配电三类。配电系统按控制方式分为常规式、遥控式和固态式三种。

常规式配电的功率线全部引入座舱内的配电中心或中心配电装置，二级配电中心或电气负载从中心配电装置获得电能，由电路断路器提供馈电线过载保护。电气负载的控制方式为继电器逻辑控制，由飞行人员通过离散信号控制线手动管理电气负载，负载的工作情况由状态电门(即微动开关)及信号指示灯来显示。这种配电方式电缆重量大，断路器、开关和信号指示灯多，控制板占用面积大，使得飞机驾驶舱十分拥挤，给维护和检修工作带来很大困难。手动管理负载的方式也给飞行员带来很大负担，目前只适用于小型飞机。

遥控式配电的配电中心接近用电设备，由遥控信号通过功率控制器操纵，座舱内只引入控制线，飞行员通过接触器(继电器)控制逻辑控制用电设备。现代的大中型飞机常采用这种配电方式，以利于减轻电网重量。遥控式配电系统多数没有电气负载自动管理功能，由飞行人员手动管理电气负载的工作，自动化程度不高，并且由于仍需要大量的电路断路器和馈电导线，体积重量也较大。

固态式配电又可称为全自动化配电。这种配电系统的控制方式取消了众多的信号控制线，由计算机通过多路传输数据总线传递控制信号和状态信息，经固态功率控制器(Solid - State Power Controller，SSPC)对用电设备进行控制和保护，通过座舱内的综合显示装置显示系统状态。配电系统采用分布式汇流条配电方式，飞机座舱中无须设置中心配电装置，用电设备就近与配电汇流条相连，由 SSPC 提供馈电保护功能。由于这种配电方式大量采用了固态功率控制器件，因此被称为固态配电系统。由于用电设备的重要性及其在飞行中各个阶段的作用各不相同，在起飞、巡航、着陆等各阶段应有不同的负载管理方案，当出现故障时，管理方案应改变。在飞行中，需要综合考虑各种因素决定负载切换方式，或转换为应急供电等，以确保对飞行关键设备的可靠供电。在常规式和遥控式配电方式中，上述情况的管理都通过飞行人员手动操作完成，而在固态配电方式中，负载管理方式分为人工管理和自动管理两种，前者由飞行人员判断操作，后者则由计算机按预定管理方案自动进行，极大地减轻了飞行人员的工作负担。

4.2.2　飞机配电方式

按结构配置，飞机配电方式可分为集中式配电、分散（独立）式配电和混合式配电三类。

1. 集中式配电

如图 4-4 所示，两台发电机（或蓄电池、地面电源）都接在中央电源汇流条上，然后由它直接将电能输送到用电设备。

集中配电系统中，电源和用电设备的控制和保护都设在有电源汇流条的中央配电盘内，配电盘位于飞行人员附近。优点是配电方式结构简单，电压稳定，线路电压降仅取决于设备本身消耗的电流，电网简单，易于检查和维护。缺点是若电网发生短路故障，则所有的用电设备都会失去电力供应，并且由于所有的馈线都集中在中央配电盘中，导线长，重量大，中央配电盘结构复杂，体积大。因此这种配电方式仅适用于用电量不大的小型飞机。

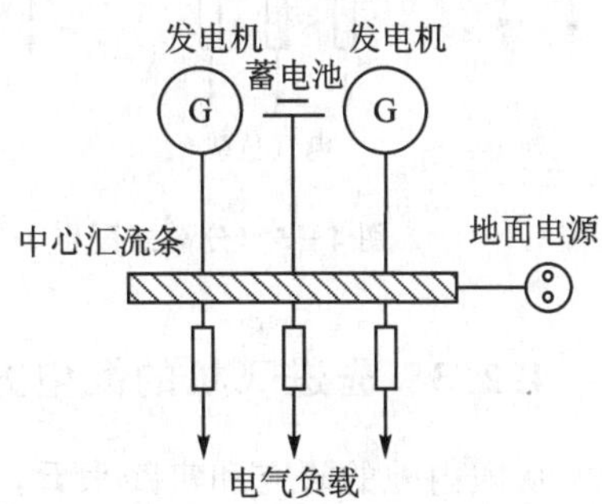

图 4-4　集中式配电

2. 分散式配电

如图 4-5 所示，发电机（或蓄电池、地面电源）与各自的电源汇流条相连。在正常情况下，各供电通道相互不连通，只有在一组电源故障后，其负载才会转到另一组电源供电。

分散供电的优点是即使发生短路故障也只会对故障电网发生影响，提高了工作的可靠性。主要缺点是如果每个独立系统的发电容量不够大，那么在启动大的负载时会导致系统电压的显著波动，同时当一组电源出现故障后，供电通道切换需要一定时间，可能导致供电中断，影响计算机等电子设备的正常使用。

3. 混合式配电

如图 4-6 所示，该方式除了中心配电装置之外，还有若干个二次配电装置。各用电设备可分别由上述两种配电装置供电。这种配电系统具有集中式配电与分散式配电的优点，可以大大减小导线和配电装置的重量，结构简单，功能分散，易于维修检查，可靠性高。这种方式下用电设备端电压随用电设备的大小和个数而异，一般用于中大型飞机。

飞机电网有开式（辐射式）和闭式（环形）之分。开式电网的电能仅从一个方向传送到用电设备汇流条，闭式电网的配电汇流条由两个或两个以上的方向供电，可靠性高。开式电网结构简单,电网重量轻,闭式电网可靠性高,生命力强。

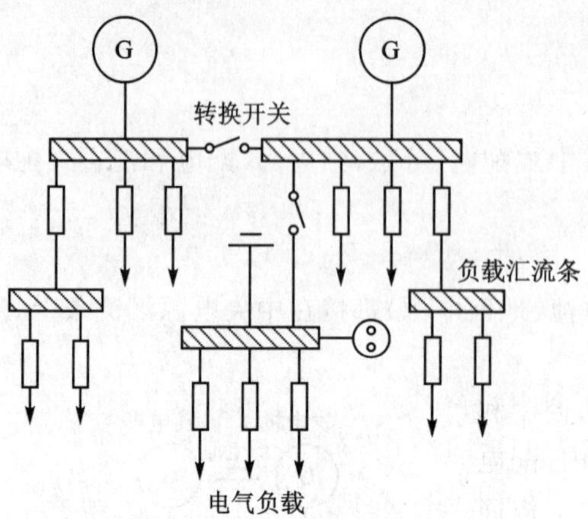

图 4-5 分散式配电

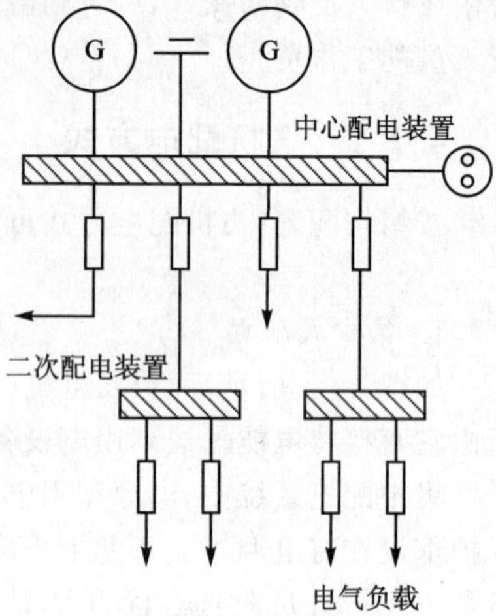

图 4-6 混合式配电

4.2.3 先进飞机的配电方式

从国内外的研究和实践来看,飞机配电系统发展的总趋势就是采用分布式配电和负载自动化管理技术。1980 年,美国海军航空发展中心首先提出了"固态电气逻辑控制组合的规范"。20 世纪 80 年代初期,飞机电气系统多路数据总线开始采用 1553B 总线,从而与航空电子总线相兼容。波音公司开展了先进电源系统与控制方案的研究,该方案利用通用多功能硬件和计算机技术将电源系统与数字式电子信息系统(Digital Avionics Information System,DAIS)组合在一起,该结构能满足多用途双发动机战术飞机的要求,后来数字式负载管理技术被成功地应用于 B-1B 轰炸机上。目前飞机电气负载自动管理技术已用于 F-22 和 F-35 等战斗机,波音 777、787 等飞机的电气系统也采用了多路传输技术进行发电系统和配电系统的数字控制。采用分布式配电,可以大大提高配电可靠性,增强安全性,减轻配电系统重量,提高功率使用和负载管理的效能;采用负载自动管理技术可以根据飞机发电容量的大小、供电系统的完好程度以及飞机不同的飞行阶段自动断开和接通用电设备,使系统具有重构能力,从而保证飞行和任务关键负载的可靠供电。采用分布式配电和负载自动管理的多路传输技术系统,有着常规配电系统无法比拟的优越性,是下一代先进飞机配电系统的发展趋势。

先进飞机的电气系统通过电气系统处理机(Power System Processor,PSP)控制整个电气系统;通过远程终端(Remote Terminal,RT)、负载自动管理系统(Load Auto Management System,LAMS)和发电机控制单元(Generator Control Unit,GCU)监测和控制整个供电系统;根据飞行阶段和电源情况,实现飞机配电和负载管理的自动化。飞机电气负载自动管理技术根据实际情况，设置若干负载管理中心（Electric Load Manage Center，ELMC），分布在飞机不同部位。每个 ELMC 中设有电子控制器（Electronic Control Unit，ECU），ECU 根据不同飞行阶段的负载管理优先级，控制通断不同的负载。每个飞机电气负载都对应着一个逻辑控制方程。

某型飞机电气系统如图 4-7 所示，由两台 30 kVA、115 V/400 Hz 恒速恒频三相交流发电机（CSD+GEN）、3 台 6 kW 输出电压为 28 V 变压整流器、容量为25 Ah 的两个直流应急电源和两台 800 VA 交流应急电源组成。

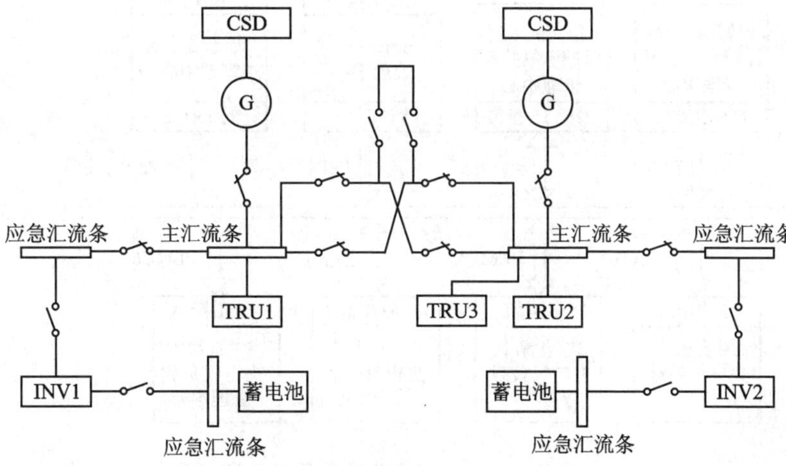

图 4-7 交流供电系统主电路

根据飞机配电系统情况，电气负载管理系统由 2 个电源系统处理机（PSP）、6 个电气负载管理中心（ELMC）、1 个远程终端（Remote Terminal Unit，RTU）、2 个发电机控制器（GCU）、1 个电源开关板、1 个记录装置和 1553B 总线组成。1553B 总线将各功能部件通过总线接口连接起来组成分布式控制系统。该系统以分层式的结构和航空电子信息管理系统（Avionics Information Management System，AIMS）相交联，其结构如图 4-8 所示。

ELMC 是电气负载管理系统的主要部件，其功能与常规配电系统的配电中心类似。与配电中心的不同之处，是 ELMC 设有 ECU，ECU 控制着汇流条转换和电气负载的加卸操作，其具体功能为通信功能、电源汇流条管理功能、电气自动负载管理功能和系统自检测功能。

先进飞机自动配电系统具有如下特征：

1. 实现负载的自动管理

负载自动管理系统可对配电系统所需的功率与电源系统功率进行合理调度分配，以达到电源设备的最有效利用。该系统可以有秩序地实现分布式电力汇流条的加载或卸载，实现发电机负载的逐步建立，以避免大负载的突加和突卸所引起的电压波动，从而保证供电质量。当飞机在应急状态时可以按负载管理的优先级卸载，保证

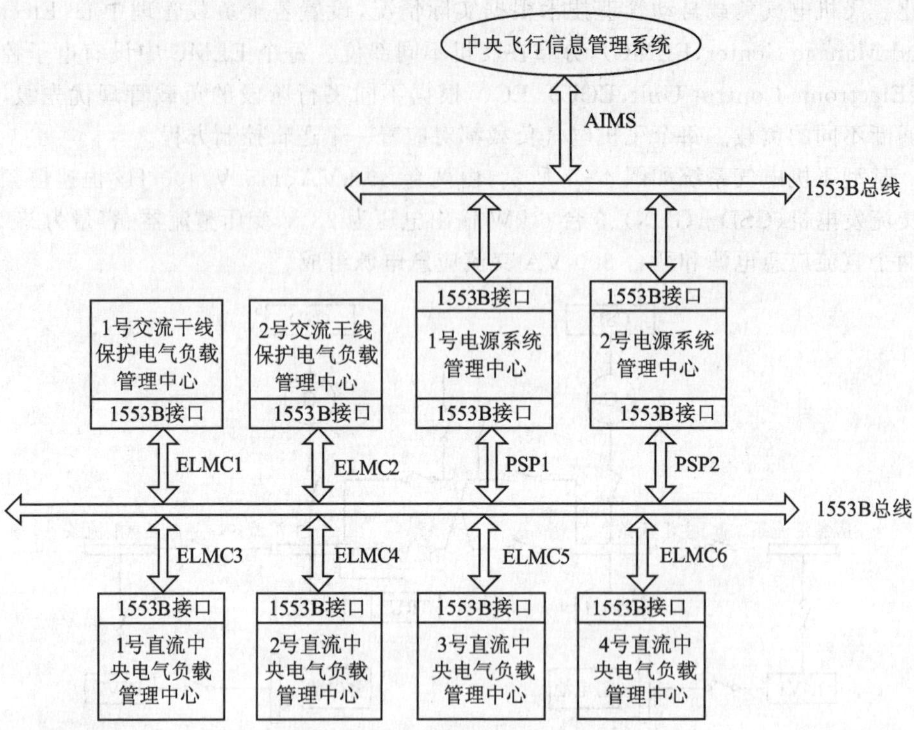

图 4-8　分布式配电管理系统结构

关键飞行负载的可靠供电，以便在有限功率的条件下提高飞机安全返航的概率。

2. 提高供电系统的可靠性

由于先进配电系统易于采用余度和容错技术，可以使系统在单点和多点故障的情况下仍能向负载供电。同时，由于采用了自检测技术和专家诊断系统，可以及时发现故障和预测故障。

3. 节约空间，减轻供电系统重量

驾驶舱可除去中央配电系统，使空间增大。采用的分布式汇流条、远程终端和负载管理中心均可放置于负载附近，使功率线的长度可以根据负载分布来裁减，从而缩短了电线长度，减轻了重量。

4. 提高配电系统的维护性

电网维护上的最大难点在于确定故障点，这往往需要很复杂的人工测试过程，既费时又费力。而先进配电系统除了在飞行发生故障后可以对故障设备进行余度转换以保证系统正常工作外，还可由自检装置将故障信息存入故障显示装置的非易失性存储器中，地勤人员可利用专门的地面检测设备寻找出故障并且再现故障，很快判别出故障点，迅速更换故障设备。

5. 提高配电系统的可扩展性

使用先进配电系统，按照标准化、模块化和通用化进行设计，维护方便，适应性强。在飞机改型、添加功能和增加新设备时，一般只需对软件作一定的修改即可完成系统的重构，因而可降低研制费用及改型费用。

4.3　供电系统的电磁兼容问题

4.3.1　概　述

1. 电磁干扰与电磁兼容

电磁干扰（Electro Magnetic Interference，EMI）是干扰电气信号并降低信号完好性的电子噪音。电磁干扰是电磁信号引起的，只要有电流在流动，那么电磁干扰就会产生。严格地说，只要把两个以上的用电元件置于同一环境中，工作时就会产生电磁干扰的后果。随着科学技术的发展，人们在生产及生活中使用的电气及电子设备的数量越来越多，这些设备工作的同时，都会产生一些有用或无用的电磁能量，这些能量会影响其他设备或系统的工作，这就是电磁干扰。

电磁干扰和电磁兼容是两个相互关联的概念。电磁兼容（Electromagnetic Compatibility，EMC）指设备或系统在其电磁环境中符合要求运行并不对其环境中的任何设备产生无法忍受的电磁干扰的能力。如果一个电气电子设备的电磁干扰引起了另一个电气电子设备性能下降或失效，就称之为电磁不兼容，所以EMC实际上与其他电气电子设备和平共处的能力。EMC包括两个方面的要求：一方面是指设备在正常运行过程中对所在环境产生的电磁干扰不能超过一定的限值；另一方面是指设备对所在环境中存在的电磁干扰具有一定程度的抗扰度，即电磁敏感性。

2. 电磁干扰的发生

电磁干扰的发生必须具备三个基本条件：干扰源、干扰传播途径和敏感设备，被称为电磁干扰的三要素，如图4-9所示。

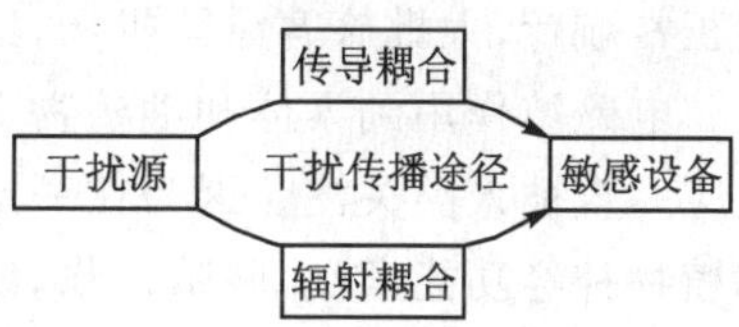

图4-9　电磁干扰三要素

(1) 干扰源

干扰源是产生电磁干扰的电气电子设备，是电磁干扰的三要素之首。存在干扰源并不一定会产生电磁干扰，其可能存在电磁干扰和电磁兼容两种可能。电磁干扰源一般是无意识发射的，通常伴随着电气电子设备的某些功能而产生。完全消除电磁干扰源是不可能的，只能通过电磁兼容的方式，让其工作在正常工作范围内。

(2) 干扰耦合（传播）途径

干扰耦合（传播）途径是干扰能量可以传播的途径。任何电磁干扰的发生必然伴随着干扰能量的传播，电磁干扰的传播方式有两种：一种是传导传输方式，一种是辐射传输方式。对于敏感设备而言，干扰的耦合分为传导耦合和辐射耦合两类。

传导耦合需要干扰源和敏感设备之间有物理电路连接，干扰信号通过线路传导到敏感设备,发生干扰现象。辐射耦合则通过介质以电磁波的方式传播,使敏感设备受到干扰的影响。

(3) 敏感设备

敏感设备在电磁兼容理论中指能够被电磁干扰影响的对象。所以,敏感设备实际上是电磁不兼容的。

3. 电磁干扰的危害

电磁干扰对人类主要有三大危害:

(1) 电磁干扰会破坏或降低电子设备的工作性能;

(2) 电磁干扰能量可能引起易燃易爆物的起火和爆炸;

(3) 电磁干扰能量可对人体组织器官造成伤害,危及人类的身体健康。

下面是一些电磁干扰危害的例子:

美国航空无线电委员会 RTCA 曾在文件中提到,由于没有采取对电磁干扰的防护措施,一位旅客在飞机上使用调频收音机,使导航系统的指示偏离 10°以上。因此,在国际上,对舰载、机载、星载及地面武器、弹药的电磁环境都有严格要求。1993 年美国西北航空公司曾发表公告,限制乘客使用移动电话和调频收发机等,以免电磁干扰导航系统。

雷击引起的浪涌电压属于高能电磁干扰,具有很大的破坏力。1976～1989 年我国南京、茂名、秦皇岛等地的油库以及武汉石化厂,均因遭受雷击引发爆原油罐,造成惨剧。1992 年 6 月 22 日傍晚,雷电击中北京国家气象局,造成一定的破坏和损失。

1998 年 1 月 20 日,由于大功率寻呼发射机干扰广州机场与空中飞机间的无线电通信联络指挥调度,危及飞行安全,不得不关闭一个繁忙扇面,致使 90 多个航班不能正常航行,大批旅客滞留机场,给繁忙的春运造成巨大影响。

电磁波作用到人体和动植物上,可以被反射、吸收和穿透。这种非电离射频生物效应一直被人类关注。因为在一定条件下,电磁辐射可导致中枢神经系统机能障碍和植物神经功能紊乱、眼睛损伤,诱发癌症或免疫缺陷性疾病。

4. 电磁兼容的策略

电磁兼容可以从电磁干扰的三要素出发,对应于解决问题,消除其中某一个因素,就能解决电磁兼容问题。

抑制电磁干扰的首要措施是找出干扰源;其次是判断干扰的途径,确定干扰量。解决电磁兼容问题应从产品的开发阶段开始,并贯穿于整个产品或系统的开发、生产全过程。国内外的大量经验表明,在产品或系统的研制生产过程中越早注意解决电磁兼容问题,越可以节约人力与物力。

电磁兼容设计的关键技术是对电磁干扰源的研究。控制干扰源的发射,除了从电磁干扰源产生的机理着手降低其产生的电磁噪声外,还需广泛地应用屏蔽(包括隔离)、滤波、接地、频率调制和数字传输等技术。

(1) 屏蔽主要是运用各种导电材料,制造成各种壳体并与大地连接,以切断通过空间的静电耦合、感应耦合或交变电磁场耦合形成的电磁干扰传播途径；隔离主要是运用继电器、隔离变压器或光电隔离器等器件来切断电磁干扰以传导形式的传播途径，其特点是将两部分电路的地线系统分隔开来，切断通过阻抗进行耦合的可能。

(2) 滤波是在频域上处理电磁噪声的技术，为电磁噪声提供一条低阻抗的通路，以达到抑制电磁干扰的目的。例如，电源滤波器对 50 Hz 的电源频率呈现高阻抗，而对电磁噪声频谱呈现低阻抗。

(3) 接地技术是任何电子、电气设备系统都必须采用的重要技术，包括安全接地和信号接地两大类。接地体的设计、地线的布置、接地线在各种不同频率下的阻抗等不仅涉及产品或系统的电气安全，而且关联着电磁兼容及其测量技术。

(4) 信号调制分为幅度调制和频率调制两大类，频率调制后的信号在传输过程中如遇电磁干扰，则只影响其幅度，难以影响其频率，因此接收信号质量高。如电台的立体声调频广播。

(5) 数字信号在传输过程中抗电磁干扰能力很强，通过将模拟信号转化为数字信号传输能极大提高信号传输的质量，提高抗电磁干扰能力。

电磁兼容的策略如表 4-1 所列。

表 4-1　电磁兼容策略

<table>
<tr><th>传输通道抑制</th><th>空间分离</th><th>时间分隔</th><th>频域管理</th><th>电气隔离</th></tr>
<tr><td>滤波</td><td rowspan="5">地点位置控制
自然地形隔离
方位角控制电磁
场矢量方向控制</td><td rowspan="5">时间共用准则
雷达脉冲同步
主动时间分隔
被动时间分隔</td><td>频谱管制</td><td>变压器隔离</td></tr>
<tr><td>屏蔽</td><td>滤波</td><td>光电隔离</td></tr>
<tr><td>搭接</td><td>频率调制</td><td>继电器隔离</td></tr>
<tr><td>接地</td><td>数字传输</td><td>DC/DC 变换</td></tr>
<tr><td>布线</td><td>光电转换</td><td>电动-发电机组</td></tr>
</table>

4.3.2　飞机的主要电磁干扰源

飞机的电磁干扰源类型很多，一般可以分为飞机系统内干扰源和系统外干扰源两大类。

1. 飞机系统内干扰源

(1) 无线电发射设备干扰

飞机上的通信、导航、雷达等无线电设备都有大功率的发射机，其中高频单边带无线电台是最难控制的干扰源，它的发射功率达数百瓦，频率在 2～30 MHz 范围之间，使用非定向天线。超短波调幅通讯电台使用频率在 100～150 MHz，发射功率也达数十瓦。它们除了通过天线发射电磁波以外，还通过机壳、电源线、控制线向周围辐射电磁干扰。在发射信号中除了调谐频率的有用电磁波外，还产生谐波和各种调制交调干扰电磁波，在它们进行收发工作时，整个飞机系统内将产生较大的复杂的干扰场。

(2) 脉冲数字电路和开关电路干扰

随着电子设备和计算机等机载设备增多,大量设备采用数字电路工作于开关状态。由于数字脉冲电流和电压波形的上升前沿很陡,其中包含着丰富的高次谐波分量,它们不仅传到电源线中,而且还向周围空间辐射,这是一种频谱较宽的干扰源。机载计算机中的时钟振荡器、数据总线以及各种门电路、触发器等都会产生辐射干扰。

(3) 带有控制开关的电感性电气设备干扰

在飞机上存在许多电感性的电气元件,如风扇电机、液压电泵、舵面和副翼操纵的电动舵机、起落架收放驱动电机等,它们都是含有铁心线圈的电感性负载。当采用开关按钮或继电器触头来控制通-断转换时,就会在电路中产生前沿很陡的瞬变电压干扰,一般上升时间在微秒到纳秒之间,电压峰值可达 600 V,持续时间长达 1 ms,振荡频率在 1～10 MHz 之间。

(4) 旋转设备和荧光灯干扰

飞机上使用的发电机和电动机在旋转过程中,由于电刷与整流子之间的滑动接触而产生的火花放电会形成频谱较宽的辐射电磁干扰。民航客机的照明大多数采用 400 Hz 交流供电的荧光灯,荧光灯管是充汞氩混合气体的放电管,在放电的同时产生高频振荡,从而形成电磁干扰,其频谱在 0.1～5 MHz 范围,场强频密度为 20～300 μV/kHz。

(5) 400 Hz 电源输出电线干扰

由于机舱内空间狭窄,电缆布线密集,由电源线电场和磁场造成的干扰约占飞机各种干扰总量的 30%。

2. 飞机系统外干扰源

(1) 静电放电干扰

飞机上的静电来源有几个方面:飞机蒙皮和空气中的粒子摩擦生电,液压系统中的液体流动与管道内壁摩擦产生静电。飞机上的静电放电干扰会造成电子设备的失灵甚至损坏。

(2) 雷电干扰

飞机在穿越云层时常发生雷击,雷电能产生特别大的电流,造成很大破坏。

(3) 太阳和宇宙辐射干扰

太阳和宇宙辐射对于飞机通信系统具有明显影响,尤其是太阳耀斑爆发的时候。

(4) 地面无线电设施的射频干扰

当飞机在地面停留或起飞降落时,航空地面设备和机场设施可能对飞机辐射电磁波构成电磁干扰。

4.3.3 供电系统的电磁兼容性

供电系统的电磁兼容性指的是供电系统及其组成与相关部件在所规定允许的电

磁环境下完成规定要求的能力。能完成，则称供电系统具有电磁兼容性；不能完成或完成不好，则称系统不具有电磁兼容性或兼容性差。规定允许的电磁环境指对系统周围以传导和辐射方式传播的电磁能量幅值与频谱的极限。在极限范围内，系统及其组成与相关部件应能正常工作，且它们自身所具有的电磁能量对周围环境的传导与辐射的幅值与频谱不能超出允许的极限。

关于供电系统电磁兼容的要求有相应的标准，如 GJB1389《系统电磁兼容性要求》、GJB151A《军用设备和分系统电磁发射和敏感度要求》等，感兴趣的可以自己查阅学习。

本章重要知识点

(1) 直流电网构成比较简单，通常采用单线制或双线制。对于全金属结构的飞机，通常采用单线制，利用飞机机体作为负回路；对于复合材料的飞机，则需要采用双线制。

(2) 交流电源系统可以分为单相供电系统和三相供电系统两大类。单相交流供电系统与直流系统类似。三相交流供电系统在现代飞机上应用广泛，主要有以机体为中心的三相四线制、不接中线的三相三线制和以单相为主兼有三相的供电系统。

(3) 按机载供电的性质，飞机配电方式分为低压直流、三相交流和高压直流三种方式。直流电网常采用负线与机身搭接的单线制，交流电网常采用三相四线制。按结构配置，飞机配电方式可分为集中式配电、分散式(独立)配电和混合式配电三类。配电系统按控制方式分为常规式、遥控式和固态式三种。

(4) 先进飞机电气系统通过电气系统处理机(Power System Processor，PSP)控制整个电气系统，通过远程终端(Remote Terminal，RT)、负载自动管理系统(Load Auto Management System，LAMS)和发电机控制单元(Generator Control Unit，GCU)监测和控制整个供电系统。

(5) 电磁干扰(Electro Magnetic Interference，EMI)是干扰电气信号并降低信号完好性的电子噪声。电磁干扰和电磁兼容是两个相互关联的概念。电磁兼容(Electromagnetic Compatibility，EMC)指设备或系统在其电磁环境中符合要求运行并不对其环境中的任何设备产生无法忍受的电磁干扰的能力。

(6) 电磁干扰的发生必须具备三个基本条件：干扰源、干扰传播途径和敏感设备，称为电磁干扰的三要素。

思考题

1. 飞机交流电网的构成形式有哪些？
2. 先进飞机自动配电系统有哪些特征？
3. 飞机配电方式按照结构配置有哪些类型，特点是什么？
4. 电磁干扰对人类有哪些危害？
5. 飞机上常见的电磁干扰源有哪些？

第 5 章　飞机电源的并联运行及控制与保护

5.1　概　述

对于多台发电机的供电系统，每台发电机可以单独向用电设备供电，也可以并联运行向设备供电。单独供电时，如果某台发电机发生故障被切除，则此发电机连接的负载要转由正常发电机供电，就需要一定的转换时间，可能造成暂时的供电中断，这对于计算机等设备而言是不利的。并联供电可以大大提高供电的可靠性，个别发电机故障并切除后不影响负载的供电。并联供电电网容量增大，可满足大的启动电流和尖峰负载的用电需求，在负载突变时，可以减轻对电网的冲击，改善供电质量。由于并联供电的优点，其在低压直流系统中得到了广泛的应用，在交流电网中也有所应用。

并联供电存在着负载均衡的问题，就是两台相同的发电机分担的负载是否平均的问题。在直流系统中，如果两台发电机的输出电流相同，各为总负载电流的一半，则认为负载分配是均衡的。两台发电机输出电流相差越大，则负载分配就越不均衡。交流电源的负载均衡包含有功分量均衡和无功分量均衡两部分，更加复杂。飞机电源的并联运行要求两台发电机的负载要尽可能地均衡，否则可能造成一台发电机未能发挥供电能力，而另一台发电机超出额定容量而烧毁。

控制和保护装置是飞机电源系统的重要组成部分，控制与保护是分不开的，控制往往是为了保护，控制及保护的基本器件在第二章中已经介绍。实际应用中，飞机电源的主要控制对象或执行元件有四个。

(1) 发电机励磁控制继电器(Generator Control Relay，GCR)：控制发电机励磁电路的接通与断开，即决定发电机是否能够励磁发电。

(2) 发电机断路器(Generator Breaker，GB)，又称为发电机接触器(Generator Contactor，GC)或发电机控制断路器(Generator Control Breaker，GCB)：控制发电机能否投入电网并向各自的发电机汇流条供电，即决定发电机是否输出电能。

(3) 汇流条连接断路器，又称并联断电器(Bus Tie Breaker，BTB)：它可将各发电机汇流条与同步汇流条或连接汇流条接通与断开，即决定发电机是否并联供电或发电机汇流条之间是否交互供电。

(4) 外电源接触器(External Power Contactor，EPC)：飞机停在地面，接上外电

源时，它决定外电源是否向机上电网供电。

飞机电源系统控制与保护装置的作用就是人工或自动地接通、断开或转换上述开关装置。所谓控制，主要是根据供电方式的需要及一定的逻辑关系，控制上述发电机和电网的开关元件，以完成发电机和电网主要汇流条的接通、断开或转换工作。而保护一般是在发电机或电网局部出现故障时，有选择性地自动断开某些开关装置，使故障部分与正常供电系统隔离，防止故障扩大，保证系统正常供电。

除了上述基本的控制保护器件外，大型飞机上还有辅助动力装置断路器(APB)、不中断电源转换(NBPT)等。飞机并联与不并联运行的控制实际是对 GCB、GCR 和 BTB 的控制以及对 APB 和 EPC 的控制，其控制均是通过发电机控制器(GCU)和汇流条功率控制器(BPCU)来实现的。

飞机电源系统的控制保护器有继电器型、磁放大器型、晶体管型及三者的混合等类型。目前，晶体管式控制保护器因其体积小、质量小、耗电少、动作迅速、抗振性强、工作可靠等优点而应用广泛，但也存在受温度和电压影响大、线路复杂等缺点。随着电子技术的发展，集成电路在飞机电源的控制及保护装置中得到了越来越广泛的应用。

5.2　直流电源并联运行及控制与保护

5.2.1　并联运行条件与负载均衡

直流电源与电网并联的条件是：电源极性和电网极性相同，电源电压和电网电压相同。

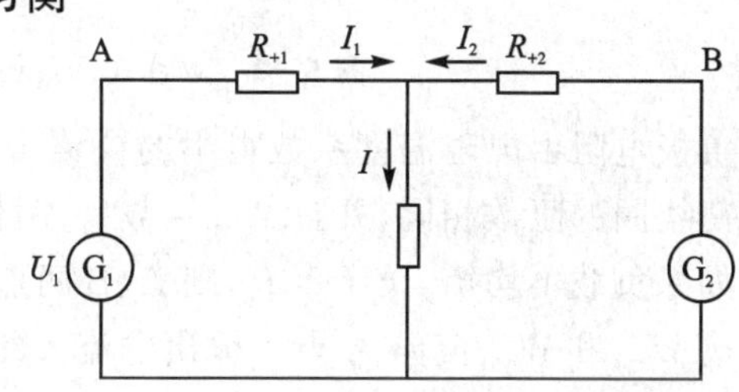

图 5-1　两台直流发电机并联原理

图 5-1 为两台直流发电机并联工作原理图。A 和 B 为调节点，U_1 和 U_2 为 A、B 点电压，U_n 为并联汇流条电压，R_{+1} 和 R_{+2} 为电源到汇流条间的正线电阻，I_1 和 I_2 为发电机 G_1 和 G_2 的输出电流。可得方程组：

$$U_n = U_1 - I_1 R_{+1}$$
$$U_n = U_2 - I_2 R_{+2}$$
$$I = I_1 + I_2$$

所以，可得 I_1 和 I_2 的表达式：

$$I_1 = \frac{U_1 - U_2}{R_{+1} + R_{+2}} + \frac{R_{+2}}{R_{+1} + R_{+2}} \cdot I \quad I_2 = \frac{U_1 - U_2}{R_{+1} + R_{+2}} + \frac{R_{+1}}{R_{+1} + R_{+2}} \cdot I$$

所以

$$\Delta I = I_1 - I_2 = \frac{2(U_1 - U_2)}{R_{+1} + R_{+2}} + \frac{R_{2+} - R_{+1}}{R_{+1} + R_{+2}} \cdot I$$

由此可以看到，要想两台发电机发出电流相同，必须满足：

(1) 两个调压器所保持的电压相等，即 $U_1=U_2$；

(2) 两台发电机的正线电阻相等，即 $R_{+1}=R_{+2}$。

满足了上述的两个条件，则负载分配就是均衡的。

5.2.2 自动均衡电路

实际上，要想实现负载均衡的两个条件是非常困难的，一般情况下需要采用负载自动均衡电路来实现。不同的供电系统采用的调压器型号不同，因此负载均衡的方式也各有差异。如图 5-2 所示，下面主要介绍一下碳片式调压器的负载均衡电路。

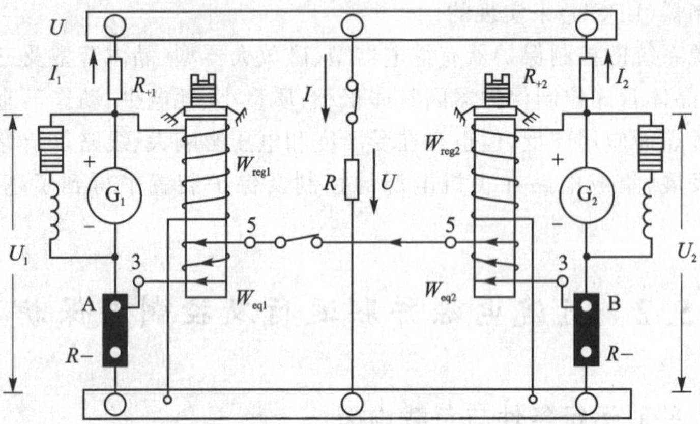

图 5-2 碳片式调压器的负载均衡电路

负极电阻由电阻温度系数很小的镍铬合金制成，电阻很小，并且 $R_{+1}=R_{+2}$，两个均衡线圈的匝数相同，并且 $W_{eq1}=W_{eq2}$，阻值也相同。

如果负载不均衡，设 $I_1>I_2$，则 A、B 两点电位不相等，$\Phi_A<\Phi_B$，于是电流会从 B 点经过 W_{eq2} 和 W_{eq1} 流向 A 点。输出电流大的发电机调压器中，均衡线圈电动势与工作线圈电动势相同，调压器铁心合成的磁场增强，调压器电阻增大，励磁减小，从而降低电压 U_1；另外一个电压调节器工作方式正好相反，电压 U_2 升高。结果输出电流大的发电机电流 I_1 减小，输出电流小的发电机 I_2 电流增大。这样就实现了两台发电机的负载均衡。

基本上所有的负载均衡电路都是将与电流差有关的信号反馈到电压调节器，以改变调节点的电压，从而提高负载分配的均衡性。

5.2.3 发电机与蓄电池的并联运行

在装有单台发电机电源系统的飞机上，发电机常与蓄电池并联运行。发电机正常工作时，向蓄电池充电，保证蓄电池储备充足的电能。发电机停车或发生故障不能发电时，由蓄电池向负载供电，以保证不发生供电中断的现象。发电机与蓄电池并联运行的原理如图 5－3 所示。

发电机与蓄电池并联运行需要满足两个条件：①发电机的极性必须与电网极性相同；②发电机电压必须稍微高于电网电压。若发电机电压低于电网电压时投入电网，则一投入就会出现反流，使发电机断开，断开后又投入，又断开，会导致系统接触器处于震荡状态，可能损坏发电机或蓄电池。关于反流的内容，将在下节讲解。

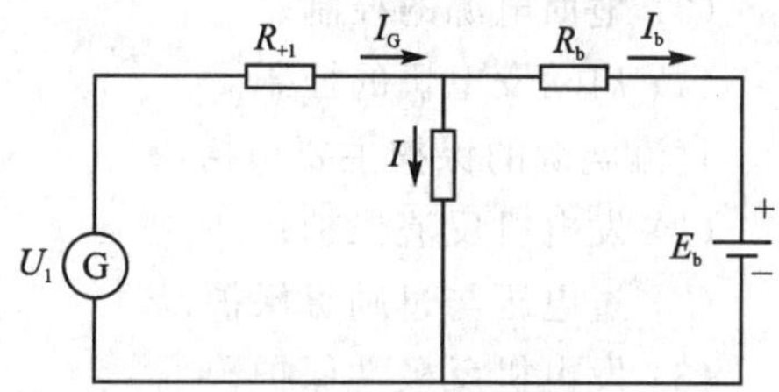

图 5－3　发电机与蓄电池并联运行原理

发电机与蓄电池的并联运行会出现四种情况：

(1) 如果电网上没有接负载，则发电机仅对蓄电池充电。

(2) 如果负载电流较小，发电机除继续向蓄电池充电外，还向用电设备供电。

(3) 负载电流增加到一定值时，电网电压将降低到等于蓄电池的电动势，发电机向蓄电池充电电流为零，负载电流全部由发电机供给。

(4) 负载电流超过上述值后，将由发电机和蓄电池共同承担负载电流，蓄电池由充电状态转为放电状态，电网电压将更低。

发电机与蓄电池并联运行需要注意以下问题：

(1) 为保证汇流条电压不过分降低，通常将线路压降限制在 0.25 V 以内。

(2) 调节点调定电压的高低对蓄电池的工作影响很大。如果调定电压过低，蓄电池会在负载电流较小的情况下就开始放电，这样会使电池容量减小，失去应急电源的作用；反之，调定电压太高，蓄电池一直处于充电状态，则造成能量浪费。

(3) 蓄电池的充放电程度对负载分配影响较大，在调定电压不变时，充电不足的蓄电池与发电机并联，充电电流会很大。这不仅会降低电池寿命，而且会在负载较小时就使发电机过载。一旦发电机发生故障不能供电，蓄电池也不能起应急电源的作用。因此，未充足电的蓄电池不能装机使用。

蓄电池接入电网会对电网产生以下影响：

(1) 蓄电池的金属极板浸于电解液中，金属与溶液界面的双电层相当于平板电容器，称为双电层电容。由于这一等值电容器（通交隔直）的容量很大，可达法拉级，故具有良好的平波作用。

(2) 电网中接了蓄电池后，显著降低了电源内阻，因而提高了电能质量。

5.2.4　直流电源的控制与保护

1. 直流电源控制与保护的对象

直流电源的控制是为了保证发电机与汇流条可靠地接通、断开或转换，保证故障部分与飞机电网可靠分离。直流电源的控制主要包括：

(1) 主电源的控制；

(2) 应急电源的控制;
(3) 地面电源的控制;
(4) 启动发电机的控制。

直流电源的保护主要包括:

(1) 发电机反流保护;
(2) 过电压与过励磁保护;
(3) 发电机反极性保护;
(4) 过载保护;
(5) 短路保护。

2. 发电机的反流保护

发电机与蓄电池并联运行或两台发电机并联运行时,在发动机启动及停车或发电机出现故障时都可能出现发电机电压低于汇流条电压的情况,这时电流将由蓄电池流入发电机或由电压高的发电机流向电压低的发电机。这种流入发电机的电流称为反流,反流不但会无故消耗蓄电池或发电机的电能,并且过大的反流还会烧坏蓄电池或发电机。

要避免反流的危害,必须适时接通和断开发电机的输出电路,在发电机电压高于汇流条电压时接通电路,在发电机电压低于汇流条电压时断开电路,以避免反流。

反流保护器既可以起到控制发动机输出的作用,又可以起到反流保护的作用,通常的两种形式是反流切断继电器和反流割断器。飞机上常用的反流割断器有 CJ400 型与 CJ600 型等,其核心是差动极化继电器,是接通电压差值和断开反流值的检测元件,相对复杂。反流切断继电器结构简单,下面介绍一下其工作原理。

如图 5-4 所示。在发电机正常工作且发电机总电门闭合后,切断继电器的并联绕组在铁心中产生足够大的磁通吸引衔铁,使其触点闭合,从而把发电机连接到了汇流条上,发电机此时通过切断继电器的串联线圈和触点向汇流条供电。并联绕组和串联绕组的磁场叠加,使继电器更加牢固地保持在闭合状态。

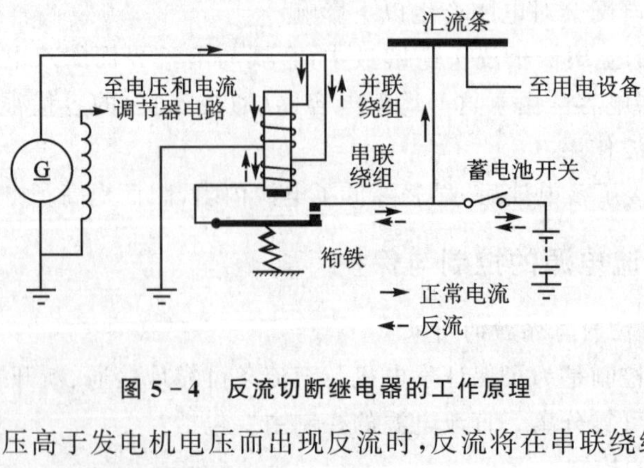

图 5-4 反流切断继电器的工作原理

当蓄电池电压高于发电机电压而出现反流时,反流将在串联绕组中产生磁场,此磁场与并联绕组磁场相反，抵消了线圈的吸力。当反流达到一定值时，电磁力将不足以克服弹簧弹力，从而使触点断开，使发电机处于离线状态，避免了发电机的损坏。

目前以低压直流为主电源的飞机通常采用在发电机输出端串联功率二极管的方法来限制反流，有效减小了系统质量。

3. 过电压与过励磁保护

由于发电机的励磁电路或调压器故障而使发电机电压超过稳态电压值极限，称为过压。可能的原因包括励磁电路或调压器故障、发电机减磁或灭磁、发电机脱离电网等。对于并联运行的系统而言，过电压的发电机将带更多的负载，导致其电压不一定超出极限范围，所以不能通过检测调压点电压来判断发电机过压故障，一般通过检测发电机励磁绕组电压来判断。

发电机的过电压有两种情况，一种是持续过压，通常由故障引起，持续时间较长，危害大。另一种是瞬时过压，持续时间极短，通常危害较小。由于瞬时过压是调压过程中的正常现象，所以过电压保护装置不能在出现过压时立即动作，而应该延迟一段时间后再动作，并且过压值越高，延迟时间应该越短，即应该具有反延时的特性。过电压保护的方法很多，采用过压继电器是一种简单的方案，此外还有集成电路制成的过压保护器等。

4. 短路及过载保护

飞机直流电网可能由于绝缘损坏、接线连接不当等原因引起短路。短路通常有两种情况：

(1) 金属熔接性短路，短路电阻小，电流大，短路时间长；

(2) 间歇性短路，短路点由金属飞溅或振动引起金属导体连续碰撞引起。

短路及过载的保护通常采用熔断器及断路器实现。

5.3　交流电源并联运行及控制与保护

5.3.1　交流电源的并联和非并联运行

飞机交流电源存在两种运行形式：并联运行与非并联运行。双发飞机一般采用非并联运行；四发飞机的主交流发电机一般并联运行；三发飞机既存在主发非并联工作方式，也存在主发并联工作方式。交流电源并联运行与非并联运行各有优点。

1. 交流发电机并联运行与非并联运行的优点

交流发电机非并联运行的优点：

(1) 恒速传动装置之间不需要设置功率自动均衡装置，降低了系统的复杂性。

(2) 电气系统中某一部分的扰动仅影响到与该发电机有关的系统部分。

(3) 由于不需要考虑发电机负载均衡的问题，因此可以充分利用单台发电机的全部容量。调节、控制与保护设备简单，有利于提高系统的可靠性。

交流发电机并联运行的优点：

(1) 用电负载在供电的各发电机之间均匀分配。

(2) 多发电机系统中，一台发电机发生故障不会导致主系统停止供电。

(3) 在某些使用条件下，安装容量在给定的时间-电压干扰特性下，能满足更大的启动电流和尖峰负载的要求，同时能更有效地利用发电机的安装容量。

(4) 并联系统可以使反延时的过流保护装置动作更迅速。

2. 交流发电机并联运行的条件

与直流电源并网类似，交流发电机实现并联也必须实现一定的条件，才能接通该发电机的GB，使该发电机投入电网。不满足并联条件并网会使电网引起很大的电流、电压和功率冲击，甚至使电网上并联的发电机解体，退出并联，应坚决防止。交流发电机并联运行需要满足以下条件：

(1) 发电机的电压波形应与电网电压波形一致，为正弦波。

(2) 发电机的相序应与电网电压的相序一致。

(3) 发电机的频率应与电网频率相近(频差越大，同步时间会越长)。

(4) 发电机电压应与电网电压相近。

(5) 发电机电压与电网电压间的相位差应小，以减小投入时的冲击。

3. 交流负载的自动均衡

为了实现负载在各交流电源中的平均分配，交流负载的均衡是非常有必要的。与直流负载均衡类似，并联运行时，由于发电机制造工艺、工作环境和共组差异的不同，各发电机的负载实际上是很难均衡的，必须设置负载自动均衡装置。交流负载的均衡比直流负载的均衡更加复杂，它包含无功负载均衡和有功负载均衡两个方面，即既要保证各发电机输出的有功功率相等又要保证无功功率相等。

(1) 无功负载均衡

要改变发电机输出的无功功率，需要改变发电机输出的无功电流。由于飞机交流发电机多为同步发电机，因此无功电流的调节可通过改变发电机的励磁电流实现，如图5-5所示。如在增强一台发电机励磁的同时，减弱另一台发电机的励磁，就可以实现无功负载的均衡了。

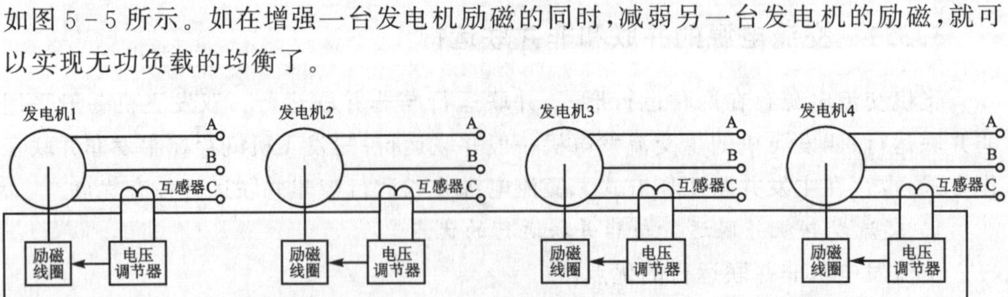

图5-5 交流电源的无功负载均衡

(2) 有功负载均衡

有功负载的均衡就是保持各发电机有功负载电流的彼此平衡。对于交流发电机而言，其有功功率在相同情况下由转速决定，所以有功功率的调节可以通过改变发电机的频率实现。恒速恒频电源系统一般是由恒装传动的，因此有功负载的均衡就是调节恒速传动装置的输出转速，如图 5－6 所示。

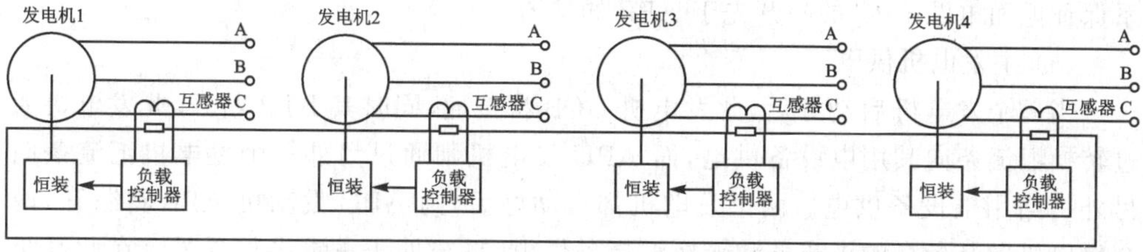

图 5－6　交流电源的有功负载均衡

5.3.2　交流电源的控制

1. 单独供电的控制关系

图 5－7 为两台发电机单独供电系统的原理图，虽然各机型具体线路不同，但是其原理是一致的。麦道 80 和波音 737、757、767、777，以及空客 A310 等机型电源都属于这种类型。

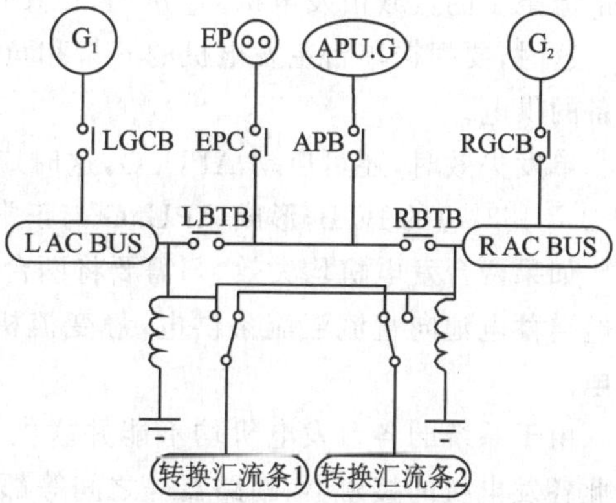

图 5－7　单独供电系统原理图

图中各符号含义如下：

G_1、G_2：两个主发驱动的发电机；

EP：外接电源；

APU. G：辅助动力装置发电机；

LGCB、RGCB：左右发电机控制断路器，决定发电机是否输出；

EPC：地面电源接触器，决定是否外接地面电源供电；

APB：辅助动力装置断路器，决定是否接入辅助动力装置发电机电能；

LBTB、RBTB：左右发电机主汇流条断路器，决定主汇流条是否供电；

L AC BUS、R AC BUS：左右交流电源汇流条；

转换汇流条 1、2：转换线路，正常情况下从各自主汇流条上获得电能，并通过其向飞机各用电设备供电。

单独供电时有以下几种工作状态：

（1）地面电源供电

飞机在地面上，所有发电机都关闭时采用此供电方式。此时 EPC 闭合，LBTB 和 RBTB 闭合，其余断开。地面电源向两个发电机的汇流条供电，为整个飞机用电设备提供电源。

(2) APU. G 发电供电

辅助动力装置 APU 启动后,人工接通 APB,同时人工控制 BTB 的闭合,从而使 APU 发电机电源经单个或两个汇流条向用电设备供电。在控制电路中,通过逻辑关系保证地面电源 EPC 的断开先于 APB 的接通。

(3) 主发电机供电

当一个发电机启动好后,此发电机 GCB 将接通,同时其 BTB 断开,此发电机通过转换汇流条向其用电设备供电,而 APU 发电机则通过另外一个发电机汇流条向另外一路用电设备供电。两个发电机都启动好后,则 APU 发动机 APB 将断开,两个发电机向其各自的汇流条和转换汇流条供电,系统处于正常飞行方式。在此系统中,转换汇流条的切换是自动完成的。

(4) 故障状态

若发电机 G_1 出现故障,则与 G_1 对应的 LGCB 要断开,LBTB 和 RBTB 闭合,转换汇流条 1 的负载由发电机 G_2 承担,LGCB 断开时,转换继电器 1 自动转到备用位置。这时,要根据单台主发电机的容量和负载情况,适当切除通用负载,以保证重要设备的供电。

单发失效时,还可启动 APU. G,这时应该先断开故障发电机的 GCB,然后闭合 APB 及其对应的 BTB,形成 APU. G 与正常主发非并联供电的方式。

如果两台发电机均失效,则需要将两台主发的 GCB 都断开,将故障发电机隔离,由航空蓄电池向直流汇流条供电,静变流机向备用汇流条供电,以保证关键负载不断电。

由于系统的各台发电机均不能并联供电,机上发电机也不能与地面电源并联。因此各发电机的接触器、断路器等之间等都要设有互锁装置。

2. 并联运行的控制关系

图 5-8 为四台发电机并联运行原理图,此原理图适用于波音 707 等机型的电源系统,其他机型的电源系统也类似。

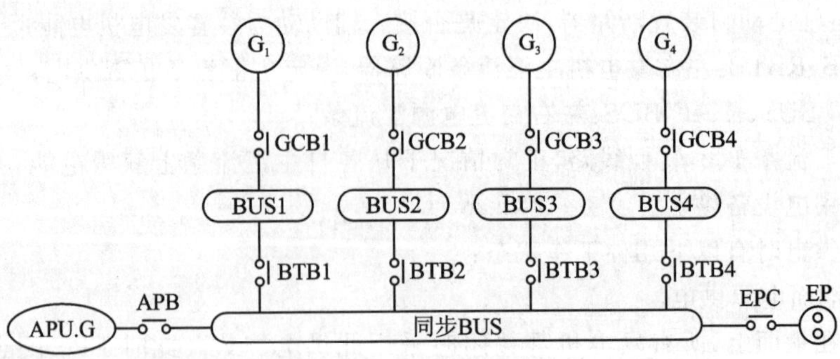

图 5-8 四台发电机并联运行原理图

四台由恒装传动的发电机通过各自的发电机断路器 GCB 接到各自的负载汇流

条上，然后通过汇流条连接断路器 BTB 接到同步汇流条上实现并联供电。实际上，连接汇流条上还可以设置一个系统分离断路器 SSB，将四台发电机并联变为两两分组并联的形式，形成两个供电通道，使供电系统能够根据情况更加灵活地进行组合。

(1) 正常工作

四台发电机工作状况良好，通过它们各自的发电机控制断路器 GCB 分别向各自的发电机负载汇流条供电。正常情况下，四个 BTB 都闭合，四台发电机通过同步汇流条并联供电。

(2) 地面电源供电

当飞机在地面时，各 GCB 断开，地面电源通过地面电源插座及 EPC、同步汇流条及 BTB 向各自的负载汇流条供电。需要注意的是，外电源不能与机上发电机并联供电，GCB 和 EPC 应是互锁的。

(3) 故障状态

若任何一台发电机出现故障，则此发电机的 GCB 自动断开，该发电机负载汇流条由同步汇流条通过 BTB 供电。例如，1 号发电机出现故障，则 1 号发电机的 GCB 断开，负载汇流条 1 由同步汇流条通过 BTB1 供电。

若故障出现在负载汇流条，例如，发生在 BTB2 或者 GCB2 与 BTB2 之间的馈线上，则该故障发电机系统的 GCB2 和 BTB2 都自动跳开，将故障部分与系统隔离，保证其他发电机的正常并联供电。

若故障出现在同步汇流条，则会造成所有的发电机都短路，此时应该断开所有的 BTB，使各个发电机转为单独供电。

APU.G 供电与地面电源供电类似。与单独供电的控制相比，并联供电的可靠性高，同时控制和保护也更加复杂，此外多台发电机并联供电还要受到并联条件的限制。

3. 飞机电源系统不中断供电转换原理(No Break Power Transfer，NBPT)

由于逻辑电路和断路器的转换时间，单独供电的系统会存在供电中断的情况。电源不中断转换就是为解决这一问题出现的，其基本原理是：先让待转换的两个电源瞬间并联，然后撤走原有电源。

新电源投入电网后，会有一个瞬变过程，这与系统的内阻抗、负载阻抗、电压调节器和转速调节器的特性有关，也与合闸时的电气参数有关。如合闸瞬间，如果两套电源间的频率差、电压差及相位差在规定范围内，即满足并联条件，则合闸时就不会产生很大的冲击电流，对用电设备也不会造成很大影响。

在恒速恒频交流电源系统中，为了实现不中断转换供电，恒速传动装置中必须设置转速精调装置。如电调线圈或电子伺服阀调速装置等，这样才能使机上电源具有与辅助电源、外接电源等其他电源同步运行的能力，这是实现不中断供电转换的前提。

5.3.3 交流电源的故障及保护

由无刷交流同步发电机组成的恒速恒频交流电源的故障形式主要有以下七种：

(1) 发电机相断路故障;

(2) 发电机电压故障;

(3) 发电机频率故障;

(4) 发电机欠速故障;

(5) 旋转整流器短路故障;

(6) 副励磁机短路故障;

(7) 馈电线短路故障。

其故障的保护如下:

(1) 发电机相断路故障

定义:发电机的某一相负载电流远小于其他两相电流。

保护指标:当检测到负载最小相电流还不足其他两相中负载较轻相电流的 15% 时,应在 4 s 内断开 GCR。

延时方式:固定延时方式。

(2) 发电机电压故障

当发电机输出电压超过规定值一定时间后,就认为发生了发电机电压故障,包含过压故障、欠压故障和电压不稳定故障三种类型。常见的原因有发电机励磁电路不正常,如旋转整流器短路或开路,励磁机电枢绕组短路等;调压器的故障,当发电机输出电压幅值波动时,很可能是由于调压器或 CSD 中调速器的工作不稳定造成的。

过电压时特别容易损坏灯光照明与电子设备,过压愈高,造成损坏所需时间愈短。电源系统中大功率感性负载断开或短路故障切除时,系统电压也会出现大幅度波动,这是允许的,保护装置不应该动作。

因此,过压保护的指标及要求:当发电机最高相电压超过 129.5 V 时,断开 GCR,发电机不能发电;保护电路采用反延时方式。

欠压保护的指标及要求:当发电机三相电压平均值为 103~106 V 时,要求在 8~10 s内将发电机的 GCR 断开;保护电路采用固定延时。欠压故障的保护装置功能往往被欠速和欠频故障保护装置的保护功能所覆盖。

电压不稳的保护指标及要求:当发电机输出电压的幅值波动,且波动幅值超过额定电压的 7%,频率波动值超过 9 Hz 时,要求断开 GCR;采用反延时方式。

(3) 发电机频率故障

定义:发电机输出电压的频率超过规定值一定时间。

原因:多由恒速传动装置(包括调速器)以及飞机发动机的不正常工作引起。

分类:过频及欠频。

过频保护指标及要求:当发电机的输出频率为 425~430 Hz 时,要求在 1 s 内断开发电机的 GCR;采用固定延时方式。

欠频保护指标及要求:当发电机的输出频率为 370~375 Hz 时,要求在 1 s 内断开发电机的 GCR；当发电机的输出频率为 345～355 Hz 时，要求在 0.14 s 内断开发电机的 GCR，同时，封锁欠压保护电路。欠频保护电路采用固定延时。

（4）发电机欠速故障

欠速故障一般由组合电源中的 CSD 或发动机故障引起，需要注意的是，发动机启动和停转过程中，发电机转速出现偏低是正常现象。

保护指标及要求：当 IDG 的输入转速低于额定转速的 55％时，应在 0.1 s 内迅速断开 GCB；保护电路采用固定延时。

（5）旋转整流器短路故障

一旦发现旋转整流器中的任一二极管短路，则应在 5.5～7 s 内将 GCR 断开；保护电路采用固定延时方式。

（6）副励磁机短路故障

当永磁发电机任一绕组发生短路时，应在 2 s 内将发电机的 GCR 断开；保护电路采用固定延时方式。

（7）馈电线短路故障

当发电机内部或发电机端到 GCB 之间的馈电线出现相对相或相对地之间的低阻抗短接现象时，则表示主电源系统出现了馈电线短路故障。

故障现象：故障相电流大，电压低；三相电压严重不均衡；会出现正常相过压的现象。

短路故障原因：振动断线搭地，缘磨损损坏，偶然性接地等。

保护指标及要求：当检测到故障短路电流大于 20％额定电流值时，应在 0.02 s 内断开发电机的 GCR。

主发电机定子绕组和馈电线的短路保护采用差动保护电路，当电流差大于一定值时断开 GCR 和 GCB，避免故障扩大。

本章重要知识点

（1）在直流系统中，如果两台发电机输出电流相同，各为总负载电流的一半，则认为负载分配是均衡的。交流电源的负载均衡包含有功分量均衡和无功分量均衡两部分，无功负载均衡需要调节励磁，有功负载均衡需要调节转速。

（2）飞机电源的主要控制对象或执行元件有：①发电机励磁控制继电器（Generator Control Relay，GCR）；②发电机断路器（Generator Breaker，GB）；③汇流条连接断路器（又称并联断电器）（Bus Tie Breaker，BTB）；④外电源接触器（External Power Contactor，EPC）。

（3）直流电源与电网并联的条件是：电源极性和电网极性相同，电源电压和电网电压相同。

（4）直流电源负载均衡的条件是：①两个调压器所保持的电压相等，即 $U_1=U_2$；②两台发电机的正线电阻相等，即 $R_{+1}=R_{+2}$。

（5）发电机与蓄电池并联运行需要满足两个条件：①发电机的极性必须与电网

极性相同;②发电机电压必须稍微高于电网电压。

(6) 过电压保护装置不能在出现过压时立即动作,而应该在过压持续一段时间后再动作,并且过压值越高,延迟时间应该越短,即应该具有反延时的特性。

(7) 交流发电机并联运行需要满足以下条件:①发电机的电压波形应与电网电压波形一致,为正弦波;②发电机的相序应与电网电压的相序一致;③发电机的频率应与电网频率相近(频差越大同步时间会越长);④发电机电压应与电网电压相近;⑤发电机电压与电网电压间的相位差应小,以减小投入时的冲击。

思考题

1. 碳片式调压器负载均衡电路的工作原理是什么?
2. 发电机与蓄电池的并联运行会出现哪些情况?
3. 什么是反流?反流切断继电器的工作原理是什么?
4. 交流发电机并联运行与不并联运行的优点分别是什么?
5. 交流发电机并联运行的条件是什么?

第6章　飞机用电设备

飞机用电设备指飞机上所有需要全部或部分用电驱动或者需要用电工作的设备，是飞机电气系统的一个重要组成部分。飞机用电设备按用途可以分为电动机构、加热和防冰负载、照明设备和航空电子设备等四大类。当然，上述分类只是一个大致分类，飞机上很多具体设备无法简单地归属于某个类别，如某些电力传动机构可能具有电子显示、灯光及音响信号等。实际飞机用电设备的种类是很多的，也是很复杂的，本章只简要讨论一些典型应用。

6.1　电力传动设备

飞机电力传动设备应用广泛，其组成包括电动机或电磁铁、控制装置、电动机与工作机构之间的传动装置（如减速器、离合器、运动转换装置等），如图6-1所示。

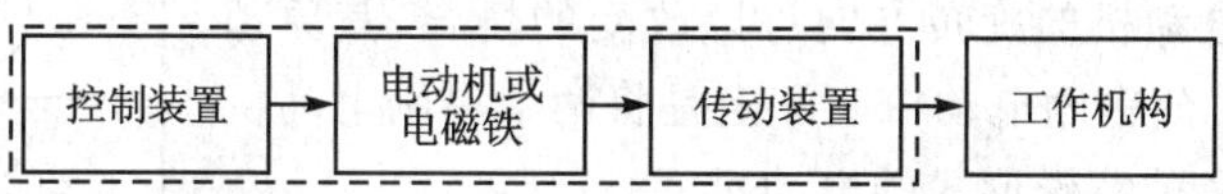

图6-1　电力传动设备的组成

例如，在操作襟翼时，飞行员控制襟翼操纵电门（控制装置），使电动机转动，通过减速器、离合器（传动装置），最后带动襟翼动作。

由于电动机构能够实现远距离操纵，因而在飞机上得到了广泛的应用。电动机构的核心是电动机，飞机上的电动机按照电源不同可以分为直流电动机和交流电动机两种，其功能是将电能转换为机械能。电动机在飞机上的典型应用如下：

(1) 作动器：燃油调节、货舱门控制、热交换器控制片操纵、起落架控制、襟翼操纵等；

(2) 控制阀：空调中冷热空气混合、热除冰等；

(3) 泵：燃油供应、螺旋桨变距、除冰液供应等；

(4) 仪表和飞控系统：陀螺仪驱动、伺服控制等。

6.1.1　直流电动机

由于电机的可逆性，直流电动机实际上是直流发电机的可逆运行，其原理及结构及直流发电机完全一致，同样由电枢、励磁绕组、换向器及电刷装置等构成。按照励磁形式，直流电动机可以分为串励电动机、并励电动机、复励电动机和分串励电动机四种。不同的励磁方式对于直流电动机的工作特性有不同的影响。

1. 串励电动机

串励电动机的励磁绕组和电枢绕组串联，并且与电源串联。由于绕组电阻小，因此启动电流很大，能够迅速建立磁场，启动力矩大，加速性能好。但在负载变化时会使速度产生很大变化，轻载时转速高而重载时转速低，因此直流串励电动机适合于短时间工作，需要频繁启动的场合。

2. 并励电动机

并励电动机的励磁绕组与电枢绕组并联。如果电枢绕组内阻小，电动机将具有硬机械特性，空载与重载的转速变化不大，可以认为是恒速。因此适用于不经常启动，且需要转速恒定的场合。

3. 复励电动机

复励电动机中同时具有串励绕组和并励绕组，具有串励电动机和并励电动机二者的优点，弥补了二者的不足。当励磁绕组作用较小时，偏向于串励电动机，但是在轻载或空载时不会产生飞转，因此常被用作发动机的启动电机。

4. 分串励电动机

分串励电动机具有两个励磁绕组，一个绕组用于正转，一个绕组用于反转。单刀双掷开关用于控制电动机旋转方向，适用于需要电动机的旋转方向可以改变的场合，其原理如图 6－2 所示。分串励电动机实际上是将两个串励电动机组合在一起，是一种特殊形式的电动机。

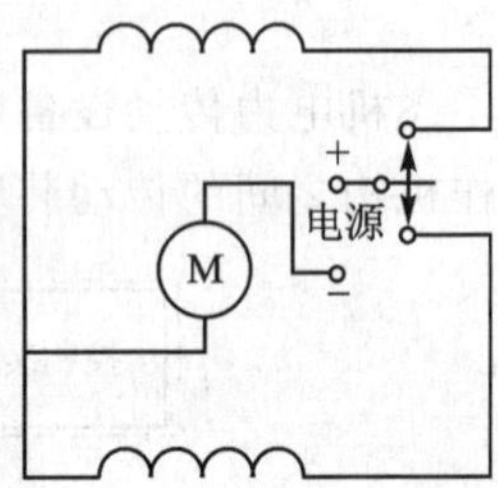

图 6－2　分串励电动机原理

6.1.2　交流电动机

在交流电源系统的飞机上，交流电动机因为不需要整流器和电刷，结构简单，工作可靠，维护方便而得到了广泛的应用。交流异步电动机是飞机上常用的交流电动机，有三相、两相、单相之分。三相交流异步电动机因其效率高、转矩大，常用在传动机构中，也可用作陀螺的马达。两相交流异步电动机主要用作随动电动机。在需要电动机功率较小时，有时也采用单相异步电机。交流同步电机在飞机上一般用作发电机，很少作为电动机使用。

6.2　飞机发动机电力启动设备

活塞式和涡轮式发动机都不能自行启动工作，必须靠外力使其达到一定转速后才能自行工作。将发动机从转速为零带到能自行工作转速的过程叫做发动机启动。目前我国民航常用的发动机主要是活塞式发动机、涡轮螺旋桨发动机和涡轮风扇发动机三大类，其启动方法各有不同。

6.2.1　活塞式发动机的电力启动设备

当活塞式航空发动机转速达到 50～60 r/min 时，喷油点火后即可自行工作。该转速不高，但因活塞在气缸内运动时摩擦很大，压缩气缸内的空气也要相当大的力量才能运动，所以需要很大的外力矩才能带动发动机。

活塞式发动机的电力启动通常有三种方式：直接启动、惯性启动及复合启动(联合启动)。

1. 直接启动

直接启动的电力启动设备由串励电动机、减速器、摩擦离合器及能与发动机曲轴棘轮啮合的棘轮构成，其组成方块图如图 6-3 所示。

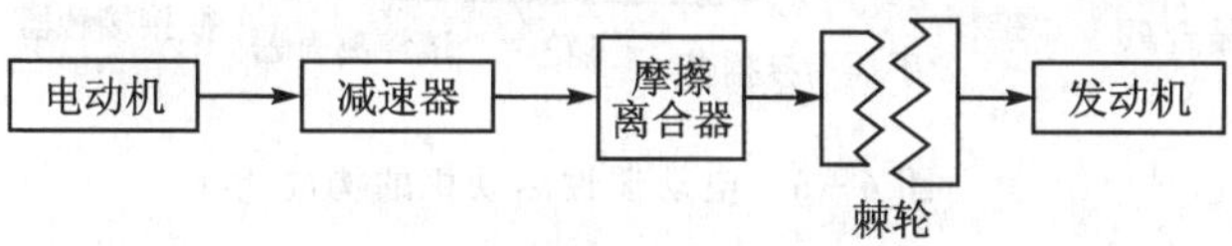

图 6-3　直接启动的启动机组成方块图

直接启动的启动电路如图 6-4 所示。启动时，接通蓄电池或外接电源的供电电路，当启动机开关闭合后，来自汇流条的直流电将使启动继电器工作，接通启动发电机电路。电动机即可通过减速器和摩擦离合器带动棘轮旋转，棘轮开始旋转时就会与发动机曲轴棘轮啮合，带动发动机旋转，当转速达到规定转速后点火线圈工作，即可将发动机启动起来。

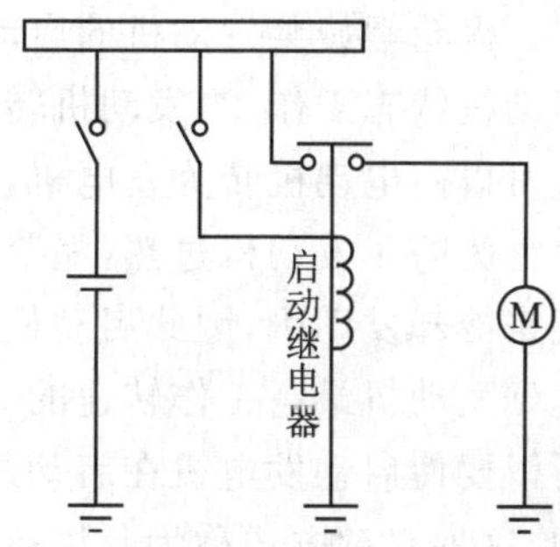

图 6-4　直接启动的启动电路

2. 惯性启动

直接启动时电动机的启动电流会非常大，这就需要大功率的启动机和启动电源，所以直接启动的方法仅适用于某些小型飞机，较大型的活塞式发动机通常采用惯性启动。

惯性启动机的基本结构如图 6-5 所示。主要由串励电动机、滚棒离合器、钢制飞轮、减速器、摩擦离合器、衔接装置、手摇装置等组成。

惯性启动时，首先接通电动机电路，电动机带动飞轮旋转，当飞轮蓄足足够能量时，断开电动机电路，电动机停止工作，飞轮仍由于惯性高速旋转。同时衔接继电器工作，将结合爪顶出，与发动机曲轴齿轮组连接，飞轮便带动曲轴旋转。此时，点火线圈工作，点燃混合气，发动机即可完成启动。

3. 复合启动

复合启动实际上是惯性启动与直接启动的联合作用。即在开始启动时，由电动机带动飞轮旋转储能，当飞轮与曲轴衔接时并不断开电动机电路，而是由飞轮与电动机同时驱动发动机曲轴。由于由飞轮和电动机共同提供启动力矩，所以复合启动可以启动更大功率的活塞式发动机。

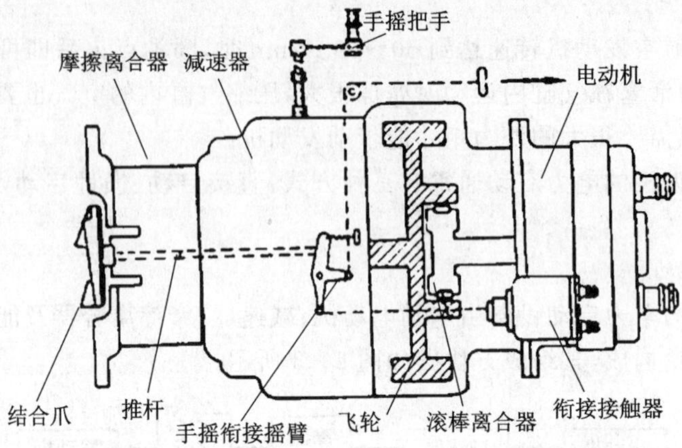

图 6－5　电动惯性启动机的构成

6.2.2　涡桨发动机的电力启动设备

涡轮螺旋桨发动机的启动机一般采用启动发电机。启动时，这台启动发电机以电动机状态工作，当发动机转子转速大于启动发电机转子转速时，启动发电机的状态就可以由电动机转为发电机，由发动机带动启动发电机发电。

为防止发动机过热，涡桨发动机转子必须尽快加速，以使压气机进入更多的冷空气来冷却发动机，因此启动机需持续带动发动机旋转。一般情况下，发动机转速大约达到发动机最高工作转速的 35％时才能自行工作。该转速比活塞式发动机大得多，所以要使启动发电机在启动过程中输出比较大的力矩，启动增速应该是分阶段进行的，这种启动方式称为分级启动。目前涡桨发动机的启动都是采用分级启动，并且分级启动的各级转换都是按照一定时间顺序自动控制，使启动发电机的力矩按照一定规律变化。

根据启动发电机力矩与涡轮力矩的变化情况，基本的启动过程可分为三个阶段。启动初始阶段，由启动发电机单独产生力矩，带动发动机转子转动，并由启动装置点火、供油。启动的第二个阶段，由于涡轮与空气压缩机已经具有一定转速，混合气开始燃烧，涡轮开始转动并产生力矩，启动发电机与涡轮共同带动发动机转子转动。最后一个阶段，发动机已可以独立工作，这时启动供油和点火均可停止工作，启动发电机由电动机状态转换为发电机状态。

分级启动伴随着启动发电机增速的过程，使直流并励电动机增速的方法主要有以下三种：①增大启动电源电压，实行电压调速；②减小电动机的励磁电流，实行磁通调速；③在电枢电路内串联附加电阻然后短接，也可使电动机增速。

下面以运－7 飞机上的 WJ5A 发动机为例，介绍一下分级启动的基本原理。WJ5A 发动机的电力启动设备主要由启动发电机、自动定时器和启动箱等组成。启动发电机在启动过程中作为电动机使用，自动定时器与启动箱配合工作，在启动时，按一定的时间顺序，自动控制启动发电机的端电压和励磁电流，以及启动点火与供油，逐步增加发动机转速，达到启动发动机的目的。

WJ5A 整个发动机启动加速的过程可以分为五级：

第一级——在电枢电路中串联附加电阻启动；

第二级——切除附加电阻启动；

第三级——减小电机磁通启动；

第四级——升高电源电压启动；

第五级——减小电机磁通启动。

通过这五级启动的方法，启动发电机的转速将逐渐增加，带动 WJ5A 发动机达到自持转速（涡轮发动机能自行工作的转速），从而启动发动机。WJ5A 发动机的启动简化电路如图 6-6 所示，关于启动的具体过程，大家可以参考相关资料，此处不做详细解释。

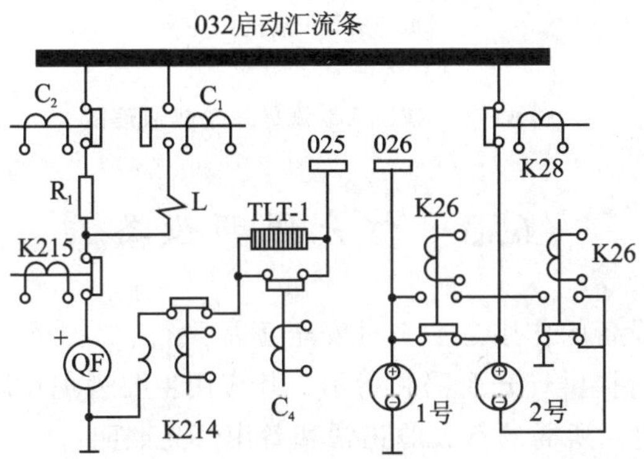

图 6-6　WJ5A 启动简化电路

6.2.3　涡轮或涡扇发动机的启动设备

在大、中型飞机上，为了有效地启动涡轮喷气（或涡轮风扇）发动机，启动系统所需要的功率很大。由于恒装的限制，如果仍采用电力启动的方式，则需要大功率的专用电机，使系统重量大大增加。目前大功率涡轮发动机的启动一般采用气源启动系统，这种系统可以由地面气源车、飞机上的辅助动力装置（APU）或在运转中的发动机压气机提供压缩空气，利用压缩空气的冲击力驱动空气启动机，启动机再带动发动机的涡轮转子，从而启动涡轮发动机。

现在大、中型飞机上一般都装有 APU，APU 可以独立地向飞机提供电力和压缩空气，也有少量 APU 可以向飞机提供附加推力。飞机在地面上起飞前，由 APU 供电来启动主发动机，从而不需要依靠地面电、气源车来发动飞机。在地面时 APU 可以提供电力和压缩空气，保证客舱和驾驶舱内的照明和空调，在飞机起飞时使发动机功率全部用于地面加速和爬升，改善了起飞性能。降落后，仍由APU供应电力照明和空调，使主发动机提早关闭，从而节省了燃油，降低了机场噪声。

用APU启动发动机的原理图如图6-7所示。启动时，先由飞机蓄电池或地面电源向APU中的电动启动机供电，电动启动机消耗较小的电流，启动功率较小的APU。APU启动之后，就可以不断地提供压缩空气，启动涡轮发动机。因此这种启动方式又称为电-气启动。两个中间装置用于当APU或涡轮发动机达到规定转速时，接通它们的燃油开关和点火开关，从而保证燃烧室内燃油开始有效雾化以及燃烧。

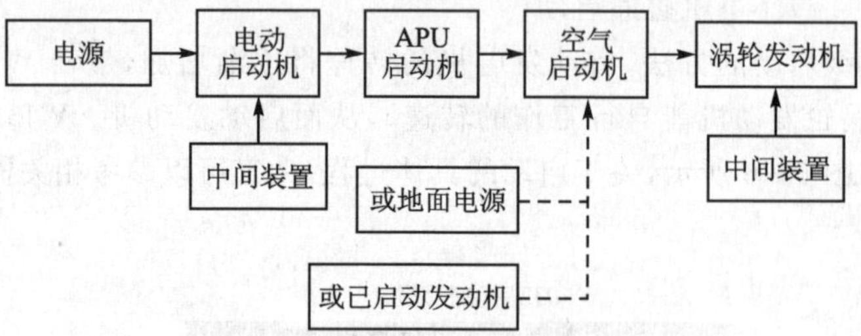

图6-7　APU启动涡轮发动机原理图

6.3　灯光照明设备

飞机灯光照明设备的作用是为飞机安全正常飞行、驾驶员和乘务员的工作以及旅客安全舒适的旅行提供灯光照明和指示。其应用主要表现在以下几个方面：

(1) 为驾驶员提供所需的驾驶舱正常和备用灯光照明；

(2) 为驾驶员提供飞机相关系统的灯光指示和警告；

(3) 为乘务员和旅客提供所需的灯光照明和旅客告示牌指示。

飞机的灯光照明设备主要分为机外照明、机内照明及应急照明三种类型。典型的大型飞机灯光分类如下：

(1) 机外照明灯

着陆灯、滑行灯、转弯灯：用于起飞、着陆和地面滑行时照亮跑道。

航行灯、防撞灯、频闪灯：相互结合，用于显示飞机的轮廓，辨识飞机位置及运动方向，以防止飞行器之间的相互碰撞或飞行器撞上建筑物等障碍物。

探冰灯：用来照亮飞机机翼前缘和发动机进气道等最容易结冰部位的机上灯光。

标志灯(航徽灯)：用于照亮航空公司的标志。

(2) 机内照明灯

驾驶舱照明：用于驾驶舱照明及信号指示；

客舱照明：用于客舱照明及信号指示；

货舱和服务设备舱照明：用于货舱和服务设备舱照明及信号指示；

(3) 应急照明灯

驾驶舱应急灯、客舱应急灯、出口应急灯:用于应急情况下飞机上各区域的照明与指示。

6.3.1　机外照明灯

飞机机外照明是飞机在夜间或复杂气象条件下飞行和准备时必不可少的条件之一,不同机型的机外照明设备数量、种类及安装位置都有所不同,典型的大型运输机机外照明布置如图 6-8 所示。

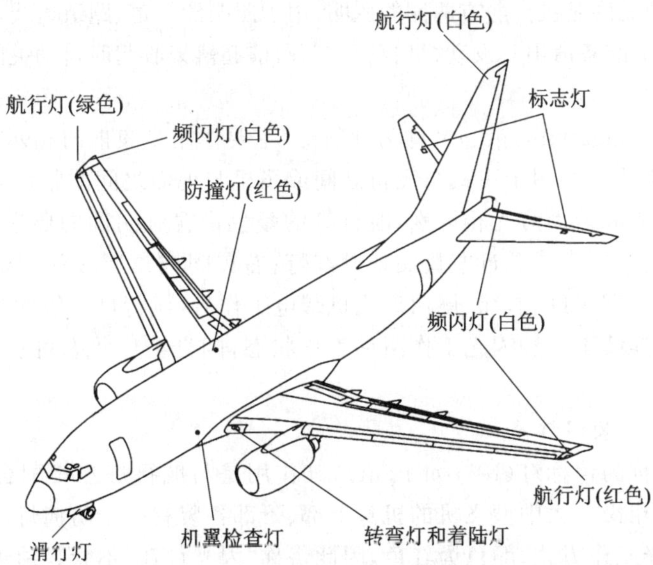

图 6-8　飞机机外照明布局

1. 着陆灯

着陆灯(landing light)是在夜间或能见度不良的条件下,为飞机起飞和着陆照亮机场跑道的机上灯光装置,以保证飞行员观察跑道和目测高度。着陆灯按结构分为活动式和固定式两种:活动式着陆灯又称为可收放式着陆灯,安装于机翼、机身前部或发动机舱表面的开口处,以便着陆灯在收起位置能收缩到机翼或机身外廓之内;固定式着陆灯常安装于机翼前缘、机身前端或前起落架构件上。有些着陆灯还兼有着陆照明和滑行照明两种功用。

着陆灯要求有足够的光强,会聚性好,对光束角度、照射距离、照射宽度等有专门要求。现代大中型飞机一般都装有两只以上的活动或固定式的着陆灯,以保证足够的光强和可靠性。

着陆灯的功率很大,使用时发热量大,因此需要高速气流进行冷却,并且不能长时间使用。使用方法是飞机起飞滑跑前打开,离地后关闭,飞机最后进近阶段打开,落地后立即关闭。

2. 滑行灯和转弯灯

滑行灯(taxi light)是在夜间或能见度不良的条件下,飞机在地面滑行时照亮前方跑道及滑行道的机上灯光装置。通常安装在机翼前缘,也有的安装在飞机头部或前起落架构件上。与着陆灯相比,滑行灯灯光水平扩散角较大,但光强较着陆灯弱,以满足飞机滑行时要有较宽视野和较长滑行照明时间的要求。滑行时打开,离地后立即关闭。

有些飞机还装有转弯灯(runway turn),又称为跑道脱离灯(runway takeoff light)或跑道边灯,分别提供对机头前方两侧的照明,用于照明滑行道、跑道边线,另外用途为夜间示意地勤人员准备滑出。发动机启动后打开,前起落架收起时自动关闭。

3. 航行灯

航行灯(naviagation light)又称为导航灯,主要作用是夜航时指示飞机在空中的位置及航向;必要时可用于飞机与飞机之间或飞机与地面之间的紧急联络。

为了与星光和地面灯光相区别,航行灯的颜色设置有明确的要求。一般航行灯的颜色设置是:左翼尖或靠近左翼尖处设红灯;右翼间或靠近右翼尖处设绿灯;飞机尾部则设白灯。即左红、右绿、尾白。飞机带电工作后,航行灯一般均为打开状态。

航行灯有连续工作和闪光工作两种工作状态,闪光工作状态可在防撞灯故障时代替防撞灯。

4. 防撞灯和频闪灯

防撞灯又称为信标灯(beacon light),其作用是与航行灯互相配合,显示飞机位置以防止飞机相撞。大中型飞机的机身上部、下部各装有一个防撞灯,为了使目标明显,均采用闪光工作方式,颜色为红色,因此俗称“闪光灯”。不管是白天还是夜间,在移动飞机或试车之前,一般应打开红色防撞灯,以引起周围其他飞机、车辆和人员等的注意。多数飞机还在机翼尖处(通常在航行灯的后面)和机尾处安装有频闪灯(strobe light)。按要求飞机进入跑道后打开频闪灯,落地脱离跑道后要关闭,飞行高度超过 10 000 ft 也要关闭。

防撞灯有电机旋转式、气体脉冲放电式、晶体管开关式等几种类型,其中气体脉冲放电式应用较多。为了提高可靠性,有些飞机装有两只灯泡。

5. 探冰灯

探冰灯又称“机翼检查灯”(wing light),是用来照亮飞机最易结冰部位的机上灯光装置。探冰灯一般装于大、中型飞机上,供机组人员目视检查机翼前缘和发动机进口等部位的结冰情况,以便采取相应措施。

6. 标志灯

标志灯(logo light)又称为航徽灯,分别安装在两侧的水平安定面翼尖上,提供对垂直安定面上的航空公司标志的照明。

飞机外部灯光一般由飞行员头顶控制板上的电门控制,其使用有着比较严格的要求，在起飞和进近着陆的过程中，飞机外部灯光的使用顺序一般如下。

滑跑起飞过程：

(1) 飞机打开总电源开关后，由航前机务打开航行灯，根据需要打开标志灯和探冰灯；

(2) 飞机推出时打开防撞灯(地面试车也要打开)；

(3) 飞机启动发动机后，打开转弯灯准备滑出；

(4) 得到滑出许可后，打开滑行灯开始滑行；

(5) 进入跑道后，打开频闪灯；

(6) 得到起飞许可后打开着陆灯起飞；

(7) 离地后，关闭滑行灯、转弯灯(收起落架后可以自动关闭)；

(8) 高度上升至 10 000 ft 以上关闭频闪灯；

(9) 巡航时应该保持防撞灯、航行灯常开，根据需要打开标志灯和探冰灯。

进近着陆过程：

(1) 飞机下降至 10 000 ft 以下打开频闪灯；

(2) 飞机放起落架后打开滑行灯；

(3) 最后进近阶段打开着陆灯；

(4) 接地后，打开转弯灯，关闭着陆灯，关闭频闪灯；

(5) 滑行到位后关闭滑行灯、防撞灯；

(6) 如果飞机停机过夜，由航后机务最后关闭航行灯后，关闭飞机总电源后离机。

6.3.2　机内照明灯

机内照明灯的主要作用是飞机在夜间或复杂气象条件下飞行和准备时，为空地勤人员的工作或维护提供照明，并为旅客提供舒适而明亮的环境。典型的飞机机内照明构成如表 6-1 所列。

表 6-1　飞机机内照明

<table>
<tr><td rowspan="9">机内灯光</td><td rowspan="3">驾驶舱照明</td><td>普通照明、区域照明和局部照明</td></tr>
<tr><td>整体照明</td></tr>
<tr><td>信号指示灯</td></tr>
<tr><td rowspan="4">客舱照明</td><td>普通照明</td></tr>
<tr><td>厕所照明</td></tr>
<tr><td>乘务员和旅客客舱照明</td></tr>
<tr><td>旅客告示牌</td></tr>
<tr><td>货舱照明</td><td>前货舱、后货舱和散装货舱照明</td></tr>
<tr><td>服务设备舱照明</td><td>各服务设备舱区域照明</td></tr>
</table>

1. 驾驶舱照明

驾驶舱照明用于照明驾驶舱及其仪表、操作机构和其他设备，以便机组人员能顺利地完成工作，是机内照明的重要组成部分。对驾驶舱照明的要求是要有足够而又不引起目弦的亮度、好的暗适应性、尽可能小的反射光及能够抗舱外强光等。

按照不同需求，驾驶舱照明可以分为普通照明、局部照明、仪表板和操纵台及各种仪表设备的照明、信号指示灯等。驾驶舱内整体的照明色调一般为白色。普通照明比较简单，通常使用安装在座舱天花板或侧板上的座舱顶灯来均匀照亮整个驾驶舱。一般使用活动照明灯对驾驶舱的某个区域进行局部照明，其具有灯罩，可以调整照射范围，灯体可以在支架上旋转，可以选择灯光照射的方位。仪表板和操作台等照明一般采用透射照明，单独配置的仪表一般采用表内整体照明。信号指示灯指的是仪表板上的系统警告灯、警戒灯和不同颜色的位置或状态指示灯、遮光板上红色主警告灯和黄色主警戒灯等。

驾驶舱指示灯用于指示系统处于正常或安全状态，其颜色可以是绿色、蓝色或白色；警戒灯用于指示系统不正常的状态，以便引起飞行员注意，其颜色通常是黄色或琥珀色，但是警戒灯亮起并不一定是危险情况；警告灯用于向飞行员发出不安全情况的紧急信号，需要立即采取行动，其颜色为红色。

2. 客舱照明

客舱照明的作用是为客舱、厕所、厨房和乘务员工作区域提供灯光照明。这些照明设备取决于客舱的大小，并且很大程度上取决于飞机采用的内部装饰，既可采用少量低压白炽灯，也可采用发光效率高、光线柔和的日光灯。类型包括天花板灯和窗户灯、进口灯和门槛灯、厕所灯、阅读灯、旅客信号牌（如系好安全带、禁止吸烟等信号牌）和服务员呼叫系统灯等。

3. 货舱和服务设备舱照明

货舱和服务设备舱照明包括前、后和散装货舱照明以及前轮舱照明、主货舱照明、空调舱照明、电子电气设备舱照明灯等。一般采用顶灯和泛灯的方式照明。

6.3.3 应急照明灯

应急照明是主电源断电后飞机处于应急状态时，为机组人员完成迫降提供应急所需的照明，以及迫降后机上人员进行应急撤离所需要的照明。包括确保飞机安全迫降所需的仪表照明和客舱主通道、应急出口区域、出口指示牌等指示撤离路线的机内和机外照明等，应急灯一般位于下列位置：

- 客舱内部：布置在天花板上或行李架附近，应急撤离通道沿着走道铺设；
- 应急出口指示牌：固定于走道与出口交界处的天花板上；
- 应急出口外部照明灯：安装在每个应急出口外部的机身上。

典型的应急灯如图 6-9 所示。

与其他照明不同，应急照明有以下几个特殊要求：①独立于机上正常的照明系统，由独立于主电源的应急电源供电，通常使用机上蓄电池或自备小型电池；②具有规定的亮度、照度、颜色和照明时间；③随主电源的中断或辅助开关的动作而点亮，需手动控制时，控制机构应装在有关人员易接近处，并有防止其偶然动作的措施。

图 6-9　应急出口指示

应急照明灯主要靠安装在驾驶舱右操纵台或头顶控制板上的电门控制，这些电门通常有三个位置："准备(ARMED)"、"开(ON)"、"关(OFF)"。正常飞行时，电门应放置在"准备"位，此时飞机主电源向应急照明灯电池充电，在紧急情况下，所有应急照明灯都应点亮。地面检查时，电门应放置在"开"位，此时所有的应急照明灯都应点亮，可检查各个应急灯是否完好。机组人员离开飞机后，电门应放置在"关"位，防止蓄电池通过应急灯放电。

本章重要知识点

(1) 直流电动机实际上是直流发电机的可逆运行，其原理与结构与直流发电机完全一致，同样由电枢、励磁绕组、换向器及电刷装置等构成。按照励磁形式，直流电动机可以分为串励电动机、并励电动机、复励电动机和分串励电动机四种。

(2) 直流串励电动机适合于短时间工作，需要频繁启动的场合；并励电动机适用于不经常启动，且需要转速恒定的场合；复励电动机同时具有串励绕组和并励绕组，具有串励电动机和并励电动机二者的优点；分串励电动机具有两个励磁绕组，一个绕组用于正转，一个绕组用于反转。

(3) 交流异步电动机是飞机上常用的交流电动机。交流同步电机在飞机上一般用作发电机，很少作为电动机使用。

(4) 活塞式发动机的电力启动通常有三种方式：直接启动、惯性启动及复合启动。

(5) 目前，大功率涡轮发动机的启动一般采用气源启动系统。

(6) 航行灯(navigation light)又称为导航灯，主要作用是夜航时指示飞机在空中的位置及航向。一般航行灯的颜色设置是左红、右绿、尾白。飞机带电工作后，航行灯一般均为打开状态。

(7) 应急照明灯的控制电门通常有三个位置："准备(ARMED)"、"开(ON)"、"关(OFF)"。正常飞行时，电门应放置在"准备"位。

思考题

1. 飞机直流电动机有哪几种类型，使用特点是什么？

2. 活塞式发动机电力启动有哪几种方式？

3. 飞机灯光照明设备的主要应用有哪些？

4. 飞机上的应急照明有哪些特殊要求？

第 7 章　航空仪表系统

在航空器上所使用的仪表统称为航空仪表。航空仪表是为飞行人员提供有关飞行器的飞行参数、发动机参数及其他飞机系统状态参数的设备，并用于计算和自动调整航空器及航空发动机的运动状态。航空仪表与各种控制器一起构成人-机接口，使飞行人员能及时正确地了解飞行状态等各种信息，以便按照飞行计划操纵航空器。航空仪表所显示的信息既是飞行人员操纵飞行器的依据，又可以反映出飞行器被操纵后的结果。

随着航空科学技术的快速发展，现代飞机功能更加强大，其组成结构和所完成的任务也日趋复杂。航空仪表的作用相当于现代飞机的“大脑”、“眼睛”和“耳朵”，使飞机能够像人类一样感受外界信息，经分析处理后提供给飞行员或者直接用于操纵飞机。最早的飞机不借助航空仪表来辅助飞行，当时的飞行员要全神贯注地操纵飞机。但是随着飞机设计的进步，其性能、稳定性、操纵性都有了持续改进，因此飞行员需要了解更多的关于飞行条件的信息，以实现更安全的飞行。于是丰富多样的航空仪表应运而生。可以毫不夸张地说，没有先进的现代航空仪表和其他电子设备，单纯依靠飞行员安全操纵越来越复杂的大飞机并完成各种任务几乎是不可能的事情。

7.1　航空仪表的发展历史

航空仪表的发展与航空器的发展是相辅相成的。航空器的发展导致了航空仪表的出现，反过来，航空仪表的发展又成为航空器发展的巨大推动力。航空飞行初期，由于受到科学技术和人类对航空领域认知的限制，早期的飞机结构都较为简单，飞行速度和飞行高度都很有限，飞机上没有配备专门设计的航空仪表。美国的莱特兄弟(奥维尔·莱特(Orville Wright)和威尔伯·莱特(Wilbur Wright))首次飞行时，飞机上只有一块秒表、一个风速计和一个转速表。后来逐渐出现了指示高度用的真空膜盒式气压计、指示航向用的磁罗盘、指示飞机姿态用的气泡式水平仪等一些地面用的简单仪表。当时飞行主要靠飞行员肉眼观察，在能见度许可的情况下飞行。第一次世界大战期间，飞机仪表有了较大的发展。1916 年，英国皇家空军的 S. E. 5 型飞机的仪表板上已装有 3 种较为可靠的飞行仪表及 4 种发动机仪表。1927 年，美国飞行员林白(Charles Augustus Lindbergh)驾驶飞机飞越大西洋时，除上述主要仪表外，飞机上还装备了罗盘、倾斜和俯仰角指示器、转弯倾斜仪时钟。1929 年 9 月，美国飞行员杜立特(James Harold Doolittle)凭借仪表和无线电导航设备安全完成首次盲目飞行，即仪表飞行，开创了仪表发展的新阶段。在两次世界大战期间的短短 30 年内，航空科学技术得到了空前的发展和进步。至第二次世界大战末期，喷气发动机的诞生使得人类航空飞行发生了质的飞跃，航空仪表技术也随之高度发展。

7.2 航空仪表的分类

航空仪表的种类丰富多样，一般可以按照其发展演变、功用及工作原理三种方式进行分类。图 7-1～图 7-4 分别为 DA-40、波音 737、波音 777 和空客 A380 驾驶舱仪表板。

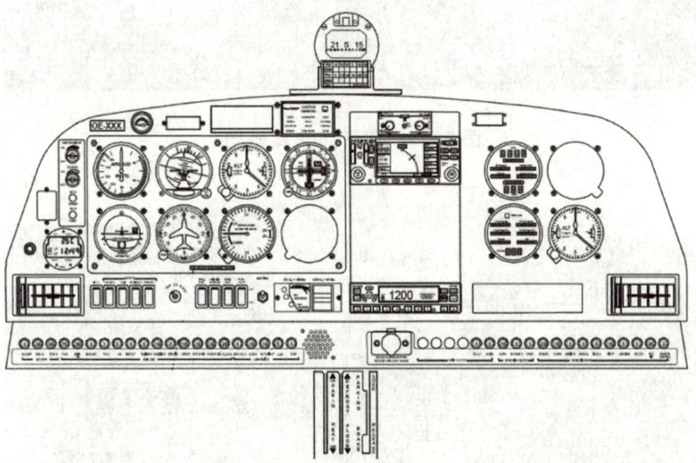

图 7-1 DA-40 飞机驾驶舱

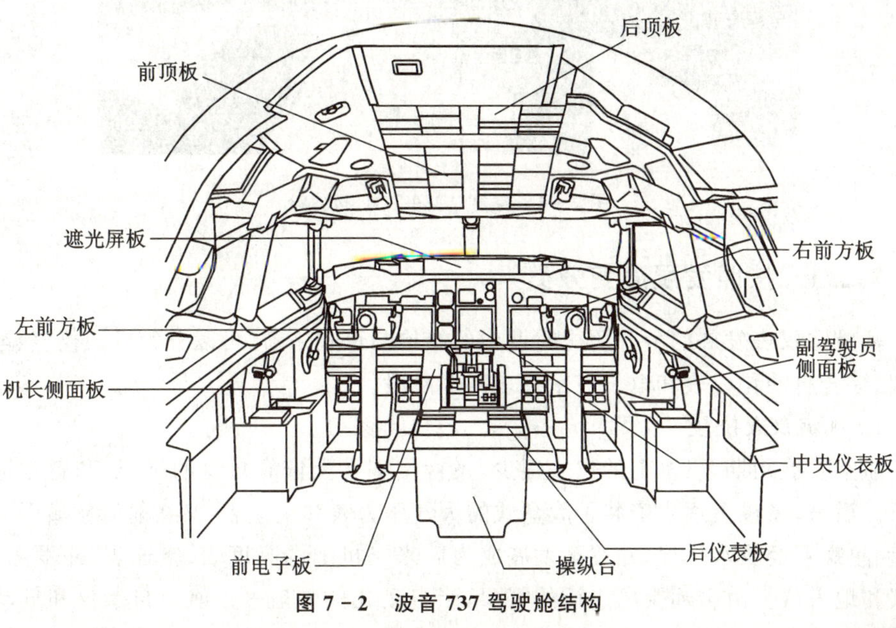

图 7-2 波音 737 驾驶舱结构

图 7-3　波音 777 驾驶舱

图 7-4　空客 A380 飞机驾驶舱

7.2.1　按照发展演变分类

从航空仪表发展的各个历史时期中的结构与形式来看，可以分为机械仪表、电气仪表、综合自动化仪表和电子显示仪表四个阶段。

1. 机械仪表阶段

航空发展初期，飞机上的仪表很少，飞行员基本上依靠自身的耳、目和感觉进行飞行。后来，飞机上逐步安装了膜盒式的大气压力表和空速表，又从航海领域引入磁罗盘、陀螺罗经及水平仪，并逐渐发展成为后来飞机上的高度表、空速表、磁罗盘、方位仪和地平仪。由于远距离飞行的需要，半自动化的领航——航迹自录仪和气动液压式自动驾驶仪也应运而生。

该时期的航空仪表属于航空史上的第一阶段，即机械仪表阶段。其最大优点是结构简单，工作可靠，成本低，缺点是灵敏度和精度不高。因此，目前机械仪表主要用于小型飞机，并作为大型飞机的备用仪表。其基本原理框图如图 7-5 所示。

图 7-5　直读式仪表基本原理框图

2. 电气仪表阶段

自 20 世纪 30 年代起，随着电子、电气、通信和计算技术等近代科学技术的发展，解决了电气的远距离传输、非电量和电量之间的转换问题，促使航空仪表逐步走向电气化，开始出现了一些典型的远读式仪表，如远读式磁罗盘、远读式地平仪等，标志着航空仪表进入到了电气仪表阶段。远读式仪表的优点是灵敏度和精度较高，体积小，传感器可以远离驾驶舱，减小了干扰；缺点是机构复杂，部件多，重量大。其基本原理如图 7-6 所示。

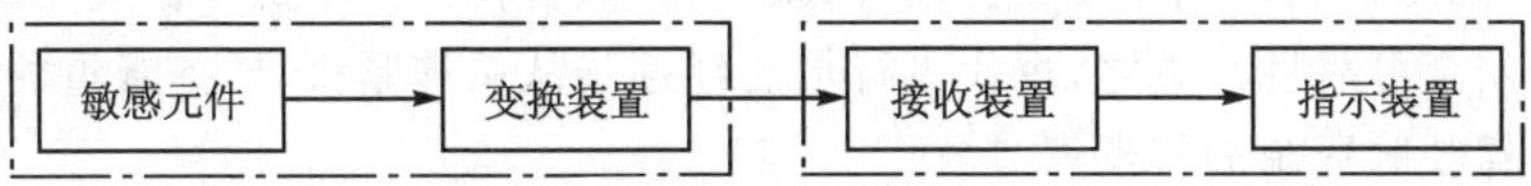

图 7-6　远读式仪表基本原理框图

为进一步提高仪表的灵敏度和精度，还出现了机电式伺服仪表。其利用反馈原理保证输出量与输入量一致，利用伺服系统方式传送仪表信号，信号能量得到放人，指示精度和负载承受能力提高，在一定程度上有利于综合化和自动化。

3. 综合自动化仪表阶段

随着飞机性能的迅速提高，各种飞机系统设备日益增多，所需指示和监控仪表的数量大大增加，有的飞机多达上百种，不仅仪表板无法容纳，也使飞行员的负担过重。于是，人们对仪表的准确性、可靠性和自动化程度提出了更高的要求。

20 世纪 50 年代以后，综合指示仪表应运而生，这标志着航空仪表进入了综合自动化仪表阶段，也是航空仪表发展的必然趋势。综合自动化仪表的进步主要表现在三个方面：第一，将功用相同或原理相近的仪表综合起来；第二，将多种分散的信号自动综合起来，经过处理，直接产生操纵信号或指令；第三，将自动驾驶仪和多种测量装置交联起来，扩大了飞机操纵自动化的范围。

该时期的代表性仪表有：罗盘系统、飞行指令仪表、大气数据计算机系统、惯性导航系统、自动飞行系统等。随着电子技术的发展，从 20 世纪 60 年代起，利用荧光屏显示的平视显示器等仪表也开始得到应用。

4. 电子显示仪表阶段

得益于电子技术的飞速发展，20 世纪 60 年代开始出现的电子显示仪表逐步取代了指针式机电仪表，并进一步向综合化、数字化和多功能方向发展，初步实现了人机交互。

电子显示仪表采用彩色阴极射线管(CRT)或液晶显示器(LCD)，并且广泛使用微处理器进行信息处理，从而使航空仪表发生了革命性的变化，也标志着一个航空电子设备高速发展的新时期已经到来。

电子显示仪表采用多种颜色的图形、符号和文字向飞行员提供信息，直观性强，信息量大；显示采用时分制，可在不同飞行阶段显示不同信息，也可人工选择需显示的内容，这种显示方式可使仪表数量减少50%以上，大大改善了人机工效；显示具有集中的状态显示、故障告警及维修指示，提高了自动化程度，减轻了飞行员的工作负荷，促使驾驶舱机组由三人制减为二人制；电子显示器可以互为余度，提高了设备可靠性。

除电子显示器以外，随着微处理器和现代科学技术的迅速发展，其他航空仪表也有了长足的进步。惯性-卫星组合导航实现了全天候、高精度导航；数字式自动飞行系统可以进行IIB类自动着陆；四维飞行管理系统能够使飞机以最经济的成本在预定的时间、高度自动化地完成飞行任务；余度技术、自检测技术的广泛应用，大大提高了设备的安全可靠性。总之，现代飞行员已经逐步从精神紧张、任务繁重的飞机操纵者转变为驾驶舱资源的管理者。

20世纪80年代初期，在波音757/767、空客A310等飞机上，主要仪表的显示部分已广泛采用衍射平视仪和彩色多功能显示器，此时的电子仪表系统属于第一代电子飞行仪表。但其综合程度有限，仍需配置较多的机电仪表和备用仪表。

20世纪80年代中后期，以波音747-400、空客A320为代表的电子飞行仪表属于第二代电子飞行仪表。该时期彩色电子显示系统有了进一步的发展，电子飞行仪表系统实现了高度综合，驾驶舱采用大屏幕CRT显示器显示数据，备用仪表进一步减少。

20世纪90年代，以波音777为代表的采用彩色液晶显示器的驾驶舱仪表属于第三代电子飞行仪表，即平板显示系统。仪表数据显示用LCD液晶显示器取代了CRT显示器，它的显示亮度高并且分辨率也高，特别是具有体积小、重量轻、耗电量小等优点。

对于现代大型商业飞机的驾驶舱仪表来说，无论采用CRT显示，还是采用LCD显示，其驾驶舱的布局基本是相同的。

航空仪表或航空电子设备未来的发展，一方面是研制新型的传感器、微处理器和显示器；另一方面则是电子系统的综合化。目前，人们正在研究或开始使用的新技术包括固态传感器、光传感器、智能传感器、光纤陀螺、彩色液晶显示、触摸式屏幕、惯性-卫星组合导航、空地数据链传输、无纸驾驶舱(采用电子数据库)等，这些技术未来必将为航空仪表系统带来深入的变革和更大的进步。

7.2.2 按照仪表功用分类

按照功用，航空仪表可以分为以下三类。

1. 驾驶领航仪表

用于显示或调节飞机运动状态，也称为飞行仪表，通常装在仪表板的中部，始终处于飞行员的视野中心。主要包括：

- 驾驶仪表：转弯仪、侧滑仪、地平仪、升降速度表/垂直速度指示器、加速度表、马赫数表。
- 领航仪表：空速表、高度表、陀螺半罗盘、陀螺磁罗盘、远读式陀螺磁罗盘。
- 驾驶领航仪表：磁罗盘、陀螺半罗盘、陀螺磁罗盘、航空时钟、航行指示器、空中位置指示器、自动领航仪、大气温度表。

在飞机上作为领航用的还有无线电仪表，如无线电半罗盘、无线电罗盘等。因此，上述领航仪表有时被称为空中领航仪表，以区别于无线电领航仪表。在多座飞机上，某些领航仪表不仅对于领航员，而且对于飞行员也是必需的。因此，该类仪表不仅安装于领航员仪表板上，同时也安装于飞行仪表板上，前者比较精确、复杂，后者相对简单。

2. 发动机仪表

用来检查或调节航空动力装置（航空发动机）的工作状态，通常装在仪表板的右部。主要包括：

- 指示航空发动机润滑和温度状态的仪表：滑油温度表、滑油压力表、冷却液温度表、气缸头温度表、排气温度表。
- 用于判断发动机的功率或拉力（推力）的仪表：真空压力表、进气压力表、燃料压力表、转速表、化油器混合气温度表等。
- 指示燃料的储藏量和消耗量的仪表：油量表和消耗量表。

3. 其他设备仪表

用于检查或反映飞机附件和各个系统的工作状态，有时也称辅助仪表。主要包括：测量飞机操纵系统中的滑油压力、高压油压力和冷气压力的压力表，反映起落架、襟翼、节气门或散热器风门等部件位置的位置指示器，以及启动燃料压力信号灯、座舱内部空气温度表、空气流量表、密封座舱中的座舱高度压力表、伏特表、安培表，以及其他一些和飞机发动机的空中操纵没有直接关系，但是能够用来判断飞机各种设备工作状态的仪表。这些仪表的指示，在飞行的各个阶段都是必需的。

上述各类仪表既可以将被测量参数转化为表盘上的读数，也可以将参数用于自动调节装置，如自动驾驶仪、进气压力调节器等。

7.2.3 按照工作原理分类

从工作原理看，航空仪表又可分为测量仪表、计算仪表和调节仪表三类。

（1）测量仪表是在感测物理参数的基础上，经过转换（一种物理量转换成另一种物理量）、传送（改变空间位置），然后通过表盘指示其参数。其工作过程主要包括感测、转换、传送、指示等几个环节，如图 7－7 所示。目前飞机上使用的仪表大多属于测量仪表。

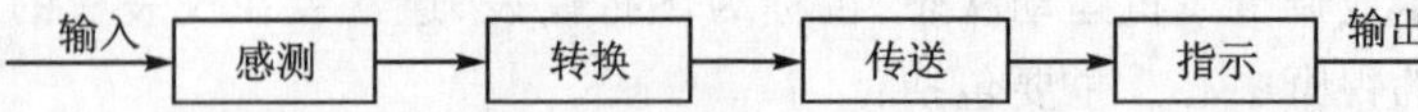

图 7－7　测量仪表基本环节

（2）计算仪表是指按照一定的数学关系式，经过自动计算，最后指示所需数据。其工作过程除测量仪表的环节外，还包括计算环节，如图 7－8 所示。例如，大气数据计算机、惯性导航系统等都属于计算仪表。

图 7－8　计算仪表基本环节

（3）调节仪表是在测量和计算被控对象参数（如飞机运动状态）的基础上，对其进行自动调节，使其按预定规律工作，其基本环节如图 7－9 所示。自动驾驶仪就是一个典型的调节仪表。

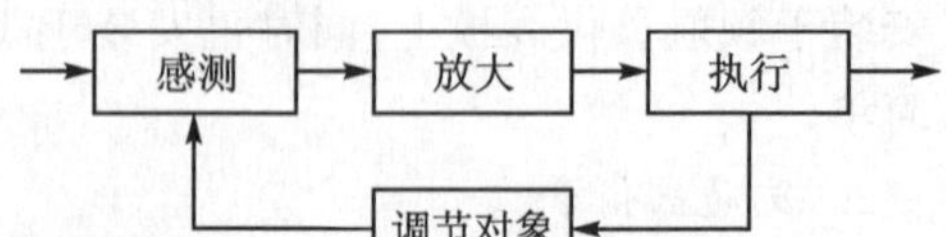

图 7－9　调节仪表基本环节

综上所述，航空仪表由感测、转换、传送、指示、计算、放大和执行等基本环节组成。但并不是每个仪表都包括所有环节，且各环节的性质和所属地位也不尽相同。

7.3　航空仪表的基本布局

航空仪表的指示部分主要安装在驾驶舱仪表板上，其他一些需要安装仪表的地方也有少量仪表，如燃油加油口处可能有油量表，客舱可能有客舱高度表等。传感器即感受部分安装在便于准确测量被测参数的地方，如空速管装在机头附近，磁传感器安装在翼尖等。其他装置，如处理器、放大器等电子设备，大多安装在电子设备舱。

航空仪表在仪表板上的分布，主要是便于飞行人员迅速而全面地观察仪表，一般遵循以下原则：

（1）重要原则：最重要的仪表要放在最方便观测的位置。

（2）频度原则：观测频度最高的仪表放在最方便观测的位置。

（3）相关原则：测量同一参数或性质相近参数的仪表排列在一起，以便互相比较；所测参数性质不同，但有密切联系，需要联合观察的仪表，排列相对集中。

此外，还要考虑易维护性并尽量不影响仪表的性能，例如，直读磁罗盘不应靠近电动仪表，以免产生较大的罗差。对于有正副驾驶员的飞机，飞行仪表有两套，分别安装在正、副驾驶员正前方的仪表板上；发动机仪表安装在中央仪表板上，以便正、副驾驶员观测；其他仪表安装在顶部仪表板和操纵台上。

如果飞机配有随机工程师和领航员，则在随机工程师仪表板上装有发动机仪表和飞机一些操纵系统的动力设备仪表，在领航员仪表板上装有领航员用的领航仪表。

在飞行仪表中，地平仪或姿态指引仪装在左、右仪表板中央偏上位置，空速表和高度表分列两侧。上述三种仪表基本处于一条水平线上，综合观察它们的指示可以了解飞机的纵向运动情况。航道罗盘或水平状态指示器安装在地平仪下方。地平仪和航道罗盘构成一条垂直线，综合观察它们的指示可以了解飞机的横向运动状况。上述四种仪表构成了典型的 T 形排列形式，其他仪表则分布在它们周围，参见图 7-1 左仪表板。

在发动机仪表中，较重要的推力表和转速表排在上面，其他表排在下面。在多发动机飞机上，反映同一发动机不同参数的仪表装在一条垂直线上，并和发动机排列位置相对应；测量不同发动机同一参数的仪表装在一条水平线上，便于比较。

在采用电子显示仪表的飞机上，通常在仪表板上安装六个彩色电子显示器和少数备用机电仪表，如图 7-2、图 7-3、图 7-4 所示。在左、右仪表板上各有一个电子姿态指引仪 EADI(Electronic Attitude Director Indicator，或称主飞行显示器 PFD(Primary Flight Display))和一个电子水平状态指示器 EHSI(Electronic Horizontal Situation Indicator，或称导航显示器 ND(Navigation Display))。在中央仪表板上有两个发动机指示和机组警告系统显示器 EICAS(Engine Indication and Crew Alerting System，或称多功能显示器 MFDs(Multi-Function Displays))。备用仪表一般只有地平仪、高度表、空速表和无线电磁指示器等，安装在仪表板上方便观看的其他位置上。

无论分立式仪表，还是屏幕仪表，显示数据的格式都遵循基本 T 形布局，如图 7-10 所示。

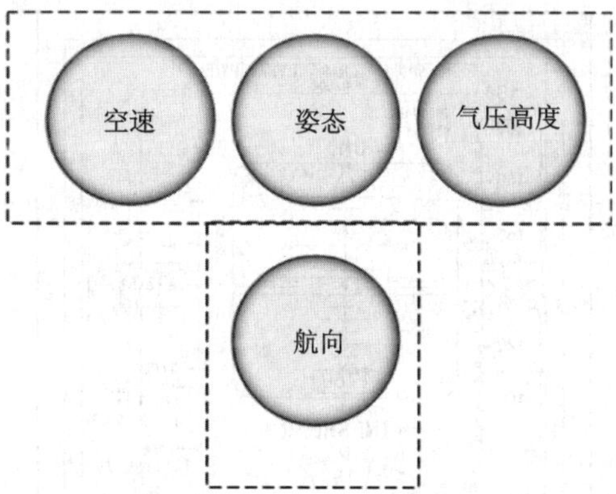

图 7-10　航空仪表常用的 T 形布局

7.3.1 分立式仪表的T形布局

如图7－11所示，该仪表板是主驾驶员的飞行仪表板。从仪表板上粗黑线框处的形状可以看出，左边的马赫/空速表、中间的姿态指引仪(ADI)、右边的气压式高度表、下边的水平状态指示器(HSI)或称航道罗盘构成了T形格式。即使小飞机驾驶舱中的飞行参数也以上述格式显示。这种固定的格式可以为驾驶员提供方便。

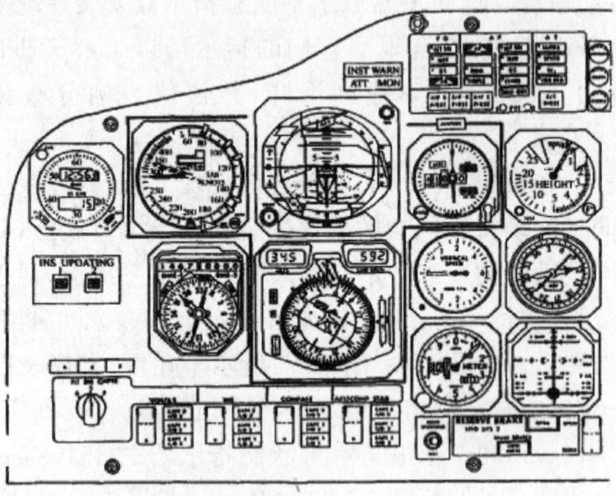

图7－11　分立式仪表的T形布局

7.3.2 电子式仪表显示数据的T形布局

如图7－12所示，该显示器称为主飞行显示器(PFD)。从显示器上粗黑线框处的形状同样可以看出，左边的空速带、中间的姿态指示球、右边的气压式高度带、下边的航向带也构成T形格式。

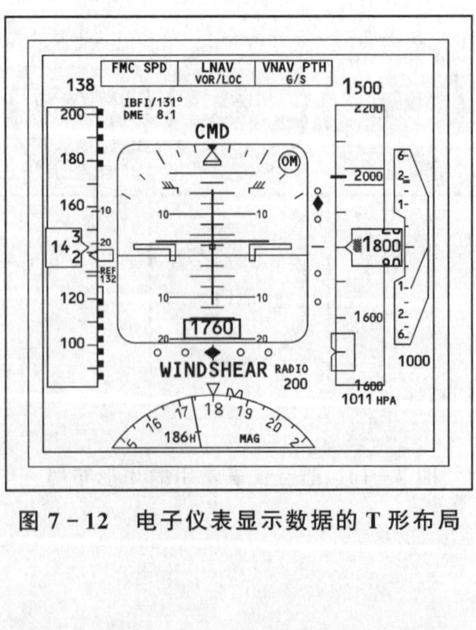

图7－12　电子仪表显示数据的T形布局

7.3.3　模拟/数字仪表的特点

飞机装备的传统空速表为模拟式测量仪表，指针在刻度盘上连续地指示出空速值。飞行员若要得到空速值，就必须先观测指针在刻度盘上的位置，然后再经过计算得出，该过程需要消耗一些时间。然而，如果飞行员需要关注空速的变化趋势时，则可以很快地通过指针的偏转方向判断得出。可见，飞行员使用模拟式测量仪表具有获得准确数值慢、获得数值变化趋势快的特点。当前，比较先进的飞机的空速指示都可以显示在主飞行显示器(PFD)或电子姿态指引仪(EADI)上，它们均为典型的数字式仪表。从图 7－13 中可以很清楚地看到，此时空速值是 30 knots。可以设想，如果数据仅以纯数字的形式显示，那么，对于数据变化趋势的判断同样需要一段时间。因此，现代航空仪表均采用数字技术，而数据则以数字和模拟两种方式展现，这样，飞行员既可以较快地得到准确的数据，又可以较快地获得该数据的变化趋势，这是现代数字式仪表的特点。

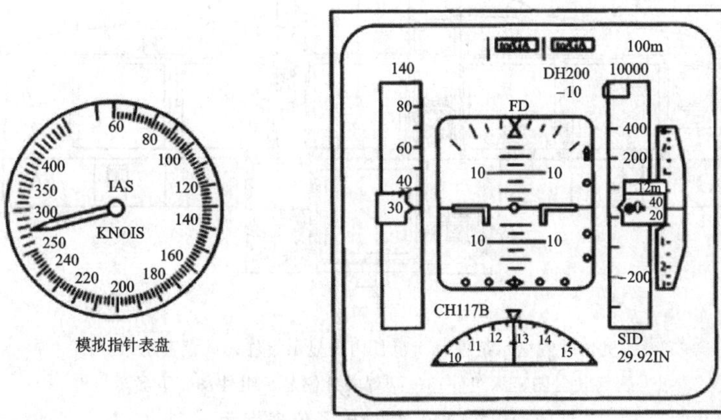

模拟指针表盘　　PFD显示器

图 7－13　典型的模拟和数字仪表指示

7.4　电子仪表系统

7.4.1　概　述

电子仪表系统 EIS(Electronic Instrument System)用电子显示取代传统的机械仪表指示，在现代飞机上被广泛采用。系统的特点是所有信息全部输入显示管理计算机或符号发生器，通过控制板选择需要显示的所有信息。只需改变软件就可追加或变更显示信息。由于没有机械驱动部分，可维持非常高的可靠度。

电子仪表系统分为两部分，一部分是电子飞行仪表系统 EFIS(Electronic Flight

Instrument System),另一部分是电子中央监控系统 ECAM(Electronic Centralized Aircraft Monitoring)。空客系列飞机的 EFIS 主要包括主飞行显示器 PFD 和导航显示器 ND。ECAM 主要包括发动机与警告显示器 E/WD(Engine and Warning Display)和飞机系统显示器 SD(System Display)。波音系列飞机的 EFIS 称为电子姿态指引指示器 EADI 和电子水平状态指示器 EHSI。发动机指示和机组警告系统 EICAS 则对应于 ECAM,其功能与 ECAM 的功能大致相同。有的飞机上可能安装了 EADI 和 EHSI,有的飞机上可能只安装了 EHSI。

如图 7-14 所示,它们的显示由多余度计算机来驱动。机组可以通过相应的控制面板来控制它们的显示与转换。EFIS 是综合电子仪表系统的子系统,它是一种综合的彩色电子显示系统,完全取代了分立式的机电式地平仪、航道罗盘、电动高度表、马赫数表、空速表和其他机电式仪表等,可提供最重要的飞行信息。

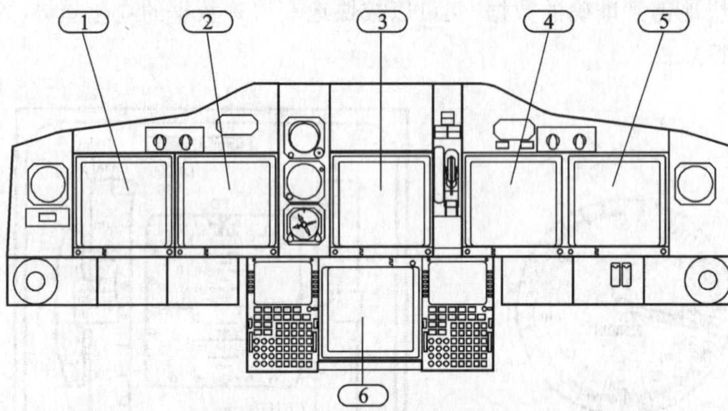

1—机长外侧显示组件;2—机长内侧显示组件;3—上显示组件;
4—副驾驶内侧显示组件;5—副驾驶外侧显示组件;6—下显示组件

图 7-14　综合电子仪表指示

电子仪表系统的基本部分有:显示组件 DU(Display Unit)、显示计算机和相应的控制面板。不同型号的飞机,由于所选装电子飞行仪表系统的厂家不同,部件的名称也不尽相同。空客飞机的每个显示管理计算机 DMC(Display Management Computer)包含两种显示处理功能模块,它们负责驱动 EFIS 和 ECAM 的显示。而波音飞机也由相应的计算机来完成,如波音 737/757 称为符号发生器 SG(Symbol Generator),新一代波音 737 称为显示电子组件 DEU(Display Electronic Unit),波音 747 称为 EFIS/EICAS 接口组件;波音 777 的此功能组件安装在飞机信息管理系统 AIMS(Aircraft Information Management System)柜里,称为核心处理组件/图像产生器,但其基本功能相同。在现代大型飞机上,所有 EFIS 和 EICAS 或 ECAM 功能都由一个计算机来完成。

计算机是电子仪表系统的核心,它将其他系统送来的数据进行模/数转换、比较、字符发生、图像生成,然后送往显示器进行显示。如图 7-15 所示,电子仪表系统的计算机包含 3 台相同的 DMC、2 台相同的飞行警告计算机 FWC(Flight Warning Computer)和 2 台相同的系统数据采集集中器 SDAC(System Data Acquisition Concentrator)。DMC 包括两个独立部分,分别用于 EFIS 和 ECAM。

DMC 的 EFIS 部分将飞机上其他系统送来的数据进行处理后送往 PFD 和 ND 上显示。三台 DMC 接收同样的信息,在正常操作时,DMC3 的 EFIS 部分为备用。

DMC 的 ECAM 部分把直接从飞机系统接收到的数据进行处理后显示在 E/WD 的上部,把 FWC 送来的信息进行处理后显示在 E/WD 的下部,把 SDAC 送来的信息进行处理后显示在 SD 上。正常操作时,E/WD 和 SD 的数据来自 DMC3 的 ECAM 部分。

若一个 SDAC、一个 FWC 和一个 DMC 不工作,如果某个显示器出故障,显示的信息可自动或由人工转换到另一个显示器工作。确保重要的飞行数据不会因为某一部件出现故障而丢失,保证系统仍能正常工作。

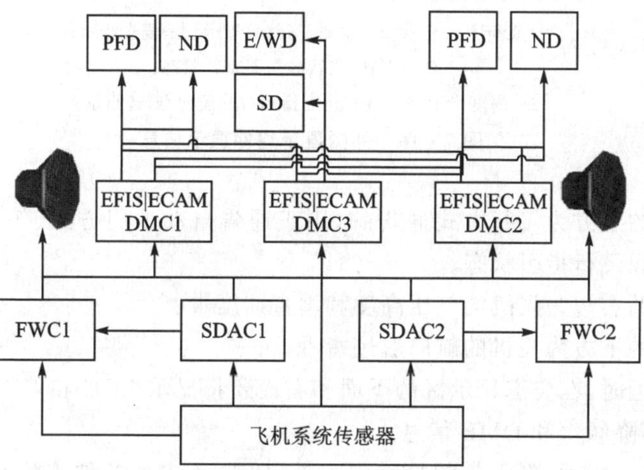

图 7-15　EIS 系统构成方块图

7.4.2　电子飞行仪表系统

7.4.2.1　电子飞行仪表系统(EFIS)显示

EFIS 系统显示的信息十分广泛,并且可根据不同时间、不同飞行阶段按照需求显示不同内容,图 7-16 所示为 PFD 的显示格式。

1. 主飞行显示器 PFD

① PFD 的主要功用是显示飞机的姿态和姿态指引,另外还可显示一些附加信息。

② PFD 的左边为速度带,速度来自大气数据计算机。在速度带上,指针不动,速度带滚动。速度带上,除显示飞机的空速外,还可以显示起飞时的起飞基准速度、决断速度(V_1)、抬机轮速度(V_R)、目标速度(V_2)、着陆基准速度、限制速度、襟翼机动速

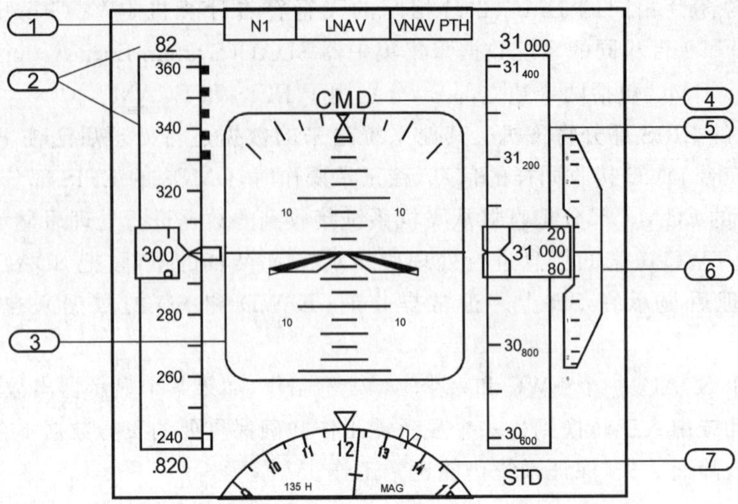

1—飞行方式显示；2—空速/马赫数指示；3—姿态指示；

4—自动驾驶、飞行导向器系统状态；

5—高度指示；6—垂直速度指示；7—航向/航迹指示

图 7-16 外侧显示组件显示信息

度等。

③ PFD 的上方为飞行方式通告牌，用于通告自动油门方式、俯仰方式、横滚方式、自动驾驶和飞行指引状态。

④ PFD 的右边为飞机的气压高度和垂直速度带。

⑤ PFD 的下方为飞机的航向航迹指示。

另外，进近时，在姿态显示区的下面和右面还将显示 LOC 和 GS 偏离，在速度带的下面显示盲降频率和 DME 信息。

如图 7-17 所示，除正常的显示内容外，PFD 还包括各种故障旗指示。故障旗代替合适的显示器，以指示源系统故障或无计算信息，详细的故障含义如下：

① 距离测量设备（琥珀色）：DME 系统故障。

② 选定的速度（琥珀色）：选择的空速数据无效。

③ 速度限制旗（琥珀色）：与抖杆器或最大操作速度有关的显示故障。如果抖杆器警告失效，则红色和黑色抖杆器速度杆消失；如果最大操作速度失效，则红色和黑色的最大操作速度杆消失。

④ 无 V 速度旗（琥珀色）：V_1（决断速度）或 V_R（抬轮速度）没有输入或无效。

⑤ 速度旗（琥珀色）：速度指示失效。所有指示标记消失。

⑥ 俯仰/横滚比较仪显示（琥珀色）：当机长和副驾驶（F/O）的俯仰角显示相差大于 5°时，显示 PITCH（俯仰）；当机长和 F/O 的横滚角显示相差大于 5°时，显示 ROLL（横滚）。旗闪亮 10s 然后保持稳定。

⑦ 无线电高度旗（琥珀色）：无线电高度显示故障。

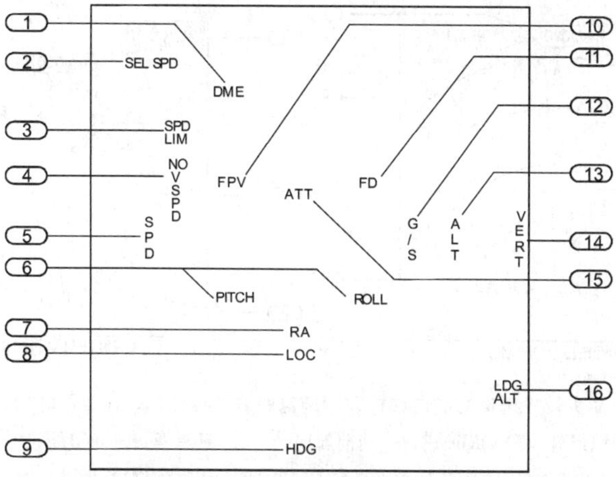

图 7-17　PFD 故障旗指示

⑧ 航向道旗(琥珀色):调谐 ILS 频率并且在姿态指示器上的 ILS 航向道偏离显示故障。

⑨ 航向旗(琥珀色):航向信息故障。

⑩ 飞行航迹矢量旗(琥珀色):在 EFIS 控制板上选择 FPV,但已失效。若解除选择 FPV,则故障旗消失。

⑪ 飞行指引旗(琥珀色):飞行指引故障。

⑫ 下滑道旗(琥珀色):调谐 ILS 频率并且在姿态指示器上的 ILS 下滑道偏离显示故障。

⑬ 高度旗(琥珀色):高度显示故障。

⑭ 垂直速度旗(琥珀色):垂直速度故障。

⑮ 姿态旗(琥珀色):姿态显示故障。

⑯ 着陆高度旗(琥珀色):着陆高度输入不可用或无效。

2. 导航显示器 ND

导航显示器上的显示由 EFIS 控制板上的方式选择旋钮选择。ND 提供可选式彩色飞行进程显示,显示方式包括 MAP、VOR、APP、PLN,其中 MAP、VOR 和 APP 方式可在半罗盘的扩展方式和全罗盘的中心方式之间转换。图 7-18 为 ND 在扩展和中心模式下的显示格式。

(1) MAP 方式。一般情况下,建议在大多数飞行阶段使用 MAP 方式。该方式下前方航迹呈现相对于航路地图移动的飞机位置。显示的信息包括:当前航迹、所选的航向和当前航向、位置趋势、距所选高度的距离、地图距离刻度、地速、真空速、风向和风速、距下一个航路点的距离、航路点预达时间、所选的导航数据点。

导航数据点在扩展的地图方式和地图中心方式下可显示辅助导航设备(STA)、航路点(WPT)、机场(ARPT)、航路进程(DATA)和位置(POS)数据。

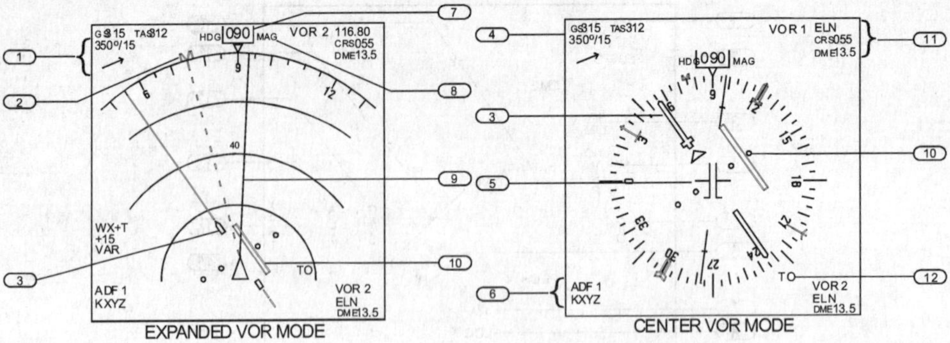

1—风向/风速/箭头；2—选定的航向游标；3—选定的航道指针；4—地速/真空速；5—飞机符号；6—VOR/ADF 选择/标识或频率/VORDME；7—当前航向；8—磁/真参考；9—航迹线；10—航线偏离指示和刻度；11—基准 VOR 接收机/频率或标识/航道/DME；12—向/背(TO/FROM)指示和 TO 指针

图 7-18 ND 在扩展和中心模式下的显示格式

(2) VOR 和 APP 进近方式。VOR 和 APP 方式为前方航向显示航迹、航向和 VOR 导航情况下的风向、风速或 ILS 进近信息。

(3) 计划方式。PLN 方式以正上方为真北。使用 CDU 航段页面上的 STEP(梯级)提示键可看到生效航路。

7.4.2.2 EFIS 控制

EFIS 的控制包括 EFIS 控制板、显示源控制板和显示选择面板。

1. EFIS 控制板

EFIS 控制板分为飞行仪表控制部分和导航控制部分，其作用是控制 PFD 和 ND 的显示内容、显示方式、显示范围等。左 EFIS 控制面板控制机长外侧和内侧显示组件，右 EFIS 控制面板控制副驾驶外侧和内侧显示组件。

(1)PFD 控制部分如图 7-19 所示。

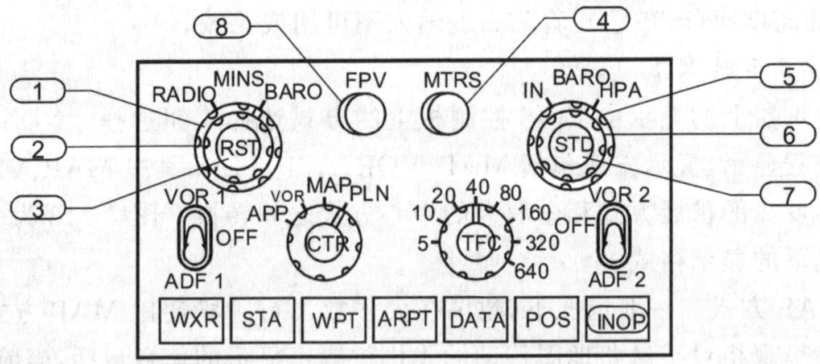

图 7-19 EFIS 控制面板控制-飞行仪表显示

① 最低(MINS)高度选择器(外圈，双位)。RADIO 表示选择无线电高度作为最低标准；BARO 表示选择气压高度作为最低标准。

② 最低高度选择器(中间,旋转)。旋转可调整无线电或气压最低高度。

③ 无线电高度最低(MINS)高度重置(RST)电门(内圈,瞬间)。按压可重置最低标准警报,如果警报不工作,最低标准显示空白。

④ 米制(MTRS)电门(瞬间)。按压可使高度以 m 为单位显示。

⑤ 气压(BARO)基准选择器(外圈,双位)。IN 表示选择英寸/水银柱作为气压高度基准;HPA 表示选择百帕作为气压高度基准。

⑥ 气压(BARO)选择器(中间,旋转)。可通过旋转调整高度带上的气压高度调和预选 BARO 基准。

⑦ 气压(BARO)标准(STD)电门(内圈,瞬间)。按压可选择标准气压调定(29.92 inchHg/1 013Hpa)作为气压高度基准。如果显示 STD,则选择预选的气压基准;若无预选的气压基准显示,则显示选择 STD 前的最后一个数值。

⑧ 飞行轨迹矢量(FPV)电门(瞬间)。按压可在姿态指引上显示飞行轨迹矢量。

(2)ND 控制部分如图 7-20 所示。

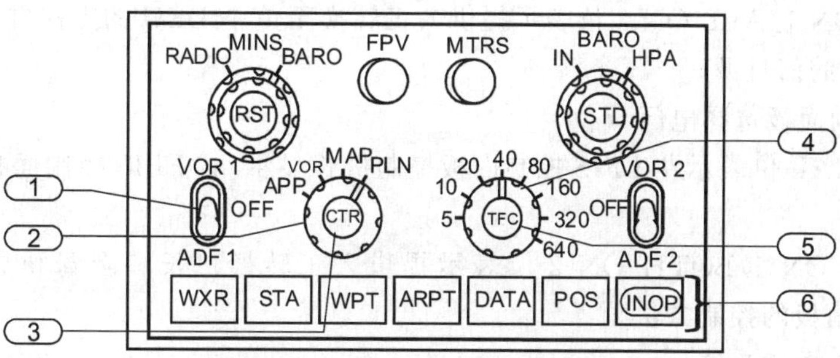

图 7-20　EFIS 控制面板控制-导航显示

① VOR/ADF 电门(三个位置)。除计划外的所有导航方式上显示 VOR 或 ADF 信息。

VOR——显示所选 VOR 的方位指针、频率或识别;

OFF——清除 VOR 或 ADF 显示;

ADF——显示所选 ADF 指针和 ADF 频率或识别。

② 方式选择器(外圈)。选择按 APP、VOR、MAP、PLN 等格式显示。

③ 中心(CTR)电门(内圈)。按压可显示 APP、VOR 和 MAP 方式的全罗盘刻度,继续按压则在扩展显示和中心显示之间交替。

④ 距离圈选择器(外圈)。选择 APP、VOR、MAP 或 PLN 方式时的距离圈,以海里为单位。

⑤ 空中交通活动(TFC)电门(内圈)。按压可在导航显示上显示 TCAS 信息。

⑥ 地图电门(瞬间)。地图电门,用于为地图和地图中心方式增添背景数据/符号,可同时选择显示,第二次按压可清除这些信息。包括 WXR、STA、WPT、ARPT、DATA、POS 等格式。

2. 显示源控制板

显示源面板如图 7－21 所示。

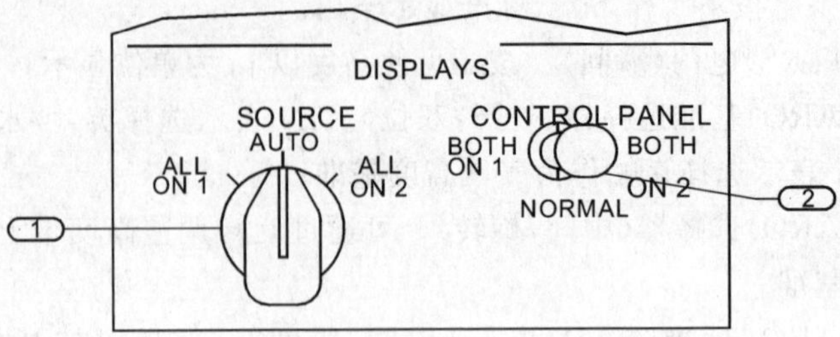

图 7－21　EFIS 显示源面板

① 显示源选择器

AUTO 位表示 DEU1 控制机长外侧、内侧和上显示组件；DEU2 控制副驾驶内侧、外侧和下显示组件。一个 DEU 失效时，另一个 DEU 控制所有显示组件。

ALL ON 1/ALL ON 2 位表示提供人工转换至单一 DEU 的方法并作为所有 6 个显示组件的信息源。

② 控制面板选择电门

NORMAL 位表示左 EFIS 控制面板控制机长显示，右 EFIS 控制面板控制副驾驶显示。

BOTH ON 1/BOTH ON 2 位表示提供人工转换机长和副驾驶显示至单一 EFIS 控制面板的控制方法。

3. 显示选择面板

显示选择面板如图 7－22 所示。

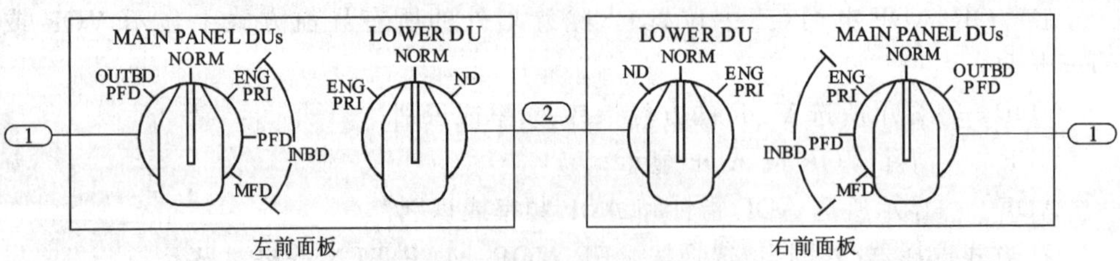

图 7－22　EFIS 显示选择面板

① 主面板显示组件选择器，用于选择各自内、外侧显示组件的显示内容。

OUTBD PFD 位表示外侧显示 PFD，内侧空白；NORM 位表示外侧 PFD，内侧 ND；INBD ENG PRI 位表示内侧显示主要发动机仪表，外侧显示 PFD。INBD PFD 位表示内侧显示 PFD，外侧空白；INBD MFD 位表示外侧显示 PFD，内侧空白。而且在发动机显示控制面板上的 MFD(Multi-Function Display)电门未选择 SYS 或发动机次方式(ENG)之前，内侧显示组件一直空白。

② 下显示组件(LOWER DU)选择器,用于选择下显示组件上显示的内容。

ENG PRI 位表示下显示组件显示主要发动机仪表,上显示组件空白;NORM 位表示显示组件通常空白或显示发动机显示控制面板选择的 MFD 格式;ND 位表示下显示组件上为导航显示。

7.4.3 电子中央监控系统

在空客飞机上都装有电子中央监控系统(ECAM)系统,也称为电子中央飞机监控系统,其基本功能与波音等其他飞机的 EICAS 系统相似,主要是监控发动机参数及飞机系统的警告指示。主要区别是显示能力和显示格式略有不同,显示的信息也分多个级别,使飞行机组容易意识到各种警告的严重程度。

ECAM 系统主要由 2 个显示器(CRT 或 LCD)、3 个显示管理计算机(DMC)、2 个系统数据集获器(SDAC)、2 个飞行警告计算机(FWC)、1 个 ECAM 控制板、显示转换面板及目视和音响警告系统所组成,如图 7-15 所示。

7.4.3.1 ECAM 显示

1. 发动机和警告(E/WD)显示

发动机和警告(E/WD)显示通常连续显示在上 ECAM 显示器上。E/WD 显示分为上、下两个区域:上部区域以模拟和数字的形式显示发动机的主要参数、机载燃油量和襟翼/缝翼位置;下部区域显示警告信息和备忘信息,如图 7-23、图 7-24 所示。

警告信息和备忘信息区分为左、右两个区域。备忘信息指的是临时选择的飞机系统或功能信息。

左备忘区可显示的信息有:起飞或着陆备忘信息、正常备忘信息、独立或主故障警告信息及相关的执行措施(即检查单)。警告信息的优先权高于备忘信息。正常情况下,警告信息以红色或琥珀色显示,备忘信息或检查单以绿色显示,需采取措施或需执行的工作则以蓝色显示。

右备忘区可显示正常备忘信息和琥珀色次要故障信息。在起飞和着陆期间,为防止分散机组的注意力,不会马上显示警告信息,只显示起飞或着陆抑制信息。

在 E/WD 显示器上还会显示状态提示符、咨询警告信息和信息溢出符号。状态提示符“STS”表示有状态信息出现,但系统不在状态页。当系统参数超出正常范围时,相应的参数会闪烁,同时会出现闪烁“ADV”。如果警告信息过多,超过左备忘区显示限制,则需要以标题形式显示在右备忘区,会显示一个箭头。

2. 系统或状态(SD)显示

系统或状态页通常显示在下 ECAM 显示器上。显示页分为上、下两个区域,上部区域显示系统页或状态页,在巡航阶段,自动显示巡航页;而下部区域仍固定显示温度、时间和重量等参数。

系统页可人工或自动显示,通过按压 ECAM 控制板上的相应按钮,可以显示系

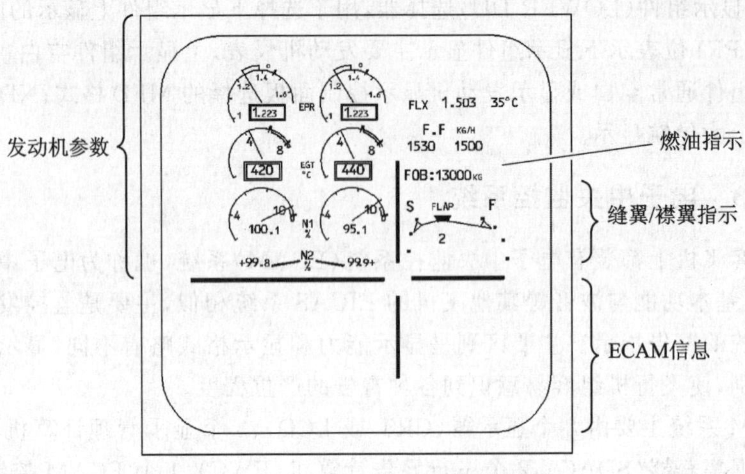

图 7-23 ECAM 的发动机和警告显示

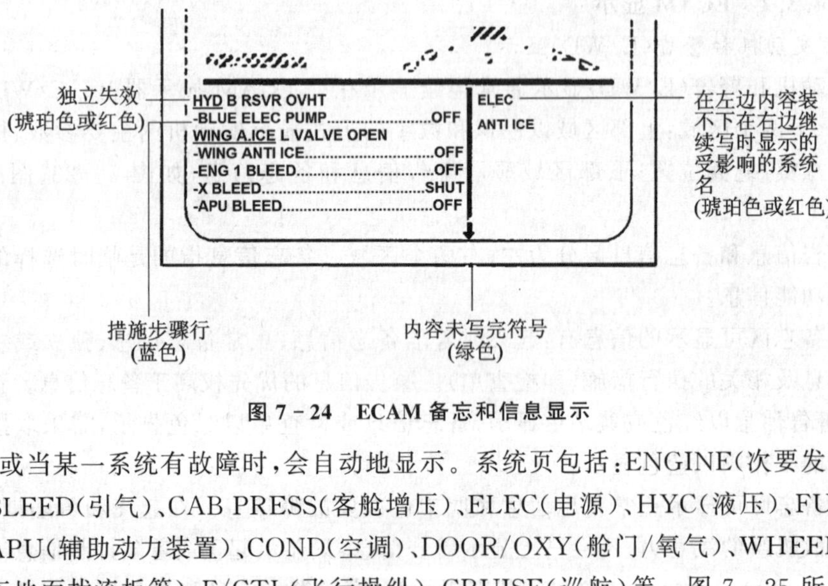

图 7-24 ECAM 备忘和信息显示

统页;或当某一系统有故障时,会自动地显示。系统页包括:ENGINE(次要发动机参数)、BLEED(引气)、CAB PRESS(客舱增压)、ELEC(电源)、HYC(液压)、FUEL(燃油)、APU(辅助动力装置)、COND(空调)、DOOR/OXY(舱门/氧气)、WHEEL(起落架刹车地面扰流板等)、F/CTL(飞行操纵)、CRUISE(巡航)等。图 7-25 所示为系统状态页面。

状态页主要显示飞机系统的工作状态,表明这些系统有缺陷,但没有触发警告,需要采取维护措施,可人工或自动显示。按压 ECAM 控制板上的"状态"按钮即可调出状态页,或当进近时缝翼放出大于两个单位时,状态页自动显示。

上区左部"①~④":显示进近程序和通过清除电门所已删除的警告信息。在进近程序中,蓝色文字表示限制参数及可推迟程序,绿色文字表示着陆能力和一些提醒信息。

上区右部"⑥":不工作系统和维护信息。不工作系统信息表示该系统由于故障

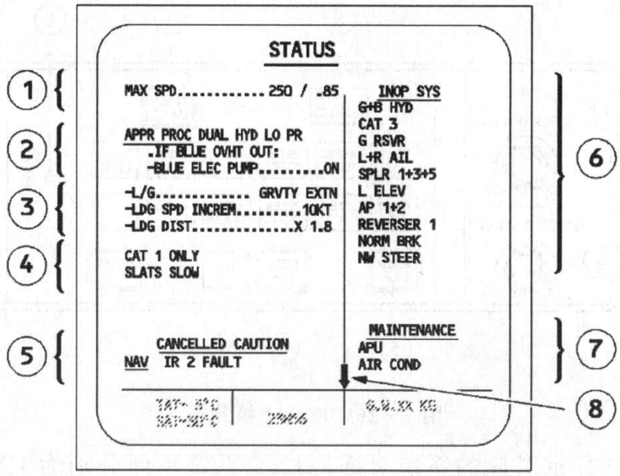

图 7-25　系统状态页面

或没有接通，所以处于不工作状态。维护信息栏反映出飞机系统故障状态，影响到飞机的放行，需要维护或根据 MEL 放行。“⑦”表示白色的维护状态信息。

在左区或右区内容写不下时显示的符号，如图 7-25 中“⑧”所示，可以连续按压清除键来控制显示的翻滚。

下部区域：固定数据区显示，这些数据以一定的格式显示，不随系统页的变化而变化。显示的信息有：大气总温和静温，正常显示为绿色，数据无效时为琥珀色；载荷因子：正常显示空白，如果超过限制值，则会以琥珀色显示；协调时间：正常显示为绿色，数据无效时为琥珀色；总重和重心参数显示：正常为绿色，数据无效时显示琥珀色，在地面时无计算数据，显示为蓝色。

7.4.3.2　ECAM 控制

1. ECAM 控制面板

ECAM 控制面板提供 ECAM 的控制，主要有：显示器亮度调节旋钮、起飞构型检查按键、紧急取消按键（可以取消所有的音响警告和警告信息（红色警告信息除外））、状态页或系统页选择键、取消或再调出警告信息（红色警告除外）电门。当 ECAM 控制面板失效后，可用“全部（ALL）”按钮以 1 页/s 的速度逐一调出各系统页面，当选择到所需的系统页面时，松开按钮即停留该显示页。有的面板还有跳开关（C/B）监控功能。如果被监控的跳开关是在打开位，则当按压此电门时，会显示相应的信息。ECAM 的控制包括 ECAM 控制板和 ECAM 转换板。

ECAM 控制板如图 7-26 所示。

① OFF/BRT（关断/亮度）旋钮。控制每部 ECAM 显示组件的接通/断开和亮度（随光线变化自动调整亮度并与人工控制相结合）。当 UPPER DISPLAY（上部显示器）旋钮转到 OFF（断开）位发动机/警告显示时自动显示在下部的显示组件上。

② 系统页面按钮。有 13 个系统页面按钮，用于人工选择 SD 的显示页面。按下

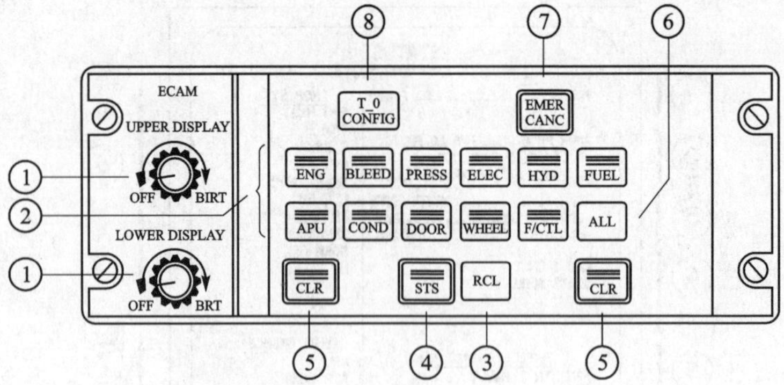

图 7-26　ECAM 控制板

某一按钮,SD 上即显示对应的系统页面。13 个系统页面分别为 ENG(发动机次要参数)、BLEED(引气)、PRESS(座舱增压)、EL/AC(交流电源)、EL/DC(直流电源)、HYD(液压)、C/B(跳开关状态)、APU(辅助动力装置)、COND(空调)、DOOR(门与氧气)、WHEEL(起落架、机轮、刹车)、F/CTL(飞行操纵)和 FUEL(燃油)。

③ 再现(RCL)按钮。用来再现被 CLR 按钮或飞行阶段自动抑制的警告或警戒信息。若没有警告或警戒信息,则 NORMAL 字符在 E/WD 上显示 5 s。

④ 状态(STS)按钮。用于调出 SD 上的状态页。若没有状态信息,则 NORMAL 字符在 SD 上显示 5 s。

⑤ 清除(CLR)按钮。用来清除显示在 E/WD 下部的警告和警戒信息。当 SD 上出现非正常系统页面显示时,按压主钮,可使该页面消失,回复到先前显示的页面。

⑥ 全部(ALL)按钮。按下并保持,能使 13 个系统页面以 1 s 的间隔依次在 SD 上显示。此时,若需要显示某一页面,只需在显示该页面时,松开按钮即可。

⑦ 应急取消(EMER CANC)按钮。用于取消警告和警戒的音响信息。

⑧ 起飞形态(T-O CONFIG)按钮。用于检查起飞前的飞机形态。如果形态正确,E/WD 上显示 TO. CONFIG NORMAL。

2. ECAM 转换板

ECAM 转换板如图 7-27 所示。

① EIS DMC(电子仪表系统显示管理计算机)选钮。NORM 位表示 DMC1 给 PFD1、ND1 及上部 ECAM 显示组件提供数据,DMC2 给 PFD2、ND2 及下部 ECAM 显示组件提供数据;CAPT 3 位表示 DMC3 代替 DMC1;F/O 位表示 DMC3 代替 DMC2,如果 DMC 失效,相关的显示组件显示一条斜对角线。

② ECAM/ND 导航显示系统选钮。可将系统显示转换至机长或副驾驶导航显示,若两部 ECAM 显示组件(E/WD 和 SD)都失效,选钮可将发动机/警告显示转换至任一导航显示。

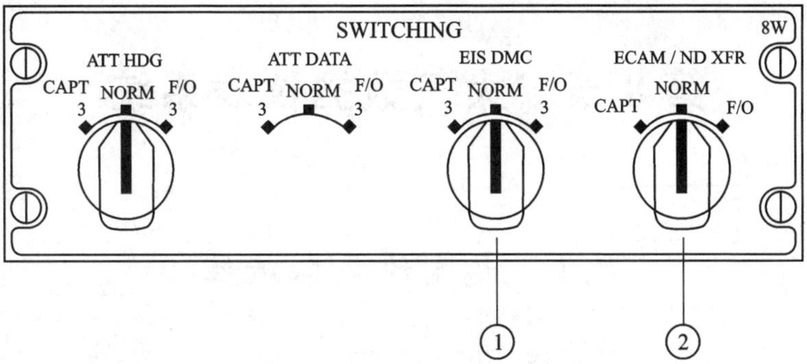

图 7－27　ECAM 转换板

本章重要知识点

（1）航空仪表是为飞行人员提供有关飞行器的飞行参数、发动机参数及其他飞机系统状态参数的设备，并用于计算和自动调整航空器及航空发动机的运动状态。

（2）航空仪表按发展演变可分为机械仪表、电气仪表、综合自动化仪表和电子显示仪表；按功用可分为驾驶领航仪表、发动机仪表和其他仪表；按工作原理可分为测量仪表、计算仪表和调节仪表。

（3）航空仪表的分布，一般遵循重要原则、频度原则和相关原则，普遍使用 T 形布局结构。

（4）模拟式测量仪表获得准确数值慢，获得数值变化趋势快；数字式测量仪表获得准确数值快，获得数值变化趋势慢。

（5）电子仪表系统分为两部分，一是电子飞行仪表系统 EFIS，二是机载电子集中监控系统 ECAM。空客的 EFIS 主要包括 PFD 和 ND。ECAM 包括 E/WD 和 SD。波音的 EFIS 包括 EADI 和 EHSI，EICAS 则对应于 ECAM。

思考题

1. 航空仪表有哪些功用？

2. 航空仪表按照不同的标准可以分为哪些种类？各有何特点或作用？

3. 航空仪表在仪表板的分布安排有哪些规律和特点？

4. 电子仪表系统由哪些部分组成？各有何作用？

5. 模拟式和数字式仪表的显示各有什么特点？

第8章 大气数据仪表系统

8.1 大气的基本特性

8.1.1 气压的概念及其测量单位

大气压力(atmospheric pressure)是由大气的重量所产生的压强,也称为“大气压”,简称“气压”,注意区别于物理学中压力和压强的标准定义。根据气象学惯用定义,某一高度上的大气压力,即指自该高度起到大气顶界、横截面积为1 cm^2的大气柱的重量。该定义虽不够十分严密,但目前仍被广泛使用。按照气体分子动力学理论,实际上气压是气体分子运动与地球重力场两者综合作用的结果。在这种作用下,大量运动着的空气分子连续不断地撞击着物体表面,其撞击力即表现为大气对该物体表面所施加的压力。空气分子密度越大,或者空气分子平均动能越大,其撞击力就越大,大气压力也就越高。

气压的单位,常用mmHg(毫米汞柱)表示。例如,气压为760 mmHg,即表示此处的大气压强与横截面积为1 cm^2、高度为760 mm的汞柱重量相等。除mmHg外,还有mbar①(毫巴)、inHg(英寸汞柱)、hPa(百帕)等。

8.1.2 大气密度

大气密度是飞行器飞行时气动阻力与气动加热等的主要影响因素。大气密度的定义是每单位体积内的气体质量。根据理想气体定律,温度恒定时,随着高度的增加,大气密度以指数方式下降。而实际上地球大气的温度并不恒定,且气温随高度、季节和地理位置不同而变化,故大气密度变化并不是如此迅速。海平面上大气密度的标准值为$1.225\times10^{-3}\,g/cm^3$,由于地球引力作用,与大气压力与高度的关系类似,越往高空大气密度越低,基本按照指数规律下降,低高度时大气密度变化尤为剧烈。大气密度不但随高度不同而变化,而且也随着纬度、季节、昼夜和太阳活动等变化,海平面大气的最大密度出现在日出后不久。

8.1.3 大气温度

大气温度指大气的冷热程度。从分子运动论看,温度代表单个分子的平均动能,

---

①“mbar”为非标准计量单位,1 mbar=100 Pa。

与热量并不等同，热量是所有分子的总动能。从地面开始的对流层中，空气温度随高度的增加而稳定下降。平均情况下，由海平面的 15 ℃降低到对流层顶的－56.5 ℃。从 11～20 km 左右的同温层温度保持在－56.5 ℃。大约从 25 km 开始，由于臭氧层开始出现，空气温度逐步升高；从 30 km 开始，增温幅度明显加快；接近 50 km 时，温度在 0℃左右；高度超过 55 km，空气温度又重新下降；到 80 km 时，空气温度可低至－80 ℃。高度继续增加，由于空气急剧发生电离，在电离过程中放出大量的热，使空气温度稳定上升。在 120～300 km 的高度，大气温度随高度增加按指数规律迅速递增，在 400～800 km 高度，温度可达 400～2 000 ℃。此外，温度还随昼夜、季节、纬度和太阳活动等因素的不同而变化。大气温度随昼夜变化的特点是：在低空，昼夜变化只有几十摄氏度；在很高的高空，昼夜变化幅度可达几百摄氏度。

8.1.4　大气湿度

大气的另一个重要特性是湿度。空气是多种气体的混合物，含有或多或少的水分。在大气温度环境中，水通常是以气体或液体形式存在，大气中的水分是水蒸气。1 m^3 空气中所含水蒸气的质量称为空气的绝对湿度 ρ_v，可用以下公式表示：

$$\rho_v = \frac{m_v}{V}$$

与此对应，空气的相对湿度定义为空气中实际含有的水蒸气量与同温度下可能含有的最大蒸气量之比。如下式所示：

$$\varphi = \frac{\rho_v}{\rho_{max}}$$

水是大气中的非固定成分，含量不定，大气中水蒸气的含量因不同高度、不同地区与不同季节而有所不同。由于水蒸气在空气中的饱和含量取决于气温，故水蒸气在大气中的含量与气温密切相关，在一定温度下，水蒸气含量低于或等于该温度下的饱和含量。在热带地区，水蒸气饱和量可达 5%～6%，而在两极地区，空气中水蒸气的含量接近零。在沙漠地区，空气干燥，空气含水量只有万分之几；而在水网密布的高湿地区，空气含水量可高达 4%。水蒸气绝大部分只存在于对流层中，其随高度变化的情况主要取决于大气温度、大气垂直对流程度，同时也取决于热交换、降雨量和凝结程度等因素。一般认为，随高度增加，空气湿度明显减小，7 km 以上的空气可以认为是干燥的，平流层的空气已经非常干燥，其水汽含量仅为百万分之几。

8.1.5　国际标准大气

飞机一般在对流层和同温层下部飞行。在这个范围内，空气的物理性质（如温度、压力、密度等）都经常随着季节、时间、地理位置（经纬度）、高度的不同而变化。为了更好地确定飞机的性能，必须按同一标准的大气物理性质——温度、压力、密度等进行换算，才能对各种飞机的飞行性能进行比较。标准大气就是为了满足飞机仪表标准化的需要，由国际民航组织（International Civil Aviation Organization，简称ICAO）正式编入《国际标准 ISO 2533——标准大气》。其数据是把地球北纬35°～60°欧洲地区的平均数值加以修正而拟定的，因此与我国的情况有一定差距。

国际标准大气的主要条件是：以海平面为零高度，如图 8-1 所示，标准海平面的气压 P_0 为 760 mmHg（或 1 013.2 hPa、29.92 inHg）、气温 T_0 为 15 ℃（或 288 K）、空气密度 P_0 为 0.225 kg.s²/m⁴，对流层的顶界为 11 km；在对流层内，气温垂直递减率 f 为－0.00 65 ℃/m；在平流层内，高度低于 25 km 时，气温不随高度变化，等于－56.5 ℃（或 216.5 K）高于 25 km 时，气温略有升高；空气的气体常数 R 为 29.27 m/℃。

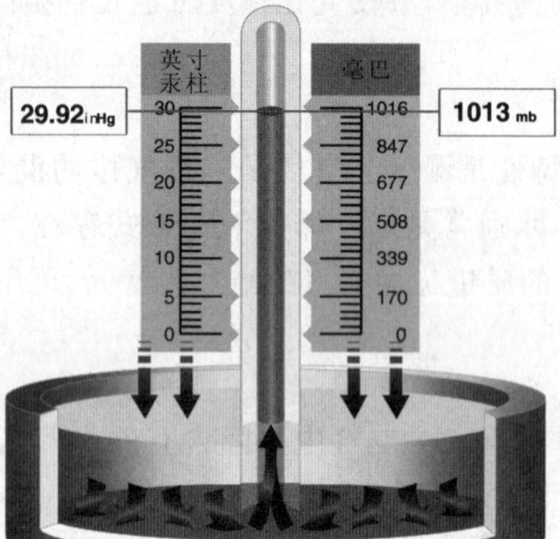

图 8-1　标准海平面气压

在标准大气条件下，可以推导出高度与气压的关系式，利用标准气压高度公式，就可以计算出某处的标准气压高度，表 8-1 所列为国际标准大气中压力、温度和高度的对应关系。

表 8-1　国际标准大气特性

高度/ft①	压力/inHg②	温　度	
		/℃	/℉
0	29.92	15	59
1 000	28.86	13	55.4
2 000	27.82	11	51.9
3 000	26.82	9.1	48.3
4 000	25.84	7.1	44.7

①“ft”为非标准计量单位，1 ft=304.8 mm。

②“inHg”为非标准计量单位，1 inHg=3 386 Pa。

续表 8-1

高度/ft	压力/inHg	温度	
		/℃	/℉
5 000	24.89	5.1	41.2
6 000	23.98	3.1	37.6
7 000	23.09	1.1	34
8 000	22.22	−0.9	30.5
9 000	21.38	−2.8	26.9
10 000	20.57	−4.8	23.3
11 000	19.79	−6.8	19.8
12 000	19.02	−8.8	16.2
13 000	18.29	−10.8	12.6
14 000	17.57	−12.7	9.1
15 000	16.88	−14.7	5.5
16 000	16.21	−16.7	1.9
17 000	15.56	−18.7	−1.6
18 000	14.94	−20.7	−5.2
19 000	14.33	−22.6	−8.8
20 000	13.74	−24.6	−12.3

标准大气条件下，大气的温度、密度、压力与高度存在着如图 8-2 所示的关系。

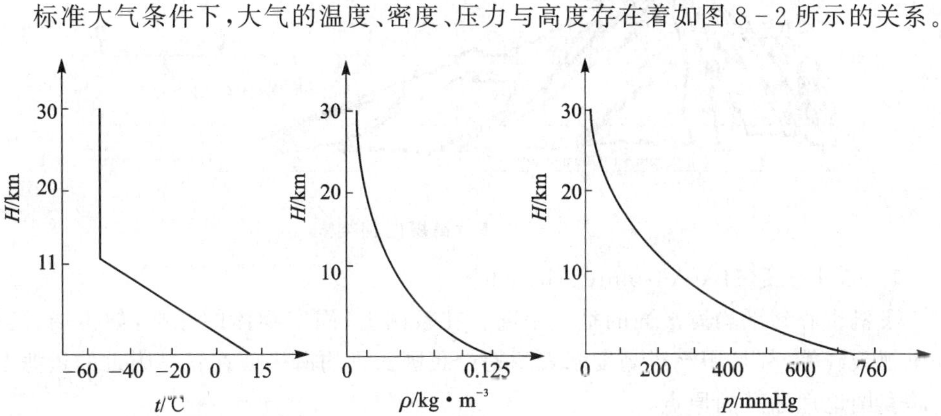

(a) 温度与高度的关系　(b) 密度与高度的关系　(c) 压力与高度的关系

图 8-2 大气温度、密度、压力与高度的关系

8.1.6 气压高度

在低气压实验中，根据一定气压值由标准大气压表所查得的高度，称为气压高度。它与实际高度往往还有一定差别。例如，海拔 5 000 m 的高空，是指以海平面为 0 计算的实际高度。若该高度的气压值恰为 405.2 mmHg，则表示其气压高度与实际高度一致。实际上,该高度的气压经常有一定范围的波动,所以其气压高度也在实际高度 5 000 m 上下浮动。在航空航天医学领域,研究上升高度对生理机能的影响和大气压力的降低与生理效应间的因果关系时,气压高度常常比实际高度更有意义。

8.2 气压式高度表

8.2.1 高度的种类

飞行高度是指飞机在空中到某一基准面的垂直距离。测量飞行高度基准面不同,所得的飞行高度也不同。正确测量和选择飞行高度,对于充分发挥飞机性能,降低燃油消耗,节约飞行时间和保证飞行安全都有十分重要的意义。根据所选测量基准面的不同,如图 8-3 所示,飞行高度可以分为以下几种:

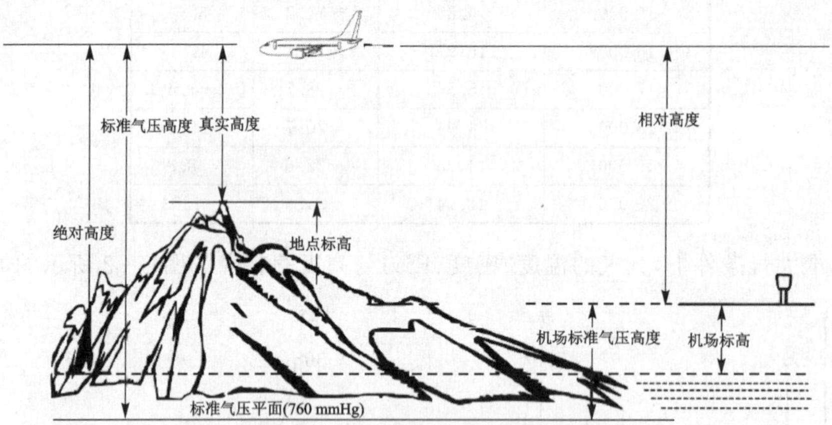

图 8-3　飞行高度的种类

1. 绝对高度(HA Absolute Altitude)

飞机重心到平均海平面的垂直距离。在航图上,固定物体的标高,如机场、高塔和电视天线等,都是用绝对高度来表示的。我国的平均海平面在青岛附近的黄海上,它是我国地理标高的原点。

2. 相对高度(HR Relative Height)

飞机重心到某一个指定水平面(如机场跑道)的垂直距离。飞机起飞、降落时,须知道相对高度。相对高度有时简称相对高。

3. 真实高度(HT True Height)

飞机重心距离正下方地表面(如地面、水面或山顶等)的实际高度。该高度随飞机本身的高度和地表面的高度不同而变化。飞机在飞越高山、航测、空中摄影、空投,尤其是盲降着陆时,须准确测量真实高度。这种高度通常由无线电高度表进行测量,也称为离地高度(AGL)。

相对高度、真实高度、绝对高度都是飞机相对于地表面上某一水平面作为几何基准面的真实高度,具有稳定的几何形态,有时也称为几何高度。

4. 场压高度(H_{QFE})

场压高度是以起飞或着陆机场的场面气压(QFE)为基准面的气压高度,简称场压高。在标准大气条件下,场压高等于相对高,当飞机停在机场跑道上时,气压式高度表指示的场压高应为零,更准确地讲,应为飞机座舱的高度。

5. 标准气压高度(H_{QNE})

飞机到标准气压平面的垂直距离叫做标准气压高度。标准气压平面是国际统一规定的气压基准面,其气压为760 mmHg或1 013 hPa(1 013 mb、29.92 inHg)。在航线飞行时都采用标准气压高度,可以统一高度基准,避免两机相撞的危险。

飞机平飞时,标准气压高度不变,但真实高度随飞机正下方表面高度的改变而改变。

几种高度的关系是:

绝对高度=相对高度+机场标高=真实高度+地点标高

标准气压高度=相对高度+机场标准气压高度

需要指出的是,标高和标准气压高度是不同的,地点标高(ELEV)是指地球表面的物体到平均海平面的垂直距离,是到地理“原点”的高度,即海拔高度;标准气压高度则是该地到标准气压平面的高度,其基准面不同。

6. 修正海压高度(H_{QNH})

修正海压高度即修正海平面气压高度,简称海压高度或海压高,它是以修正海平面气压(QNH)为基准面的气压高度。修正海平面气压是根据当时机场的场面气压和标高,按照标准大气条件推算出来的海平面气压值,该值一般由气象台提供。在标准大气条件下,修正海压高度等于绝对高度。

当飞机停在跑道上时,气压式高度表指示的海压高应为机场标高,准确地讲,应为飞机座舱高度与机场标高之和。

标准气压高度、场压高度和修正海压高度都与大气压力直接相关,都是可以通过测量大气压力间接测量的高度,有时也将它们称为气压高度。

几种气压高度的关系是:

海压高度=场压高度+机场标高

标准气压高度=海压高度+气压修正高度

气压修正高度是指按照标准大气高度公式计算出来的修正海平面气压值与标准大气压值之差对应的高度值。在海平面附近或较低高度上,气压与高度的换算值约为11 m/mmhg或8.25 m/hPa、1 000 ft/inHg。

标准气压高度、场压高度和海压高度可以用气压式高度表测量。

8.2.2 工作原理

根据标准大气中气压(静压)与高度对应的关系,测量气压的大小,就可以表示飞行高度的大小。

如图 8-4 所示,气压式高度表的感受部分是一个真空膜盒。作用在真空膜盒上的气压为零时,真空膜盒处于自然状态。受到大气压力的作用后,真空膜盒会产生弹性形变。当真空膜盒形变产生的弹性力与大气作用在真空膜盒上的总压力平衡时,真空膜盒的形变程度为一个固定值,并通过传动机构带动指针指出相应的高度。高度改变后,气压也随之改变,弹性力与总压力由平衡又变成不平衡,使真空膜盒形变的程度改变,直至弹性力与总压力再度平衡时,真空膜盒形变到新的位置,并带动指针指示出改变后的新高度。

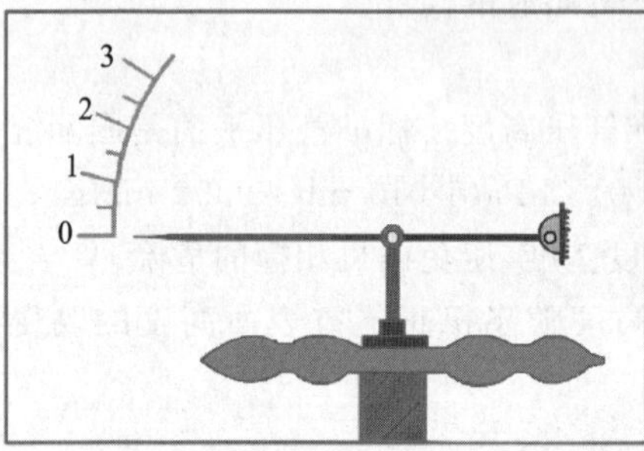

图 8-4 气压式高度表工作原理

例如,气压等于 760 mmHg 时,指针指向零高度,此时膜盒弹性力与大气压力相平衡。飞机高度增加,大气压力减小,膜盒膨胀,带动指针顺时针转动,直至膜盒弹性力与静压相等,指针停转,指示出较高高度。反之,飞机高度降低时,膜盒被压缩,指针反转,指示出较低高度。因此,只要刻度盘按标准气压高度公式标注刻度,就可以通过测量静压指示出高度。从上面的分析可以看出,气压式高度表是按照标准大气条件下高度与静压的对应关系,利用真空膜盒测静压表示飞行高度的。

气压式高度表通过测量气压来表示高度时,如果选定的基准面不同,所测出的高度也不同。如以标准气压平面为基准面,则仪表指示为标准气压高度;如以某机场的场面气压平面为基准面,则仪表指示为场面气压高度;如以修正的海平面气压为基准面,则仪表指示修正海压高度。气压式高度表实质上是一种特殊的测量大气绝对压力的压力表。

8.2.3 基本构造

典型的气压式高度表的内部结构如图 8-5 所示。

感受部分由若干个真空膜盒串联组成,可以增大膜盒形变量,提高仪表灵敏度,传递部分由连杆、齿轮等组成,用来把膜盒的形变传给指示部分。

调整部分由气压调整旋钮、齿轮组、数字显示器等组成,显示器有毫巴(mbar)和英寸水银柱(inHg)两种不同单位的气压显示窗。调整机构用来选择不同的测量基准以测量不同种类的高度,同时,还能用来修正气压方法误差。转动调整旋钮,可使气压显示窗显示选择的气压基准值。此外,传动机构还带动真空膜盒组和整个指示机构按标准气压与高

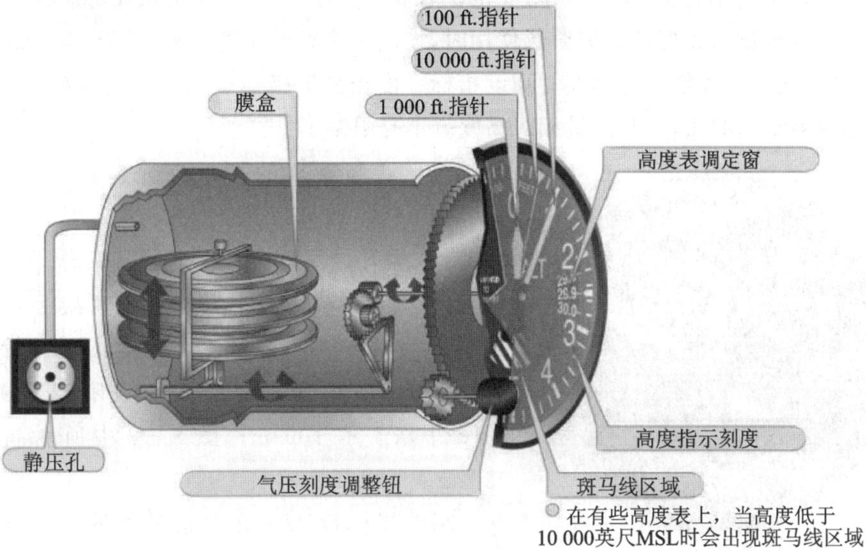

图 8-5　气压式高度表结构

度之间的关系转动相应数值，从而显示出相对所选基准面的高度。如果大气压力正好为基准值(如在机场)，则高度显示零高度；飞机升空后，则显示相对高度(场压高度)。

指示部分由指针、刻度盘和数字显示器组成。图 8-6 所示为常见的气压高度表表面。它为三针高度表，由指针和刻度盘组成。长指针、短指针、细指针每走一个数字分别代表 100 ft、1 000 ft、10 000 ft。图中所示高度为 4 000 ft。10 000 ft 以下时，在仪表上可以看到一块斑马线区域(黑白相间的条纹窗)，高于该高度时斑马线区域开始被覆盖，直到高于 15 000 ft 时，所有的斑马线区域都被覆盖了。

图 8-7 所示为滚动显示高度表。这类仪表只有一根指针，每 1 000 ft 转一圈。每个数字代表 100 ft，每一小格代表 20 ft。滚动显示高度表以 1 000 ft 为单位，该设备通过相连的机械装置来驱动指针。对这种类型的高度表进行读数时，首先要读取滚动窗上显示的数值，获得千英尺数，然后观察指针读数得到百英尺及以下的读数。

图 8-6　二指针高度表表面

图 8-7　滚动显示高度表表面

高度表由于结构关系，气压刻度范围较窄（常为 670～790 mmHg 或 950～1 050 mbar），在大气压力较低的高原机场使用时，无法调整到场面气压值（低于 670 mmHg）。因此，设计安装了代替气压刻度的高度指标。由于高度指标可以在全高度范围内用高度值选择测量基准面，因此测量相对高度就不受限制了。

图 8-8　带高度指标的气压式高度表

气压式高度表的指示部分包括长指针、短指针、内指标和高度刻度盘等。高度刻度盘是均匀的，标有数字 0～9，每个数字又分 10 小格。长指针固定在小齿轮轴上，在刻度盘上走一个数字表示 100 m，每小格表示 10 m；短指针固定在轴套上，在刻度盘上走一个数字表示 1 000 m，每小格表示 100 m。图 8-8 中所示高度为 950 m。

高度指标读法与高度指针相同。气压刻度和内外高度指标指示数互相对应，符合标准气压高度关系。转动调整旋钮时，气压刻度盘和高度指标同时转动，前者指示基准面的气压，后者指示基准面的标准气压高度。当气压刻度盘转到超出 670 ～790 mmHg 范围时，气压窗出现一个挡片，遮住气压刻度盘。这时，内外指标所示基准面的标准气压高度正好代替了气压刻度盘指示基准面气压的作用，仍然能够测量相对高度。

8.2.4　使用方法

1. 基本测量方法

气压式高度表可以测量飞机的相对高度、绝对高度和标准气压高度，其各种测量的方法分别介绍如下。

(1) 标准气压高度的测量

利用气压高度表测量标准气压高度时，先转动调整旋钮使气压刻度盘（气压基准）指示“760 mmHg”或“29.92 inHg”，指针指示的数值就是标准气压高度。

(2) 绝对高度的测量

因为绝对高度是以海平面为基准面的高度，所以，用气压高度表测量绝对高度时，转动调整旋钮使气压刻度盘指示修正的海平面气压，其指针指示的即为飞机的绝对高度。

(3) 相对高度的测量

因为相对高度是以机场为基准面的高度，所以利用调整旋钮拨动高度表的指针和气压刻度盘，使气压刻度盘指示出起飞或降落机场的地面气压，此时测量起点是起飞或降落机场，高度表指针指示为飞机相对于起飞或降落机场的相对高度。

(4) 高度表在机场的零位调整

若飞机在飞行中选定某降落机场为基准面，使高度表测量相对于机场的相对高度时，则飞机落地后，高度表指针应指零位。由于机场地面的气压经常变化，有时飞机在地面，高度表不指示零位，这时就需要调整零位。其方法是：先从气象台了解当时该机场的气压，然后转动调整旋钮，使高度指示零位。此时气压刻度盘应指示当时该机场的气压。

2. 飞行过程中的使用方法

为了维护空中的交通秩序和飞行安全，我国民航统一规定飞机起降过程中使用修正海压高度，航线飞行时使用标准气压高度。

(1) 起飞前。起飞时，高度表应指示以修正海压平面为基准面的海压高度。转动气压调整钮，使气压刻度(或显示数)为修正海压，高度指针应指示机场标高。

飞机起飞后，高度指针指示飞机的海压高度，气压刻度(或显示数)为修正海压。

(2) 飞行中。在起飞上升过程中，应当根据航行管制规定，在适当时候把指示调为标准气压高度。在航线飞行中，高度表应指示标准气压高度。

转动气压调整钮，使气压刻度为 1 013.2 mbar(或 760 mmHg、29.92 inHg)，高度指针即指示飞机的标准气压高度。

(3) 着陆前。在着陆过程中，高度表应指示以修正海压平面为基准面的海压高度。具体调整时间根据航行管制规定确定。着陆前，转动调整钮，使气压刻度为修正海压，高度指针便指示海压高度。

(4)着陆后。着陆后，高度应指示机场标高。

表 8-2 说明了飞行各阶段高度表的调整方法。

表 8-2　飞行各阶段高度表的调整方法

飞行阶段	气压刻度	高度指标	高度指针
起飞前(调 HQNH)	修正海压	修正海平面和标准气压平面高度差	机场标高
航线上(调 HQNE)	1 013.2 mbar(或 29.92 inHg)	0	HQNE
着陆前(调 HQNH)	修正海压	修正海平面和标准气压平面高度差	HQNH
着陆后	修正海压	修正海平面和标准气压平面高度差	机场标高

图 8-9 说明了飞机转场过程中高度表的使用方法和指示情况。

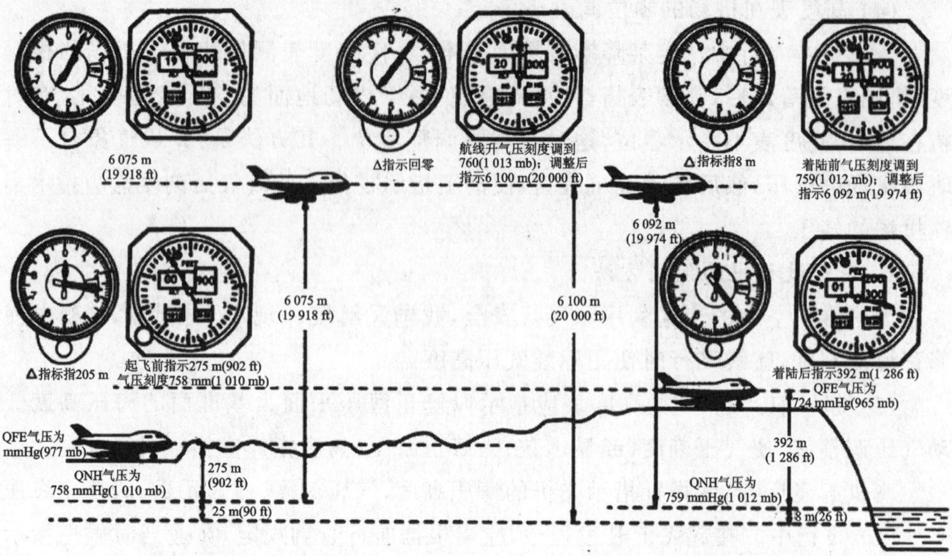

图 8-9　飞机转场过程中高度表的使用方法和指示情况

8.2.5　测量误差

高度表的测量误差分为机械误差和方法误差两大类。

1. 机械误差

由于高度表在构造、材料、工艺、制造上的缺陷以及使用中的磨损、变形等引起的误差称为机械误差。例如，有时在起飞前校场压时，气压刻度指示机场场压，高度指针却不指零，原因就是存在机械误差。

机械误差经定期测定后，绘制成修正曲线卡片，如图 8-10 所示，放在飞机上，供需要时查用。

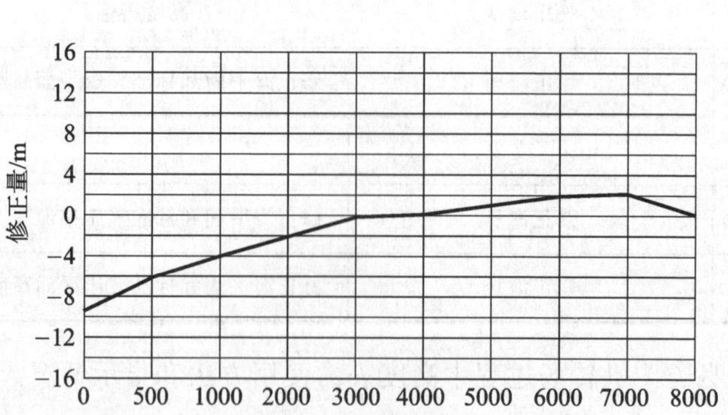

图 8-10　气压式高度表机械误差修正曲线图

修正方法为 $H_c = H_i + \Delta H$，其中，H_c 为仪表修正高度，H_i 为仪表指示高度(横坐标表示)，ΔH 为机械误差修正值(纵坐标表示)。

2. *方法误差*

气压式高度表是按照标准气压高度公式设计制造的。当实际大气条件不符合标准大气条件时，指示将出现误差，这种误差叫做高度表的方法误差。它又分为气压方法误差和气温方法误差两种。

(1) 气压方法误差

高度表测量基准面气压不符合标准大气条件而引起的误差，叫做气压方法误差。图 8-11 说明了气压方法误差产生的原因。设想从大气中取出一段大气柱，研究基准面气压变化后，该大气柱各层气压面相对于基准面的高度变化。

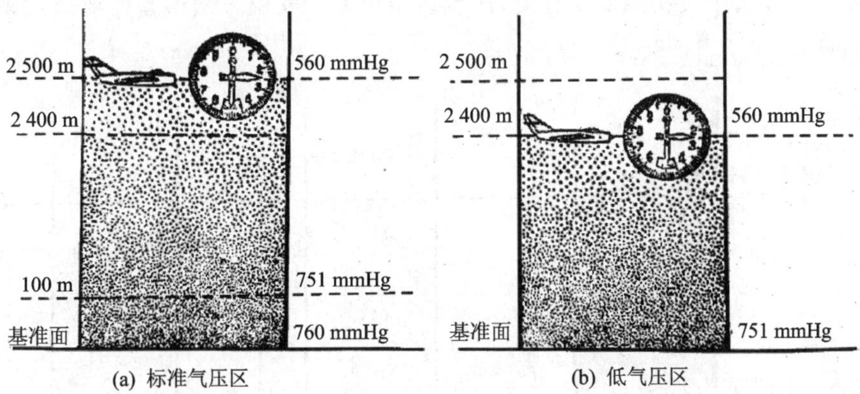

图 8-11 产生气压方法误差的原因

如果大气柱符合标准大气条件，则大气柱中各层气压面之间距离保持一定，并符合标准数值，此时气压式高度表的指示是准确的。例如，飞机在 560 mmHg 的气压面上飞行，仪表指示的高度为 2 500 m，飞机相对于基准面的高度也就是 2 500 m，如图 8-11(a)所示。

如果基准面的气压减小，相当于整个大气柱下降了一段距离，于是，各层气压面相对于基准面的高度降低，气压式高度表出现多指的误差。例如，基准面气压由 760 mmHg减小到 751 mmHg，相当于大气柱下降 100 m。如果飞机仍在 560 mmHg 的气压面上飞行，显然仪表的指示高度仍为 2 500 m，而飞机相对于基准面的实际高度则是 2 400 m，因而出现多指 100 m 的误差，如图 8-11(b)所示。相反，当基准面气压增大时，相当于整个大气柱上升，各层气压面相对于基准面的高度增大，仪表出现少指的误差。

仪表出现误差后，若不修正，飞机将不能安全着陆。如上例中，飞机已经落地，仪表指示仍还有 100 m 高度。

修正的方法是：飞机着陆前，转动气压调整钮，使气压刻度盘指示实际场压值(上例中为 751 mmHg)。这样，飞机落地时，仪表指零。

(2)气温方法误差

高度表测量基准面的气温以及气温垂直递减率不符合标准大气条件而引起的误差,叫做气温方法误差。

图 8-12 说明了气温方法误差产生的原因。假设大气柱符合标准大气条件,则飞机所在气压面的高度等于仪表指示的高度,仪表没有误差,如图 8-12(a)所示。当大气柱实际平均温度高于标准平均温度时,大气柱膨胀,其顶面高度增高。要想保持高度表指示不变(即大气压力不变),飞机必须与顶面同时升高,如图 8-12(b)所示。此时,高度表指示小于实际飞行高度,产生少指误差。相反,当大气柱实际平均温度低于标准平均温度时,大气柱收缩,其顶面高度降低,如图 8-12(c)所示。高度表指示的高度大于飞机的实际高度,产生多指误差。气温方法误差需要通过领航计算进行修正。

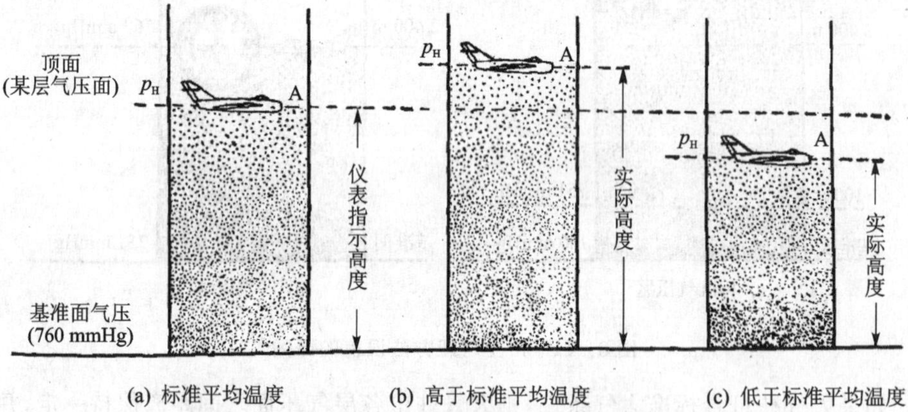

图 8-12　气温方法误差产生的原因

特殊情况下的处置:为了保证飞行安全,飞行员应该记住,从热飞往冷或从高(压区)飞往低(压区),应防止高度低。此外,飞行中还应综合分析高度表、升降速度表、无线电高度表和地平仪的指示。如果其他几种仪表都表明高度有变化,而高度表却没有相应的指示,就可以判断高度表出了故障。这时,可由升降速度表和地平仪了解高度的变化;由无线电高度表或座舱高度表(非密封座舱)了解飞机的相应高度。

8.3　空速表

8.3.1　空速的基本概念

空速是飞行器相对周围空气的运动速度。测量和显示空速的仪表称为空速表(air-speed indicator),是重要的飞行仪表之一。空速表安装在驾驶舱仪表板上,为飞行员测量和指示航空器的飞行速度。飞行员可以根据空速判断飞机的空气动力情况，从而正确地操纵飞机；根据空速还可以计算地速，从而确定已飞距离和待飞时间。常用的空速表有指示空速(即表速)表和真空速(即真速)表两种。

飞机飞行时，空气相对于飞机运动，在正对气流运动方向的飞机表面上，气流完全受阻滞，速度降低到零。将气流受到全阻滞、速度降低到零处的压力，叫做全压或总压。全压包括两部分：一部分是由动能转化的压力，称为动压；另一部分是气体未受扰动时本身实际具有的压力，称为静压，也就是大气压力。动压和静压之和称为全压。根据不同的气动原理，航空领域使用的飞机空速可分为以下5种：

(1) 指示空速(IAS)。按海平面标准大气条件下空速和动压的对应关系计算得到的空速。指示空速反映了动压的大小，即反映了飞行中飞机所受到的空气动力情况。飞行员根据指示空速，可以保持所需要的迎角飞行。

(2) 校正空速(CAS)。对指示空速修正安装误差和仪表误差后得到的空速。在海平面标准大气条件下，校正空速等于真空速。

(3) 当量空速(EAS)。对特定高度上的校正空速修正空气压缩性误差后得到的空速。高速飞行时，飞机快速通过大气运动，在飞机前方，空气被压缩，产生空气压缩性误差，从而使当量空速低于校正空速。当飞机指示空速低于200 kn(1 kn＝1 nmile/h)和高度低于20 000 ft时，该误差可忽略不计。

(4) 真空速(TAS)。飞机相对于空气运动的真实速度。对当量空速补偿压力和温度误差后得到的就是真空速。在海平面标准大气条件下，校正空速等于真空速。高度增加或空气温度增高，空气密度将降低，因此，在给定指示空速的情况下，真空速会随高度的增加而增大。

(5) 地速(GS)。飞机相对于地面的运动速度。

在领航计算中还使用风速。空气相对于地面的运动速度叫做风速。

地速等于真空速和风速的矢量和，即

$W=V_t+v$，式中W为飞机地速向量，V_t为飞机真空速向量，v为风速向量。

另外，飞机在飞行中空气将被压缩，其压缩程度与飞机的空速有关。飞机的真空速与飞机所在高度的声速之比叫做马赫数(Ma)。Ma可以表示飞机在飞行中空气被压缩的程度。

8.3.2 空速与大气参数的关系

8.3.2.1 气流的动压和静压

飞机飞行时，空气相对于飞机运动，在正对气流运动方向的飞机表面上，气流完全受阻滞，速度降低到零。这时，气流的动能全部转化成压力能和内能，使空气的温度升高，压力增大。

在飞机上有专门收集全压和静压的装置，叫做全静压管或空速管。

8.3.2.2 空速与动压、静压、气温的关系

1. 亚声速时

当飞机的空速小于 400 km/h 时，可以认为空气没有被压缩，其密度不变。在这种情况下，它们之间的关系可由动量定理求得：

$$P_T = \frac{1}{2}\rho_H v^2$$

式中，P_T为动压，ρ_H为飞机所在高度的空气密度，v 为飞机的空速。

空气密度由静压和气温决定，其关系式可由气体状态方程求得：

$$\rho_H = \frac{P_H}{gRT_H}$$

式中，T_H为飞机所在高度的温度，g 为重力加速度。将上式前式中，得出

$$P_T = \frac{P_H}{2gRT_H}v^2\text{，则 } v = K\sqrt{\frac{T_H P_T}{P_H}}\text{，式中，} K = \sqrt{2gR}\text{。}$$

因此可以表明，空速可以由动压、飞机所在高度的静压和气温来反映。

当飞机的空速大于 400 km/h 时，飞机前方的气流受到阻滞而被压缩，密度明显增大，动压增大。此时，空气的压缩性必须要考虑。在空速大于 400 km/h、小于声速时，动压与各因素的关系如下：

$$P_T = \frac{1}{2}\rho_H v^2(1+\varepsilon)$$

式中，ε 为空气压缩修正量。

其中，$\varepsilon = \frac{Ma^2}{4} + \frac{Ma^4}{40} + \cdots$，式中，$Ma$ 为马赫数，与空速、气温有关。

可见，空气压缩性修正量与空速、气温有关。气温越高，气体分子动能越大，空气就越难以压缩。因此，动压仍由空速、静压、气温决定。也就是说，空速仍可由动压、静压、气温来反映。

2. 超声速时

飞机在超声速飞行时，由于激波的影响，压缩性修正量的数值有所不同，其表达式为：

$$P_T = \frac{1}{2}\rho_H v^2(1+\varepsilon')$$

式中，ε'为超声速时空气压缩性修正量。

$$\varepsilon' = \frac{238.46Ma^5}{(7Ma^2-1)^{2.5}} - \frac{1.43}{Ma^2} - 1$$

因此，超声速时，动压仍由空速、静压、气温决定。也就是说，空速仍可由动压、静压、气温来反映。

8.3.3　指示空速表

1. 基本工作原理

国际标准大气条件下，且认为在飞行过程中保持高度不变，则空速就只与动压有关：

$$P_{\mathrm{T}} = \frac{1}{2}\rho_0 v^2$$

指示空速表是根据空速与动压的关系，利用开口膜盒测量动压表示空速。图 8－13表示出指示空速表的基本原理和工作情况。在飞机上安装一个全静静管(空速管)来感受飞机在飞行时气流产生的动压和大气的静压，分别用管路将其与指示空速表上的全、静压接头相连。空速表内有一个开口膜盒，其内部通全压，外部(表壳内)通静压，膜盒内外的压力差就是动压。在动压的作用下膜盒产生形变位移，经过传送机构带动指针指示，指针角位移即可表示开口膜盒反映动压的大小。在静压和气温一定的条件下，动压的大小完全取决于空速，因此指针的角位移可以表示空速的大小。指示空速表就是根据海平面标准大气条件下空速与动压的关系，通过测量动压来表示空速的。

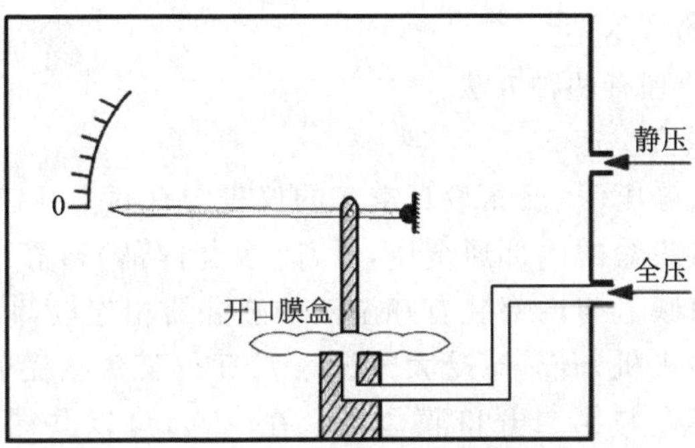

图 8－13　指示空速表的基本原理

2. 测量指示空速的作用

指示空速虽然不等于真空速，但是它反映了动压的大小，即反映了飞行时作用在飞机上的空气动力情况，这对操纵飞机有重要作用。

飞机平飞时，升力等于重力。重力一定，升力也应一定，才能保持平飞。根据飞行原理，升力公式为：

$$Y = C_y S \frac{1}{2}\rho_{\mathrm{H}} v^2 = C_y S P_{\mathrm{T}}$$

式中，Y 为升力，S 为机翼面积，C_y 为升力系数，它反映迎角的大小。在小于临界迎角的范围内，迎角越大，升力系数也越大。

由上式可见，增大迎角时，升力系数变大，要想保持升力不变，必须减小动压；反之，减小迎角时，要想保持升力不变，必须增大动压。因此，大的迎角对应于小的动压，即对应于小的指示空速；小的迎角对应大的动压，即对应于大的指示空速。这就是说，飞行员根据指示空速，可以保持所需要的迎角飞行。

另外，飞机在不同的高度上平飞时，欲保持一定的迎角，所需的指示空速值一般是不变的（即升力公式中的 P_T 不变）。因此，不管飞行高度如何变化，飞行员只要记住一个指示空速值就可以了。但是，各高度上指示空速相同时，真空速却不一样。由此可见，飞行员根据指示空速操纵飞机，比用真空速操纵飞机更为方便。

跨声速和超声速飞行时，升力系数不仅与迎角有关，还与马赫数有关，指示空速不再能反映空气动力，因此必须利用马赫数表。

8.3.4 真空速表

1. 测量真空速的原理

测量真空速的原理是根据真空速与动压、静压、气温的关系，要求真空速表的指示随动压的增大而增大，随静压的减小而增大，随气温的降低而减小来工作的。只要仪表的指示能按照上述关系变化，便可准确地指示出飞机的真空速。所以，测量真空速的仪表需要三个感受部分，分别感受动压、静压和气温，并将它们的输出通过传送机构共同控制仪表的指示。

测量真空速的原理有两种方法。

(1) 三参数测量真空速

通过感受动压、静压、气温测量真空速的仪表中有两个开口膜盒和一个真空膜盒。其中，第一开口膜盒的内部通全压，外部（表壳内部）通静压，其位移的大小由动压决定；第二开口膜盒与内部装有感温液的感温器相连接，其位移的大小由气温决定（该感温器装在飞机外部，感受大气温度）；真空膜盒感受静压，其位移的大小由静压决定，真空膜盒与第二开口膜盒串联在一起，可以共同控制传送机构的传动比。

如图 8-14 所示，若静压、气温不变而动压增大，说明真空速增大，这时第一开口膜盒膨胀，通过传送机构，使指针的转角增大。如果动压、静压不变而气温降低，说明真空速减小，这时第二开口膜盒收缩使支点向左移动，减小传动比，指针的转角减小。假使动压、气温不变而静压减小，也说明真空速增大，这时真空膜盒膨胀使支点向右移动，减小传送臂，加大传动比，在同样的动压作用下，指针的转角增大。

由此可知，真空速表指针转角随动压的增大而增大，随静压的减小而增大，随气温的降低而减小，可以表示真空速。

根据这种原理工作的真空速表，采用了三个感受部分，在结构上比较复杂。

(2) 两参数测量真空速

上述真空速表结构完善，准确度较高，但有三个敏感元件，比较复杂，并且空气静温不容易测得，因此较少应用。那么能不能把静温转变成其他量来简化测量呢？

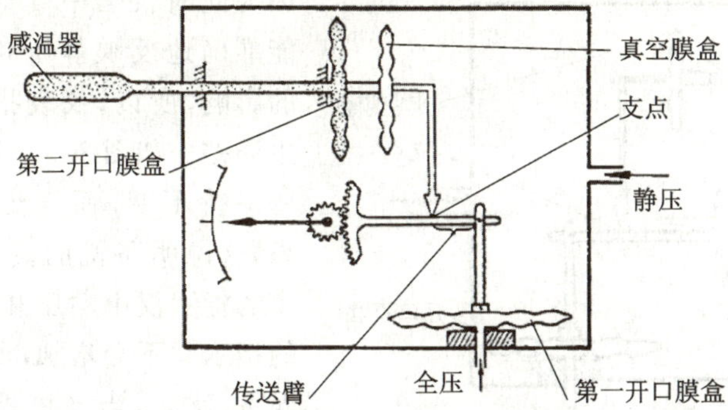

图 8-14　三参数测量真空速的原理

在标准大气条件下，高度在 11 000 m 以上时，由于气温不随高度变化，故真空速只决定于动压和静压。高度在 11 000 m 以下时，气温和静压具有一定的对应关系。由标准气压高度公式和气温公式 $T_{\mathrm{H}}=T_0-\tau H$，可得：

$$T_{\mathrm{H}} = T_0 \left(\frac{P_{\mathrm{H}}}{P_0}\right)^{R\tau}$$

结合空速与动压、静压、气温的关系式，就可以得出飞行各阶段真空速与动压、静压的关系。在标准大气条件下，由于温度和静压互相对应，静压的大小可以反映气温的高低，因此，真空速与气温的关系可以用真空速与静压的关系表示。因此，真空速的大小也可以由动压和静压这两个参数来表示。所以可以通过感受动压、静压来测量真空速。

图 8-15 表示的就是通过感受动压、静压两个参数来测量真空速的原理。如图所示，动压增大时，开口膜盒膨胀，使指针的转角增大；静压减小时，真空膜盒膨胀，支点向右移动，传动比增大，也使指针的转角增大。如果膜盒的特性曲线及传送机构的特性曲线选择适当，仪表的指示就可以按照标准大气条件下真空速与动压、静压的关系式，随动压、静压的变化而变化，从而指示出飞机的真空速。

这种真空速表没有感受气温的部分，真空膜盒代替了感温部分的作用。真空膜盒位移对仪表指示的影响，不仅反映了静压对真空速的影响，也反映了气温对真空速的影响。

这种真空速表由于没有感温部分，所以结构比较简单。但是，正是由于没有感温部分，它具有气温方法误差，这是它的缺点。

2. 真空速表的方法误差

类似气压式高度表的方法误差，通过感受动压、静压测量真空速的真空速表，同样是利用标准大气条件下真空速与动压、静压的关系而工作的。因此当外界气温不符合标准大气条件时，将会产生误差，这种误差叫做气温方法误差。

真空速表产生气温方法误差的原因，是当飞机周围的气温不符合标准大气条件时，真空速与动压、静压、气温的关系，不能用真空速与动压、静压的上述关系来表达。

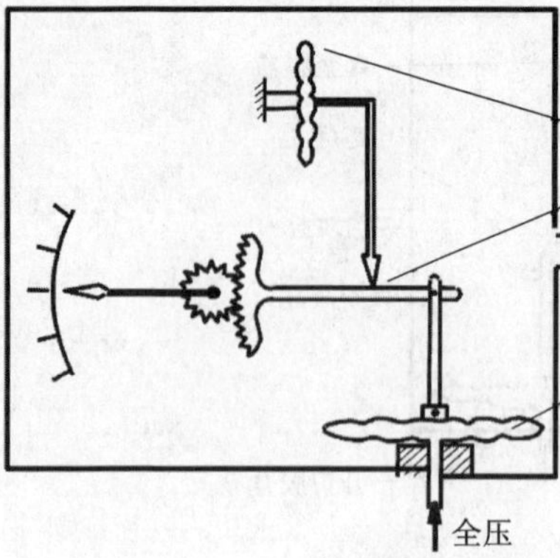

图 8-15　两参数测量真空速的原理

因为此时仪表中真空膜盒的位移不能准确地反映静压和气温对真空速的影响，所以，仪表指示的空速将产生误差。如图 8-15 所示，若动压、静压保持不变，而气温由标准气温升高，这说明飞机的真空速增加，但仪表的指示仅由动压和静压决定，仪表的指示并不会增加，所以出现了少指误差；反之，当飞机周围的气温比标准条件下低时，仪表将出现多指的误差。

3. 指示空速与真空速的关系

如果飞机周围的大气参数不符合海平面标准大气条件，那么虽然空速不变，但因静压、气温改变，动压也要改变。因此仪表的指示就不等于真实的空速，所以用指示空速和真空速加以区别。

在海平面标准大气条件下，指示空速等于真空速。如果保持真空速不变而飞行高度升高，这样，一方面空气密度变小，使动压变小；另一方面气温降低，空气压缩性修正量增大，使动压变大。但是，空气密度比空气压缩性修正量变化的快，因此，实际上动压变小，指示空速小于真空速。高度越高，它们的差别越大。

8.3.5　基本结构

空速表的机械装置如图 8-16 所示，它包括一个薄的波状形磷铜膜盒或者膜片，可以接收皮托管的压力。仪表的箱体是密封的，并且与静压孔相连接。随着皮托压

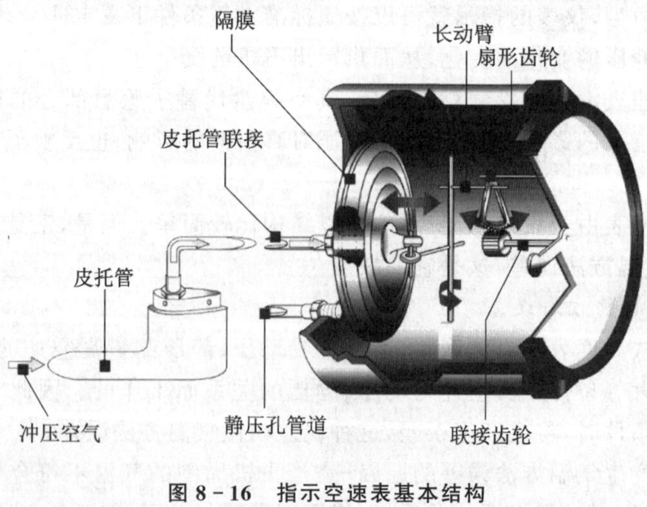

图 8-16　指示空速表基本结构

力增加或者静压降低，膜片会鼓起。通过摇轴来测量膜盒形变量，然后使用一套齿轮装置来驱动仪表刻度盘上的指针。大多数空速表以节为单位，或者使用海里每小时，有些使用法定英里每小时，而某些仪表两者兼有。

图 8-17 为一种空速表的指示界面，不同颜色的弧线代表了不同的含义。

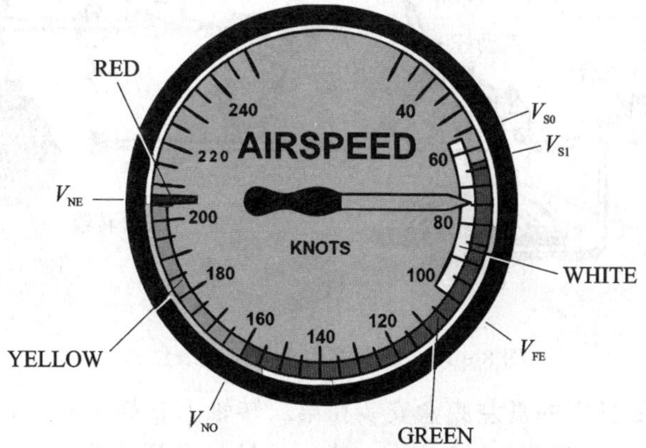

图 8-17　空速表表面

(1) 白色弧线——该弧线通常指的是襟翼运行范围，其下限表示完全襟翼失速速度，上限表示最大襟翼速度。进近和着陆通常飞行在白色弧线速度范围内。

(2) 白色弧线的下限(V_{s0})——着陆配置中的失速速度或者最小稳定飞行速度。在小飞机上，其为着陆配置（起落架和襟翼都放下）中最大着陆重量下的停车失速速度。

(3) 白色弧线的上限(V_{FE})——襟翼伸出时的最大速度。

(4) 绿色弧线——这是飞机的正常运行速度范围。大多数飞行处于这个速度范围内。

(5) 绿色弧线的下限(V_{s1})——特定配置下获得的失速速度或者最小稳定飞行速度。

(6) 绿色弧线上限(V_{NO})——最大结构巡航速度（超过这个速度可能会引起飞机部分结构应力过载）。除非在稳定空气中，不要超过这个速度。

(7) 黄色弧线——警告范围。在这个速度范围内只能在稳定空气中飞行，只提供告警。

(8) 红线(V_{NE})——上限速度。禁止在该速度以上运行，因为它可能导致损坏或者结构失效。

图 8-18 所示为一种指示空速和真空速的组合型空速表，工作范围为 100～1 200 km/h。空速表有粗细两根指针，粗针表示指示空速，细针表示真空速。

开口膜盒感受动压产生位移，经第一传送臂、第一转轴、齿轮组使粗指针转动，表示指示空速。同时。还经第二传送臂、联动杆、第三传送臂、第二转轴等使细指针同

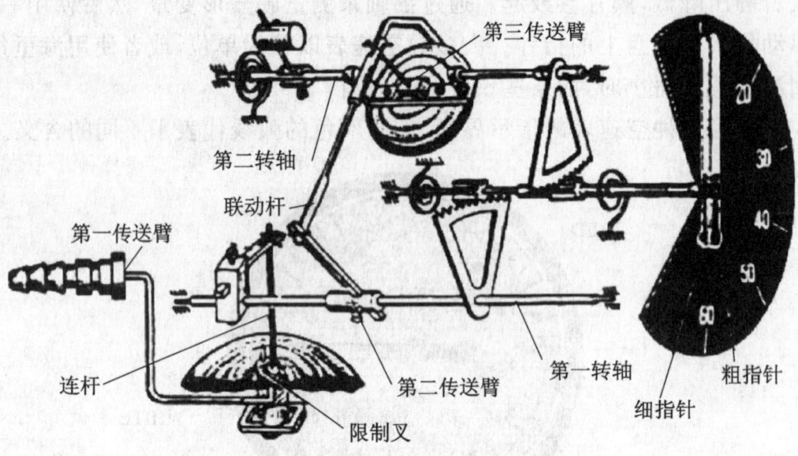

图 8-18 连杆式组合型空速表结构

步转动。用来感受静压的真空膜盒安装在第二转轴上。静压减小时，真空膜盒膨胀，使第三传送臂缩短，这就使传送比增大，第二转轴转角增大带动细针指示出真空速，静压增大时道理相同。可见，该仪表通过感受动压、静压测量真空速。

8.3.6 空速表的误差

测量空速的空速表结构不同，其误差也不同，概括起来有以下误差。

1. 机械误差(Δv_i)

由于空速表的内部机件制造不可能绝对精确，使用中机件磨损变形、老化等原因引起空速表产生的误差叫机械误差。空速表多指时，机械误差为负值；少指时为正值。每个空速表的机械误差由机务维护人员定期测定并绘制成空速表误差表，以供飞行中飞行员修正时查用。修正量曲线中，如图 8-19 所示，横坐标为仪表指示空速 V_i，纵坐标为修正值 ΔV，修正后的空速为 V_c，则：$V_c = V_i + \Delta V$

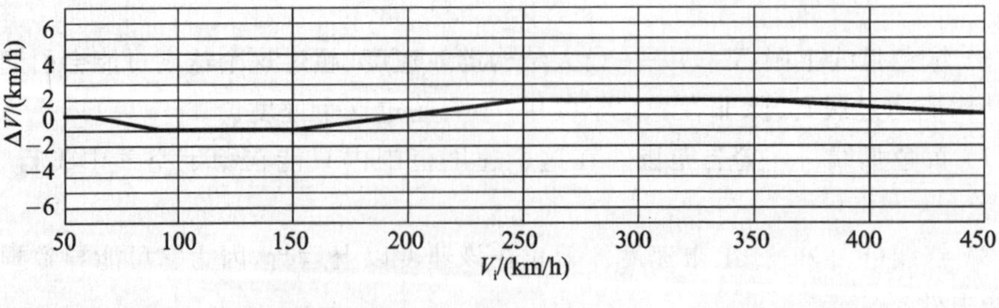

图 8-19 空速表机械误差修正量曲线

2. 空气动力误差(Δv_q)

由于气流流经空速管时产生弯曲和紊乱，使空速管接收的全压和静压不准确而引起空速表产生的误差叫空气动力误差。空速表少指，空气动力误差为正值，多指为负值。空气动力误差的大小随机型、飞行重量和表速不同而不同，通常在表速的±2%以内，飞行员可从各机型使用手册中查出并在飞行中进行修正。随着飞机设计者的不断研究和改进，新型飞机的空气动力误差已经逐渐减少。部分飞机已经减小到只有 1.5～2 km/h。

3. 方法误差

方法误差包括空气压缩性修正量误差和空气密度误差两部分。我们知道，仪表空速是按照海平面标准大气条件下动压与空速的关系进行设计的。只有当飞行高度上的空气密度和空气压缩性修正系数同海平面的标准空气密度和空气压缩性修正系数完全一致时，指示空速 IAS 才等于真空速 TAS。而实际飞行中，各个飞行高度上的大气条件不可能与海平面标准大气条件完全一致，因而指示空速常不等于真空速。

(1) 空气压缩性修正量误差

由于空气压缩性修正系数变化所引起的误差称为空气压缩性修正量误差。根据不同飞行高度上的空气压缩性修正系数可以计算出各飞行高度上不同速度(IAS)所对应的空气压缩性修正量误差。

一般来讲，低空低速飞行误差比较小，所以在 6 000 m 以下高度飞行时，空气压缩性修正量误差可不进行修正，而超过 6 000 m 则应予以修正。

(2) 空气密度误差

由于飞行高度上的空气密度与海平面的标准空气密度不一致所引起的误差称为空气密度误差。以海平面标准气压和气温为基准，当高度升高时，气压和气温都随之降低。气压降低时，空气密度减小，真空速将大于当量空速；气温降低时，空气密度增大，真空速将小于当量空速。由于气压变化比温度变化对空气密度的影响要大得多，所以飞行中真空速通常大于当量空速，高度越高，二者相差越大。空气密度误差是仪表的主要误差，必须予以修正。常见的有两种方法：一种是采用修正补偿机构进行修正；另一种是采用领航计算尺计算修正。前一种方法现已被广泛采用，后一种方法仅用于小型低速飞机。

8.4　马赫数表

真空速与飞机所在高度的声速之比称为马赫数(Ma)。飞机在高速飞行中，当飞行的马赫数超过临界马赫数时，飞机的空气动力特性会发生显著的变化，影响飞机的稳定性、操纵性等。例如：飞机可能自动倾斜；高空飞行时，飞机可能有明显的俯仰摆动现象；增大飞机的载荷因数，操纵驾驶杆的力量需要大大增加等，这样，飞行员根据指示空速表不能判断飞机所受空气动力的情况。因此，必须用马赫数表来测量马赫数的大小，使飞行员在高速飞行时能正确地操纵飞机，保证飞行安全。所以，在高速飞机上均安装了马赫数表。

马赫数表的测量原理和基本结构与真空速表基本相同，因此仅作简单介绍。

8.4.1 工作原理

根据真空速与动压、静压、气温的关系和声速与气温的关系，可以求出马赫数与动压、静压的关系。

若保持静压、气温不变，动压增大，真空速必然相应地增大。声速不变，所以马赫数变大；若保持动压、气温不变，静压减小，真空速也必然增大，声速不变，马赫数也要变大；若动压、静压不变，气温升高，则真空速和声速按同样的比例增大，马赫数保持不变。由上面的分析可知：马赫数的大小只由动压和静压来决定，而与气温无关。

根据马赫数的定义，可以求出马赫数与动压、静压的关系为：

$$Ma = \frac{V}{a}$$

而 $V = K\sqrt{\frac{P_{\mathrm{T}}T_{\mathrm{H}}}{P_{\mathrm{H}}}}$，$a = \sqrt{kgRT_{\mathrm{H}}}$（不考虑空气的可压缩性），式中 a 为飞机所在高度的声速，k 为绝热指数。则：

$$Ma = \frac{K\sqrt{\frac{P_{\mathrm{T}}T_{\mathrm{H}}}{P_{\mathrm{H}}}}}{\sqrt{kgRT_{\mathrm{H}}}} = A\sqrt{\frac{P_{\mathrm{T}}}{P_{\mathrm{H}}}}，式中 A = \frac{K}{\sqrt{kgR}}，是一个常数。$$

由上式可知，马赫数仅与动压和静压有关，而与气温无关。

同理还可以证明：考虑空气的压缩性时，马赫数仍然只与动压、静压有关，只是表达式的结构不同而已。因此，测量动压和静压就可以测量飞机的马赫数。

8.4.2 基本结构

图 8-20 所示为一种马赫数表的原理结构图。其主要由开口膜盒、真空膜盒、拨杆式传送机构和指示部分等组成。图中 A、B 和 C、D 均是主从式拨杆传送机构，通过游丝的作用使两拨杆始终接触。图中 5、6 为补偿机构。

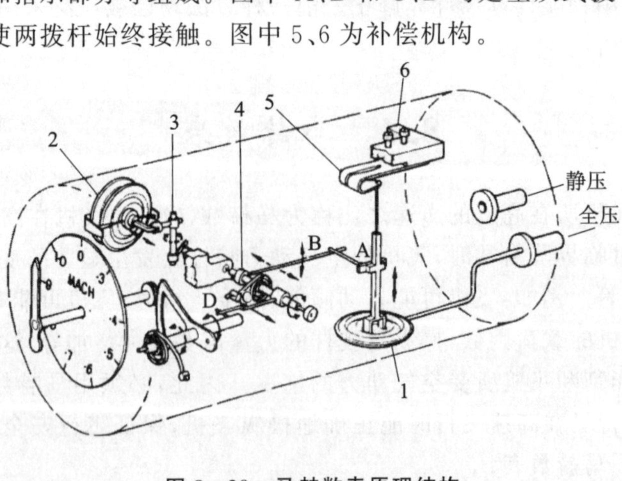

图 8-20 马赫数表原理结构

如果空速增大,动压增大,膜盒 1 膨胀,则通过拨杆 AB 使轴 4 反时针转动,拨杆 CD 使扇形齿轮反时针转动,指针指示增大;若高度增加,静压减小,膜盒 2 膨胀,则通过支架使轴 3 顺时针转动,轴 4 向右移动,拨杆 D 缩短,传动比增大,指示增大。反之,若空速减小,或高度降低,则指示减小。只要系统的传动比和刻度按 *Ma* 与动、静压的关系设计,仪表就将指示 *Ma*。

8.4.3　显示方法

有的马赫数表还在临界马赫数处装有临界马赫数指针或信号装置,用来提醒飞行人员注意。图 8－21 是另一种马赫数表的表面,刻度盘刻度范围为 0.5～1.0。当空速较低时,指针被一个挡板遮住,不能看见。空速增大时,指针转出。红色固定指针表示临界马赫数。

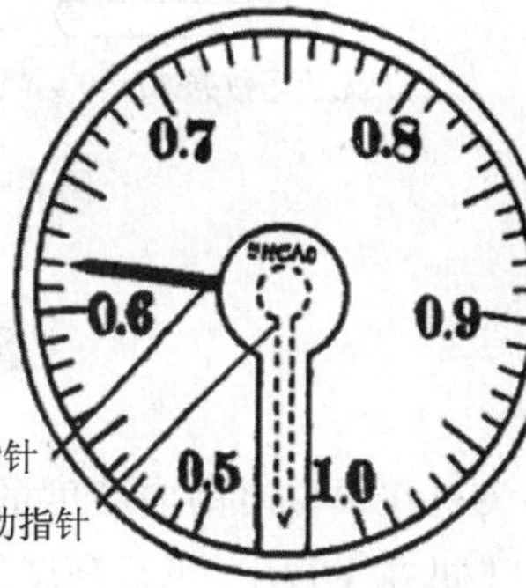

图 8－21　MC－1 马赫数表显示

传统飞机的指示空速和超速指示器是组合式仪表,即马赫-空速表。马赫-空速表上的白色指针代表指示空速(IAS),红、白相间指针指示最大操作速度、最大操作马赫数(VMO/MMO)。

电动马赫/空速表如图 8－22 所示,对飞机的超速状况可发出警告。马赫-空速警告系统在飞机出现超速状况时,系统提供视频和音频警告。白色的指针指示出计算空速(CAS),红/白指针指示出马赫-空速警告计算机计算出的速度极限值。马赫-空速表上的窗口还用数字形式指示出计算空速和马赫数,当马赫-空速警告计算机出现故障时,窗口内显示 VMO 和 MACH 故障旗。

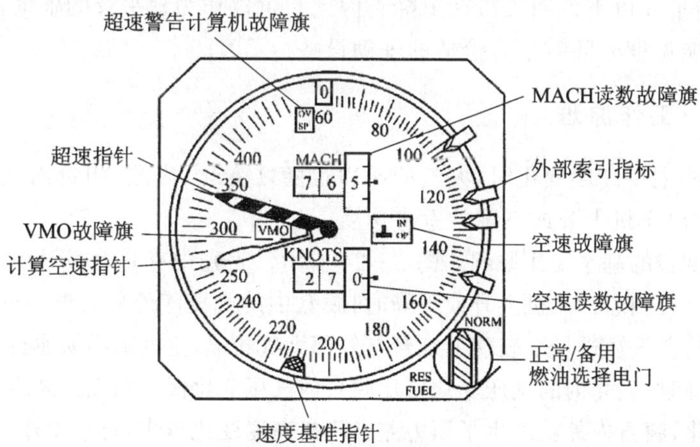

图 8－22　电动马赫/空速表显示

电子飞行仪表显示的空速位于主飞行显示器空速带上，马赫数则位于空速带的底部。图 8－23 所示为波音 747－400 飞机的大气数据计算机输出的计算空速和马赫数。

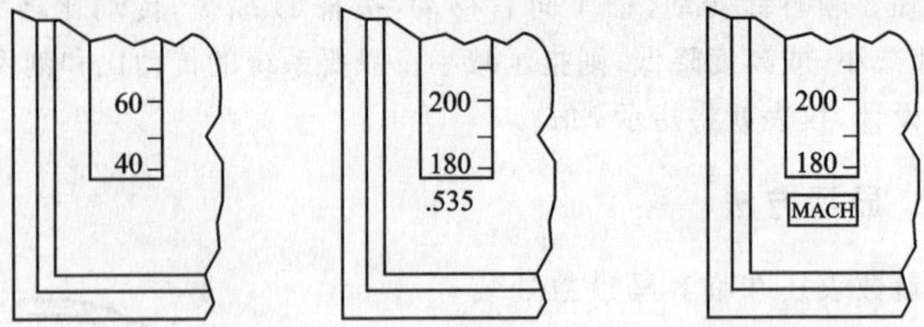

图 8－23　电子飞行仪表的马赫数显示

8.5　升降速度表

飞机在单位时间内高度的变化量(即飞机上升或下降的垂直速度)称为升降速度。飞机在飞行中，飞行高度经常会发生变化，如飞机爬高或下降就是高度变化的典型例子。用来测量飞机升降速度的仪表为升降速度表，它是飞行指示和控制的重要仪表之一。

在飞机上常用的是压差式升降速度表，即通过测量大气压力的变化率来反映飞机升降运动速度。飞行员不仅在做机动飞行时需要掌握升降速度的大小，平飞时也要依据升降速度表的指示(是否偏离 0 位)来保持平飞。升降速度表比空速表敏感得多，能够反映出微小的高度变化，根据它是否指示在 0 位能准确地判断出飞机是否保持平飞状态。如果升降速度表指示在 0 位，说明飞机在平飞状态，指示 0 以上说明飞机在上升，指示 0 以下说明飞机在下降。因此它可以作为地平仪的辅助仪表，是穿云下降和不良能见度着陆时很有价值的辅助设备。

8.5.1　工作原理

当飞机的主要高度变化时，大气的压力也随之变化，因此，测量出气压变化的快慢，就能表示出飞机上升或下降的垂直速度。

升降速度表的基本工作原理如图 8－24 所示。表壳中有一个极灵敏的开口膜盒，经过导管与大气相通。飞机上升或下降时，膜盒中的气压随外界大气压的变化同时改变。表壳内的空气通过一个玻璃毛细管与外部大气相通，空气则不易通过。因此，在飞机上升或下降时，表壳内的气压变化要比膜盒内气压变化慢。当飞机高度变化时，外界气压发生变化，膜盒内外就产生了压力差。飞机高度变化越快，膜盒内外的压力差就越大。根据该压力差的大小，就可以使仪表指示出飞机上升或下降的垂直速度。

当飞机平飞时，膜盒内外压力相等，仪表指示为“0”。

当飞机高度增加时，大气压力逐渐降低，膜盒内与表壳中的气体同时向表壳外流动。膜盒内的气体通过铜导管能够随时迅速地与外界气压平衡；而表壳内的气体要通过玻璃毛细管流出壳外，流动较慢，因此壳体内的气压稍大于外界气压（即大于膜盒内的气压），故膜盒内外就产生了压力差。

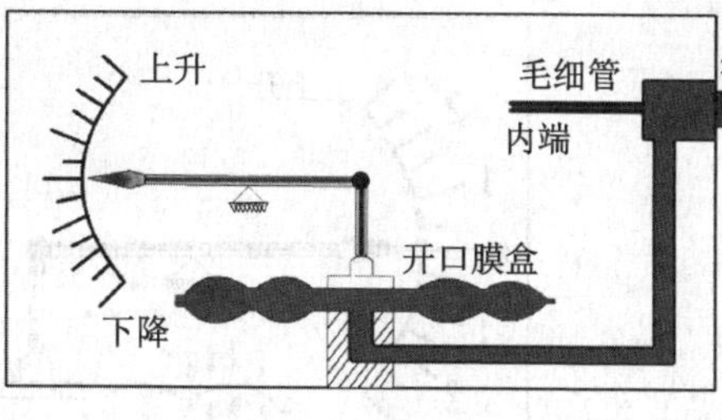

图 8－24　升降速度表基本原理

如图 8－25 所示，飞机上升时，膜盒受压力差的作用而收缩，并经传动机构带动指针向上偏转。飞机上升速度越快，压力差越大，膜盒回缩得越大，指针向上转动角度越大，则指示的上升速度值越大。

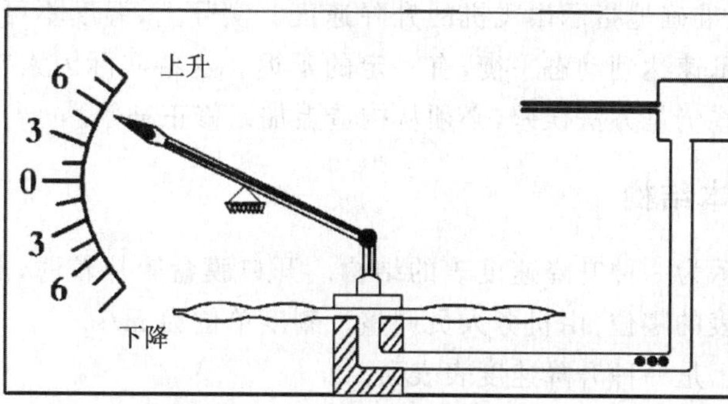

图 8－25　升降速度表指示飞机上升状态

如图 8－26 所示，飞机下降时，与上述情况相反，膜盒膨胀，带动指针向下偏转，指示出飞机下降的速度。

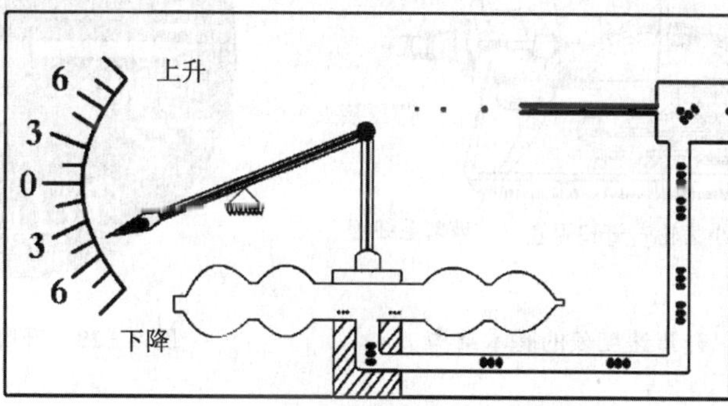

图 8－26　升降速度表指示飞机下降状态

如图 8－27 所示，当飞机由上升或下降改平飞时，外界大气压不再变化，膜盒内的气压也不再变化，而壳体中的气体将继续向外或由外部向内流动，膜盒内外压差慢慢减小，指针慢慢回转。经过一段时间后，膜盒内外压差为零，指针也回到“0”位。

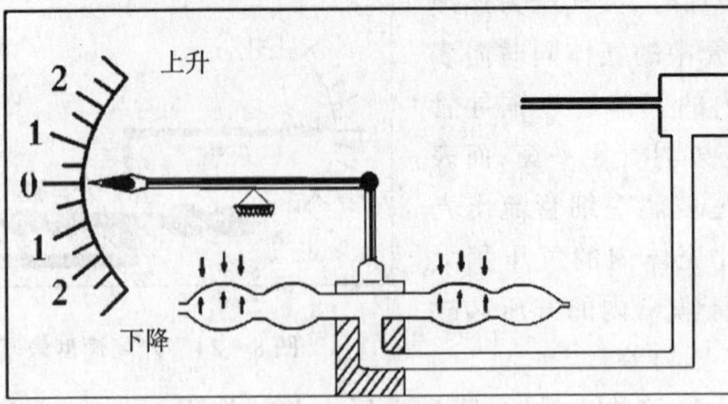

图 8-27 升降速度表指示飞机平飞状态

从上述分析可以看出，升降速度表只有在等温和毛细管两端的压力差保持动平衡的条件下，才能准确地指示出飞机的升降速度。实际上，温度不可能恒定，毛细管两端压差不可能迅速达到动态平衡，有一定的延迟。这些实际因素都将给升降速度表造成误差。这些仍是方法误差，必须从构造上加以修正补偿。

8.5.2 基本结构

图 8-28 所示为一种升降速度表的结构。开口膜盒膜片较薄，非常灵敏。调整螺钉用于调整仪表的零位，由机务人员调整。刻度单位为 m/s。

图 8-29 所示是一种升降速度表表面。

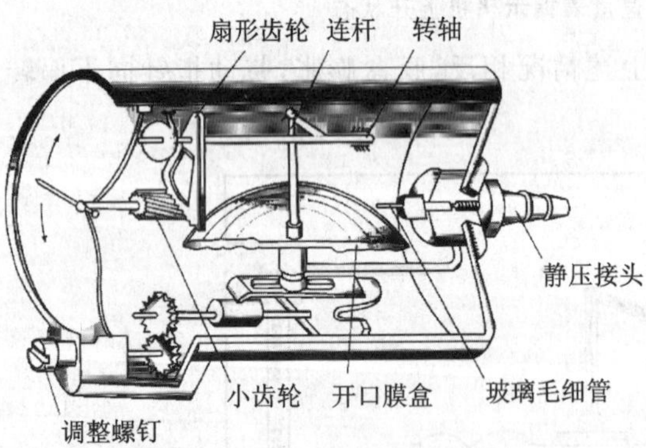

图 8-28 升降速度表的基本结构

图 8-29 升降速度表表面

8.5.3 使用误差

升降速度表主要有气温误差和延迟误差。

1. 气温误差

飞机外部、表壳内部气温和毛细管中平均气温不相等时，毛细管两端会产生压力差，使仪表指示出现误差，这就是气温误差。其误差相对值最大可达 30%。气温误差的大小与升降速度有关。升降速度越大，误差越大；升降速度越小，误差越小。仪表在零刻度附近基本上没有气温误差。因此，用升降速度表检查飞机平飞时，即使忽略气温误差，也有较高的准确度。

2. 延迟误差

飞机升降速度跃变时，升降速度表需要经过一段时间才能指出相应数值，在这一段时间内，仪表指示值与飞机升降速度实际值之差，叫做延迟误差。自升降速度开始跃变到指示接近相应的稳定值所经过的时间，叫做延迟时间。

图 8-30 中虚线表示飞机升降率变化时，仪表指示值的变化情况，它是一条指数曲线。图中的阴影部分就是延迟误差。

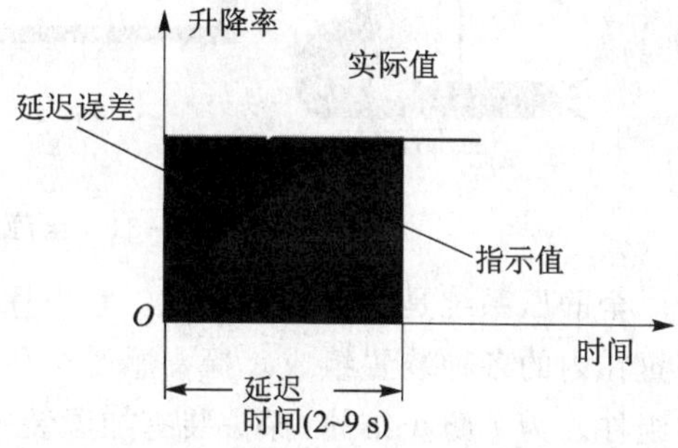

图 8-30　升降速度表的延迟误差

升降速度表产生延迟误差的原因是，仪表要指示实际的升降率，膜盒内外必须有一个稳定的压力差，而这个稳定的压力差只有在毛细管两端气压变化率达到动平衡状态时才能形成。当飞机升降率跃变时，毛细管两端开始出现压力差，而要达到动平衡状态，就需要一个变化过程。在这段时间内，仪表指示只能逐渐变化，不能立刻指示实际值，这样就出现了延迟误差。

飞机升降率越大，膜盒内外的压力差也越大，因此，延迟误差越大，延迟时间越长。飞机在高空飞行时，由于空气密度小，达到动平衡的时间稍长。因此，高空飞行时延迟时间稍长，低空飞行时延迟时间稍短。

一般来说，升降速度表的延迟时间只有几秒，如有的升降速度表延迟时间为 2～7 s。为了减小升降速度表的延迟误差，飞机升降速度的跃变量不应太大。这就要求飞行员操纵飞机时，移动驾驶杆应柔和，动作不能太猛，动作量不能太大。同时，还应注意地平仪的指示，以便及时保持飞机状态。在改为平飞时，俯仰操纵还要留出提前量。

需要说明的是，虽然升降速度表存在延迟误差，但在零刻度附近误差却小，反应灵敏。飞机一旦出现上升或下降，仪表立刻会偏离零位。所以升降速度表是了解飞机上升、下降或平飞状态的重要仪表。

8.6　全静压系统

8.6.1　系统概述

全静压系统（也称空速管系统）用来收集气流的全压和静压，并把它们输送给需要全压、静压的仪表及有关设备。全静压系统能否准确和迅速地收集和输送全压、静压,直接影响全静压系统仪表指示的准确性。高度表、升降速度表、空速表和马赫数表等基于测量全压、静压而工作的仪表,统称为全静压系统仪表(也称空速管系统仪表)。全静压系统整体结构如图 8-31 所示。

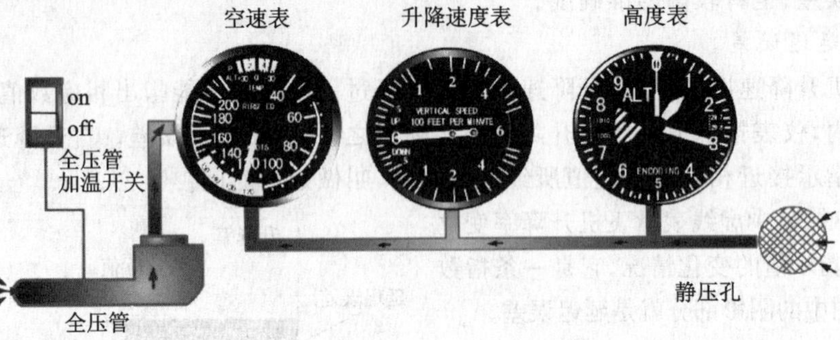

图 8-31　全静压系统整体结构

全静压系统是一个管道系统。它由探头、探孔、活门、软管、管道支管和包括排水装置在内的各种装置组成。探头感受全压和静压,并通过导管将气压输给使用气压的组件。为了防止结冰,探头装有加温装置。

全静压系统的主要传感器是四个探头,探头之间通过软管和管路相连。飞机一侧上部的探头和另一侧下部的探头相连,使飞机在转弯或有扰流时,取得静压管路里的静压平均值,从而避免造成正、副驾驶仪表之间的差别。

两个备用静压孔相互连接,提供静压平均值给备用高度空速表。

排水装置排除全静压系统中积聚的水分。

全静压管收集全压、静压的准确程度,与全静压管的结构、飞机迎角、飞行速度有关。大迎角飞行和跨声速飞行时,全静压管收集的全压或静压不准确。全静压系统输送全压、静压的迅速程度,与飞机的升降率(即升降速度)有关。在飞行高度迅速改变的过程中,全静压系统输送压力便有延迟现象。在上述情况下,全静压系统仪表的指示都会出现误差。

8.6.2　组成结构

1. 全静压管

全静压管(空速管)是用来在飞行中收集气流的全压和静压的。全静压管收集的全压和静压经过导管输送给全静压系统仪表,保证这些仪表的工作。

全静压管一般包括全压、静压和加温等部分,如图 8-32 所示。

全压部分用来收集气流的全压。全压口位于全静压管的头部正对气流方向。空气流至全压口时,完全受阻,流速为零,因而得到气流的全压。全压经全压室、全压接头和全压导管进入仪表。全压室下部有排水孔,全压室中凝结的水可由排水孔排出。

静压部分用来收集气流的静压。静压孔位于全静压管周围没有紊流的地方。静

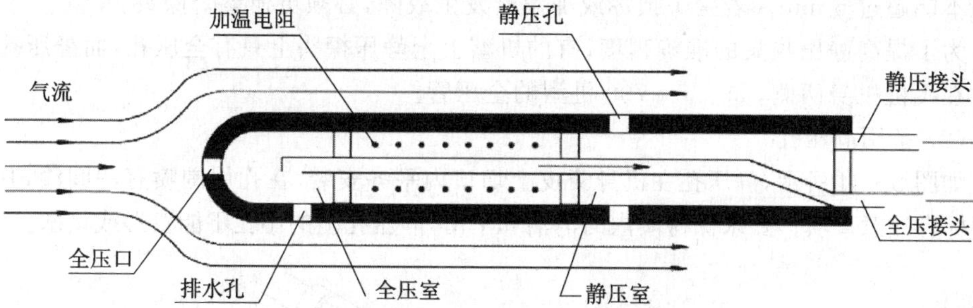

图 8－32　全静压管结构

压经静压室、静压接头和静压导管进入仪表。全静压管为一流线型的管子，表面十分光滑，其目的是减弱它对气流的扰动，以便准确地收集静压。

加温部分用来给全静压管加温。加温电阻通电时，能使全静压管内部保持一定的温度，防止气流中的水汽因气温降低而在全静压管内部结冰，影响全静压管和有关仪表的正常工作。

2. 全静压探头、探孔

(1) 全静压探头

如图 8－33 所示，全静压管又称为全静压探头，感受总压(全压)和环境压力(静压)。这里以波音 737－300 机型为例，介绍当前通用的全静压探头结构和功用。虽然探头的具体结构有些区别，但它们的设计原理是相同的。

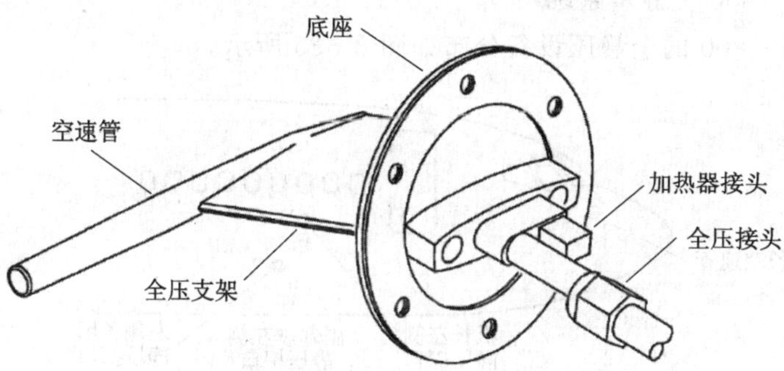

图 8－33　B737－300 全静压探头

为了提高探头收集全压、静压的精度，每架飞机往往装有多个探头。每个探头上有三个孔：一个孔朝前感受全压，两个孔在侧面感受静压。另有一支架保持探头离机身蒙皮几英寸，以减小气流的干扰。一个底座包括电气和气压接头。在底座上的双定位销帮助探头安装时定位。

安装在探头内的防冰加温器防止探头结冰，加温器连接到底座上两个绝缘的插钉上。

密封垫用于提供座舱压力密封。它安装在探头安装凸缘与飞机机体之间。

加温时，探头可达到很高的温度，触摸时可导致严重烫伤。在地面通电时，加温时间不能超过 5 min。若探头损坏或加温器发生故障,必须更换整个探头。

为了提高静压收集的准确程度,有的机型上全静压探头上只有全压孔,而静压孔集中在飞机机身两侧,如 737－700 机型的全压管。

(2) 备用静压孔

如图 8－34 所示,静压孔在机身蒙皮上切口内平齐安装,在孔周围喷有一圈漆,其下面标有注意事项。要求保持圈内的清洁和平滑,静压孔上的小孔不能变形或堵塞。

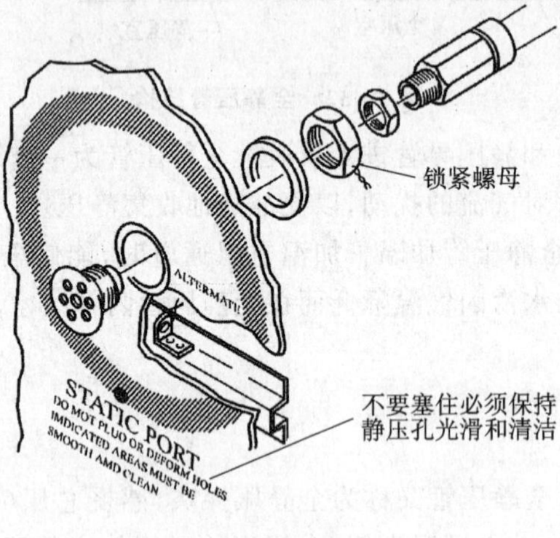

图 8－34　B737－300 静压孔

3. B737－800 全静压系统

波音 737－800 的全静压设备分布如图 8－35 所示。

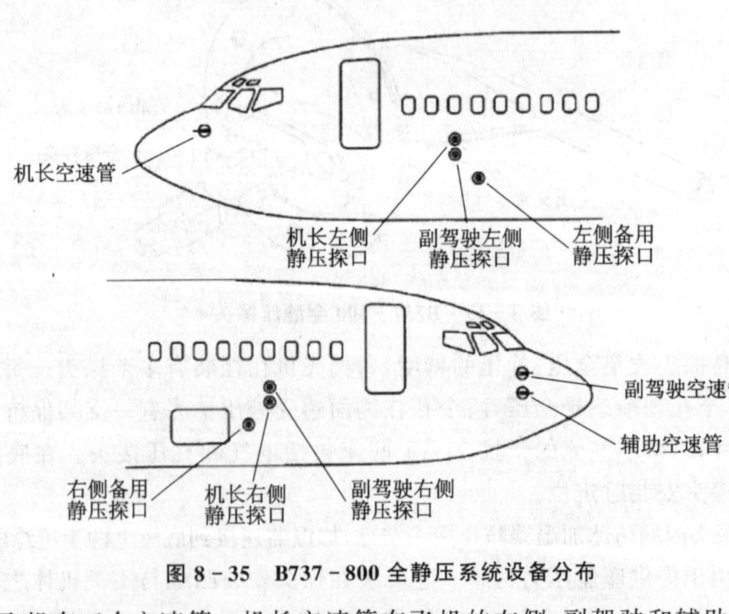

图 8－35　B737－800 全静压系统设备分布

(1) 飞机有三个空速管。机长空速管在飞机的左侧,副驾驶和辅助空速管位于飞机的右侧。

(2) 飞机有六个静压探口。在飞机的每一侧都有一个机长、副驾驶和备用静压探口。

(3) 飞机有两个静压探口。飞机的每一侧有一个探口。

波音737-800飞机的两个主空速管连接到两个全压大气数据模块(ADM)。两套主静压探口连接到两个静压ADM。一个支架使探头远离机身几英寸以减小气流扰动的影响。一个底座内包含有电气和气压接头。安装于底座和机身结构之间的衬垫形成一个压力密封。

探头内的防冰加热器用来防止探头结冰。加热器连接到底座内的电气接头上。大气数据模块的输入信号,包括来自全静压系统全压探头的大气以及来自静压孔的大气,由程序销钉接地决定的离散信号,电源使用大气数据计算机系统的电源(13.5V直流电)。图8-36所示为全静压系统接口。

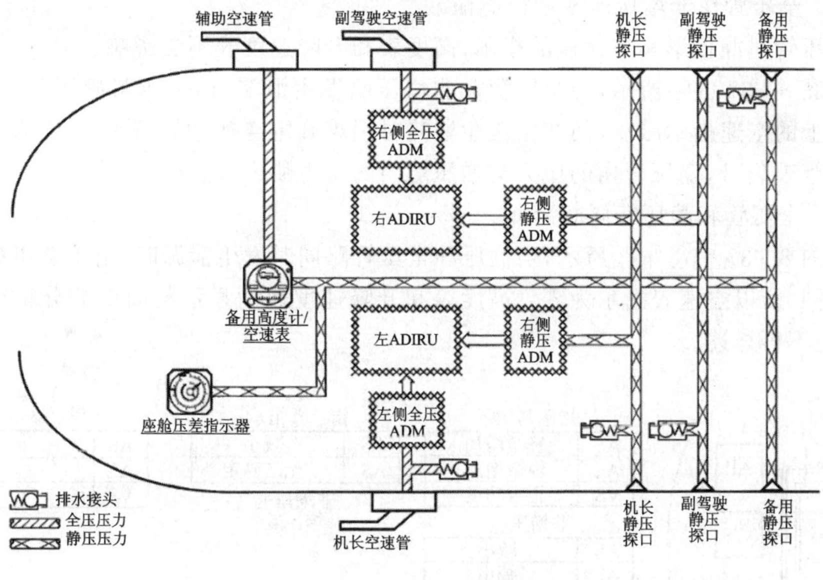

图8-36　B737-800全静压系统接口

8.6.3　基本故障

全静压系统的常见故障主要包括管路的泄漏和堵塞。首先分析管路的泄漏对仪表显示的影响。

1. 管路泄漏对仪表显示的影响

在飞机上,增压舱和非增压舱内都可能有全压管和静压管穿过,因此,管路泄漏造成什么样的后果取决于泄漏部位的位置和尺寸。以下的讨论管路裂洞较大的情况。

(1) 静压管在非增压舱泄漏

如图 8－37 中①所示，在飞行期间，静压管在非增压舱泄漏，此时，在破口处由于文氏管效应，气流流速稍快，因此，静压管内的静压比正常压力稍小一些，因此，高度表的高度指示将略有增加。由于全压不受影响，故动压稍有增加，所以空速指示也比正常的值稍高一些。升降速度表在管路泄漏的瞬间，指针跳动一下之后，指示正确数值。

(2) 静压管在增压舱泄漏

如图 8－37 中①所示，在飞行期间，静压管在增压舱泄漏，此时，增压舱的压力从破口处压入，从而使静压管内的静压比正常压力高，因此，高度表的高度指示减小。由于全压不受影响，故动压减小，所以空速指示比正常值小。升降速度表的指示取决于增压舱的压力变化率。

(3) 全压管在非增压舱或增压舱泄漏

全压管泄漏仅影响空速表的指示，高度表和升降速度表不受影响。

如图 8－37 中②所示，当全压管在非增压舱发生泄漏时，全压与静压几乎相等，空速表上的空速指示减小，而在增压舱泄漏时很难确定空速表如何指示，因为无法确定全压管破裂时，全压管内的压力与增压舱内的压力哪个大。

(4) 全压管和静压管同时泄漏

如图 8－37 中①＋②所示，当静压和全压管路同时发生泄漏时，由于全压和静压趋于相同，所以空速表指示为零。高度表和升降速度表的显示与前面的分析结果相同，此处不再详述。

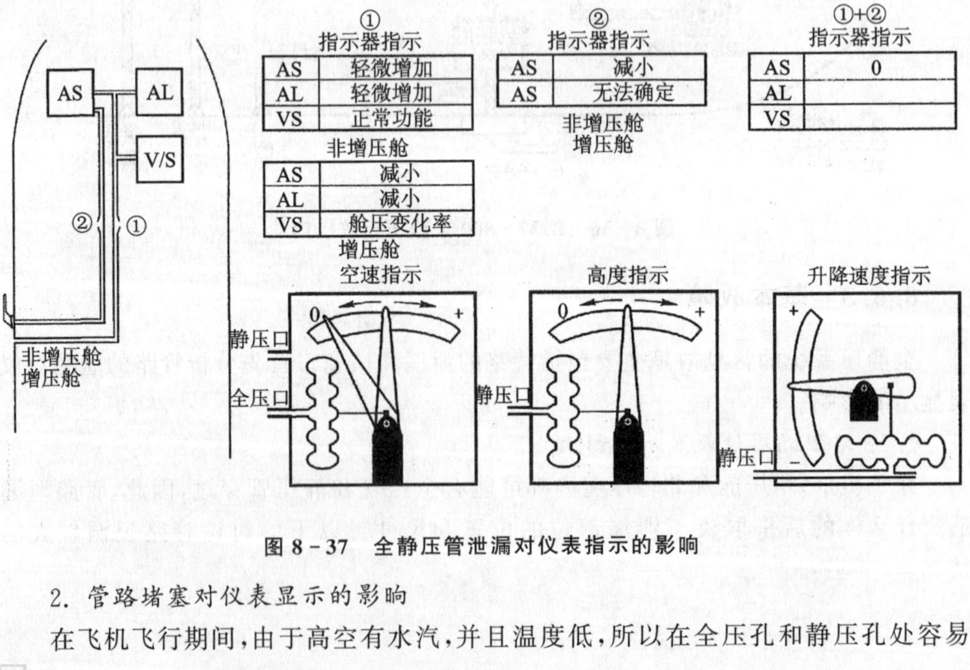

图 8－37　全静压管泄漏对仪表指示的影响

2. 管路堵塞对仪表显示的影响

在飞机飞行期间，由于高空有水汽，并且温度低，所以在全压孔和静压孔处容易结冰，或由于外来物的进入，在全静压孔处可能会造成堵塞。下面详细进行讨论。

（1）静压孔堵塞

如图 8－38 所示，当静压孔被冰或外来物堵塞时，静压保持恒定，仪表指示将发生如下现象：

- 当飞机以一定速度爬升时，全压逐渐减小，使动压减小，空速指示减小；高度表指示不变；升降速度表指示为零。
- 当飞机以一定速度下降时，全压逐渐增大，使动压增加，空速指示增大；高度表指示不变；升降速度表指示为零。

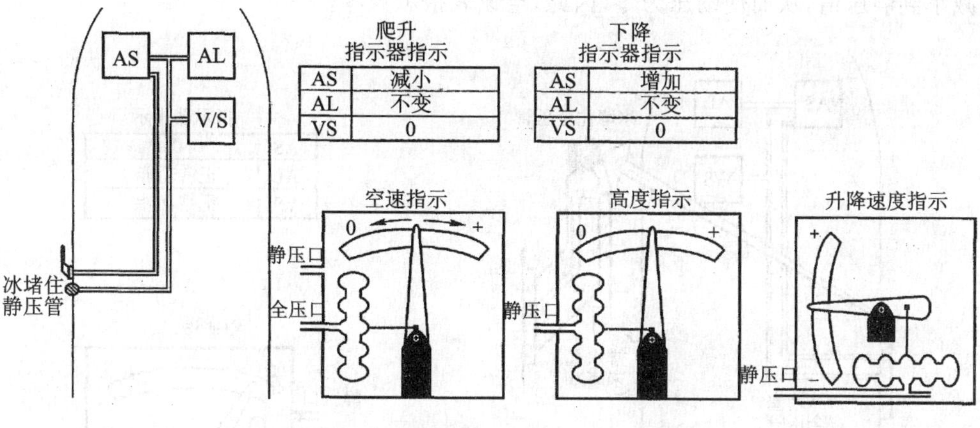

图 8－38　静压管堵塞对仪表指示的影响

（2）全压管完全堵塞

如图 8－39 所示，当空速管完全堵塞时，全压不变，空速表受到影响。高度表和升降速度表指示正常。

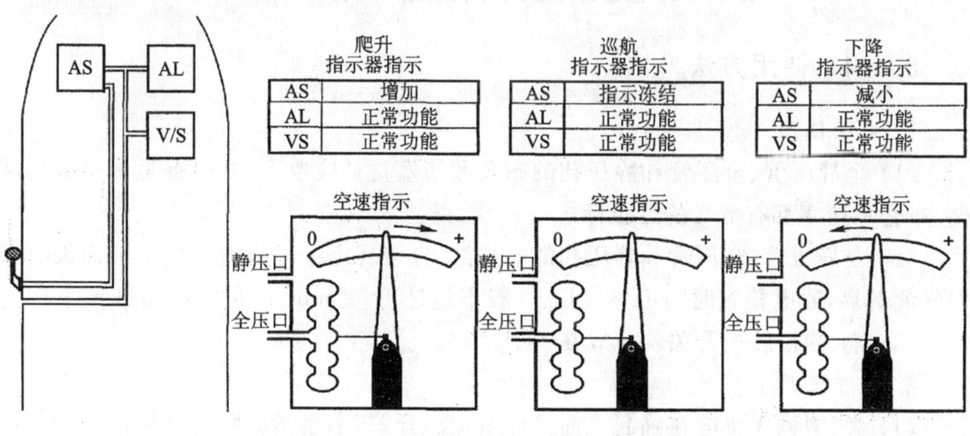

图 8－39　全压管堵塞对仪表指示的影响

● 当飞机保持一定速度爬升时，静压减小，动压增大，结果使空速指示增大，可能指到超速区。

● 当飞机巡航或保持一定高度飞行时，静压不变，此时，空速表指针冻结不动。即使发动机改变推力使飞机加速或减速飞行时，空速表的指针仍然不动。

● 当飞机以一定速度下降时，静压增加，动压减小，空速指示减小，可能指到失速区。

(3) 全压孔堵塞，排水孔畅通

如图 8-40 所示，当全压孔堵塞，但全压管上的排水孔畅通时，全压管内的压力减小到静压值，从而使动压为零，因此，空速表指示为零。

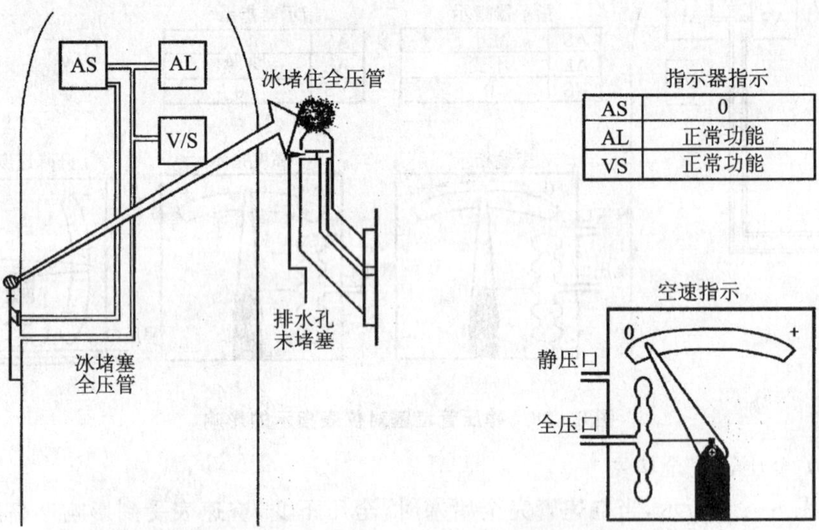

图 8-40 全压管堵塞、排水孔畅通对仪表指示的影响

8.6.4 使用方法

1. 地面使用

(1) 全静压管、全压管和静压孔的布套和堵塞材料应取下，并检查是否有脏物堵塞，布套和堵塞都有醒目的红色标志，易于检查。

(2) 全静压管、全压管和静压孔的电加温，应按规定进行检查。由于地面没有相对气流散热，通电检查时间不能太长，一般不超过 1～2 min，以免烧坏加热元件。

(3) 全、静压转换开关均应放在“正常”位。

2. 空中使用

(1) 大、中型飞机应在临起飞前接通电加温开关，小型飞机则在可能结冰的条件下飞行时(如有雾、雨、雪等)接通电加温。

(2) 在“正常”位，全、静压失效时，一般应首先检查电加温是否正常。若电加温不正常，应设法恢复正常，如果“正常”位全、静压仍不能有效工作，则应将全压或静压转换开关放到“备用”位。

(3) 如果全静压系统被堵塞而又没有“备用”系统时，应根据全静压系统仪表的工作原理正确判断受影响的仪表，然后综合利用其他仪表的指示信息，保证安全操纵。

8.7　大气数据系统

8.7.1　系统概述

大气数据信息即自由气流的静压、动压、静温、高度、高度偏差、高度变化率、指示空速、真空速、马赫数及大气密度等参数，是飞机和发动机自动控制系统、导航系统、空中交通管制系统及飞行驾驶仪表显示、警告系统等不可缺少的信息。

现代各种形式的飞机上，各系统需要大气数据信息的形式各有不同(包括各种形式的模拟量及数字量)，需要的信息量也各不相同，有的飞机各系统需要大气数据信息上百个。显然，数量众多、分立式的测量系统带来重量大、成本高、功能少、可靠性差、延迟误差大及维护不便等问题，而且测量精度也无法提高。

大气数据系统(air data system)是一种自动计算设备，是现代运输机中必需的电子设备之一。其基本特点是将大量的分立式压力传感器综合为两个传感器，即静压传感器和全压传感器，再加上迎角传感器和总温传感器。利用这四个传感器提供的静压、全压、迎角和总温 4 个原始参数，采用先进的技术，解算并输出大量的大气数据参数，其中最主要的参数有气压高度、指示空速或计算空速、垂直速度、马赫数、真空速、全受阻温度和大气静温，如图 8-41 所示，又称为大气数据计算机系统 ADCS(Air Data Computer System)。

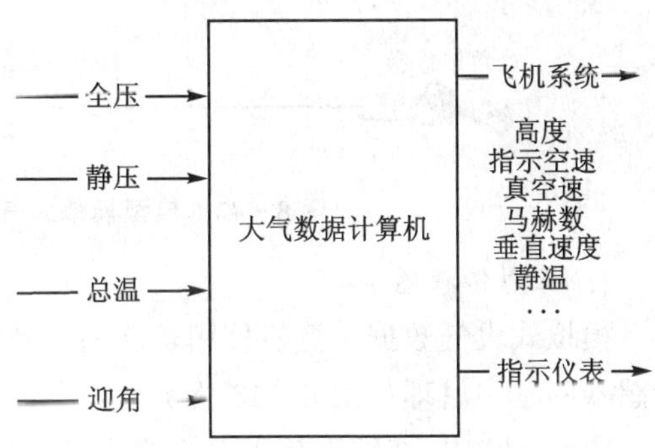

图 8-41　大气数据计算机的输入输出

大气数据系统所提供的参数可以进行仪表显示，供飞行员判读，也可以为飞机的自动驾驶仪、自动俯仰配平系统、飞行指引仪、自动油门、空中交通管制应答机、飞行数据记录器、失速警告系统、近地警告系统、惯性基准系统以及飞行管理计算机等多个设备系统输送所需的大气数据参数。

大气数据计算机系统具有以下优点：实现了传感器和指示器的综合，降低了飞机设备重量和体积，使仪表板的利用更高效；静压源误差的修正机构，使仪表指示精度和输出信号的精度及适应性得以提高；采用电子线路，便于设备线路的检查和故障的探测。无论对飞行人员的使用、故障判断，还是机务人员对设备的维护都带来了极大便利。

根据计算原理的不同，大气数据计算机又可以分为模拟式大气数据计算机和数字式大气数据计算机。现代大型运输机上多采用数字式大气数据计算机。

8.7.2 模拟式大气数据计算机

模拟式大气数据计算机又称机电式大气数据计算机。这类计算机的特征是用机械和电气元件按计算公式用模拟的方式进行计算。一般由感受转换部分和计算机指示部分组成，其原理如图 8－42 所示。

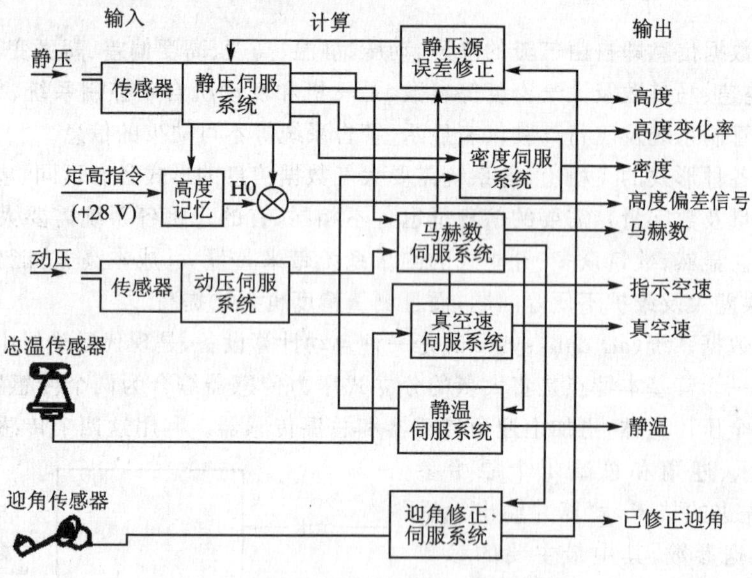

图 8－42 典型模拟大气数据计算机原理图

1. 压力传感器

模拟式大气数据计算机使用较普遍的压力传感器是力平衡式压力传感器，这类传感器的基本原理如图 8－43 所示。

图 8－43 中，波纹管是压力敏感元件，又称为感压箱，用于感受全压与静压之差(即动压)。感压箱的一端固定在机壳上，另一端与杠杆的一端相连。杠杆的另一端连接反馈弹簧的下端，反馈弹簧的上端通过反馈螺钉与伺服电机相连。感压箱产生的力和反馈弹簧产生的力同时作用在平衡杠杆上。

设开始时系统处于平衡状态，形成的力矩相等，杠杆处于平衡状态。此时，固定在杠杆一端的两个可变电容的公用动片正好处于两个固定极片中间，使 $C_1=C_2$。由可变电容 C_1、C_2 和固定电容 C_3、C_4 组成的交流电桥处于零位平衡状态，电桥无信号输出。

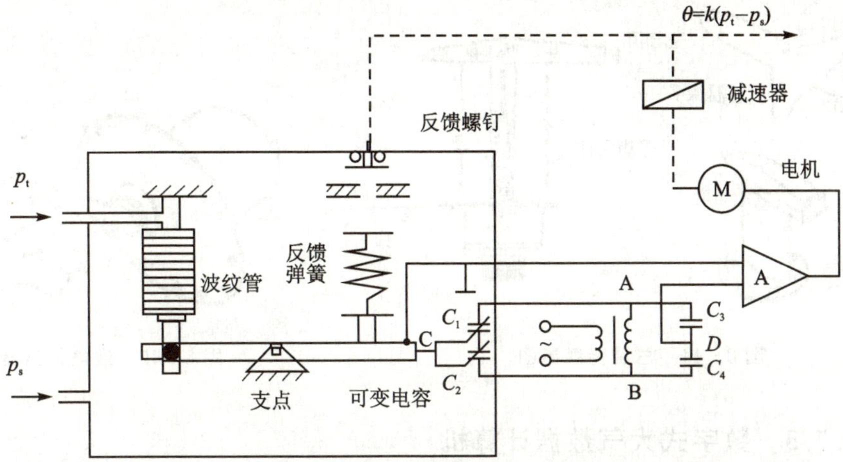

图 8－43　力平衡式压力传感器原理图

当被测压力变化时，感压箱产生的力发生变化，杠杆的平衡状态被破坏而产生倾斜，可变电容器 C_1 和 C_2 的动片偏离中间位置，电桥不再平衡，电桥的 C、D 两点之间有信号输出。此电压信号经放大器放大后，驱动伺服电机转动，再经过减速器，一方面带动输出轴转动，输出目视信号或控制信号；另一方面带动反馈螺钉转动，压缩（或拉伸）反馈弹簧，直到使杠杆恢复平衡位置，可变电容的公用动片回到中间位置。电桥恢复零位平衡状态，输出电压消失，整个系统恢复平衡。此时，系统输出的角位移正比于被测压力。

2. 总温传感器

飞行中，由于飞机相对空气运动，会使气流受阻，温度升高，升高的温度叫动力温度，它与空气静温之和叫全受阻温度或总温。大气数据计算机中温度传感器的作用就是测量总温，所以又称为总温传感器，如图 8－44 所示。感温电阻的电阻值与总温相对应，该电阻值经电路转换，输出与总温相对应的电压值。

3. 迎角传感器

迎角是大气数据计算机系统产生静压源误差的因素之一。为了测量迎角，需将迎角传感器伸出到机身外的气流中，安装处应无扰动气流。通常使用的迎角传感器外形如图 8－45 所示。

传感器由一个经过静力平衡的风标（叶片）、传动机构、信号变换器（电位计等）及固定连接部分组成。由于风标经过静力平衡，具有对称的剖面形状，故在飞行中它始终停留在使其本身的对称面与气流速度平行的方向上。所以，当传感器相对于飞机的纵轴平行安装时，风标旋转的角度就是飞机的迎角值。这个角度经变换后可输出相应的电信号。一般情况下，飞机上安装有两个迎角传感器，对称地分布于机身的两侧，大气数据计算机使用两个传感器信号的平均值，可以把传感器受到的局部气流扰动减到最小。

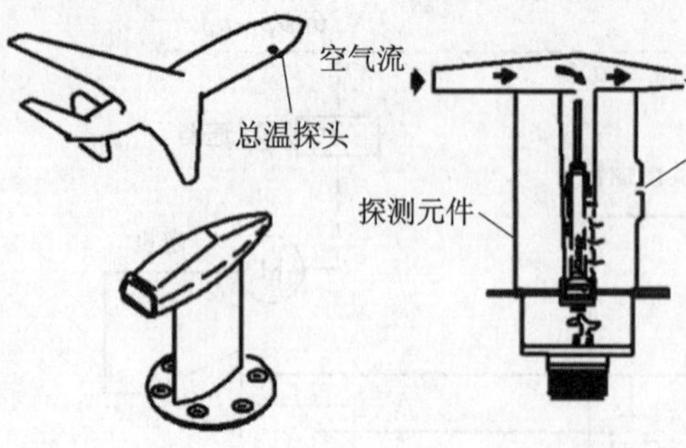

图 8-44 总温传感器图

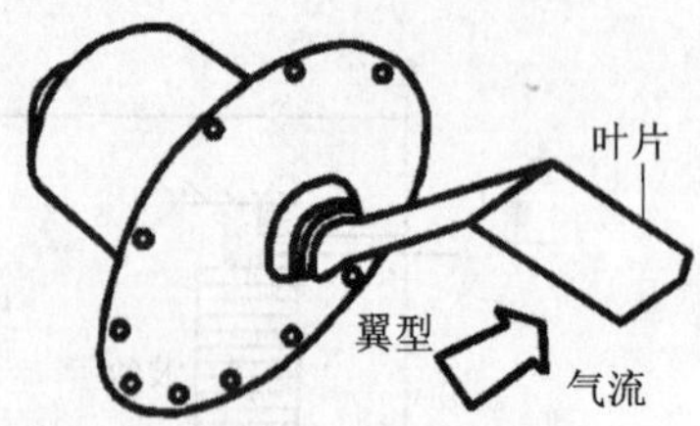

图 8-45 迎角传感器

8.7.3 数字式大气数据计算机

图 8-46 所示为数字式大气数据计算机的典型原理方块图，它由静压传感器、动压传感器、总温传感器及攻角传感器提供原始信息 p_s、p_t、t_t 和 α_t。为了计算出经气压修正后的高度（例如相对高度、绝对高度），某些大气数据计算机中引入了气压修正信号。如果要求算出经温度修正后的高度，也可以引入基准面（机场地平面或实际海平面）的实际高度和气温。图 8-47 所示为数字式大气数据计算机的面板。

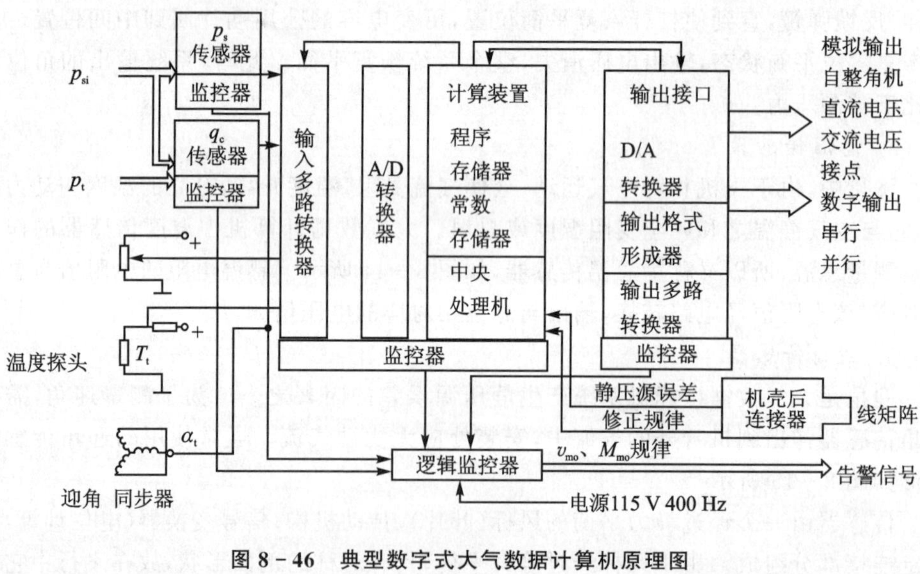

图 8-46 典型数字式大气数据计算机原理图

数字式大气数据计算中所有原始信息的模拟量，经输入多路转换器，依次在A/D转换器中把它们变换为适于计算机处理的数字量，随后引入计算装置，输入多路转换器以时间分隔的形式把多个并行的输入信号变成按一定次序排列的信号序列，以提高 A/D 转换器等设备的利用率。中央处理机的计算结果经过 D/A 转换器将其转化成所要求的模拟量形式，或经过数字格式输出至不同的显示仪表或其他飞机系统。

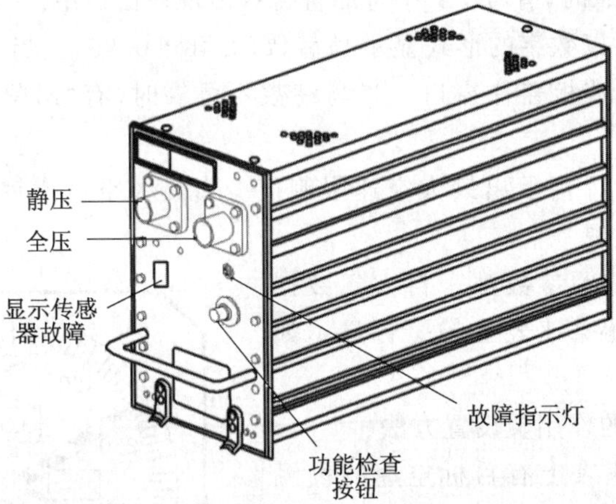

图 8-47　典型数字式大气数据计算机面板

8.7.4　大气数据计算机指示仪表

大气数据计算机的指示仪表可以是机械指针式的，也可以是以数字形式显示的，都统称为电动大气数据仪表。这些仪表是电动马赫/空速表、电动高度表、电动升降速度表、真空速表和全温/静温表。

8.7.4.1　分立式仪表显示

1. 电动马赫/空速表

电动马赫/空速表主要显示(指示)计算空速、马赫数以及最大空速，如图 8-48 所示。

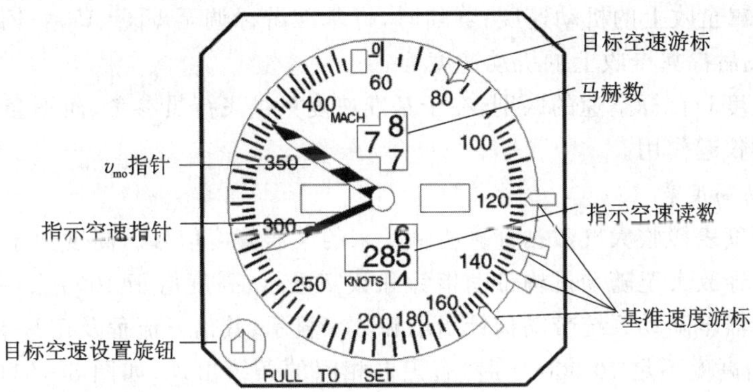

图 8-48　电动马赫/空速表正常指示

(1) 空速的指示和显示

① 空速指针直接指示出飞机目前的指示空速值。

② 空速窗口以数字的形式显示出飞机目前的指示空速。当大气数据计算机计

算的指示空速不可靠时，有“A/S”字符的警告牌出现在窗口中。

③ 马赫数窗口以数字的形式显示马赫数(0.40～0.99)。当飞机的马赫数低于0.4时，被一块黑色挡板盖住窗口。当马赫数不可靠时，有“MACH”字符的警告牌出现。

④ 最大空速指针指示出最大空速限制值。当最大空速指针指示不可靠时，有“v_{mo}”字符警告牌出现。

以上各指示/显示参数都来自大气数据计算机。电动/马赫空速表上的警告显示如图8-49所示。

(2) 目标空速的作用及设置方法

电动马赫/空速表上有目标空速的设置旋钮和游标。

目标空速是计划下一步要达到的空速值，目标空速和实际空速之差将作用于自动驾驶仪或自动油门，使它们改变飞机的姿态或发动机的推力，以便将飞机的空速改变到要求的速度上。

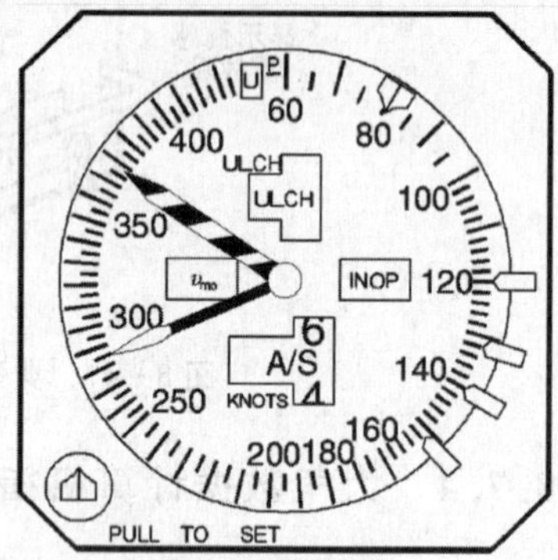

图8-49 电动马赫/空速表警告旗指示

目标空速的设置方法有自动和人工两种。当目标空速处于自动设置方式时，如果目标空速无效，将有标有“INOP”字符警告旗出现；当空速游标由人工设置时，仪表上方的“M”旗出现。

(3) 基准速度的作用及设置方法

仪表上的基准游标用于设置基准速度。如起飞时，将基准游标分别调至V_1、V_R、V_2+5和襟翼全收上的机动速度；着陆时，将基准游标调至V_{REF}、V_{TGT}、$V_{REF}+5$、$V_{REF}+15$和复飞后襟翼全收上的机动速度等。

基准速度和目标空速的区别，在于基准速度只供飞行员参考，而不会对自动油门或自动驾驶仪起作用。

2. 电动高度表

电动高度表接收大气数据计算机输送来的气压高度信号。高度大于1 000 ft的粗高度信号经放大至随动机构带动指针和数字显示；高度低于1000 ft时，由精高度信号经放大器至随动系统带动指针指示和数字显示，其信号流程及正常指示如图8-50所示。当高度不足10 000 ft时，有黑白相间的条纹出现，如图8-51(a)所示；当高度低于海平面时，显示窗口的第一位上有“NEG”字符出现，如图8-51(b)所示；当粗、精高度同步器失效、激磁失去、仪表电源丧失、大气数据计算机高度源失效等情况出现时，有“OFF”旗出现，盖住高度表上的数字，如图8-51(c)所示。

气压显示经过一个非线性机构和自动机构加到高度指示器和气压窗口。气压的数据范围为22.01～31.00 inHg和745.3～1050 mbar。仪表右下角的基准高度调

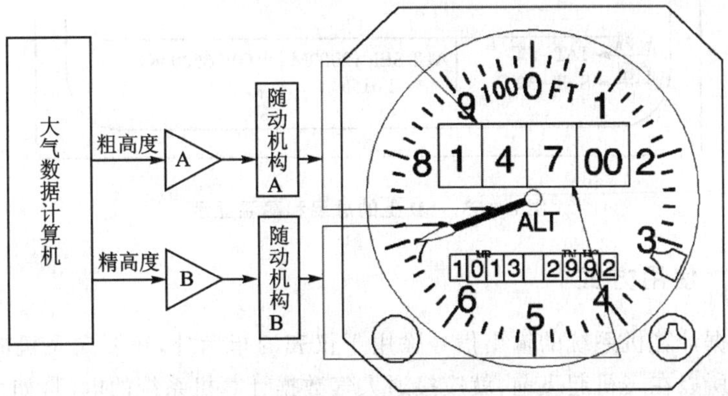

图 8－50　电动高度表及其信号流程图

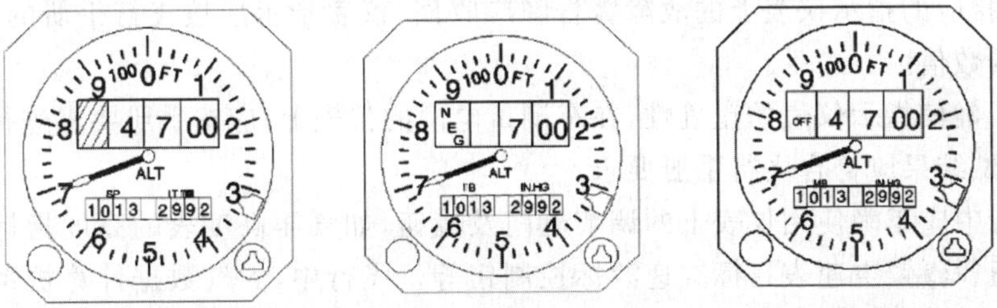

(a) 高度不足1 000 ft　　(b) 高度为负　　(c) 故障警告

图 8－51　电动高度表的特殊指示

节控制钮用于人工调节表上的高度游标，如调节最低下降高度（MDA）或决断高度（DH）。

3. 电动升降速度表

电动升降速度表如图 8－52 所示。它接收来自大气数据计算机的高度变化率信号。当大气数据计算机传送的高度率有效、直流电源有效、随动系统回零探测器探测正常（正常为零）时，“OFF”旗不出现；如任意一条件不满足，则 OFF 旗出现。

8.7.4.2　EFIS 仪表显示

在装备 EFIS 的飞机上，大气数据参数都集中显示在主飞行显示器 PFD 和系统显示器 SD 上。PFD 显示可参考图 7－16，图 8－53 是 SD 上的总温、静温显示。

图 8－52　电动升降速度表

图 8-53　SD 上的总温和静温显示

8.7.5　使用方式

大气数据计算机系统的输出信号除用于仪表的指示外，还要向飞机的其他设备提供信号。所以在飞机起飞前，就应接通大气数据计算机系统的电门，如大气数据计算机电门、全受阻温度电门、迎角电门等，还要对全静压系统的加温和全受阻温度传感器、迎角传感器的加温装置进行检查。在驾驶舱中，当电源设备接通，计算机工作正常后，相应的指示仪表上的故障警告牌应收回，仪表指示应按飞行手册的说明，指示相应的数值。

为了确信指示仪表的正确性，在有测试电门的仪表上，应按手册要求进行仪表测试，且测试结果应符合飞行手册要求。

飞行中应正确使用仪表上的调节电门及旋钮，如气压高度表的高度指标和气压修正旋钮、马赫/空速表目标空速游标控制钮等。飞行中，大气数据计算机系统的电动指示仪表的故障旗不能出现。如一套 ADC 出现故障，则需用另一套无故障的 ADC 及相应仪表。同时，应注意 ADC 故障会影响相应的设备。假如飞机上仅有的两套大气数据计算机系统均出现故障，它们所控制的仪表也会出现故障旗，则此时只能用飞机上备用的气压式高度表和指示空速表判断飞机的气压高度和指示空速。

8.8　大气数据惯性基准系统

大气数据惯性基准系统（ADIRS）是将 ADC 和 IRS 综合的系统，同时具有大气数据基准和惯性基准两个基本功能，能输出多种参数以供各系统的需要。该系统校准的原理及方法和捷联式惯导系统一样，都可通过 CDU 输入起始位置来进行。

以 B737-800 飞机为例，大气数据惯性基准系统向机组和飞机系统提供下列类型的数据：高度、空速、温度、航向、高度及当前位置。

如图 8-54 所示，ADIRS 主要包含下列部件：4 套大气数据组件（ADM）、总温（ATA）探头、2 套迎角（AOA）探测器、惯导系统显示组件（ISDU）、模式选择组件（MSU）、2 套大气数据惯性基准组件（APIRU）和 IRS 主告诫组件。

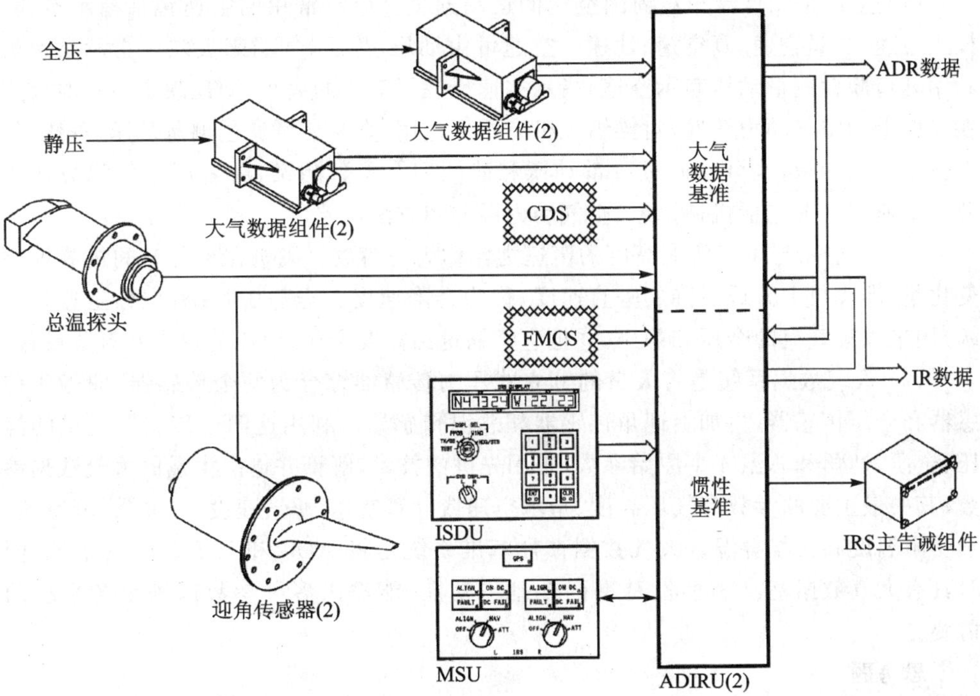

图 8－54　B737－800 ADIRS 系统结构

本章重要知识点

(1) 大气压力是由于大气的重量所产生的压强，也称为“大气压”，简称“气压”，注意区别于物理学中压力和压强的标准定义。

(2) 大气密度的定义是每单位体积内的气体质量；大气温度指大气的冷热程度；大气湿度是指 1 m^3 空气中所含水蒸气的质量；气压高度是根据一定气压值由标准大气压表所查得的高度。

(3) 国际标准大气就是为了满足飞机仪表标准化的需要，把地球北纬 35°～60° 欧洲地区的平均数值加以修正而拟定的。主要条件是：以海平面为零高度，如图 8－1 所示，标准海平面的气压为 760 mmHg(或 1 013.2 hPa、29.92 inHg)、气温为 150 ℃(或 288 K)、对流层的顶界为 11 km。

(4) 飞行高度是指飞机在空中到某一基准面的垂直距离。包括绝对高度、相对高度、真实高度、场压高度、标准气压高度、修正海压高度。

(5) 标准气压高度是指飞机到标准气压平面的垂直距离；修正海压高度是以修正海平面气压为基准面的气压高度。修正海平面气压是根据当时机场的场面气压和标高，按照标准大气条件推算出来的海平面气压值。

(6) 气压式高度表根据标准大气中气压(静压)与高度对应的关系，通过测量气压大小表示飞行高度，测量误差包括机械误差和方法误差。

(7) 空速是飞行器相对周围空气的运动速度。航空常用的空速包括指示空速、校正空速、当量空速、真空速、地速。空速可由动压、静压、气温来反映。指示空速表利用开口膜盒测量动压表示空速,指示空速反映了动压的大小,即反映了飞行时作用在飞机上的空气动力情况,对操纵飞机有重要作用;真空速可通过测量动压、静压、气温三个参数测量,也可以通过可量动压和静压两个参数测量,后者产生气温方法误差。空速表一般包括机械误差、空气动力误差和方法误差。

(8) 真空速与飞机所在高度的声速之比称为马赫数。飞机在单位时间内高度的变化量(即飞机上升或下降的垂直速度)称为升降速度。全静压系统(也称空速管系统)用来收集气流的全压和静压,并把它们输送给需要全压、静压的仪表及有关设备。

(9) 大气数据系统是将大量的分立式压力传感器综合为两个传感器,即静压传感器和全压传感器,再加上迎角传感器和总温传感器。利用这四个传感器提供的静压、全压、迎角和总温 4 个原始参数,采用先进的技术,解算并输出大量的大气数据参数,其中最主要的参数有气压高度、指示空速或计算空速、垂直速度、马赫数、真空速、全受阻温度和大气静温。大气数据惯性基准系统是将 ADC 和 IRS 综合的系统,同时具有大气数据基准和惯性基准两个基本功能,能输出多种参数以满足各系统的需要。

思考题

1. 什么是国际标准大气?
2. 大气温度、密度、压力与高度什么关系?
3. 气压式高度表是如何测量高度的?有哪些测量误差?
4. 空速有哪些种类?测量空速的原理是什么?
5. 什么是马赫数?如何测量马赫数?
6. 升降速度表的工作原理是什么?
7. 全静压系统的功能有哪些?使用时有哪些注意事项?
8. 大气数据系统的功能有哪些?

第 9 章　姿态及航向仪表系统

飞机的飞行姿态,一般指飞机与地平面之间的夹角关系。姿态仪表是指测量飞机姿态角和姿态角速度的一些仪表。它们为飞行员提供俯仰角、倾斜角和转弯角速度等重要参数的目视信号,并将信号提供给其他系统设备。准确地测量飞机的飞行姿态,对正确操纵飞机,保证飞行安全有重要的意义。小型飞机上的姿态仪表主要是地平仪和转弯侧滑仪,大中型飞机上则采用姿态基准系统。

9.1　陀螺的基本知识

在航空飞行中,飞行员必须经常正确了解飞机的姿态才能准确地驾驶飞机。获取飞机姿态的一个非常重要的设备就是航空地平仪,其最核心的功能部件就是陀螺。

9.1.1　陀螺概述

测量物体相对惯性空间转角或角速度的装置叫做陀螺(Gyroscope)。陀螺的种类很多,包括普通刚体转子陀螺、挠性陀螺、激光陀螺、光纤陀螺、粒子陀螺、低温超导陀螺等。目前,飞机上应用最多的是刚体转子陀螺和激光陀螺。

对于刚体转子陀螺,通常又定义为能够绕一个支点高速旋转的物体。如图 9-1 所示为玩具地转子,实际上就是刚体转子陀螺,不转动时和普通物体没什么两样。激光陀螺则完全是一个可以测量惯性空间转角和角速度的光学装置,没有旋转部件。

普通刚体转子陀螺一般由转子、内框、外框和基座组成,如图 9-2 所示。转子是

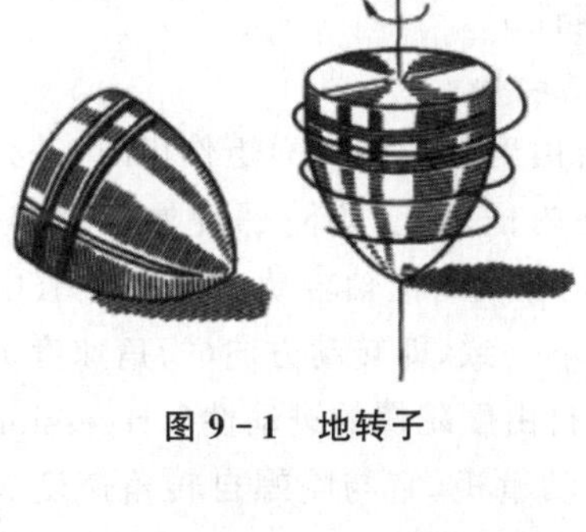

图 9-1　地转子

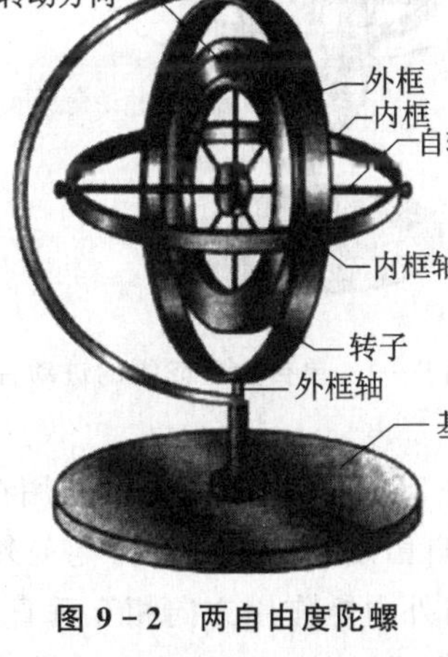

图 9-2　两自由度陀螺

一个对称的飞轮，由陀螺电机或压缩空气驱动绕转子轴高速转动，转子轴称为自转轴。内框可以绕内框轴相对外框自由转动；外框又可以绕外框轴相对基座自由转动。自转轴、内框轴和外框轴的轴线相交于一点，称为陀螺的支点。

具有内框和外框，为转子轴提供两个转动自由度的陀螺称为两自由度陀螺。内框和外框组成的框架又叫万向支架。自转轴具有一个转动自由度的陀螺叫做单自由度陀螺，如图9-3所示。单自由度陀螺只有一个内框，它为自转轴提供了一个转动自由度。有些文献资料也分别称这两种陀螺为三自由度陀螺和两自由度陀螺。

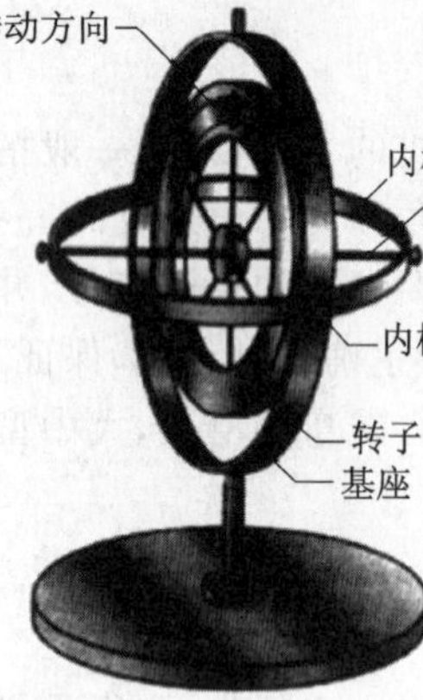

图9-3 单自由度陀螺

理想的陀螺重心和支点重合，轴承没有摩擦。实际陀螺总是有摩擦和不平衡力矩，这将引起陀螺仪表的误差。

9.1.2 单自由度陀螺的特性

单自由度陀螺的基本特性是进动性。单自由度陀螺不具有稳定性。当单自由度陀螺基座绕其缺少自由度的方向转动时，陀螺将绕其内框轴转动，这种特性称为单自由度陀螺的进动性，如图9-4所示。进动方向取决于角动量方向和基座转动方向，其规律是：角动量矢量（或自转角速度矢量）沿最短途径转向基座旋转角速度矢量方向。由于单自由度陀螺具有敏感基座绕缺少自由度轴方向转动的特性，因此可以用作测量飞机、舰船等角速度和角位移的仪表。

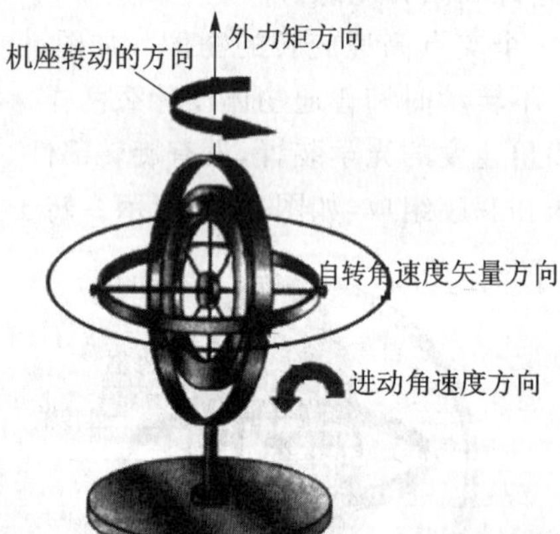

图9-4 单自由度陀螺的进动性

9.1.3 两自由度陀螺的特性

两自由度陀螺具有两个基本特性：进动性和稳定性。

1. 进动性

两自由度陀螺受外力矩作用时，若外力矩作用在内框轴上，则陀螺绕外框轴转动，如图9-5(a)所示；若外力矩作用在外框轴上，则陀螺绕内框轴转动，如图9-5(b)所示。两自由度陀螺的转动方向与外力矩作用方向不一致，即转动方向（指角速度矢量方向）与外力矩作用方向相互垂直的特性，称为两自由度陀螺的进动性（precession）。

陀螺进动的方向取决于角动量 H 的方向（即动量矩，它与陀螺自转角速度矢量

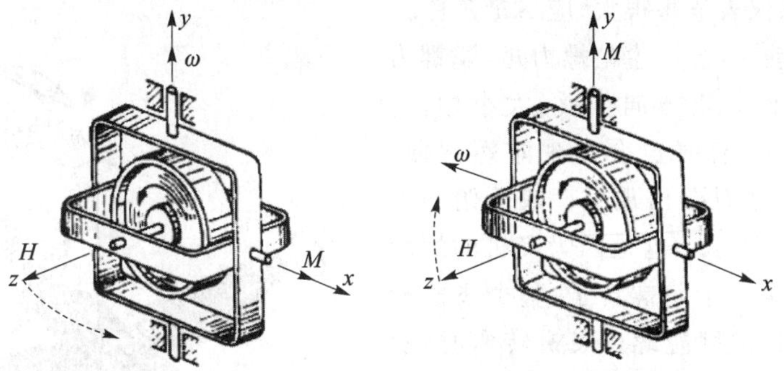

(a) 外力矩绕内框轴作用　　(b) 外力矩绕外框轴作用

图 9-5　外力矩作用下的陀螺仪进动

方向一致）和外力矩方向，其规律是：角动量矢量（或自转角速度矢量）沿最短途径转向外力矩矢量的方向。

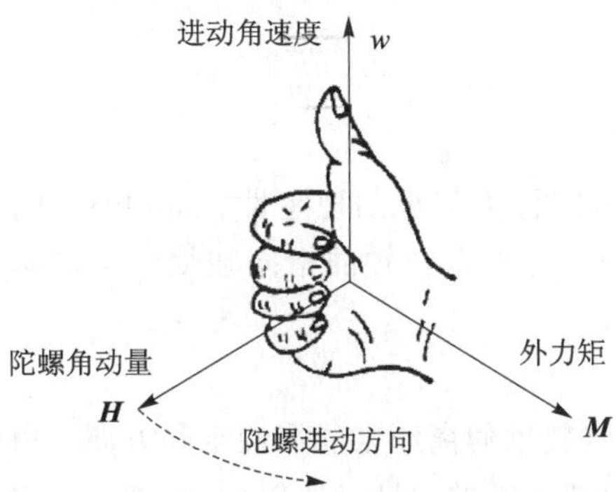

图 9-6　陀螺进动的方向

也可以用右手螺旋法则来判定进动角速度矢量的方向。即：将右手大拇指伸直，其余四指以最短路线从角动量矢量 $\boldsymbol{H}$ 的方向握向外力矩矢量 $\boldsymbol{M}$ 的方向，则大拇指的方向就是进动角速度矢量 ω 的方向，如图 9-6 所示。

陀螺进动角速度的大小，取决于角动量的大小和外力矩的大小，即：

$$\omega=\frac{\boldsymbol{M}}{\boldsymbol{H}\cos\theta}=\frac{\boldsymbol{M}}{\boldsymbol{J}\,\Omega\cos\theta}$$

式中，$\boldsymbol{J}$ 为转子对自转轴的转动惯量，θ 为自转轴偏离外框轴垂直平面的夹角。

上式表明，当转轴与外框轴垂直时，进动角速度 ω 与外力矩 $\boldsymbol{M}$ 成正比，与角动量 $\boldsymbol{H}$ 成反比。也就是说，陀螺进动角速度的大小与下列三个因素有关：第一，转子自转角速度越大，进动角速度越小；第二，转子对自转轴的转动惯量越大，进动角速度越小；第三，外力矩越大，进动角速度越大。外力矩一定时，进动角速度也一定（等角速度进动）；外力矩消失后，陀螺立即停止进动。

还可以看出，自转轴与外框轴垂直时（$\theta=0$），进动角速度最小，否则进动角速度增大。如果自转轴绕内框轴的进动角度达到 90°或基座带动外框轴绕内框轴方向转动角度达到 90°，即 $\theta=90°$，则自转轴与外框轴重合，陀螺将失去一个转动自由度。这时，绕外框轴作用的力矩将使外框连同内框绕外框轴一起转动，陀螺变得和一般刚体没有区别，这种现象叫做“框架自锁”。当 θ 较大或框架自锁时，陀螺在外力矩的作用下可能会绕内、外框轴高速转动，称为“飞转”。陀螺飞转时，轴承摩擦加剧，甚至引起碰撞,对陀螺仪表危害很大,应尽量避免。

陀螺进动时,会产生陀螺力矩,陀螺力矩的方向与外力矩方向相反,大小相同。飞机在飞行中,有时也会出现陀螺现象。例如,飞机转弯时会出现上仰或下俯的现象,如图 9-7 所示。这是因为飞机的螺旋桨可以看作是一个陀螺转子,整个飞机相当于一个两自由度陀螺。飞机转弯时,螺旋桨一方面自转,另一方面又随飞机绕立轴旋转,从而出现进动现象,使飞机上仰或下俯。要消除这种现象,使飞机保持水平转弯,必须推杆或拉杆,让升降舵产生操纵力矩,与陀螺力矩(即产生进动的力矩)平衡。

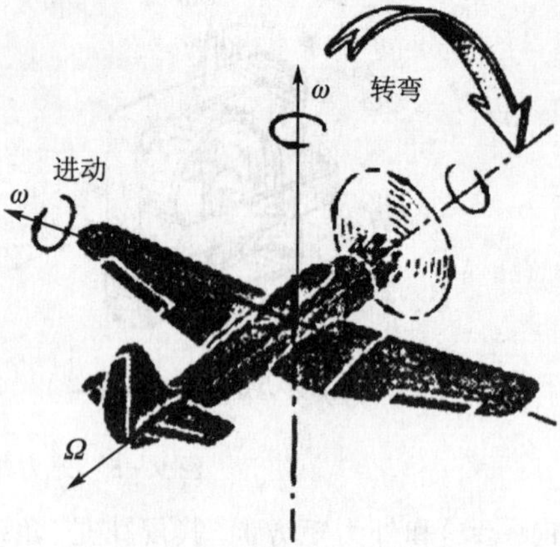

图 9-7 飞机转弯时的进动

2. 稳定性

两自由度陀螺能够抵抗干扰力矩,力图保持其自转轴相对惯性空间方向稳定的特性,称为陀螺的稳定性(stability of gyroscope)。任意转动高速旋转的陀螺仪的基座,陀螺自转轴的指向在惯性空间基本保持不变。

陀螺的稳定性有两种表现形式:

在干扰力矩作用下,陀螺将产生进动,使自转轴偏离原来的惯性空间方向。由干扰力矩所引起的陀螺进动,通常称为漂移。只要陀螺的角动量比较大,陀螺的漂移就很缓慢,在一定时间内自转轴相对惯性空间的方位改变也很微小。例如,任意转动高速旋转的陀螺仪的基座,陀螺自转轴的指向在惯性空间基本保持不变,如图 9-8 所示。

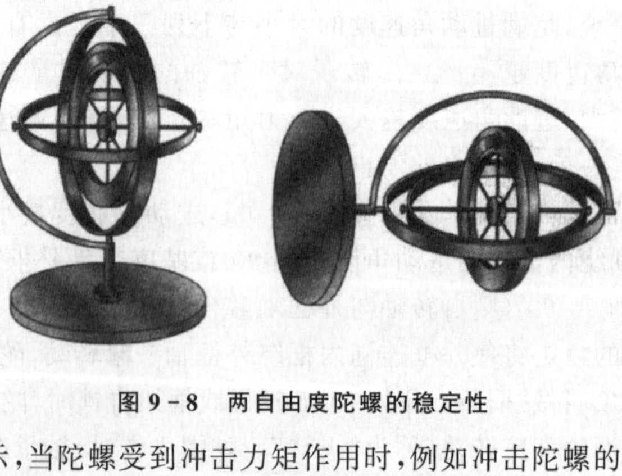

图 9-8 两自由度陀螺的稳定性

如图 9-9 所示,当陀螺受到冲击力矩作用时,例如冲击陀螺的内框(或外框)时,自转轴将在原来的空间方向附近作高频微幅的圆锥形振荡运动，这种振荡运动称为章动。由于章动的频率很高(大于几百 Hz)，振幅很小(小于角分量级)，而且由于轴承摩擦和空气阻尼等，章动会很快衰减下来，所以可以认为陀螺受冲击力矩作用时也是稳定的。这是陀螺稳定性的又一表现。

由于两自由度陀螺具有稳定性，在航空仪表中，利用两自由度陀螺的稳定性可以确定飞机、舰船等的角位移，或做成稳定器，稳定雷达天线和惯导系统的加速度计等。

3. 陀螺稳定性和进动性的关系及影响因素

陀螺的稳定性与进动性密切相关。稳定性越高，在干扰力矩作用下，陀螺的进动角速度越小；反之，进动角速度越大。

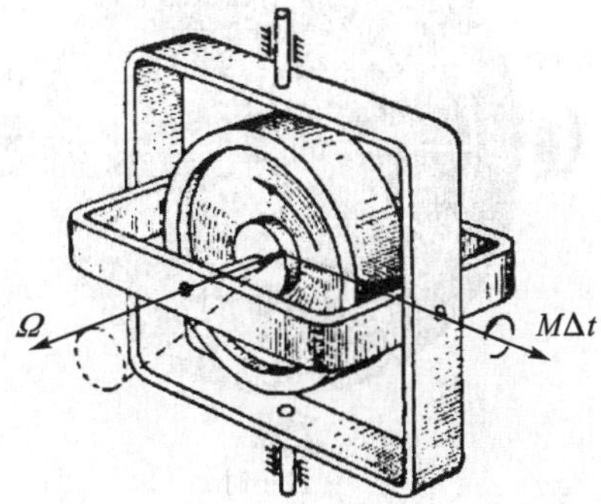

图 9-9　章动

陀螺稳定性和进动性与下列四个因素有关：第一，转子自转角速度越大，稳定性越好，进动性越差；第二，转子转动惯量越大，稳定性越好，进动性越差；第三，外力矩越大，稳定性越差，进动性越好。第四，自转轴与外框轴垂直时，稳定性好，否则进动角速度如果增大，稳定性将变差。外力矩一定时，进动角速度也一定；外力矩消失后，陀螺立即停止进动。

9.1.4　表观运动

两自由度陀螺的稳定性，是指陀螺自转轴相对惯性空间保持稳定，而不是对地球保持稳定。这样，由于陀螺自转轴相对惯性空间保持稳定，地球相对惯性空间转动，便形成了陀螺自转轴相对地球的运动，这种运动称为表观运动或视在运动(apparent motion)。表观运动是陀螺稳定性的表现。

例如，把两自由度陀螺放在地球北极(或南极)，并使其自转轴与地球自转轴垂直，如图 9-10 所示，则可以看到自转轴在水平面内相对地球子午面顺时针(或逆时针)转动，每 24 小时转动一周。

若把陀螺放在地球赤道上，并使其自转轴与地平面垂直，如图 9-11 所示，则可以看到自转轴在垂直平面内相对地平面转动，每 24 小时转动一周。

若把陀螺放在地球上任意纬度处，并使陀螺自转轴与地平面平行，朝向南北方向，如图 9-11 所示，则可以看到自转轴方向逐渐改变，相对地球作圆锥轨迹运动，每 24 小时转动一周。如果开始时使陀螺自转轴与地平面垂直，则自转轴逐渐偏离地垂线，仍然相对地球作圆锥运动，每 24 小时转动一周。

总之，不管把陀螺放在地球上什么地方，只有当陀螺自转轴与地球自转轴相互平行或重合时，才不存在相对运动，否则都有相对运动。

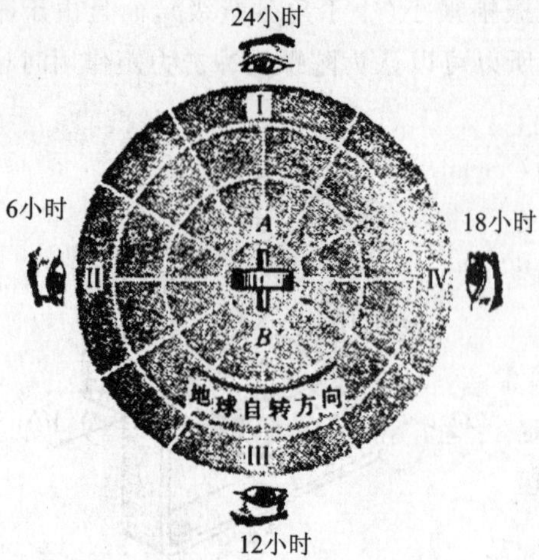

图 9-10　在两极陀螺自转轴相对地球的运动

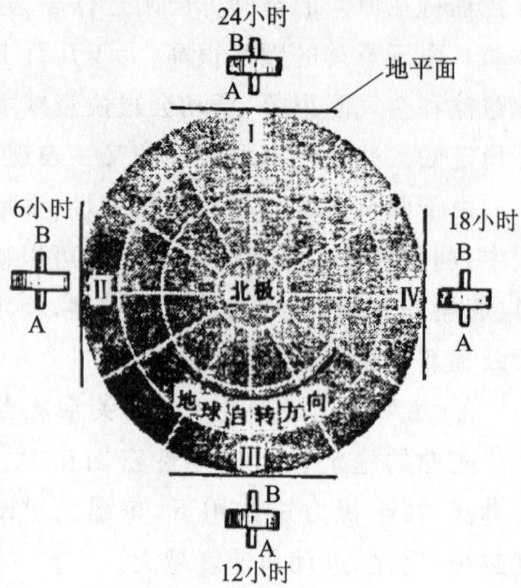

图 9-11　在赤道陀螺自转轴相对于地球的运动

9.1.5　激光陀螺

随着航空技术的不断发展,对陀螺的工作精度提出了越来越高的要求。人们在改进已有陀螺的同时,不断研制新型陀螺,其中有激光陀螺、光纤陀螺等。目前应用最广泛的是激光陀螺。

激光陀螺(laser gyroscope)是一种应用激光技术测量物体相对惯性空间角速度和转动角度的新型陀螺仪。它完全没有机械转子,是一个光学器件,只是由于它具有陀螺测量角速度的功能,所以仍然称为陀螺。

陀螺仪是惯性导航的主要器件之一。传统的机电陀螺离不开高速转动的转子,使用起来很不方便,已远不能满足现代军事装备对导航系统的要求。1960 年出现的激光使人们燃起了希望之火。激光陀螺不使用机械转子,而是使用沿闭合光路运转的激光光束,它是一个光学元件,只是从功能来说,它和机电陀螺一样,用来测定相对惯性空间的转速和方位,所以还叫做"陀螺"。

与一般的机电陀螺相比,激光陀螺有许多突出的优点。例如,自身无活动部件,结构简单,使用寿命长,可靠性高,不怕冲击和振动,动态范围大,启动时间短,重量轻,体积小,功耗少,成本低,且信号直接以数字方式输出,适于与计算机联用,组成高性能的导航系统。激光陀螺现已用于战术飞机、战术导弹、巡航导弹、海军火炮基准、反坦克导弹、波音民航机以及战略导弹的导航上。

激光陀螺的研制,从理论到工艺、技术都很复杂,但基本原理却可在大学物理水平上进行讨论。它利用环形闭合光路中相向传播的两束激光,感知其载体在惯性空间的转动。依据提取角速度信息的方式不同,激光陀螺有环形激光陀螺和光纤激光陀螺之分。

激光陀螺的工作原理基于 1913 年 Sagnac 阐述的 Sagnac 效应,是以双向行波激光器为核心的量子光学仪表,依靠环形行波激光振荡器对惯性角速度进行感测。

所谓 Sagnac 效应,是指在任意几何形状的闭合光路中,从某一观察点发出的一对光波沿相反方向运行一周后又回到该观察点时,这对光波的相位(或它们经历的光程)将由于该闭合环形光路相对于惯性空间的旋转而不同。其相位差(或光程差)的大小与闭合光路的转动速率成正比。

这样,由激光管两端所发出的激光将沿环形激光腔传播,形成正、反向两束激光。这个环形激光器就是激光陀螺的敏感部分,它可以是三角形、四边形或圆形的。

光在激光器环形光路中行进时,速度恒为光速 c。如果不转动时,在环形光路中两束光分别沿顺、逆时针方向行进,两束光转一圈回到出发点的光程(光行进的路程)长度是相等的,如图 9-12(a)所示。但是,当激光器在环形平面内转动时,两束光回到原出发点的路程就不相等。如图 9-12(b)所示,若激光器以角速度 ω 顺时针转动,光束 1 从 P 点出发沿环形光路顺时针行进,直到回到原出发点为止。由于这时原出发点 P 已经随环体转到 P′位,该光来的行程将比激光器不转动时的行程延长 PP′。反之,若光束 2 沿环路逆时针行进,则从出发点 P 回到原出发点的行程比原来缩短 PP′。可以计算出顺、逆光束的光程差为 ΔL。只要测出 ΔL 就可以知道激光器相对惯性空间的转动角速度 ω。然而,由于 ΔL 很小,直接测量光程差是很困难的。解决的方法是将两束激光的光程差转换成频率差进行测量。

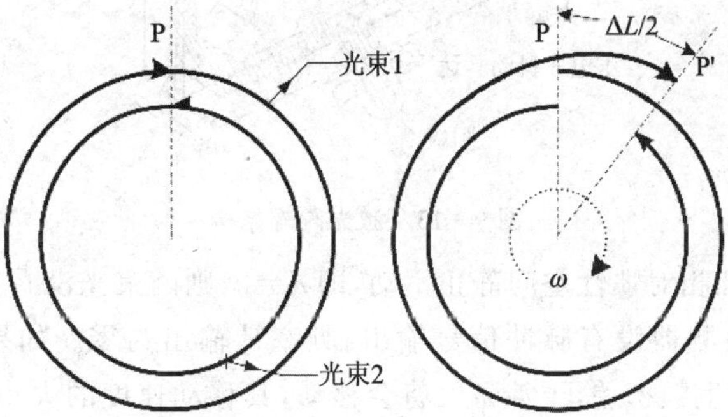

(a) 激光不转动时　　(b) 激光转动时

图 9-12　激光在环路中的行程

根据激光产生的原理,在环形激光腔中所产生激光的频率取决于环形光路的长度,即

$$\lambda = L/N$$

$$f = \frac{c}{\lambda} = N\frac{c}{L}$$

式中，λ 为波长，f 为频率，L 为激光器环形光路的长度，N 为正整数，这是激光器中光波发生谐振产生激光的条件。

当激光器不转动时，顺、逆向两束激光的光路长度相等，它们的频率也相等，频差为零。当激光器转动时，顺、逆向两束激光的光路长度不相等，频率也不相等，频率差为：

$$\Delta f = \frac{4S}{\lambda L}\omega$$

这说明当激光器结构一定时，沿环形光路顺、逆时针传播的两束激光的频率差与激光器绕垂直轴转动的角速度成正比。因此，测量两束激光的频率差，就可以测量出激光器（或载体）相对惯性空间的转动角速度。

激光陀螺可以用光电检测器来测量两束激光的频率差。当两束激光通过半透射半反射镜后，便在合光棱镜合光，形成干涉条纹（激光具有良好的相干性，见图 9-13），光电检测器就可以根据干涉条纹的运动情况测量出激光器的转动角速度。

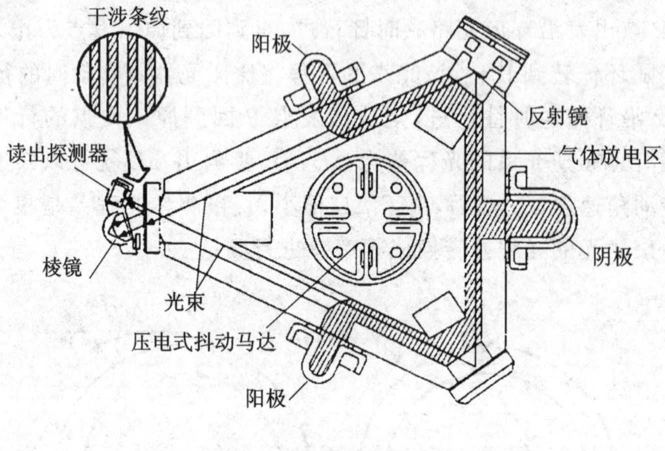

图 9-13　激光陀螺结构

如果激光陀螺相对惯性空间静止不动，即 $\omega=0$，则两束光没有频率差，干涉条纹静止不动，光电检测器没有脉冲信号输出，频率计输出为零。如果激光陀螺转动，$\omega\neq0$，则两束光产生频率差，干涉条纹将会移动，其移动速度的大小和方向反应了角速度的大小和方向。这样，频率计和显示器的输出指示被测物体相对惯性空间转动角速度的大小和方向。将此角速度积分，就可以得出转动角位移。

综上所述，激光陀螺的工作原理是：激光陀螺绕垂直测量轴转动时，正、反向两束激光的光程发生变化，从而使两束激光的频率发生变化。其频率差与转动角速度成正比，利用光电检测器测量这个频率差，就可得出载体的转动角速度，通过积分即得出载体的转动角度。

9.2　姿态仪表与姿态系统

9.2.1　转弯侧滑仪

转弯侧滑仪是由转弯仪和侧滑仪两个独立的仪表组合而成，可以同时提供转弯和侧滑信息。由于转弯仪和侧滑仪的综合指示，对于驾驶员保持飞机平直飞行和作无侧滑的协调转弯具有重要作用，因此常把它们组装在一起。

9.2.1.1　转弯仪

转弯仪(turn indicator)是用来指示飞机转弯方向，并粗略反映转弯快慢程度的仪表，部分转弯仪还可指示飞机在某一真空速时无侧滑转弯的倾斜角或坡度。

1. 转弯仪的工作原理

转弯仪的基本组成如图 9-14 所示。它由转子、平衡弹簧、阻尼器和指示针等组成。陀螺的自转轴与飞机横轴平行，自转角速度矢量指向左机翼，内框轴与飞机的纵轴平行，测量轴与飞机立轴平行。

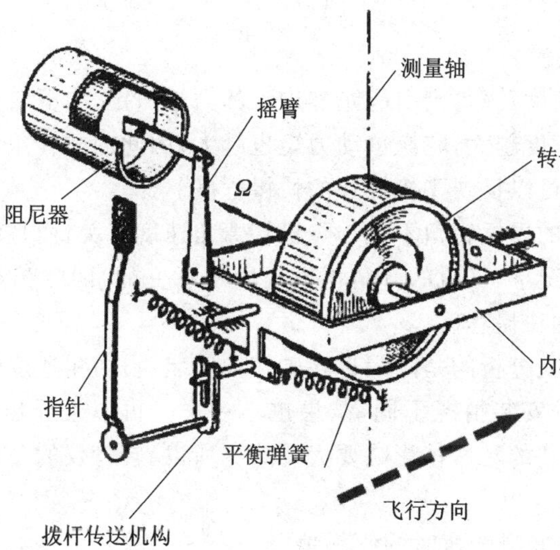

图 9-14　转弯仪组成结构

(1) 指示转弯方向

转弯仪利用单自由度陀螺的进动性工作。当飞机直线飞行时，内框在平衡弹簧作用下，稳定在初始位置，指针指在刻度盘中央，表示飞机没有转弯。

当飞机以一定的角速度向左转弯时，转弯角速度矢量向上。由于自转角速度矢量指向左机翼，所以内框顺时针进动，直到引起进动的力矩(称为陀螺力矩)与平衡弹簧的反作用力矩相等为止。内框的转角通过拨杆传送机构传给指针，使指针偏向左方，表示飞机正在向左转弯，如图 9-15 所示。转弯停止后，陀螺力矩消失，内框在平衡弹簧作用下回到初始位置，指针指向刻度盘中央。

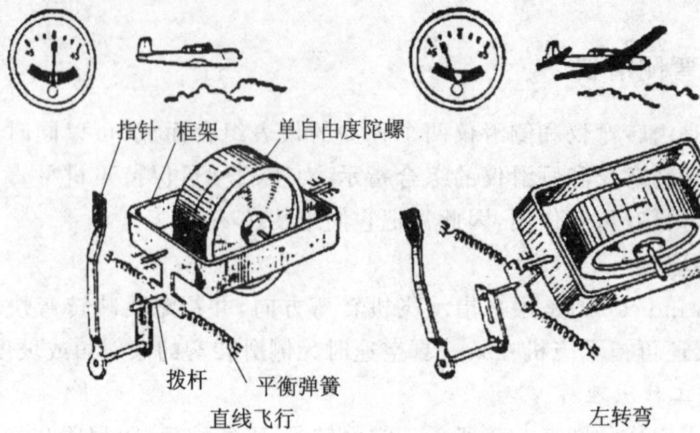

图 9-15　转弯仪的原理

当飞机向右转弯时，内框反时针转动，带动指针向右偏离刻度盘中央，表示飞机正在向右转弯。

(2) 指示转弯快慢

如果飞机恒角速度转弯，则引起陀螺进动的力矩恒定，内框转角和指针偏转角也恒定。飞机转弯角速度越大，陀螺进动力矩也越大，因此内框转角和指针偏转角也越大。因此，转弯仪也可以反映飞机转弯的快慢程度。

实际上，转弯仪的内框转角不仅与飞机转弯角速度有关，而且还和飞机倾斜角有关。但是，在一般情况下，飞机的倾斜角不是固定不变的，因此转弯仪实际上只能粗略地反映飞机转弯的快慢程度。

需说明的是，此处分析的是陀螺自转轴横向安装、自转角速度矢量指向左机翼的情况。假若转弯仪的安装情况不同，结果也不一样。可以推导出，同样大小的倾斜角，对自转轴纵向安装的转弯仪影响要大一些。所以，转弯仪的陀螺自转轴一般都是横向安装。

(3) 指示飞机无侧滑转弯时的倾斜角

有些转弯仪除了能指示飞机的转弯方向以外，还能在一定条件下指示飞机的倾斜角，这样的转弯仪还可以辅助地平仪指示飞机倾斜角。

与所有移动的物体一样，航空器需要一个侧向力的作用才能实现转弯。通常的转弯中，航空器通过压坡度将升力向内向上倾斜。如图 9-16 所示，升力可以分解为互相垂直的两个分量：与重力作用方向相反的向上的分量是升力的垂直分量，水平方向的升力分量作为向心力。升力的水平分量正是使航空器转弯的侧向力。与升力水平分量大小相等、方向相反的力是惯性离心力。

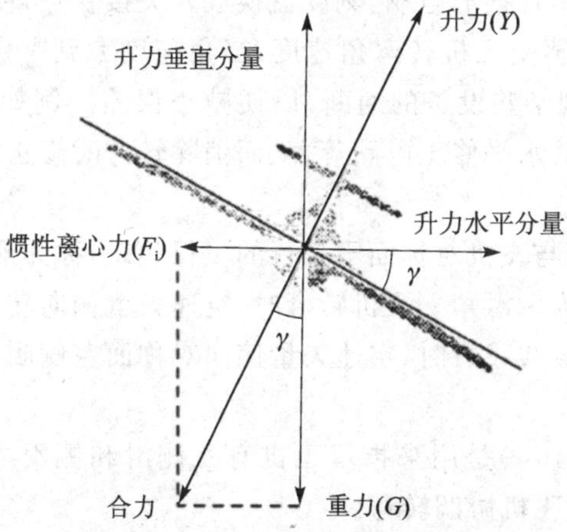

图 9-16 飞机无侧滑转弯时,倾斜角同惯性离心力和重力的关系

在跑步或骑自行车转弯时,通常有这样的体会:骑自行车的速度一定时,转弯越快,即转弯角速度越大,自行车的倾斜程度也必须越大,否则自行车的转弯半径将增大,不能按预定线路转弯。飞机转弯时也是如此。为了不使飞机发生侧滑,在飞行速度一定的条件下,飞机的转弯角速度越大,倾斜角也必须越大。可见,在飞机速度一定的条件下,飞机无侧滑转弯时的倾斜角取决于转弯角速度。因此,通过该方式测量飞机的角速度就可以表示飞机的倾斜角。

2. 转弯仪指示

图 9-17 所示为转弯仪。它用可以左右转动的飞机形指针来指示飞机转弯方向。若小飞机处于水平位置,表示飞机直线飞行;小飞机左倾斜,表示飞机左转弯;小飞机右倾斜,表示飞机右转弯。小飞机的倾斜角越大,表示飞机的转弯角速度越大。

当小飞机翼尖指示左或右刻度线时,表示飞机以标准角速度 3°/s 转弯,这时飞机转弯 360°需要 2 min。对于仪表飞行,这个参考速度很有意义。

图 9-18 所示为真空速 500 km/h 时的转弯指示。每个小格表示 15°,左右各 45°。若飞行速度减小,则指示偏大,反之,指示偏小。

图 9-17 一种转弯仪

图 9-18 真空速 500 km/h 时转弯的指示

如果将转弯仪的指针换成电刷，刻度盘换成开关接触点，便成为一个转弯角速度传感器。它可以用来感受飞机转弯角速度，当角速度大到一定值时（一般为 0.1°～0.3°/s），输出信号控制某些设备的通断，以便减小误差。例如断开地平仪的横向修正电路和陀螺半罗盘的水平修正电路等，从而消除转弯时修正机构的错误修正。

9.2.1.2　侧滑仪

飞行中，空速矢量与飞机对称面不平行的飞行状态，称为侧滑。空速矢量与飞机对称面之间的夹角称为侧滑角。飞机转弯时，空速矢量偏向转弯内侧叫内侧滑，偏向转弯外侧叫外侧滑。直线飞行时，空速矢量偏向对称面左侧叫左侧滑，偏向对称面右侧叫右侧滑。

侧滑仪（slip indicator）是用来指示飞机有无侧滑和侧滑方向的仪表，常与转弯仪配合，供驾驶员操纵飞机协调转弯。

1. 基本结构

侧滑仪由小球、玻璃管和阻尼液等组成，如图 9－19 所示。小球是敏感元件，相当于单摆的摆锤，能在玻璃管中自由滚动。玻璃管的曲率半径相当于摆长，阻尼液对小球起阻尼作用。玻璃管的一端有很小的膨胀室，以便阻尼液因温度升高，容积增大时占用。

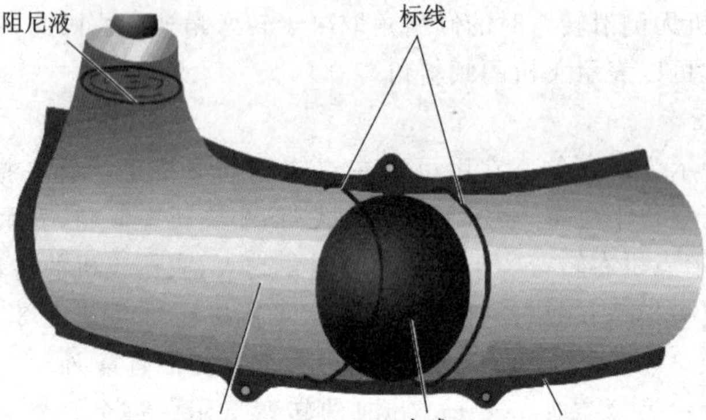

图 9－19　侧滑仪结构

2. 工作原理

飞机在原来没有横向运动的情况下，只要在转弯时保持沿横轴方向的合力为零，就不会发生横向运动，即不会发生侧滑。

飞机作无侧滑转弯时，沿横轴方向的作用力有惯性离心力在横轴方向的分力 F_{Jx} 和重力在横轴方向上的分力 G_{Jx}，这两个分力的方向是相反的，如图 9－20 所示。因此，只要这两个分力大小相等，其合力基本上便等于零（忽略方向舵偏转后产生的空气动力、螺旋桨扭转气流作用力等），飞机不会侧滑；反之，若这两个分力大小不等，其横向合力便不等于零，飞机就会发生侧滑。因此，测量飞机转弯时的横向合力，便可测得飞机的侧滑情况。

直接测量飞机飞行时的受力状况是比较困难的。如果在飞机上悬挂一个单摆，在飞行时，摆锤可以模拟飞机的受力状况，摆锤的位移就反映了飞机的侧滑。侧滑仪就是利用单摆模拟飞机承受的横向合力，根据摆锤在横向合力作用下的运动状态指示飞机的侧滑。下面具体分析飞机飞行时侧滑仪的工作情况。

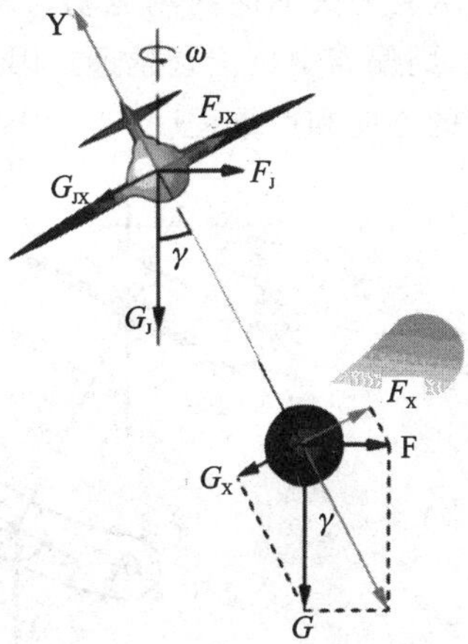

图 9－20　测量飞机侧滑的原理

1. 直线飞行

飞机平直飞行时，侧滑仪的小球受重力 G 作用，停在玻璃管中央的两条标线中间。

飞机带坡度产生侧滑时，重力 G 使小球偏离中央。飞机左侧滑，小球偏向左边；飞机右侧滑，小球偏向右边。直线飞行时，侧滑仪指示如图 9－21 所示。

2. 转弯飞行

当飞机以角速度 ω 作无侧滑转弯时，飞机的立轴相对于地垂线倾斜了 γ 角。此时，作用在飞机上的横向合力为零，飞机没有侧滑。由于侧滑仪的玻璃管也跟着飞机倾斜了 γ 角，作用在小球上的横向合力（沿玻璃管的切线方向）也等于零，即 $F_x = G_x$，故小球处在玻璃管中央，如图 9－21 所示，表示飞机没有侧滑。

若飞机转弯时的倾斜角过小或转弯角速度过大，则在横向合力作用下，飞机要发生外侧滑。此时，作用在小球上的横向合力大于零，即 $F_x > G_x$，小球在横向合力作用下偏离玻璃管中央向右（外）侧运动。由于玻璃管是弯曲的，所以随着小球向右（外）运动，作用在小球上的力 F_x 和 G_x 都要改变。F_x 不断减小，G_x 不断增大。当这两个分力相等时，小球停止运动，如图 9－22 示。

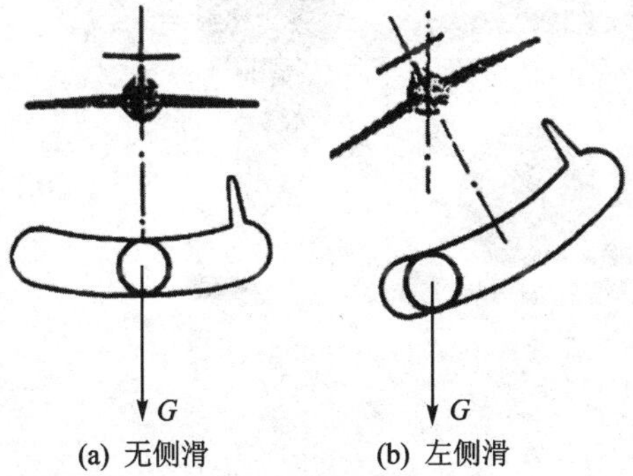

图 9－21　直线飞行指示

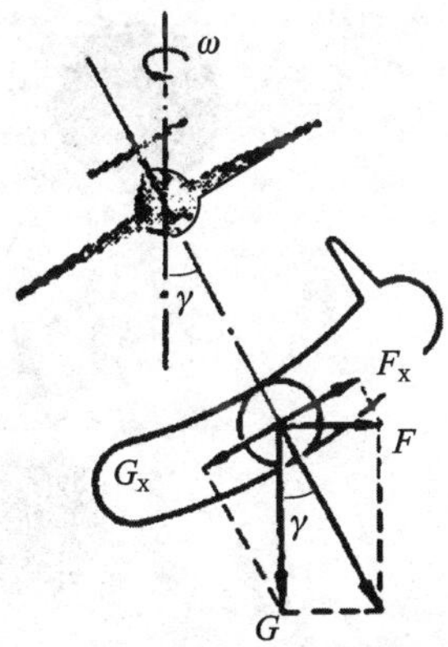

图 9－22　无侧滑转弯

反之，若飞机发生内侧滑，作用在小球上的横向合力小于零，即 $F_x < G_x$，使小球偏离玻璃管中央而向内侧运动。若飞机横向合力越大，则侧滑越严重；小球横向合力越大，则偏离中央位置越远。因此，小球偏离中央位置的方向和距离，可以表示飞机侧滑的方向和严重程度。

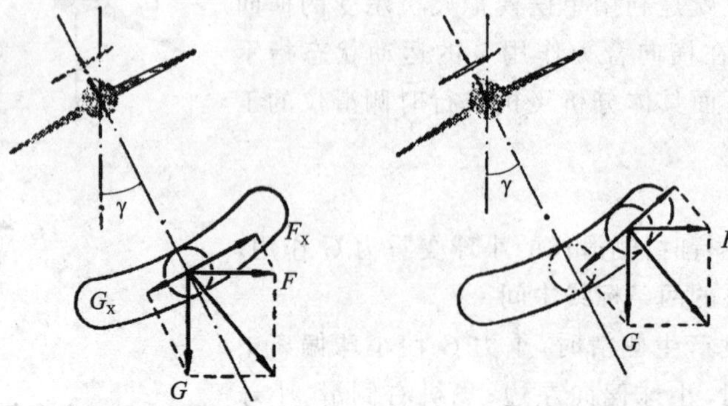

(a) $F_X > G_X$，小球向右(外)运动　　(b) 小球停在右(外)侧

图 9-23　飞机外侧滑指示

综上所述，如果飞机转弯时，横向合力等于零，小球便停在玻璃管中央，表示无侧滑；横向合力大于零，小球便偏向玻璃管外侧，表示外侧滑；横向合力小于零，小球便偏向玻璃管内侧，表示内侧滑。横向合力越大，小球偏离中央位置越远，表示侧滑越严重。

9.2.1.3　转弯侧滑仪使用

转弯侧滑仪启动很简单，转弯仪接通电源，等待陀螺转速正常(按规定时间或警告旗收起)以后即可正常工作。

图 9-24 表示飞机在空中左盘旋一周，转弯侧滑仪的指示情况。平飞时，转弯侧滑仪的指针和小球都停在中央位置，如图中 1 所示。在盘旋过程中，若飞机的倾斜角

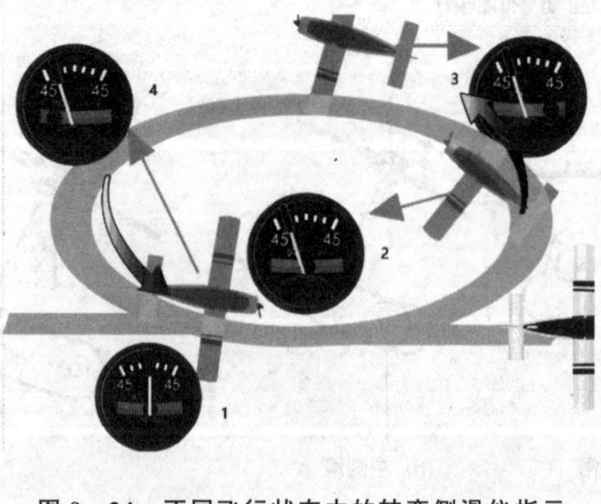

图 9-24　不同飞行状态中的转弯侧滑仪指示

适当，指针便指在刻度盘的左边，小球处在玻璃管中央，表示飞机左盘旋无侧滑，如图中 2 所示。若倾斜角偏小，飞机就会沿着箭头所指的方向进入外侧滑。此时，指针指在左边，小球偏在玻璃管的右侧；如图中 3 所示。相反，若倾斜角偏大，飞机就会沿着箭头所指的方向进入内侧滑。此时，指针指在左边，小球偏在玻璃管的左侧，如图中 4 所示。

在飞行员操纵飞机欲保持预定航向飞行时，由于角速度总是超前角度，因而飞机出现偏转角速度时，转弯仪指针立刻会偏离零位，经一定时间后，航向指示才会出现较明显的偏航角度。为了及时制止飞机的偏航，飞行员应注意综合使用转弯仪和罗盘。

9.2.2　航空地平仪

飞机的俯仰角和倾斜角表示飞机的飞行姿态。精确地测量出飞机的俯仰角和倾斜角，无论是对于飞机驾驶，还是对于飞机自动控制系统，都是极为重要的。

航空地平仪就是用来测量飞机俯仰角和倾斜角的仪表，也称陀螺地平仪（gyro horizon）。由于地平仪对于完成飞行任务，保证飞行安全具有十分重大的作用，所以飞机装有两只地平仪（正、副驾驶各一只），而航线运输机还要加装一只备用地平仪，以备主地平仪出现故障时使用。

9.2.2.1　测量原理

1. 地平仪的基本原理

如图 9－25 所示，飞机的俯仰角是飞机纵轴与地平面的夹角，即飞机绕横向水平轴转动的角度。俯仰角上仰为正。如图 9－26 所示，飞机的倾斜角是飞机对称面与通过飞机纵轴所作的铅垂面之间的夹角，即飞机绕纵轴转动的角度。在飞机无俯仰时，也等于飞机横轴与地平面的夹角。倾斜角右倾斜为正。由此可知，测量飞机的俯仰角和倾斜角的关键，是要在飞机上建立水平面或地垂线基准，并且还要使这个基准在飞机机动飞行时保持稳定。

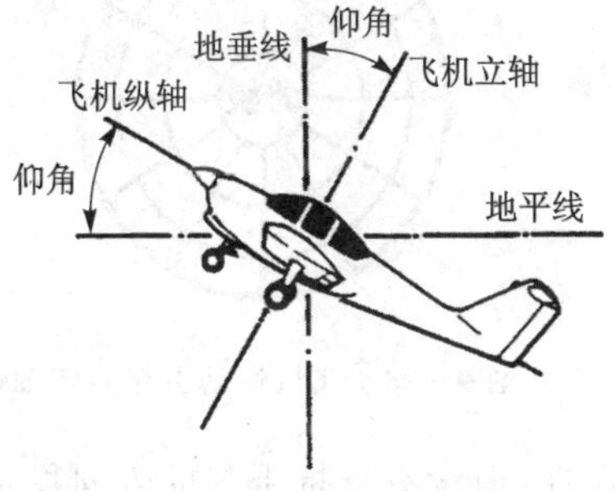

图 9－25　飞机的俯仰

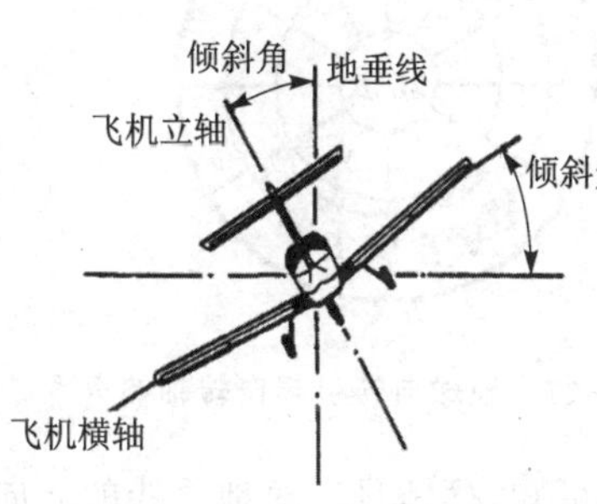

图 9－26　飞机的倾斜

悬挂的摆锤(即单摆)对重力的方向很敏感,其摆线所指示的就是地垂线方向,也就是说单摆具有地垂性。由于地垂线和水平面是相互垂直的,所以找到地垂线也就相当于找到了水平面。生活中有很多利用单摆地垂线的例子,比如,建筑工人利用重锤检查墙壁是否垂直,利用气泡水准仪(相当于液体摆)检查地基是否水平等。

然而,建筑物是静止的,飞机是运动的。当飞机加速、减速或转弯飞行时,由于摆锤除了受到重力作用外,还受到惯性力作用,这将使摆线偏离地垂线。所以,摆不具有抵抗干扰的方向稳定性,因此,不能独自用于测量飞机的姿态角。

陀螺中两自由度陀螺的自转轴具有很高的方向稳定性。如果在飞机上安装一个两自由度陀螺,并将其自转轴调整到地垂线方向,那么当飞机机动飞行时,自转轴不会像摆锤那样受干扰,仍然能相当精确地指示出地垂线。

另一方面,两自由度陀螺的自转轴是相对惯性空间保持方向稳定。如图 9-27 所示,由于地球自转,地垂线相对惯性空间的方向不断改变,而陀螺自转轴相对惯性空间的方向却仍然不变,这就使原来与地垂线相重合的自转轴逐渐偏离地垂线。并且,如图 9-28 所示,飞机总是相对地球运动,从一个地点飞到另一个地点,地球上不同地点的地垂线相对惯性空间的方向是不同的,而陀螺自转轴相对惯性空间的方向却仍然保持与原来的相同,这也会引起自转轴逐渐偏离地垂线。此外,实际的陀螺仪总是不可避免地存在着干扰力矩引起的漂移,也会使自转轴偏离地垂线。上述原因使陀螺没有对地垂性的方向选择性。因此,如果单独使用陀螺仪来测量飞机的姿态角,也将产生很大的误差。

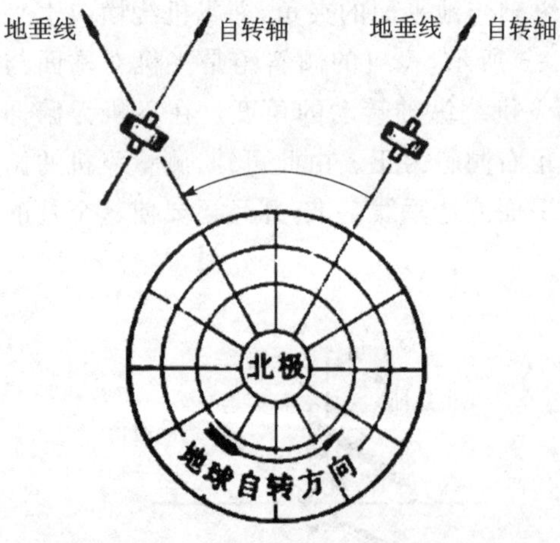

图 9-27　地球自转引起自转轴偏离

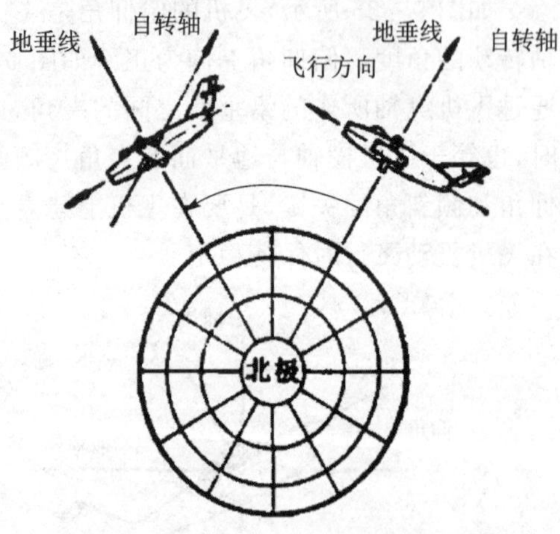

图 9-28　飞机运动引起自转轴偏离

综上可知,摆锤具有对地垂线的方向选择性,但没有抵抗干扰的方向稳定性;陀螺具有抵抗干扰的方向稳定性,却没有对地垂线的方向选择性。它们均不能单独作为飞机的姿态测量基准。因此,人们把两者有机地结合起来,从而建立稳定的地垂线测量基准。

地平仪的基本原理就是利用摆锤的地垂性修正陀螺，利用陀螺的稳定性建立稳定的人工地垂线，从而根据飞机和陀螺的关系测量飞机的俯仰角和倾斜角。

2. 地平仪的安装及测量方法

由于两自由度陀螺内外框轴与飞机纵横轴关系不同，地平仪在飞机上有两种安装方法：一种为纵向安装，即外框轴平行于飞机纵轴；另一种为横向安装，即外框轴平行于飞机横轴安装。两种安装方法如图 9-29 所示。

(a) 横向安装　　(b) 纵向安装

图 9-29　地平仪的安装方式

纵向安装地平仪的测量原理如图 9-30 所示。当飞机俯仰时，表壳和外框跟随机体一起转动，而内框绕内框轴保持稳定，外框绕内框轴转过的角度就等于飞机绕横向水平轴转动的角度，即飞机的俯仰角，因而内框轴成为仪表俯仰角的测量轴。当飞机倾斜时，表壳跟随机体一起转动，而外框绕外框轴保持稳定，表壳绕外框轴转过的角度就等于飞机绕纵轴转动的角度，即飞机的倾斜角，因而外框轴成为仪表倾斜角的测量轴。

横向安装地平仪的测量原理，则是当飞机俯仰时，表壳绕外框轴转过的角度就等于飞机绕横向水平转动的角度，即飞机的俯仰角，因而，外框轴成为仪表俯仰角的测量轴。当飞机倾斜时，表壳和外框轴跟随机体一起转动，而内框绕内框轴保持稳定，外框绕内框轴转过的角度就等于飞机绕纵轴转动的角度，即飞机的倾斜角，因而内框轴成为仪表倾斜角的测量轴。

比较两种安装方式，对于纵向安装的地平仪，无论在飞机俯仰的情况下测量倾斜，或是在飞机倾斜的情况下测量俯仰，仪表姿态角的测量轴均始终与飞机姿态角的定义轴重合，这样仪表所测量到的姿态角是准确的。对于横向安装的地平仪，当飞机俯仰时测量倾斜，由于陀螺内框轴保持水平而不和飞机纵轴重合；当飞机倾斜时测量俯仰，由于陀螺外框轴随飞机倾斜而不能保持水平。因此，仪表姿态角的测量轴均与飞机姿态角的定义轴不重合，仪表出现了测量误差。

从两种安装方式陀螺的稳定性来看，当飞机有较大的俯仰角度时，纵向安装地平仪陀螺的外框轴与自转轴接近重合，将严重影响陀螺的稳定性；当飞机有较大的倾斜角时，横向安装地平仪陀螺的外框轴与自转抽接近重合，也将严重影响陀螺的稳定

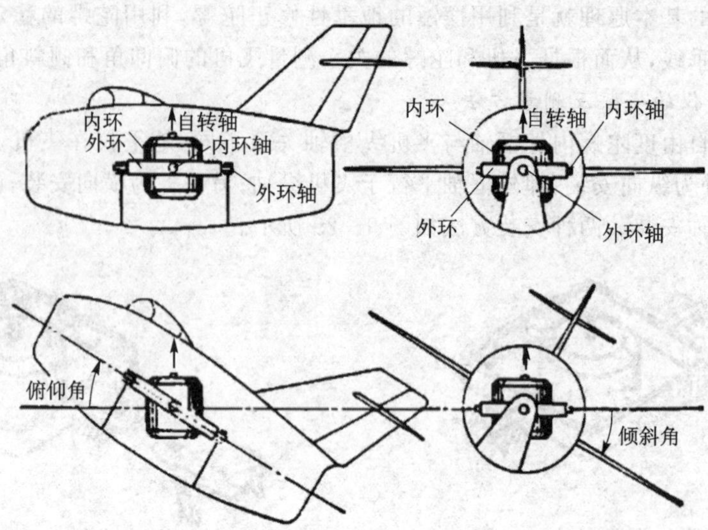

(a) 指示飞机俯仰　　(b) 指示飞机倾斜

图 9-30　纵向安装方式的地平仪测量飞机俯仰倾斜

性。对于运输机来说，因为俯仰角和倾斜角都不大，所以对陀螺的稳定性不会造成太大影响。

目前飞机大多采用纵向安装方式。

9.2.2.2　组成结构

地平仪的种类很多，结构也各有不同。但是，它们的组成基本分为四个部分：两自由度陀螺、地垂修正器、指示机构和控制机构，如图 9-31 所示。

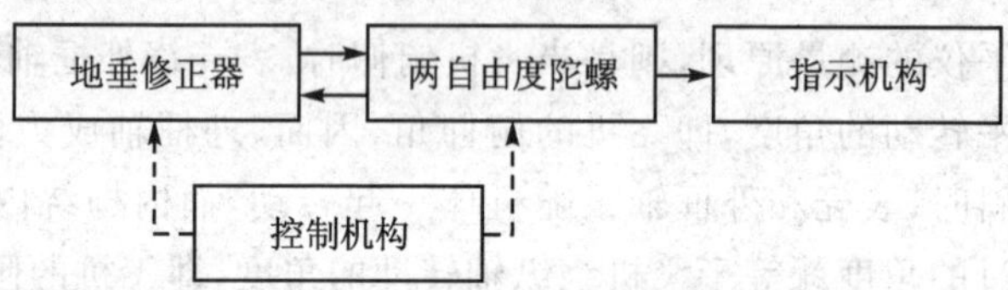

图 9-31　地平仪的基本组成

两自由度陀螺是地平仪的核心部分。仪表正常工作时，自转轴处于地垂线方向，框架轴则作为姿态角的测量轴。陀螺转子的转轴转速高达 22 000～23 000 r/min，稳定性好。常用的陀螺有电动和气动两种，大中型飞机普遍采用电动地平仪，小型飞机一般采用电动地平仪和气动地平仪相结合的方式。

地垂修正器是地平仪的修正部分，用来测量地垂线并对陀螺进行地垂修正。目前，电动地平仪采用的修正器主要有固体摆式修正器和液体摆式修正器两种。

指示机构用来向驾驶员提供飞机姿态角的目视信号。有的地平仪还安装了信号传感器，用于向姿态指示器、自动驾驶仪及其他飞机系统设备提供姿态角信号。

控制机构分为陀螺和摆锤的控制机构。陀螺控制机构可以在地平仪启动时或飞机机动飞行后使自转轴迅速恢复到地垂线方向，从而缩短启动时间或消除机动飞行过程中产生的指示误差，通常采用机械式锁定装置。摆锤的控制机构可以在飞机具有一定加速度或角速度时自动断开摆对陀螺的修正作用，避免地平仪产生误差，通常采用活动臂或加速度传感器、角速度传感器等。

在地平仪的四个组成部分中，陀螺和修正器是组成地平仪的核心。因为修正器的敏感元件实质上是一个摆锤，所以从原理上说，陀螺和摆锤是组成地平仪的核心。

航空地平仪中由摆锤和陀螺直接带动指示机构的地平仪，称为直读地平仪，其体积小，结构较简单，可靠性高，但精度较低，普遍用于小型飞机。由摆锤和陀螺通过远距传送装置间接带动指示器的地平仪，称为远读地平仪，其精度高，但结构较复杂，体积大，常用于大中型飞机上的备用地平仪。

9.2.2.3　修正原理

修正器的目的是实现摆对陀螺仪的修正作用而使转轴重现准确、稳定的地垂线。下面选择两种典型结构分析他们的修正原理。

1. 固体摆式地垂修正器

图 9 - 32 所示为一种典型的固体摆式地垂修正器，它广泛使用在 B737、B757、MD11、A340、Y7 - 100 等飞机的直读地平仪上。

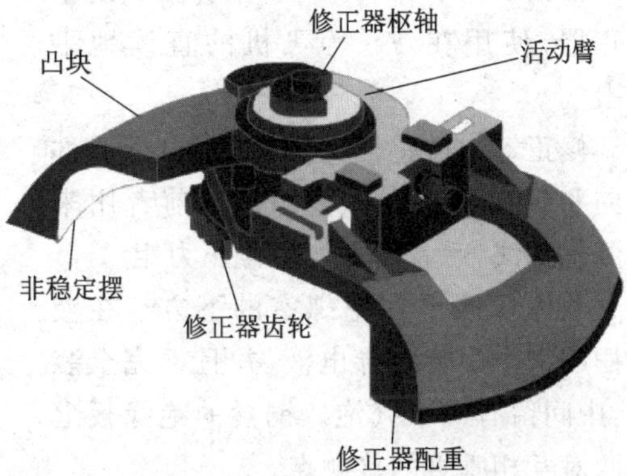

图 9 - 32　固体摆式修正器

在陀螺工作时，自转轴经减速齿轮、修正器齿轮，带动修正器配重绕修正器枢轴转动，配重又通过其上的凸块推动非稳定摆转动。

当陀螺自转到处于地垂线的方向时，非稳定摆保持与配重上凸块的接触，并以恒速转动，摆和配重的合重心通过旋转轴(即自转轴)不对陀螺施加力矩，陀螺自转轴稳定在地垂线方向，如图 9 - 33 所示。

当陀螺自转轴偏离地垂线方向时(例如下端偏向 Y 轴正方向)，非稳定摆和配重组件的旋转平面也偏离水平面，如图 9 - 34 所示。由于配重上的凸块卡在非稳定摆一段小槽内运动，因此非稳定摆可以相对配重转动，转速将发生变化，非稳定摆和配重的合重心不再通过旋转轴，从而产生修正力矩，使陀螺向地垂线进动。

修正器上的活动臂是一种摆的控制机构。当飞机水平加速度分量增大到一定值时，活动臂工作，使非稳定摆不能相对配重自由转动，从而消除其修正作用，减小了摆受加速度影响产生的误差。

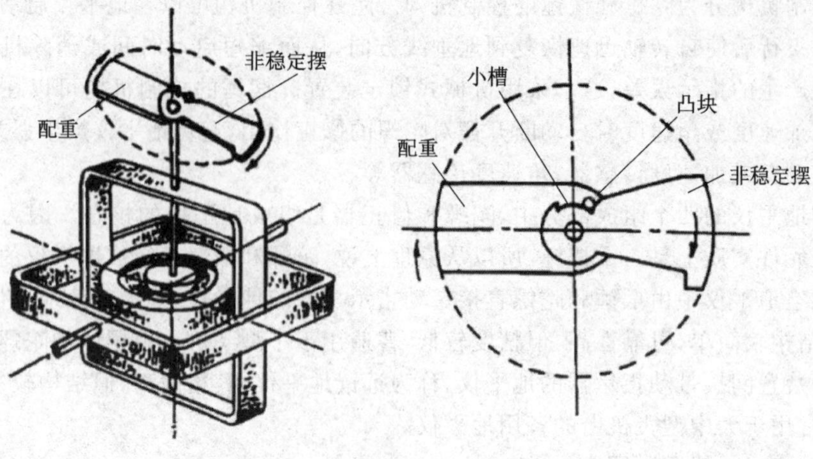

图 9-33　自转轴垂直，没有修正力矩

2. 液体摆式地垂修正器

如图 9-35 所示为一种液体摆式地垂修正器，使用在 YS 等飞机的直读地平仪上。

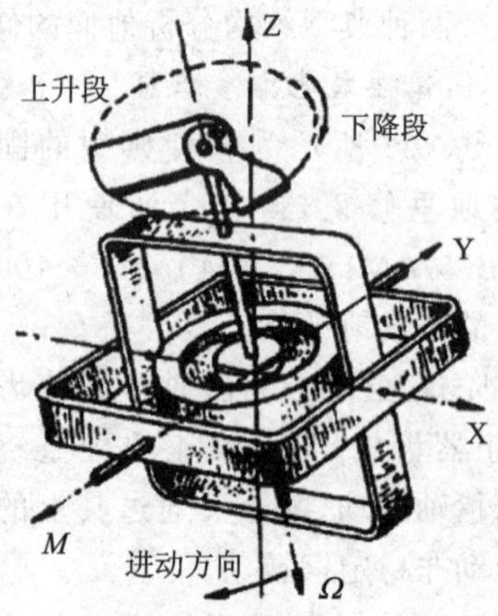

图 9-34　自转轴倾斜，产生修正力矩

修正器由敏感元件液体摆、执行元件横向和纵向修正线圈筒组成。前者用来感测地垂线，后者用来产生修正力矩。

液体摆固定在陀螺室的下方。在液体摆的铜盒中装有导电液，并且不完全装满，中间留有一个气泡。铜盒的绝缘板上有两对互相垂直的接触点。

纵、横向修正线圈筒安装在陀螺室的顶上。每个线圈筒都有一个圆柱形活动软铁心和两个结构相同的线圈。每个线圈的一端与电源连接，另一端与相应的一个接点连接。液体摆的铜盒则作为另一个电极与电源相接，如图 9-36 所示。

当陀螺自转轴处于地垂线方向时，四个接触点与导电液的接触面面积相等，四个线圈的电流相等。每个线圈筒的两个线圈产生相等的磁场强度，使铁心停在线圈筒的中央，对陀螺不产生修正力矩。

当陀螺自转轴绕内轴向左（飞机左侧）偏离地垂线时，气泡向右移动，使左接触点与导电液的接触面积增加，电阻减小；右接触点与导电液的接触面积减小，电阻增大。于是，被这一对接触点控制的横向修正线圈筒的两个线圈的电流大小不相等，铁心被磁场强的线圈吸向后边，沿外框轴方向产生修正力矩，方向向右，使自转轴（其角速度矢量向上）进动到地垂线方向。同理，当自转轴绕外框轴转动产生纵向偏离时，纵向

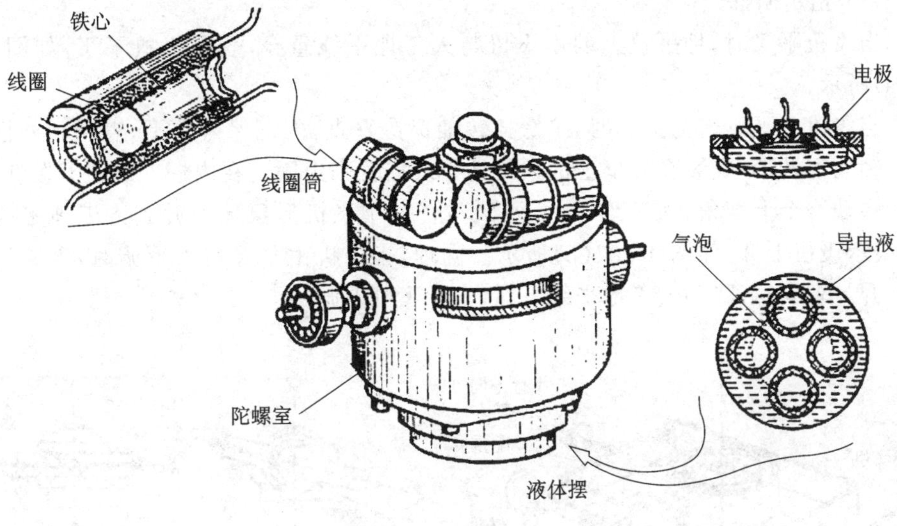

图 9－35　液体摆式修正器

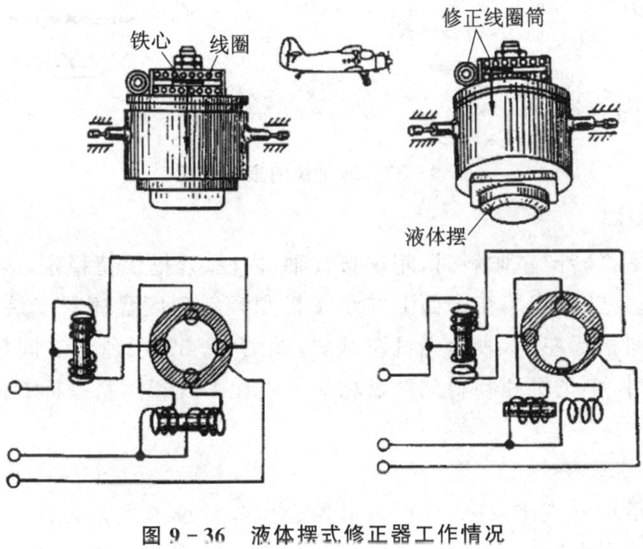

图 9－36　液体摆式修正器工作情况

修正线圈筒产生修正力矩的工作情形与上述相似。

除上述两种地垂修正器外，在气动地平仪和一些电动地平仪中还采用气动活门地垂修正装置。

9.2.2.4　地平仪指示

地平仪指示机构的结构形式多种多样，但它们的指示原理则大同小异。

1. 指示原理

图 9－37 所示为一种指示机构的原理示意图，由安装在陀螺上的人工地平线、倾斜指标和安装在表壳上的小飞机形指针、倾斜刻度盘等组成。

(1) 指示俯仰

当飞机平飞时，地平仪上的小飞机与人工地平线重合，表示飞机平飞，如图 9 - 37(a)所示。

当飞机由平飞转为上仰时，陀螺自转轴保持垂直，内框保持水平，表壳和外框绕内框轴向下转动；安装在外框上的人工地平线摇臂则由固定在内框上的销子拨动，再向下转动一个上仰角，人工地平线下降。这时，小飞机形象地上升到人工地平线上面，表示飞机上仰，如图 9 - 37(b)所示。同理，当飞机由平飞转为下俯时，人工地平线上升，小飞机下降到人工地平线下面，表示飞机下俯。

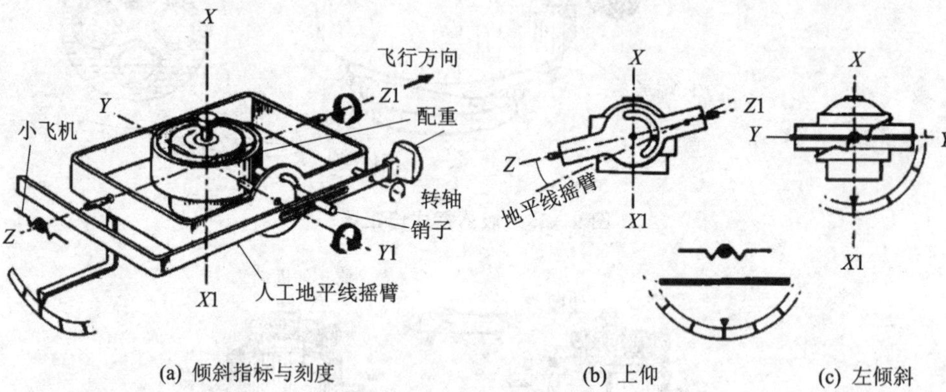

图 9 - 37　地平仪的指示原理

(2) 指示倾斜

当飞机由平飞转向左倾斜时，陀螺自转轴、内框、外框保持稳定，表壳绕外框轴左转一个倾斜角。这时，安装在表面上的小飞机和倾斜刻度盘相对安装在陀螺上的人工地平线和倾斜指标左转，表示飞机左倾斜，如图 9 - 37(c)所示。同理，当飞机由平飞转向右倾斜时，小飞机和倾斜刻度盘相对人工地平线和倾斜指标右倾斜，表示飞机右倾斜。

2. 指示认读及分类

地平仪的指示形式比较多，要求是形象、直观、认读方便。如图 9 - 38 所示为两种直读地平仪的表面图。

俯仰刻度盘安装在陀螺上，框的中线即是人工地平线，每 10°有一条刻线，每 20°刻有角度数。上部涂成天蓝色，下部涂成褐色，形象地代表天和地。倾斜刻度盘安装在表面上部，每小格代表 10°，每大格代表 30°。

飞机平飞时，小飞机和人工地平线重合。飞机上升(或下降)时，人工地平线下降(或上升)，小飞机在俯仰刻度盘上指示的度数代表飞机的俯仰角。飞机向左(或右)倾斜时，人工地平线向右(或左)倾斜，倾斜指标在倾斜刻度盘上的读数代表飞机的倾斜角。

表面右下方有一个调整旋钮，转动旋钮，可以使小飞机上下移动±5°。这个旋钮

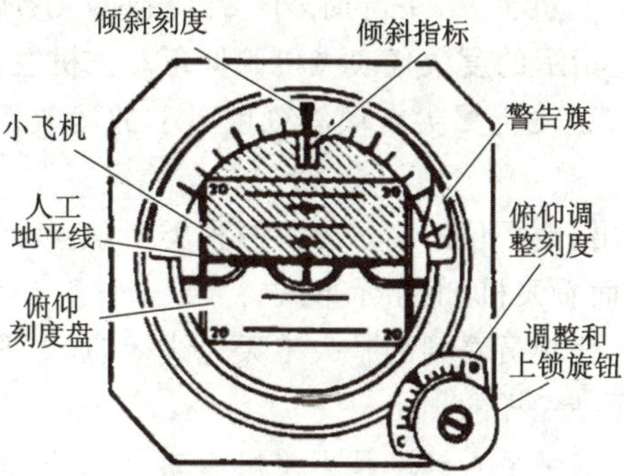

(a)　“从飞机看地面”式

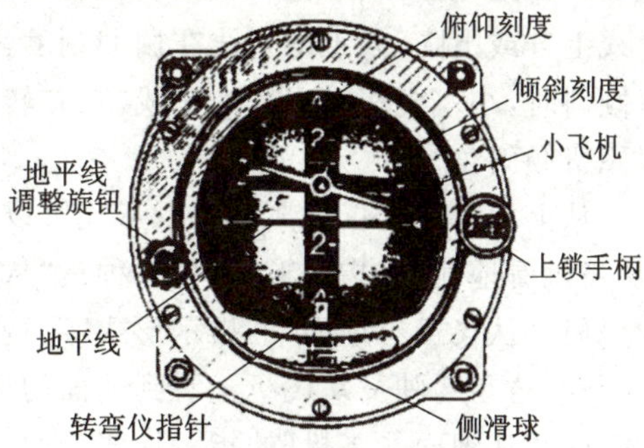

(b)　“从地面看飞机”式

图 9-38　地平仪表面

还具有上锁功能，拉出旋钮，陀螺三轴互相垂直并锁定；松开旋钮，陀螺开锁。

如图 9-39 所示为一种小型飞机地平仪的指示情况。它的特点是小飞机和刻度

图 9-39　一种地平仪的指示

盘安装在陀螺上，人工地平线安装在表壳上。飞机上升、下降时，小飞机相对人工地平线上升或下降，人工地平线在俯仰刻度盘上指示的度数代表飞机俯仰角。飞机左、右倾斜时，小飞机相对人工地平线左、右转动，小飞机翼尖在倾斜刻度盘上的读数代表飞机倾斜角。

从上面讲述的仪表典型指示形式可以看出，地平仪的指示分为两种类型：一种是“从飞机看地面”的指示形式，另一种是“从地面看飞机”的指示形式。

(1)“从飞机看地面”的指示形式：飞行中，驾驶员看到的是人工天地线运动，小飞机不动，这与驾驶员从飞机上看到地面的情况是一样的。

(2)“从地面看飞机”的指示形式：飞行中，驾驶员看到的是小飞机运动，人工天地线不动，这与站在地面看飞机的情况是一样的。

上述两种指示形式，前者真实性较好，应用广泛。

9.2.2.5 使用特点

1. 地面启动

地平仪地面启动，就是要使地平仪通电后陀螺自转轴处于地垂线方向，并使转子转速达到额定转速。按照飞机手册的要求操作和判断地平仪是否已经完成正确启动。

陀螺电机达到额定转速的时间是一定的，因此，为了加快启动速度，缩短启动时间，应该设法使自转轴尽快转到地垂线方向，使地平仪指示停机角。

地平仪通电以前，陀螺处于自由状态，自转轴一般不在地垂线方向。通电以后，由于修正速度较低，启动的时间可能比较长。例如，通电前若自转轴偏离地垂线60°，则通电后的修正时间就需要 20 min 左右。因此，启动地平仪时，都要利用陀螺控制机构或上锁装置使陀螺快速直立，陀螺三轴互相垂直(自转轴接近地垂线方向)，加快启动速度。

2. 空中使用

不同的飞行状态，使用地平仪的要求是不同的。下面根据地平仪的结构特点、各种飞行状态下的误差规律，来说明正确使用地平仪的基本方法和注意事项。

(1) 平飞

飞机保持一定的迎角平飞，地平仪的小飞机将与人工地平线不重合。这时应根据升降速度表的指示，判定飞机确实是平飞后，再用调整旋钮把小飞机和地平线调整重合，以便保持平飞。但在作倾斜和俯仰之前，应将小飞机(或地平线)调回原位，否则会出现指示误差。

(2)加速飞行

飞机加速或减速时，由于惯性力的作用，摆锤将偏离地垂线，并对陀螺施加修正力矩，使自转轴偏离地垂线。因此，地平仪会产生误差，称为纵向加速度误差。加速飞行时，陀螺自转轴上端向前移动，地平仪产生上仰误差；减速飞行时，陀螺自转轴上端向后移动，地平仪产生下俯误差。

为了减小纵向加速度误差，有的地平仪安装了误差控制装置，可将误差减小到一定值，但仍然存在误差。因此飞机加速飞行，应该及时利用升降速度表和转弯侧滑仪来检查地平仪的指示。

(3) 盘旋和转弯

飞机盘旋或转弯时，由于惯性离心力的作用，摆锤将偏离地垂线，并对陀螺施加修正力矩，使自转轴偏离地垂线方向。因此，地平仪会产生误差，称为盘旋误差或向心加速度误差。这时，俯仰和倾斜指示都有误差。

对于装有误差控制装置的地平仪，可以减小误差，但不能完全消除。因此，在飞机改平后，应该利用升降速度表和转弯侧滑仪检查地平仪的指示。

(4) 出现误差后的修正方法

地平仪出现的误差待飞机匀速平飞后可以自行消除，但需要的时间较长。为了加速消除误差，飞行员应利用陀螺上锁机构，在飞机改平、匀速飞行时上锁，然后开锁，误差就会消除。

(5) 使用后的处置

使用完毕，断开电门。有上锁机构的，应立即上锁。

(6) 特殊情况下的处置

飞行中，升降速度表、空速表和高度表的指示，可以间接反映出飞机的俯仰角及其变化；转弯侧滑仪和陀螺磁罗盘的指示，可以间接反映出飞机的坡度及其变化。因此，应综合分析地平仪和这些仪表的指示，判断飞机的状态。

9.2.3　姿态基准系统

姿态基准系统(attitude reference system)又称姿态系统(attitude system)，是飞机上的主要姿态信号源之一。它提供飞机的俯仰角和倾斜角信号，一方面输送到姿态指引指示器(ADI)供飞行员判读飞机的姿态；另一方面还向飞机上其他需要飞机姿态信息的系统(如飞行指引系统、自动驾驶仪系统、气象雷达天线稳定系统等)输送飞机的姿态信息。

姿态系统与普通地平仪相比具有以下优点和特点：一是其传感器垂直陀螺的动量矩很大，稳定性好，而且采用了误差修正机构，使系统的精度提高；二是系统的自动化程度高，自动控制系统工作，使用方便；三是系统采用监控电路，自动监测，便于监测故障；四是飞机的姿态信号不但可以输送给指示器，还可向飞机的其他设备输出飞机的姿态信号，起到了飞机姿态信号源的作用。尤其是姿态系统与飞机姿态指引系统的指示综合显示，使驾驶员能更直观了解飞机的姿态和怎样操纵飞机，以便保持飞机姿态。所以，姿态系统在目前的中、小型飞机中被广泛采用。随着航空工业的发展，目前大型飞机上的姿态基准系统已被惯性基准系统(IRS)所代替。不管怎样，飞机姿态基准系统仍是一种测量飞机姿态的好系统。它是不会被淘汰的，正如直读式地平仪不会被淘汰一样。

9.2.3.1 组成结构

现代飞机上一般都安装有两套姿态基准系统。图 9-40 所示为飞机姿态基准系统的组成结构图。系统主要由垂直陀螺 VG(又称地平仪传感器)和姿态指引指示器组成。因为是两套系统,所以图中有转换电门、转换继电器等部件。

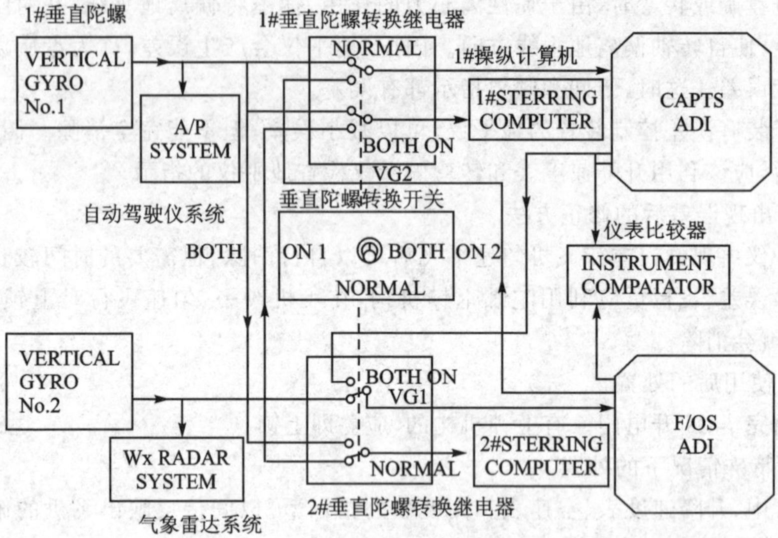

图 9-40 姿态基准系统组成结构图

9.2.3.2 主要功能

垂直陀螺仪主要由垂直陀螺仪组件和电子监控组件两部分组成。

1. 垂直陀螺仪组件

垂直陀螺仪组件的结构原理如图 9-41 所示。它主要由一个两自由度的电动陀

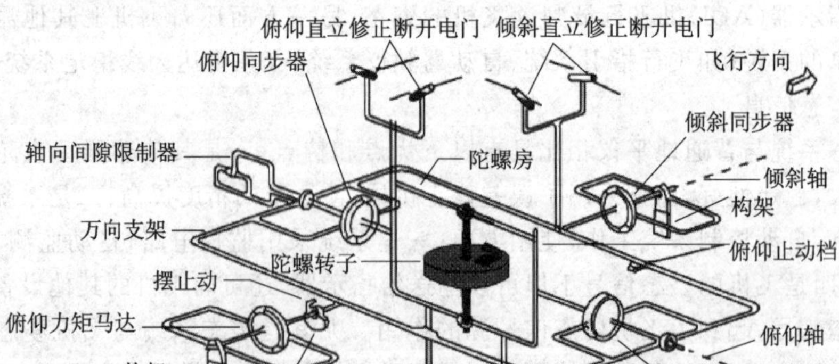

图 9-41 垂直陀螺仪组件组成示意图

螺，以及纵、横向修正力矩马达，纵、横向修正液体电门，纵、横向修正断开电门（液体电门），俯仰、倾斜同步发送器，轴端间隙限制器和摆锤以及电子监控组件（图中未画出）等组成。其中两自由度陀螺是电动陀螺，由 115 V/400 Hz 交流电或 36 V/400 Hz交流电供电。

（1）地垂修正

地垂修正由纵、横向修正液体电门与纵、横向修正力矩马达组成，它的作用是使陀螺的自转轴始终保持在飞机所在位置的地垂线方向上，其修正原理如图 9－42 所示。

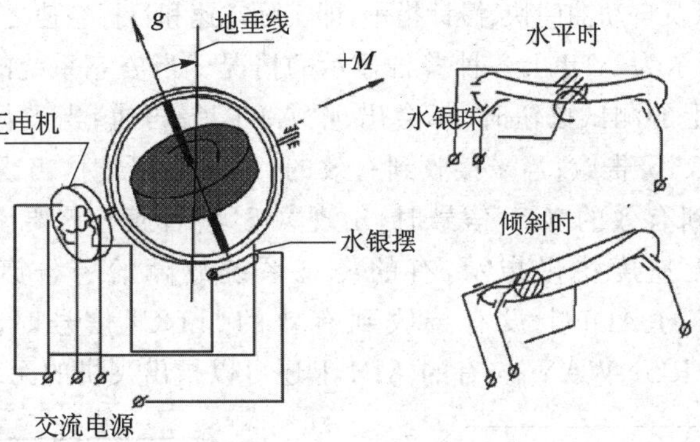

图 9－42　地垂修正原理图

（2）纵、横向修正断开液体电门

为了保证飞机以一定的角速度转弯、盘旋和直线加速度飞行时不至于因飞机的机动飞行使液体修正电门偏离地垂方向，产生错误的修正，导致仪表测量的飞机姿态出现错误，系统使用了俯仰直立修正断开电门和倾斜直立修正断开电门。

当飞机转弯角速度大于 15°/min 或液体开关液面倾斜角大于 6°时，垂直陀螺上的两个倾斜直立修正断开电门中的一个作用，切断倾斜力矩马达控制绕组电路，使倾斜修正力矩为零。倾斜直立修正断开电门有两个：一个控制左转弯，另一个控制右转弯。

当飞机有直线加速度时，俯仰直立修正断开电门起作用，即当飞机加速度达到±0.04 g 或俯仰直立修正断开电门的液面倾斜大于±2.5°时，切断俯仰力矩马达的控制绕组电路，如图 9－43 所示。俯仰修正断开电门有两个，一个感受正向加速度信号，另一个感受负加速度信号。

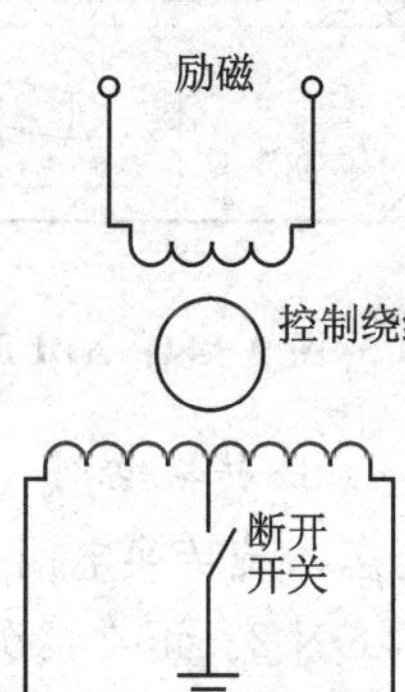

图 9－43　修正断开电门示意图

（3）俯仰、倾斜同步发送器

是用于测量和输出飞机俯仰和倾斜的信号。

（4）重锤与间隙限制器

为了防止陀螺未通电时陀螺组件翻滚。

2. 电子监控组件

电子监控组件电路的主要作用是监控供电电源的线电压、陀螺转子的转速、力矩马达的激磁和控制快、慢修正,以及修正断开电路和同步发送器的工作等。在这些电路出现故障时,发出警告信号。

3. 姿态指引指示器(ADI)

姿态指引指示器是一个综合性指示器。它将飞机的姿态信号、姿态指引仪信号、仪表着陆系统的指示以及决断高度警告信号等综合在一个表内指示,其正常指示如图 9-44 所示。它可以显示的信息有:来自姿态基准系统的俯仰角和倾斜角、来自飞行指引系统的姿态指引信号、来自仪表着陆系统的航向道和下滑道偏离信号、来自无线电高度表的决断高度警告信号,以及自动油门快、慢针指示,即实际空速和目标空速之差。

图 9-45 所示为 ADI 上各种警告显示的情况。当姿态系统故障,或指示器未通电,或按下仪表上的测试按钮时,都会出现“ATT”警告旗;当飞行指引仪故障时,出现“COMPUTER”警告旗;当未接收到有效的“LOC”信号时,出现“RUNWAY”警告旗;当没有接收到有效的“GS”信号时,出现“GS”警告旗。需要说明的是,有的姿态指引指示器中无速度快慢指示,有的姿态系统故障的警告旗不是“ATT”而是“GYRO”。当有的 ADI 上没有接收到有效的“LOC”信号时,出现的警告旗是“LOC”,而不是“RUNWAY”。有的 ADI 上还可以指出飞机的无线电高度。

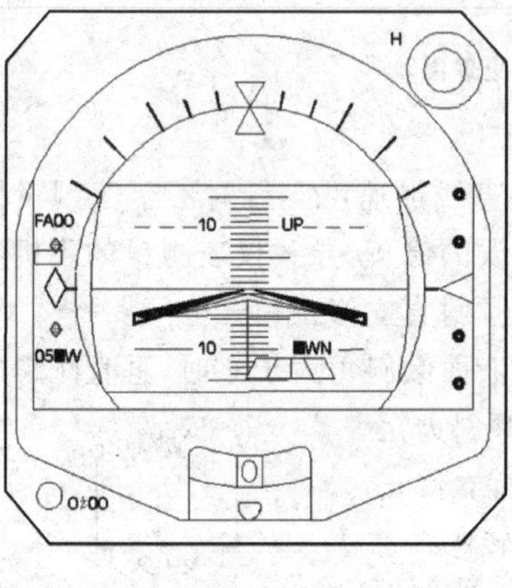

图 9-44 ADI 正常指示

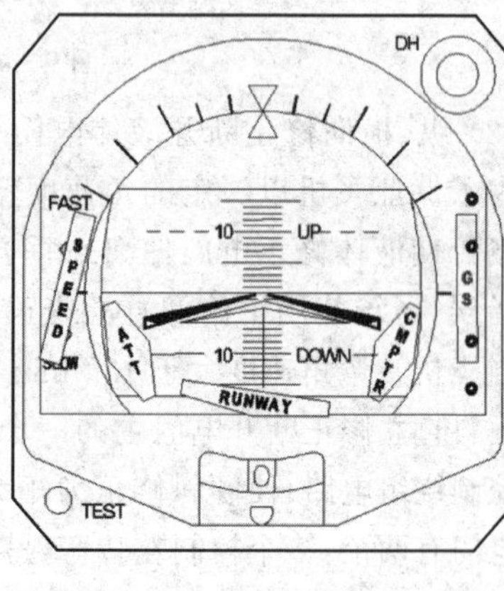

图 9-45 ADI 警告旗指示

4. 系统转换电门

姿态系统转换电门见图 9-40,它是一个三位电门:BOTH ON 1、NORMAL 和 BOTH ON 2。正常情况下,电门置于“NORMAL”位,1#垂直陀螺向机长的 ADI 输送信号,2#垂直陀螺向副驾驶的 ADI 输送信号。飞行中,当其中一套姿态系统出现故障时,譬如 1#垂直陀螺出现故障,应人工将姿态系统转换电门放在 BOTH ON 2 位,第 2 套垂直陀螺同时向机长位和副驾驶位的 ADI 输出信号,使仪表恢复正常指示,反之亦然。

9.2.3.3 使用特点

姿态基准系统是飞机在飞行中的姿态信号源,正确使用才能测得到正确的姿态信号。系统在接通电源之前，指示器上的故障旗“ATT”或“GYRO”应出现；接通电源，仪表工作后，故障旗收回，仪表指示飞机姿态。如指示器上有测试电门，应按照飞行手册的要求进行测试。飞行中，姿态基准系统转换电门应在正常位，如其中一套出现故障，应将转换电门转到恰当的位置，使仪表恢复正常显示。如飞行中两套均出现故障，则应通过备用地平仪判断飞机姿态。

9.3　航向仪表与航向系统

航向表示飞机的飞行方向，测量航向的仪表叫做航空罗盘(简称罗盘)。罗盘是飞机上重要的驾驶领航仪表之一。

随着航空技术的发展，罗盘的种类日益增多，测量原理日趋完善。有利用地磁来测量航向的磁罗盘，利用陀螺来测量航向的陀螺半罗盘，利用天体来测量航向的天文罗盘。此外，还有利用地磁和陀螺共同测量航向的陀螺磁罗盘，以及综合测量航向的罗盘系统等。

小型飞机常用磁罗盘、陀螺半罗盘和陀螺磁罗盘(或罗盘系统)，大中型飞机则采用磁罗盘和罗盘系统(或直接采用惯性基准系统测量航向)。

9.3.1　地磁与航向

9.3.1.1　地球磁场

地球具有磁场。地球磁场的北极靠近地理北极，叫做北磁极，位于北纬 74.9°、西经 101°；地磁场的南极靠近地理南极，叫做南磁极，位于南纬 67.1°、东经 142.7°。北磁极实际上具有磁南极(S 极)的磁性，南磁极实际具有磁北极(N 极)的磁性。地球磁场的强度在赤道附近最弱，在地磁极附近最强，如图 9－46 所示。

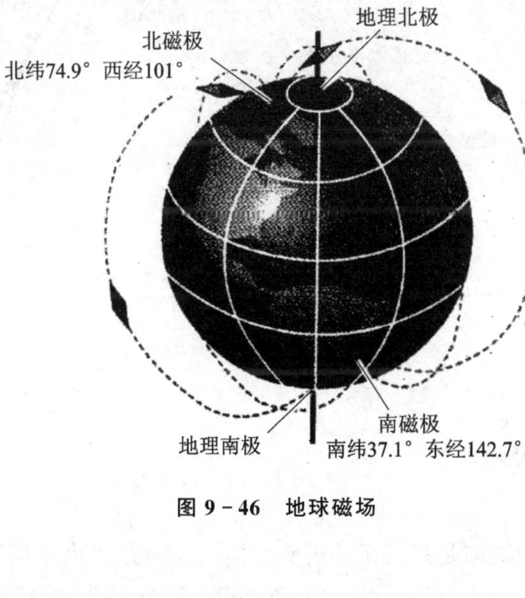

图 9－46　地球磁场

1. 磁　倾

地球磁场强度的方向与水平面不平行，地磁强度与水平面的夹角叫做磁倾角，简称磁倾。某地磁倾的大小也称为磁纬度。一般说来，越靠近地磁极，磁倾越大，即磁纬度越高。

地磁强度 r 可分为两个分量：平行于水平面的水平分量 H 和垂直于水平面的垂直分量 Z，如图 9－47 所示。地磁水平分量的方向线称为磁经线，又叫磁子午线。磁针在地磁水平分量作用下，指示出磁经线方向，地磁垂直分量使磁针倾斜。

2. 磁　差

由于地磁极与地理极不重合，磁经线与真经线也不重合，磁经线偏离真经线的角度叫做磁差，如图 9－48 所示。磁经线北端(简称磁北)偏在真经线北端(简称真北)以东，磁差为正；磁经线北端偏在真经线北端以西，磁差为负。各地磁差的大小和符号不同，飞行员可通过航图查出。

需要注意的是，磁性矿藏对磁差影响很大。在强磁区附近磁差很大，甚至能使磁针反指。飞机在强磁区上空飞行时，可以增加飞行高度，以减小对罗盘的影响。

此外，磁差还会随时间而变化。飞行时，应根据磁差年变率和航空地图上所标磁差的年份，修正地图上的磁差值。

地球磁场在全球范围内突然发生急剧而不规则的扰动，叫做磁暴。磁暴出现时，磁针摆动很厉害，磁差也较大。但每次磁暴时间不长，一般只有几小时。磁暴过去后，磁差又恢复到原来数值。

通常各地的磁差值在一年之内变化不超过 10°。由于所有导航设备和跑道方向以及航图上的信息都是以磁航向为基准的，所以，磁北基准必须每隔几年更新一次。

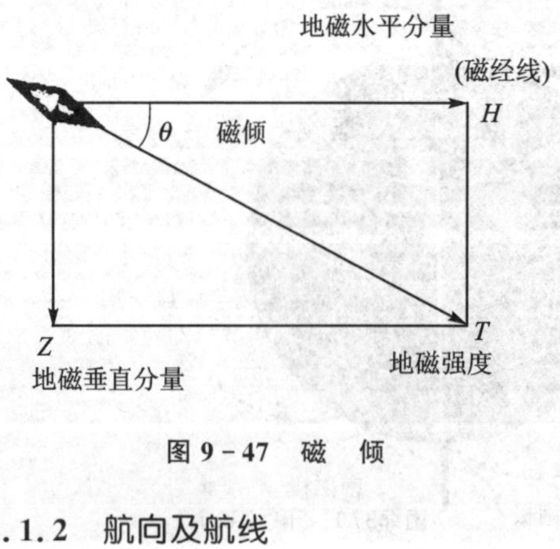

图 9－47　磁　倾

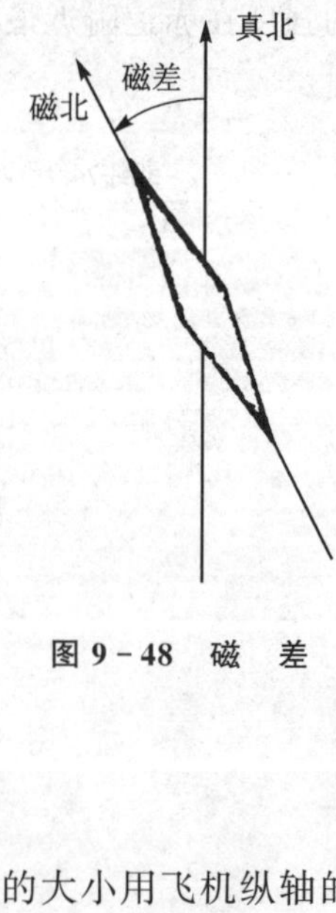

图 9－48　磁　差

9.3.1.2　航向及航线

1. 航向

简单地说，飞机的航向是指飞机的机头方向。航向角的大小用飞机纵轴的水平投影线(定位线)与地平面上某一基准线之间的夹角来度量,如图 9－49 所示。同时规定从基准线的正方向按顺时针至定位线的角度为正航向角。根据基准线的不同,航向分为磁航向、真航向、罗航向、大圆航向和陀螺航向。测量航向的仪表种类很多,如指南针、磁罗盘、陀螺罗盘等。

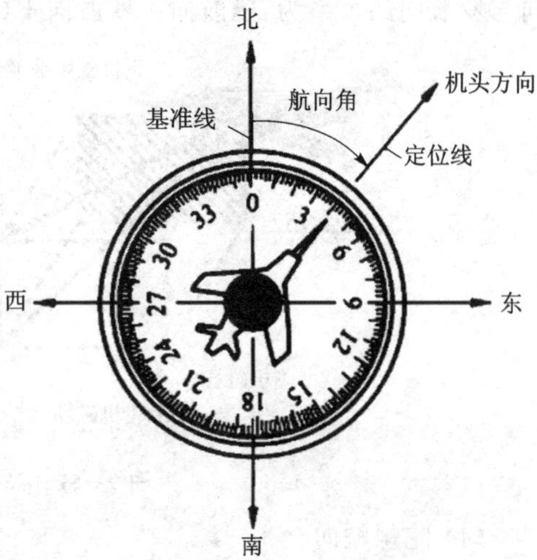

图 9－49　飞机航向表示法

(1) 真航向

真经线与飞机纵轴在水平面上的夹角,叫做真航向,如图 9－50(a)所示。真航向的 0°、90°、180°和 270°就是正北、正东、正南和正西方向,可分别用英文字母 N、E、S、W 表示。

(2) 磁航向

磁经线与飞机纵轴在水平面上的夹角,叫做磁航向,如图 9－50(b)所示。因为磁经线与真经线相差一个磁差,所以真航向与磁航向的关系为:真航向＝磁航向＋(±磁差)

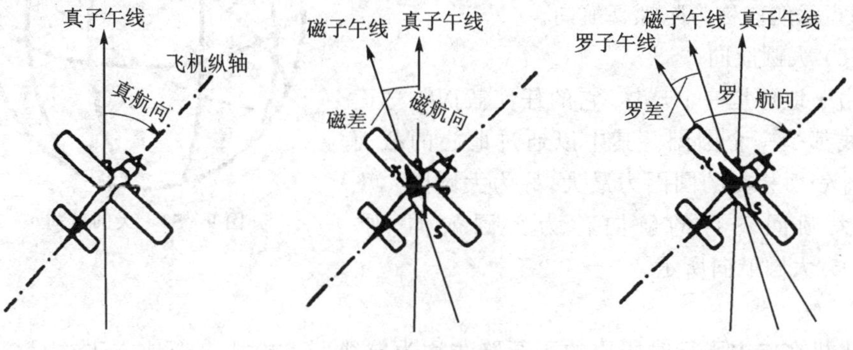

图 9－50　各种航向

(3) 罗航向

飞机上的钢铁物质和工作着的用电设备所形成的磁场叫做飞机磁场。每架飞机的磁场是不同的。如图 9－51(a)所示的飞机磁场方向指向飞机右前下方。飞机磁场水平分量与地磁水平分量的合成磁场方向线叫做罗经线,见图 9－51(b)。放在飞机上的磁针将指向罗经线方向。

罗经线与磁经线之间的夹角叫罗差。若罗经线北端偏向磁经线北端以东,则罗差为正;若偏在罗经线北端以西,则罗差为负。

罗经线与飞机纵轴在水平面上的夹角,叫做罗航向,如图 9－50(c)所示。磁航

向与罗航向的关系为:磁航向＝罗航向＋(±罗差)

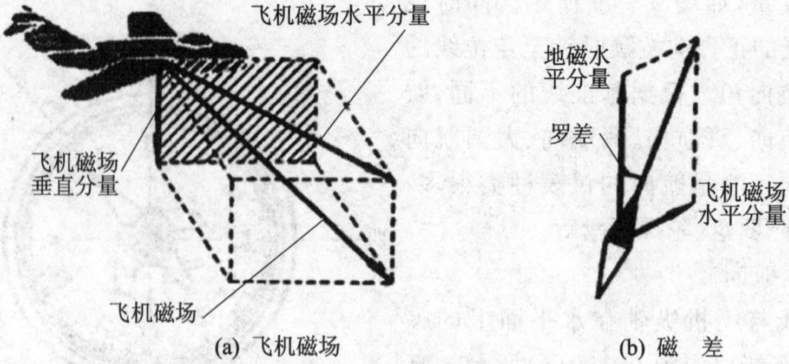

图 9－51　飞机磁场与磁差

(4) 陀螺航向

利用三自由度陀螺在惯性空间中的定轴性，可制成陀螺罗盘，将其陀螺自转轴置于水平位置，作为航向基准线。它所指示的航向称为陀螺航向。把它的刻度盘0°线置于磁子午线上，所指航向称为陀螺磁航向；若把0°线置于真子午线上，则指示航向称为陀螺真航向。

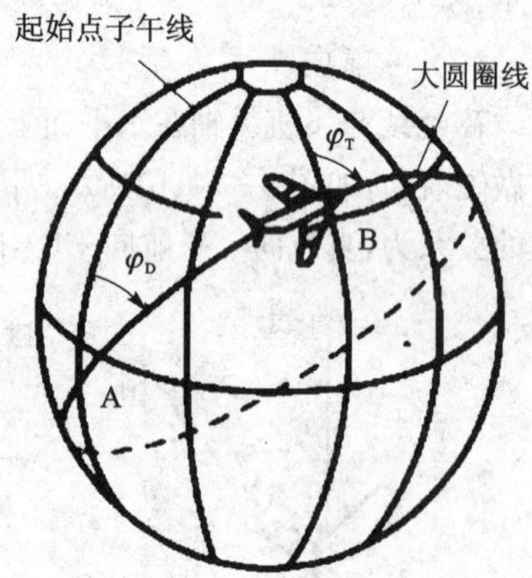

图 9－52　大圆航向

(5) 大圆航向

由于地球是一个球体，它的任何截面与球面的交线都是一个圆圈。其中以通过地心的截面与地球表面相交的圆圈为最大，称为大圆圈。飞机沿大圆圈飞行的航向称为大圆航向，如图9－52大圆航向所示。

2. 航　线

飞机在空中飞行时所用的飞行路线称为航线。飞机从一个地方飞往另一个地方，通常选择下列两种航线。

(1) 大圆航线

球体上的大圆圈与其他圆圈相比，大圆圈半径最大，而曲率最小，所以，地球表面上任意两点之间的距离，以大圆圈线为最短，即航程最近。飞机沿大圆圈线飞行的航线称为大圆航线。

(2) 等角航线

地球表面与各子午线相交的角度都相等的曲线称为等角航线。飞机在无风条件下飞行，如保持真航向始终不变，则该飞行路线就是一条等角航线。

9.3.2　磁罗盘

磁罗盘用来测量飞机的罗航向。由于经过罗差修正后，剩余罗差并不大，因此有的文献认为磁罗盘可以测量磁航向。

9.3.2.1　基本原理

磁罗盘的基本原理是利用自由旋转的磁条跟踪罗经线的方法来指示飞机的罗航向。

如图 9－53 所示，磁罗盘的敏感元件是在水平面内可以自由旋转的磁条。在磁条上固定着环形刻度盘，0°～180°刻度线与磁条方向一致。航向标线固定在表壳上，代表飞机纵轴。飞机航向改变后，磁条始终稳定在罗经线方向，表壳随飞机一起转动。因此，航向标线在刻度盘上所指的角度就是飞机纵轴与罗经线在水平面上的夹角，即罗航向。

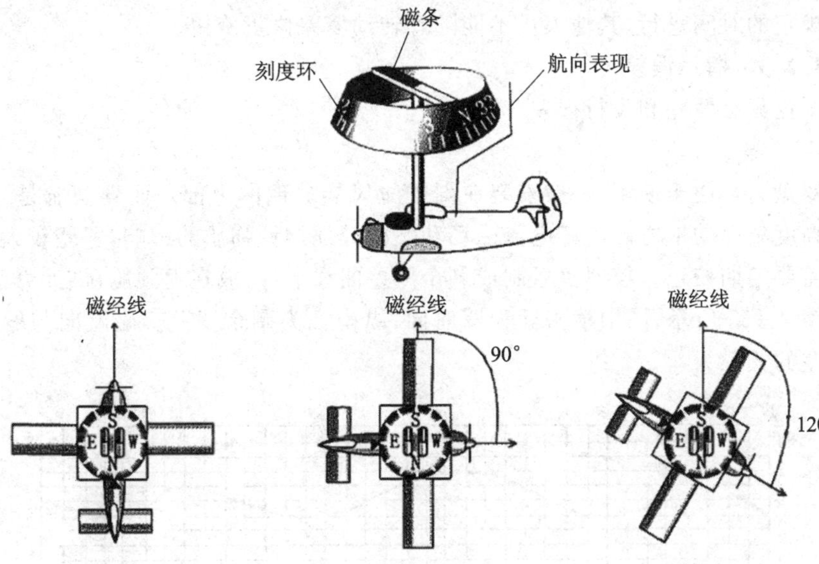

图 9－53　磁罗盘的基本原理

9.3.2.2　主要结构

磁罗盘主要由罗牌、罗盘油、外壳和航向标线、罗差修正器等组成，如图 9－54 所示。

罗牌是罗盘的敏感部分。它由磁条、轴尖、浮子、刻度环等组成。整个罗牌可在支撑的轴承上自由转动，保证 0°～180°刻度线始终与罗经线方向一致。为了减小磁倾的影响，使敏感部分保持水平，罗牌的重心通常偏在支点的南面(在北半球飞行时，可以抵消磁倾的作用)，并且还偏在支点的下面或上面。

罗盘油可以增加罗牌的运动阻尼和减小罗牌对轴承的压力，从而减小罗牌的摆动和摩擦。罗差修正器用来抵消飞机磁场的影响，从而减小罗差。罗差校正由机务

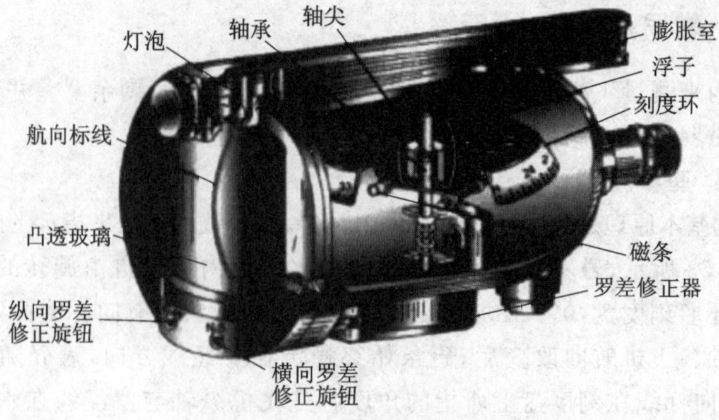

图 9-54　磁罗盘的结构

人员按规定的时间进行，其他人员不能随意转动罗差修正旋钮。

9.3.2.3　指示误差

磁罗盘具有罗差和飞行误差。

1. 罗　差

磁罗盘为了便于使用，一般安装在驾驶舱风挡玻璃的上部。而驾驶舱是飞机用电设备高度集中的地方。由于电流磁场和飞机其他钢铁物质的影响，罗差较大，所以磁罗盘需要定期校正。校罗盘后制成剩余罗差曲线卡片，放在驾驶舱，供计算磁航向用。如图 9-55 所示，图中横坐标为罗航向，纵坐标为剩余罗差。磁航向与罗航向、剩余罗差的关系为

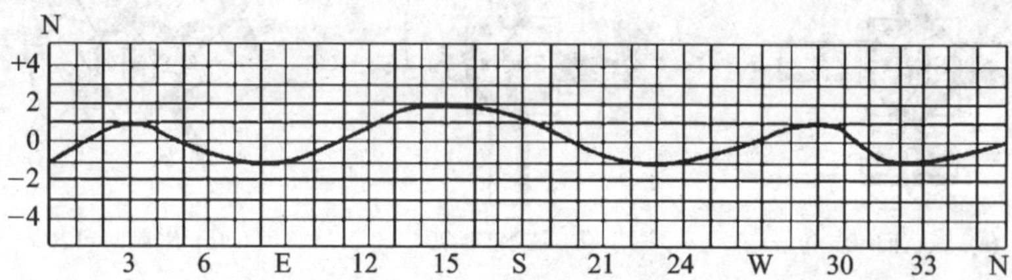

图 9-55　剩余罗差修正曲线图

$$磁航向 = 罗航向 + 剩余罗差$$

2. 飞行误差

飞机在俯仰、倾斜、盘旋、加速或减速时，飞机磁场和地球磁场的垂直分量将对磁罗盘产生影响，使指示出现误差，这些误差统称为飞行误差。在飞机平飞后，这些误差会自行消除。

(1) 俯仰、倾斜误差

俯仰、倾斜误差是飞机俯仰、倾斜时，飞机磁场垂直分量引起的误差。

飞机俯仰或倾斜时，磁罗盘敏感部分仍保持水平，而飞机硬铁磁场的垂直分量 R

则随飞机一起俯仰或倾斜，如图 9－56 所示。这时，R 在敏感部分的平面上产生一个分量 R_1，如果该分量的方向与地磁水平分量的方向不一致，二者的合成磁场将偏离磁经线，使罗盘产生误差，这就是俯仰、倾斜误差。当飞机改平后，误差自行消失。

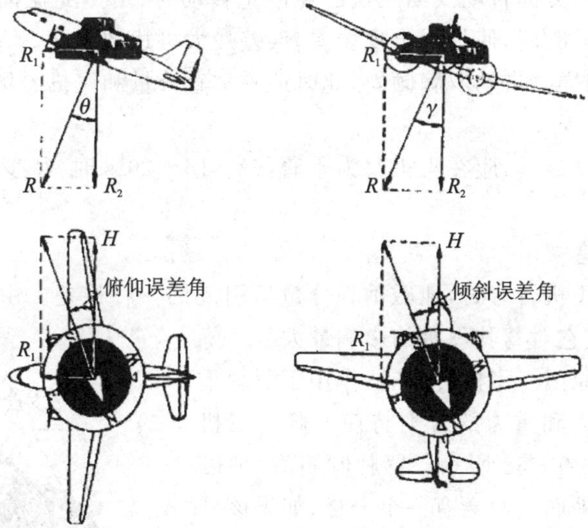

图 9－56　磁罗盘的俯仰倾斜误差

(2) 加速度误差

如图 9－57 所示，加速度误差是当飞机沿纵轴方向有加速度时，由惯性力、地磁垂直分量和飞机磁场垂直分量引起的误差。由于罗牌的重心通常偏在支点的南面和下面，因此飞机有纵向加速度时，就有惯性力作用于罗牌的重心，产生惯性力矩。它使罗牌在水平面内转动，同时偏离水平面。前者直接产生指示误差，后者由于地磁和飞机磁场垂直分量作用于罗牌平面而产生误差。

飞机在东西磁航向上加速度误差最大，在南北磁航向上加速度误差最小。为了避免加速度误差，应在飞机匀速飞行时判读航向。

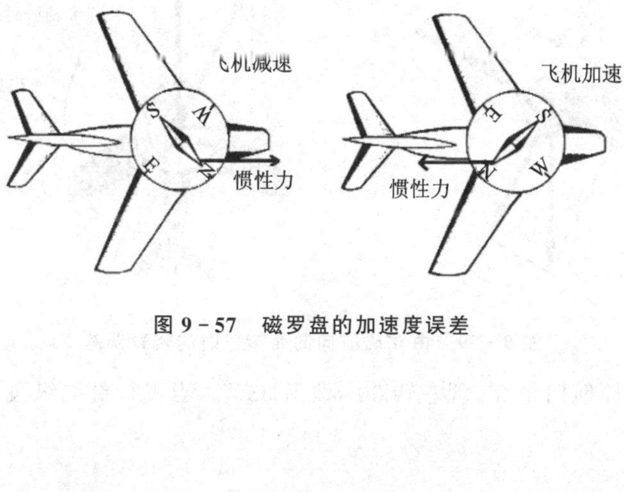

图 9－57　磁罗盘的加速度误差

(3) 涡动误差

涡动误差是飞机转动时敏感部分受到阻尼力矩作用而引起的一种误差。

飞机转弯时，罗盘壳体随飞机转动，罗盘油由于摩擦作用也将发生运动，从而又带动罗牌向着转弯方向转动。当飞机已经停止转动时，由于罗盘油的惯性作用仍使罗牌继续转动一段时间，使指示出现误差，误差最大可达数十度。飞机绕横轴或纵轴转动时，罗盘油同样会带动罗牌倾斜，此时地磁垂直分量和飞机磁场垂直分量也可使罗盘产生误差。

为了避免涡动误差，应在飞机改为平直飞行 15～20 s 时，待罗牌稳定后再判读航向。

(4) 转弯误差

转弯误差是飞机转弯时，地磁垂直分量所引起的一种误差。由于飞机转弯时需要知道航向，因此它对驾驶飞机的影响最大。

误差产生的原因。飞机转弯时，作用于罗牌重心上的惯性离心力和重力的合力将使罗牌与飞机同方向倾斜，如图 9－58 所示。罗牌倾斜后，地磁垂直分量在罗牌平面上便会有一个分量，如果该分量与地磁水平分量的方向不一致，则两者的合成磁场将偏离磁经线方向，使罗盘产生误差。

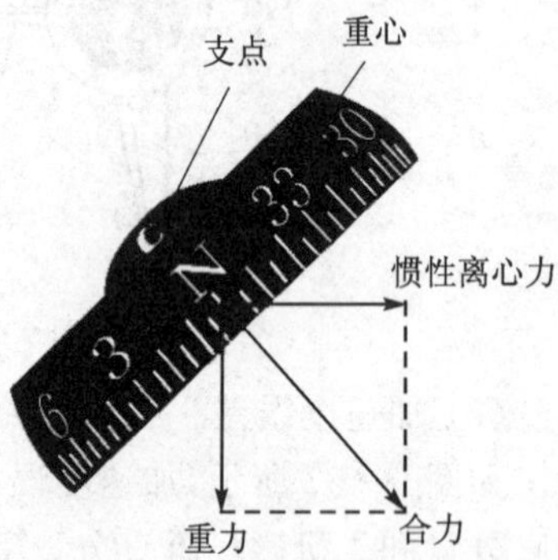

图 9－58 敏感部分随飞机倾斜

以在 0°磁航向附近的误差为例。在北半球，飞机由 0°磁航向向西转弯时，飞机向左倾斜，罗牌也向左倾斜，地磁垂直分量在罗牌平面上的分量 Z′指向飞机左方。Z′和地磁水平分量的合成磁场指向飞机左前方，偏离了磁经线方向。罗牌将向左转动，停在合成磁场方向上。由于罗牌转动方向和飞机转弯方向相同，两者的相对转角减小，因此在转弯过程中，罗盘指示的转弯角度小于飞机实际的转弯角度，如图 9－59 所示。

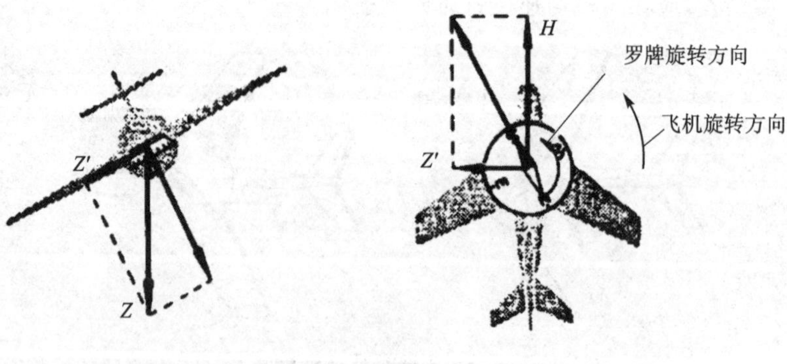

图 9－59 由 0°磁航向向西转弯时的转弯误差

例如，飞机原航向是 0°，现左转 30°，改航 330°。当飞行员操纵飞机左转弯，罗牌出现左倾斜时，合成磁场指向飞机左前方，使罗牌向左旋转停在合成磁场方向。如果罗牌转动 300°，开始转弯时，飞行员看见罗盘的指示不是零，而是 300°。当飞机转弯 300°时，飞行员看见的指示才是零；飞机转弯 60°后，飞行员看见的指示才是 330°，这样，指示的转弯角度（300°）小于实际的转弯角度（60°）。

同理，飞机由 0°磁航向向东转弯，罗盘指示的转弯角度也小于飞机实际的转弯角度。飞机转弯时的倾斜角越大，地球磁场垂直分量的影响也越大，转弯时的误差就越大。如在上海地区用 30°坡度转弯时，误差可达 27°。

综合分析各种情况，飞机在 0°磁航向附近转弯时，罗盘有少指误差；在 180°磁航向附近转弯时，罗盘有多指误差；在 90°或 270°磁航向上向北转弯瞬间，罗盘没有误差；在 90°或 270°磁航向上向南转弯，当飞机倾斜角小于临界倾斜角时，罗盘没有误差；当飞机倾斜角大于或等于临界倾斜角时，罗盘有误差。飞机转弯倾斜角越大，转弯误差越大。

在南半球，由于地球磁场垂直分量的方向相反，因此转弯误差关系与北半球相反。

此外，转弯误差还和磁航向、磁倾角有关。由于磁罗盘飞行误差大，一般作为备用仪表使用。

为了最大程度上避免转弯误差的影响，飞行人员根据磁罗盘操纵飞机转向预定航向时，必须考虑转弯误差，即根据磁罗盘的指示，提前或延迟改出转弯。在北半球飞行，如不考虑飞机惯性，转弯后的航向在 90°～0°～270°范围内时，应提前改出转弯；在 90°～180°～270°范围内时，应延迟改出转弯。

9.3.2.4　使用特点

(1) 磁罗盘一般是在飞机上主用罗盘失效后使用。

(2) 为了避免飞行误差，应在匀速平飞时判读航向，如果罗牌摆动，读数应取平均值。若在转弯时使用，应注意修正转弯误差。

(3) 在磁矿区，磁罗盘误差很大。增加飞行高度可减小误差。

(4) 在两极地区飞行时，由于地磁水平分量小，磁罗盘不能准确指示航向。

(5) 若要利用磁航向进行领航计算，应该修正剩余罗差。

9.3.3　陀螺半罗盘

陀螺半罗盘（directional gyro）又称陀螺方向仪，是利用两自由度陀螺稳定性工作的仪表。它可以测量飞机的转弯角度，经过校正后还可以指示飞机的航向。由于这种仪表不能独立测量航向，必须与其他罗盘配合工作，所以叫做半罗盘。

9.3.3.1　工作原理

1. 测量飞机转弯角度

陀螺半罗盘主要由两自由度陀螺、刻度盘、航向指标、水平修正器和方位修正器等组成，如图 9－60 所示。两自由度陀螺的外框轴与飞机的立轴平行。刻度盘固定在外框上，航向指标固定在表壳上，代表飞机纵轴。水平修正器的修正力矩作用于外框轴，使自转轴保持水平；方位修正器的修正力矩作用于内框轴，使自转轴能够跟踪选定的方位基准线。

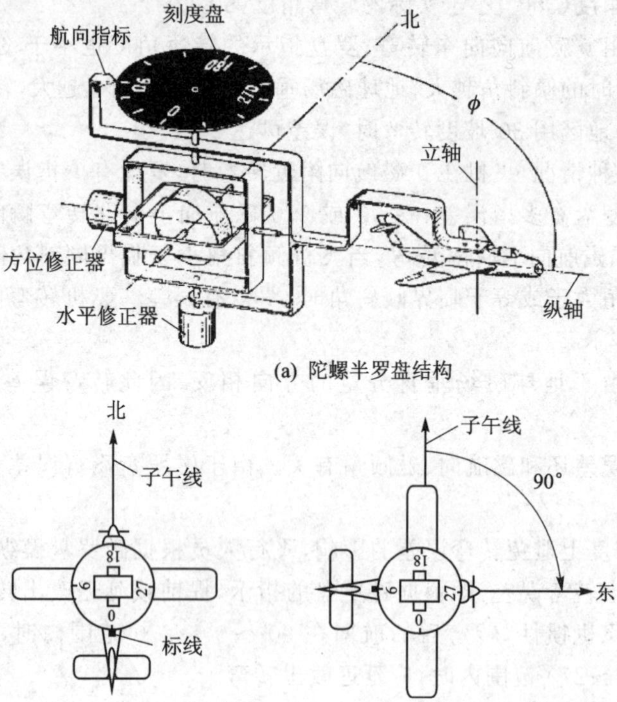

(a) 陀螺半罗盘结构

(b) 航向为0° 时　　(c) 航向为90° 时

图 9-60　陀螺半罗盘的基本原理

当飞机转弯时，由于陀螺的稳定性，自转轴方位不变，刻度盘被陀螺稳定不动，而航向指标则随着飞机转动。因此，航向指标相对于刻度盘的转角可以表示飞机的转弯角度。

2. 测量飞机航向

由于陀螺自转轴不能自动跟踪经线，因此要测量航向就必须将自转轴校正并稳定在经线方向上，航向标线指示的角度便是航向角。

例如，测量真航向。真航向是飞机纵轴与飞机所在位置的真经线之间的夹角。要想指示真航向，必须使自转轴稳定在飞机所在的真经线上。因此，陀螺半罗盘应该具备三个条件：使用前，必须使自转轴与起始点真经线方向一致；飞行中，由于地球自转，必须使自转轴随起始点真经线在惯性空间一起转动；飞行中，由于飞机位置不断改变，所在点经线也不断改变，飞机所在经线与起始点经线发生相对运动，因此还必须使自转轴随时转到飞机所在的真经线方向上。

自转轴与起始点真经线的相对运动，其性质就是陀螺的表观运动。如果使用前将自转轴调整到起始点真经线方向，在使用过程中，水平修正器经常使自转轴保持水平，方位修正器经常使自转轴以适当的角速度在方位上进动，则半罗盘的自转轴始终稳定在飞机所在真经线方向上，航向标线指示的航向便是真航向。

同理，如果把上述真经线换成磁经线，陀螺半罗盘便可以指示磁航向。

9.3.3.2　航向指示

典型的陀螺半罗盘指示如图 9－61 所示。

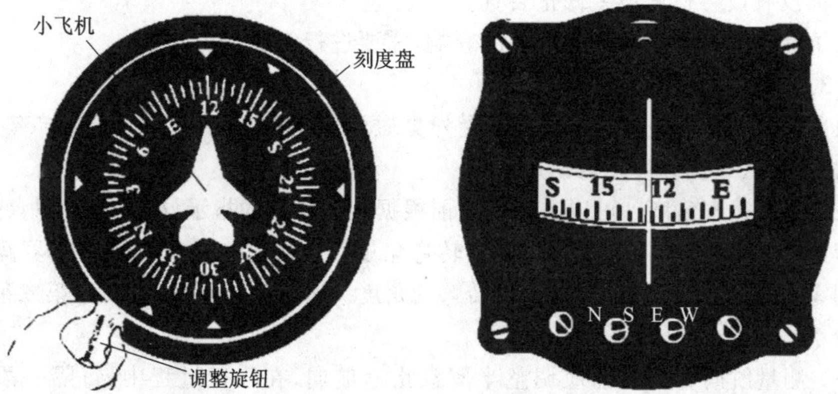

图 9－61　陀螺半罗盘指示

当推入调整上锁手柄时，陀螺内外框被锁住，信号牌出现。此时，转动手柄能使整个陀螺和刻度环一起转动，从而可调整半罗盘读数。拉出手柄时，陀螺内、外框开锁，信号片消失，仪表可以正常工作。

9.3.3.3　使用误差

陀螺半罗盘主要存在自走误差。陀螺半罗盘的自走误差是陀螺自转轴相对地球经线运动而产生的误差，包括纬度误差、速度误差和机械误差。

1. 机械误差

机械误差是指因陀螺静平衡不良、重心偏离支点、轴承摩擦等机械原因使自转轴进动，偏离经线，从而产生的误差。

2. 纬度误差

根据陀螺半罗盘的工作原理，用半罗盘测量航向时，必须以适当的角速度对自转轴进行方位修正及水平修正，而方位修正的角速度是随着纬度和相对地球运动而变化的。若给定的方位修正角速度为常值，不能按飞机所在纬度的变化而自动进行调节，则会引起误差，这种误差称为纬度误差。纬度误差的大小由飞机所在纬度与给定的常值修正纬度之差来决定。差值越大，误差越大。

直读半罗盘只能进行常值修正，纬度误差较大。例如，若根据北京地区纬度（约为 40°）给定的常值修正方位角速度，那么在广州地区（纬度约为 23°），纬度误差积累的速度将达到 3.78°/h。

3. 速度误差

用陀螺半罗盘测量航向时，若仪表没有对飞机相对地球运动引起的自转轴方位偏离进行修正而产生的误差，称为速度误差。速度误差的大小与飞机动向飞行速度等因素有关，动向飞行速度越大，误差越大。

例如，若飞机在北京上空向东平飞，速度为 800 km/h，这时速度误差积累的速度为 6°21′/h。由于修正速度误差需要考虑飞机的即时速度、航向等因素，现在的陀螺半罗盘都没有设置速度误差修正装置。

为了减小陀螺半罗盘自走误差的影响，需要进行定时校正。

9.3.3.4 使用特点

(1) 陀螺半罗盘的稳定性好，不受外界磁场影响，可以在飞机加速、转弯、盘旋时，在强磁地区或高纬度地区使用。

(2) 测量转弯角度。可以在转弯之前根据其他罗盘的指示，校正好半罗盘航向，在转弯过程中，根据航向的变化量确定转弯角度。也可以在转弯之前将半罗盘的指示调到零，在转弯过程中即可指示出转弯的角度。对于直读半罗盘而言，第二种方法误差较小。

(3) 测量航向。起飞前应调整半罗盘指示航向，在飞行过程中，每隔一段时间(直读半罗盘一般隔 15 min，其他依飞行手册而定)应根据其他罗盘进行一次矫正，以消除这段时间积累起来的自走误差。

(4) 陀螺半罗盘属于陀螺仪表，如果在使用过程中发现陀螺飞转时有上锁机构的，应柔和地上锁，然后再开锁，使仪表恢复正常工作。

9.3.4 陀螺磁罗盘

9.3.4.1 基本原理

磁罗盘能够独立测量飞机航向，但稳定性差；陀螺半罗盘稳定性好，但不能独立测量飞机航向。如果把两者适当结合起来，发挥各自优点，弥补各自缺点，就制成了一种既能独立测量航向又具有良好稳定性和较高灵敏度的航向仪表——陀螺磁罗盘(gyro magnetic compass)。它能够测量飞机的磁航向，也能测量转弯角度。

陀螺磁罗盘在近现代飞机上通常作为罗盘系统的一个组成部分。所谓罗盘系统是指由两种或两种以上不同原理的罗盘组成的系统，也称航向系统。一般认为，在罗盘系统中仅由磁传感器来校正航向的那部分系统也叫做陀螺磁罗盘。

9.3.4.2 组成分类

陀螺磁罗盘的结构形式多种多样，但从基本结构来讲，它由磁传感器、放大器、陀螺机构(又称方位陀螺)、指示机构四部分组成，如图 9-62 所示。

磁传感器是陀螺磁罗盘的地磁敏感部分。它可以测量飞机的磁航向，并输出航向信号，控制陀螺机构。磁传感器有两种：磁条式和感应式。磁传感器一般安装在飞机翼尖等飞机磁场较小的地方，经罗差修正后，剩余罗差不大。

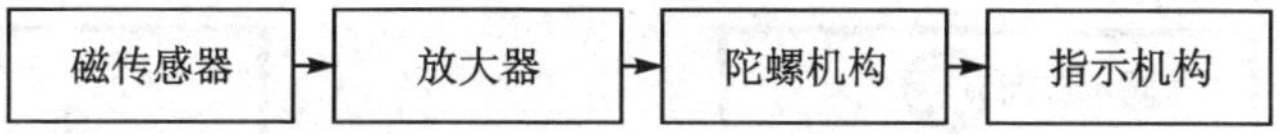

图 9-62　陀螺磁罗盘原理结构图

放大器用来放大陀螺磁罗盘中的电信号。

陀螺机构用来稳定磁传感器测出的磁航向信号。陀螺机构相当于一个陀螺半罗盘，它受磁传感器控制，同时磁传感器又通过它输出稳定的磁航向信号，使指示器指示。

指示器用来指示磁航向和转弯角度。现代飞机都采用综合指示器，不仅能指示磁航向，还可以指示无线电方位角等。如图 9-63 所示为几种指示器表面。

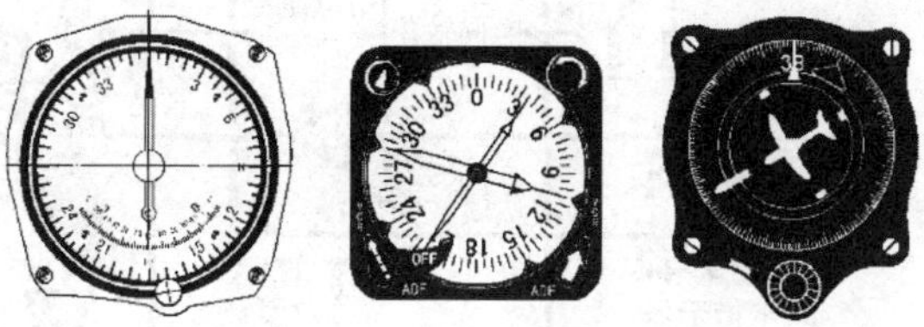

图 9-63　几种指示器表面

根据磁传感器的不同，陀螺磁罗盘可分为磁条式陀螺磁罗盘和感应式陀螺磁罗盘两类。

磁条式陀螺磁罗盘由于灵敏度较低，精度不高已很少使用。感应式陀螺磁罗盘灵敏度高，准确度高，广泛使用在多种飞机上。

根据陀螺磁罗盘工作电路的形式，可以分为电子式和机电式两种。TB、Cheyenne-III A 飞机采用电子式，其他飞机大多为机电式。本书仅以机电式陀螺磁罗盘为例，说明它的工作原理。

9.3.4.3　工作原理

图 9-64 是一种机电式陀螺磁罗盘工作原理图。下面分别分析磁传感器测量磁航向的原理，关于方位陀螺测量陀螺航向的原理，已在姿态系统部分中介绍。

1. 磁传感器测量磁航向的原理

感应式地磁传感器的敏感元件是三相地磁感应元件，它由三个彼此相距 120°的扇形铁心、三个绕在铁心上连接成星形的测量线圈和一个共用的磁化线圈构成，如图 9-65 所示。地磁感应元件由万向接头安装在壳体上，靠重力保持水平，但不能在水平面内自由转动。

软磁铁心水平放置在地磁场中(见图 9-66)，由于地磁水平分量 H_e 的感应，该铁心被磁化而具有一定的磁感应强度，其方向与铁心中心线一致。对于给定的铁心来说，其截面积是不变的，若铁心导磁系数和地磁水平分量也不变，那么铁心中所产生的磁通就仅仅同铁心中心线与地磁水平分量之间的夹角有关。如果将铁心沿飞机纵轴方向安装在飞机上，并且测量出铁心中的磁通，那么就可以测量出飞机的磁航向。

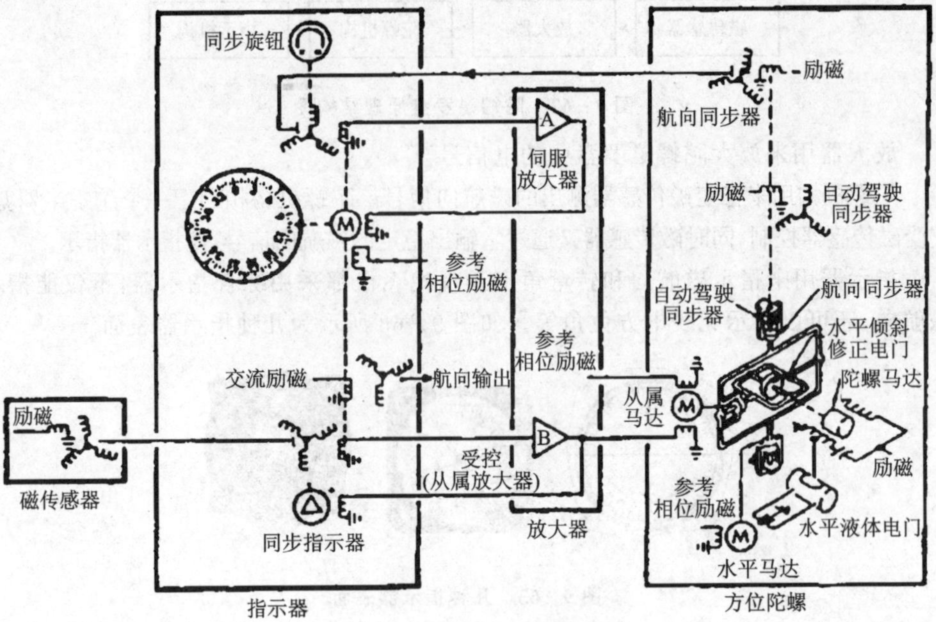

图 9-64　陀螺磁罗盘原理图

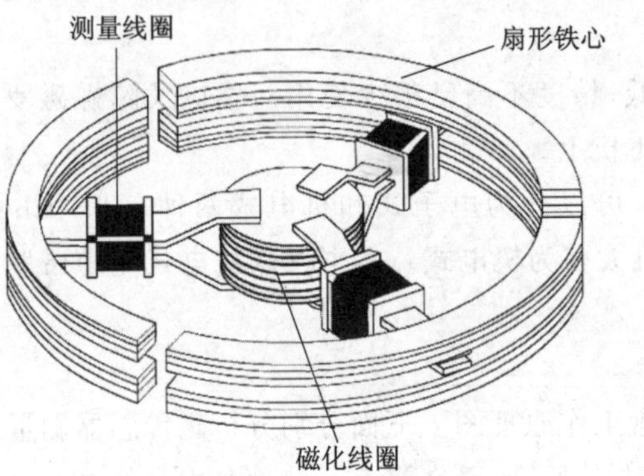

图 9-65　三相地磁感应元件

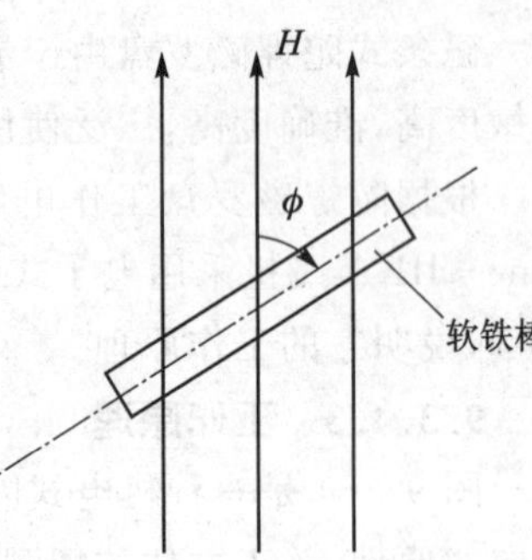

图 9-66　地磁场中的软铁棒

2. 地磁感应元件的测量原理

地磁感应元件利用电磁感应原理测量软铁心中因地磁场磁通变化而产生的感应电势来表示航向。为了使地磁通交变而产生感应电势，必须使导磁系数发生交变。由于铁心的导磁系数随磁场强度的变化而变化，因此只要外加一个交变磁场就可使导磁系数发生交变。

若在磁化线圈中通以 400 Hz 的交流电，磁化电流产生的交变磁通将通过铁心的两个臂形成闭合回路。因为两臂磁通在测量线圈处大小相等，方向相反，互相抵消，所以测量线圈不产生感应电势，但是交变磁通却使铁心的导磁系数发生了周期性的变化。

由于磁场强度 H 与磁化电流成正比，故当磁化电流为零时，导磁系数最大；而磁化电流接近峰值时，铁心饱和，导磁系数最小。这样，由于磁化电流周期性变化，铁心导磁系数也产生了周期性变化，变化频率为 800 Hz。

由于铁心的导磁系数不断变化，通过铁心的地磁磁通也就不断变化，从而使测量线圈中产生了地磁感应电动势。铁心中地磁通变化越大，感应电动势越大；反之，地磁通变化越小，感应电动势越小。

把磁传感器安装在飞机上，并且铁心 I 与飞机纵轴平行，如图 9－67 所示，当飞机向北飞行时，航向为 0°，铁心 I 的磁通变化最大，并且是铁心 II 和 III 的 2 倍。这时，测量线圈 I 的感应电势为最大值，并且是测量线圈 II 和 III 的 2 倍。当飞机向东飞行时，航向为 90°，铁心 I 磁通变化为零，铁心 II、III 均为$\sqrt{3}/2$ 倍最大值。这时，测量线圈 I 感应电势为零，线圈 II、III 则均为$\sqrt{3}/2E_m$。由此可见，三相测量线圈产生的感应电动势与航向有关，随航向变化而变化。

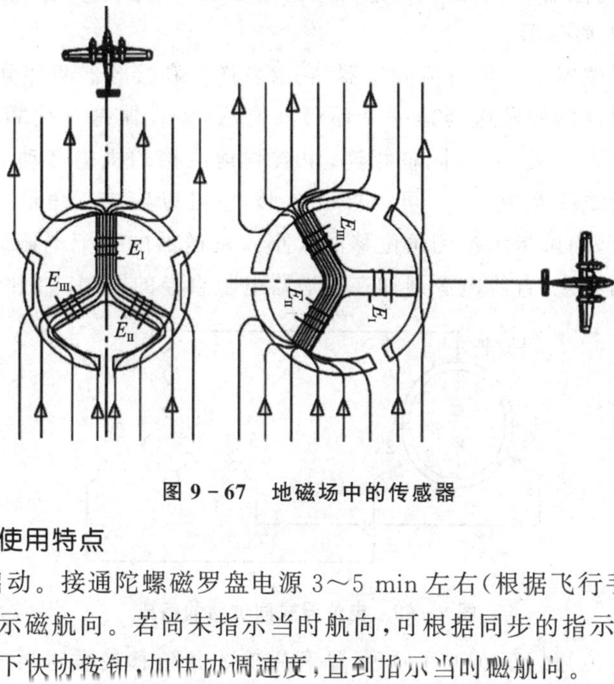

图 9－67　地磁场中的传感器

9.3.4.4　使用特点

(1) 地面启动。接通陀螺磁罗盘电源 3～5 min 左右(根据飞行手册确定)后，罗盘正常工作，指示磁航向。若尚未指示当时航向，可根据同步的指示器的指示，转动同步旋钮，或按下快协按钮，加快协调速度，直到指示当时磁航向。

(2) 空中使用。在飞行过程中，罗盘应能指示飞机磁航向和转弯角度。在转弯、盘旋、俯仰、倾斜、加速、减速时，罗盘有少量误差，待飞机匀速平飞后，可转动同步旋钮(或按快协按钮)，快速消除误差。在上述机动飞行过程中，禁止采用快速协调，否则磁传感器的各种飞行误差会迅速传给指示器。

(3) 特殊情况下的处置。飞行中，应综合分析陀螺磁罗盘、磁罗盘和转弯侧滑仪、地平仪的指示。陀螺磁罗盘发生故障后，可以利用磁罗盘、陀螺半罗盘了解航向，还可以参看地平仪和转弯侧滑仪的指示，了解航向的变化。

9.3.5 同位器及随动系统

在航空仪表中，常常需要把某个机件的角位置远距传送给指示仪表或其他设备。例如，发动机油门杆的位置、襟翼的收放角度需要传给指示仪，垂直陀螺测量的飞机姿态角、方位陀螺测量的飞机陀螺航向需要传给姿态指示器、水平状态指示器及自动驾驶仪等。同位器和角位移随动系统（以下简称随动系统）用来远距传送角位移信号。

如果是单纯带动指针给出示数的，可以采用同位指示器；如果输出端上具有较大负载力矩，则可采用随动系统。

9.3.5.1 同位器

同位器也称同步器，航空仪表使用的同位器有电位器式同位器、感应式同位器、磁同位器、微动同位器等，下面仅讲述常用的电位器式同位器和感应式同位器。

1. 电位器式同位器

电位器式同位器是一种直流同位器，它由发送器和接收器两部分组成。

电位器式同位器的发送器是一个环形电位器，接收器是三线圈式电流比值表。发送器的三个电刷互成 120°，同轴相连，由被测角位移的机构带动而转动。接收器三个结构相同的线圈互成 120°，可以接成星形，也可以接成三角形。指针固定在活动磁铁转子轴上，用来指示被测角位移的大小。发送器的三把电刷通过三根连接导线与接收器线圈相连，直流电源则加在发送器电阻直径的两端，如图 9－68 所示。

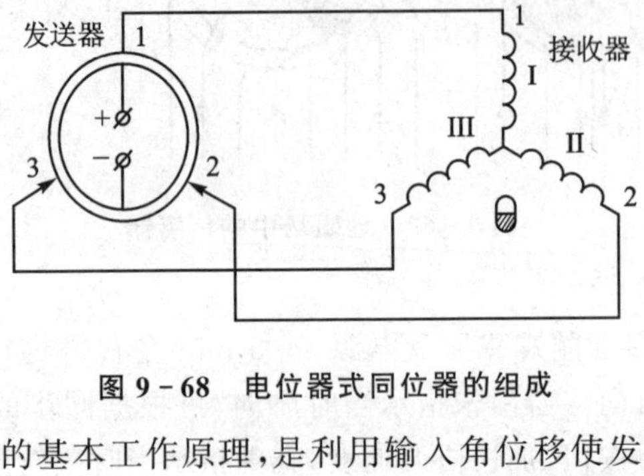

图 9－68 电位器式同位器的组成

电位器式同位器的基本工作原理，是利用输入角位移使发送器三把电刷的电位改变，从而使接收器线圈相应点的电位改变，电流比值表线圈中电流改变，三个线圈的电流比值改变，结果使合成磁场的方向也改变。在这个磁场的作用下，活动磁铁的角位移改变，即输出相应的角位移。

如图 9－69 所示，当输入角位移为零时，1 电刷处于电位器上正极的位置，I 线圈端点的电位最高，II、Ⅲ两线圈端点的电位相等且较低。因此，I 线圈中电流最大，II、III 两线圈中的电流相等且较小；I 线圈中的磁场强度 H_1 最大，II、III 两线圈中的磁场强度 H_2、H_3 相等且较小，合成磁场 H 方向与 I 线圈中的磁场方向一致。活动磁铁停的位置与合成磁场的方向一致，表示输入角位移为零。

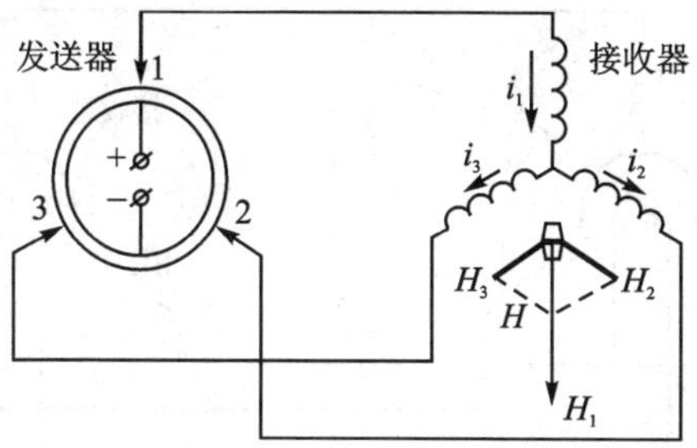

图 9-69　电位器式同位器原理之一(输入角位移 0°)

当输入角位移为 30°时,电刷从起始位置顺时针方向转过 30°,因此 I、II 中两线圈端点的电位都降低,III 线圈端点的电位则升高到电源电压的一半。这时,I 线圈一端的电位较高,II 线圈一端的电位较低,两线圈连接点的电位为电源电压的一半,III 线圈两端的电位刚好相等。于是 I、II 两线圈中流过同样大小的电流,III 线圈中无电流。这样,磁场 H_1、H_2 的大小相等,合成磁场 H 的方向与磁场 H_1 的方向夹角为 30°,活动磁铁转到与合成磁场方向一致的位置,表示输入角位移为 30°,如图 9-70 所示。

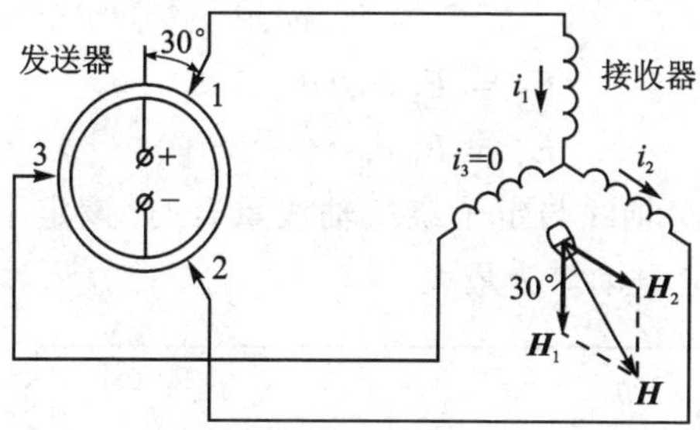

图 9-70　电位器式同位器原理之二(输入角位移 30°)

电位器式同位器结构比较简单,传送的角度大小不受限制。主要缺点是存在一定的传送误差(接收器的输出角位移与发送器的输入角位移不等而引起的误差)。

2. *感应式同位器*

感应式同位器是一种交流同位器。用于航空仪表中的感应式同位器一般都是单相的,下面介绍这种同位器。

感应式同位器由发送器和接收器两部分组成,如图 9-71 所示。发送器和接收器都有三个互成 120°的定子绕组和一个转子绕组。发送器、接收器的转子绕组并联于同一个交流电源。发送器的转子接收输入的角位移,接收器的转子则对外输出角位移。

为了便于说明感应式同位器的工作原理,首先分析磁通角位移的远距传送原理。

1. *磁通角位移的远距传送原理*

磁通角位移的远距传送,就是根据电磁感应原理,把发送器转子磁通的位移(或某瞬间的位置)远距传送到接收器,使接收器定子中产生一个与发送器转子的磁通同

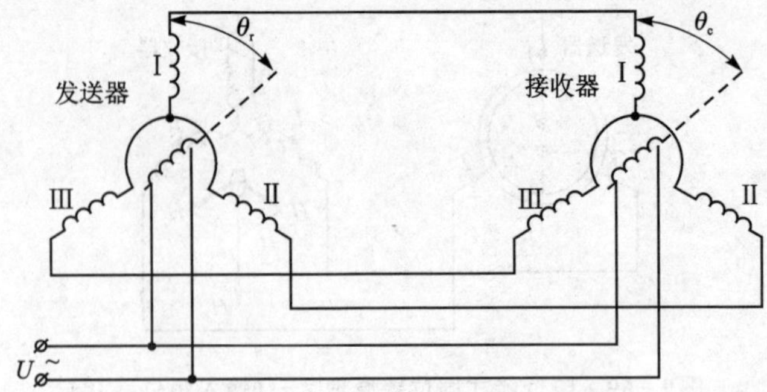

图 9-71 感应式同位器工作原理

位的磁通。

如图 9-72 所示,假设给发送器转子通入交流电,则会在转子轴线方向产生交变磁通。根据电磁感应原理可知,该磁通将在三相定子绕组中产生感应电动势。设电源电压的有效值为 U,转子绕组轴线和定子绕组轴线的夹角为 θ,则在 I、II、III 三个绕组中感应电动势的有效值 E_1、E_2、E_3 分别为:

$$E_1 = E_m \cos\theta$$

$$E_2 = E_m \cos(\theta - 120^\circ)$$

$$E_3 = E_m \cos(\theta - 240^\circ)$$

式中,E_m 为转子绕组轴线与定子绕组轴线重合时,该定子绕组中产生的感应电动势的有效值,这个感应电动势为最大。

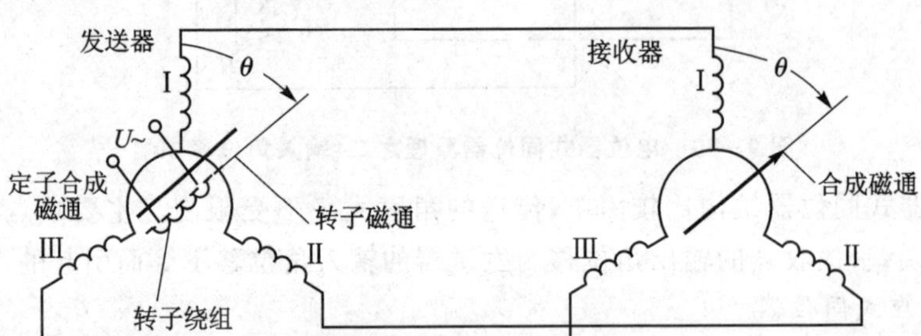

图 9-72 磁通角位移的远距传送

在上述三个感应电动势的作用下,发送器和接收器中分别产生电流 i_1、i_2、i_3,这些电流在发送器的定子绕组中产生磁通 $\Phi_{\gamma1}$、$\Phi_{\gamma2}$、$\Phi_{\gamma3}$,这些磁通的大小分别与感应电动势 E_1、E_2、E_3 成正比,可用下式表示:

$$\Phi_{\gamma1} = KE_m \cos\theta$$

$$\Phi_{\gamma2} = KE_m \cos(\theta - 120^\circ)$$

$$\Phi_{\gamma3} = KE_m \cos(\theta - 240^\circ)$$

式中 K 为比例系数。

把发送器定子绕组中的磁通综合起来，得到一个合成磁通。根据变压器原理，该合成磁通与转子磁通方向相反，起到去磁作用。由于接收器中每一绕组中的电流都与发送器中相应绕组的电流大小相等而方向相反，因此接收器中的合成磁通与发送器定子的合成磁通大小相等而方向相反，与发送器转子的磁通方向相同。

由此可知，发动机转子磁通的角位移（即输入角位移）传送到接收器中，就变成了接收器定子合成磁通的相应角位移（即输出角位移）。也就是说，发送器转子磁通的角位移被同位地传送给接收器定子的合成磁通了。

2. 感应式同位器的工作原理

感应式同位器接通电源之后，两转子绕组中同时产生磁通，发送器转子磁通在发送器定子中产生三个感应电动势，接收器转子磁通在接收器定子中也产生三个感应电动势。如果接收器转子的角位移 θ_c 与发送器转子的角位移 θ_r 相等（这种情况也叫同位），则上述前三个感应电动势与后三个感应电动势大小分别相等，极性分别相同，因此发送器和接收器的定子绕组中都没有电流。此时，同位器处于平衡状态。

发送器转子角位移变化之后，两转子角位移不相等（如 $\theta_r < \theta_c$），则产生失调角 $\Delta\theta = \theta_r - \theta_c$。

设发送器转子磁通的指向为 θ_r，此磁通被传送到接收器中为合成磁通 Φ_r'，其指向为 θ_r；接收器转子磁通的指向为 θ_c，此磁通被传送到发送器中为合成磁通 Φ_c'，其指向为 θ_c。

在接收器中，由于接收器转子绕组轴线与合成磁场 Φ_r' 方向不一致，接收器转子绕组中的电流将受到电磁力矩的作用，这种电磁力矩叫做同步力矩。在同步力矩作用下，接收器转子沿发送器转子转动方向旋转，直到两转子在空间同位为止，即 $\theta_c = \theta_r$，$\Delta\theta = 0$。

同理，在发送器中发送器转子也会受到电磁力矩的作用，但由于发送器转子轴是输入轴，不会因电磁力矩的作用而转动，因此电磁力矩仅起到反作用力矩的作用。

综上所述，根据电磁感应原理，感应式同位器工作时，发送器转子磁通将被传送到接收器定子，产生合成磁场，它们方向相同；如果接收器转子和发送器转子方向不同，接收器转子将受到合成磁场电磁力矩作用而发生转动，直到和发送器转子同位为止。

上面的分析没有考虑接收器转子轴上的摩擦力矩。而实际在摩擦力矩影响下，同步力矩不能使接收器转子和发送器转子完全同位，失调角会保持某一数值而不消失，这个失调角也就是同位器的静态误差。

单相感应式同位器没有传送误差，传送精度比电位器式同位器高。缺点是结构较复杂，存在静态误差。

9.3.5.2 随动系统

随动系统实际上是一种自动调节系统，它的作用是使输出量按一定的精确度随输入量的变化而变化，由于系统的执行元件是电动机，因此带负载的能力比较强。

航空仪表中常用的随动系统有双电位器随动系统和感应同位器随动系统两种。

1. 双电位器随动系统

双电位器随动系统是用两个电位器作为测量元件的随动系统，其组成如图 9-73 所示。这种系统的输入量是双电位器发送器电刷与环形电阻的相对角位移；输出量是输出轴(电机转轴)的角位移，此角位移反馈到测量部分时，即是双电位器接收器电刷与环形电阻间的相对角位移。

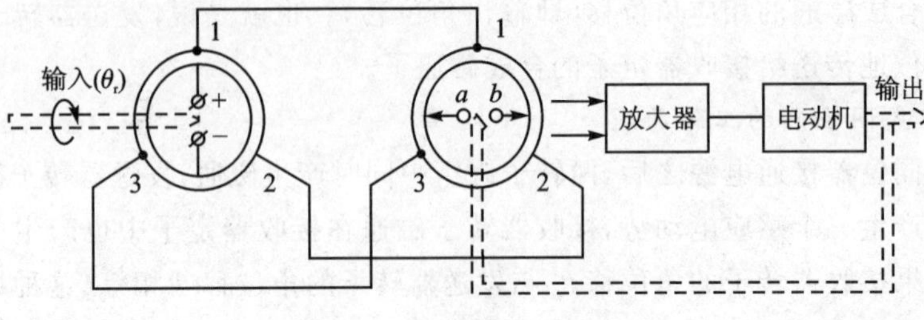

图 9-73 双电位器随动系统

如果发送器电刷(两把电刷的连线)与接收器电刷(两把电刷的连线)互相垂直时，电位器上 2、3 两点电位相等，接收器输入端 a、b 电位也相等，则输出信号电压 $U_{ab}=0$，此时称系统为协调状态。

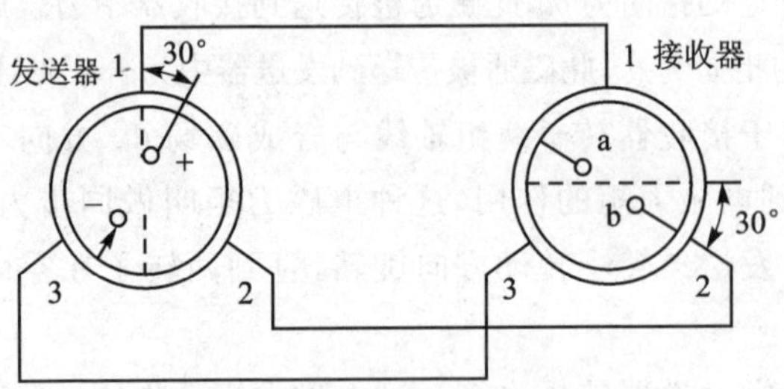

图 9-74 输入角位移 30°时，系统随动过程

当系统有输入角位移时，会产生失调角(两把电刷偏离垂直位置的差角)。如图 9-74 所示，发送器两把电刷相对环形电阻转动，例如顺时针转动 30°。电位器上 1、2、3 点电位随之改变，2、3 两点电位不再相等，接收器输出端 a、b 电位也不相等，有信号电压输出，此时称系统为失调状态。失调电压 U_{ab} 经放大器放大后使电动机转动，接收器电刷在电动机带动下顺时针转动 30°。这时，b 端电位等于二分之一电源电压，a 端电位也刚好等于二分之一电源电压，$U_{ab}=0$，电机停转，系统重新协调。

可见，输出轴总是跟随输入轴而转动。

2. 感应同位器随动系统

如图 9-75 所示，感应式同位器随动系统测量部分是感应式同位器，它与前述感应式同位器稍有不同，其接收器转子不接电源，而用来输出电压信号。这种随动系统的输入量是发送器转子与定子的相对角位移；输出量是输出轴(电机转轴)的角位移，由于电动机同时带动接收器转子转动，因此也是接收器转子与定子的相对角位移。

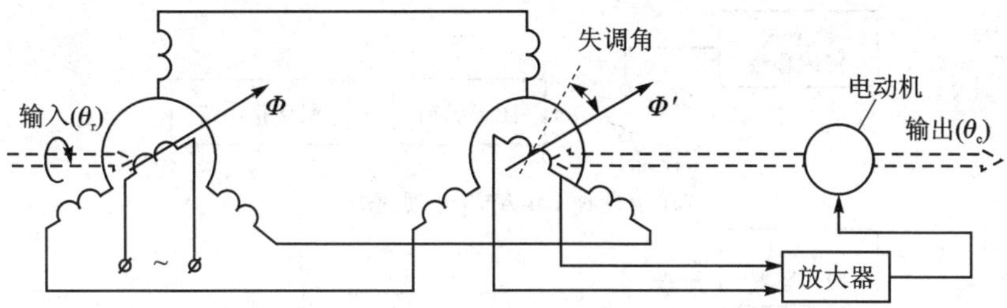

图 9－75　感应同位器随动系统

根据磁通角位移远距传送原理，当发送器转子接通交流电源后，在接收器定子中将产生一交变合成磁通 Φ'，此合成磁通与发送器转子磁通 Φ 同位。接收器转子轴线与发送器转子轴线相互垂直时，接收器转子中不产生感应电动势，没有电压输出，此时系统处于协调状态。

若发送器转子转动，两转子轴线不再垂直，则接收器转子有感应电动势输出，系统处于失调状态。失调电压经放大器放大后，作用于电动机，电动机便带动接收器转子转动。当接收器转子角位移等于发送器转子角位移时，两转子轴线重新垂直，接收器转子输出电压为零，电动机停止转动，系统重新处于协调状态。这样，输入轴的角位移就传送给了输出轴。

9.3.6　罗盘系统

由两种以上不同原理的罗盘所组成的测量飞机航向的系统称为罗盘系统（compass system），也叫做航向系统（heading system）。罗盘系统在飞机上的应用很广泛，它能满足飞机在不同地区、不同气象条件和各种不同飞行状态下准确可靠测量飞机航向的要求。同时，还能向自动驾驶仪、飞行指引系统、甚高频全向信标系统、飞行管理计算机系统、飞机状态监控系统等提供航向信号。罗盘系统的使用，不仅提高了测量航向的精确性，而且也提高了设备的自动化程度，也便于设备的使用监测，提高效益。现在飞机上的罗盘系统有两种形式：一种是有两种工作方式的罗盘系统，这两种方式是地磁校正方式（MAG）和陀螺半罗盘方式（DG），有的飞机上称为伺服方式（SLAVE）和自由方式（FREE），如图 9－76（a）所示；另一种是有三种工作方式的罗盘系统，这三种方式是地磁校正方式（MAG）、陀螺半罗盘方式（DG）和天文罗盘方式，如图 9－76（b）所示。

罗盘系统一般没有单独的指示器，而是将其信号输送给两个综合指示器——水平状态指示器（HSI）和无线电磁指示器（RMI）。为了增加罗盘系统在飞行中的余度，在中、大型运输机上装有两套罗盘系统，其信号分配如图 9－77 所示。正常工作时，两套罗盘系统分别受各自的控制板控制，第 1 套罗盘系统将航向信号输送给左座 HSI 和右座 RMI，第 2 套罗盘系统将航向输送给右座的 HSI 和左座的 RMI。这样分配信号的目的是保证只要有一套罗盘系统工作正常，左座和右座就都能获得航向

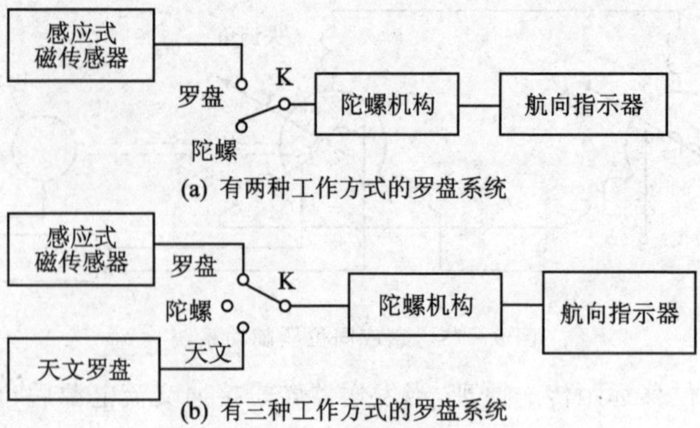

图 9-76　罗盘系统原理图

信号。当其中一套罗盘系统故障后，可用罗盘系统的转换电门进行转换，使故障那套的指示器从无故障的那套得到航向信号。

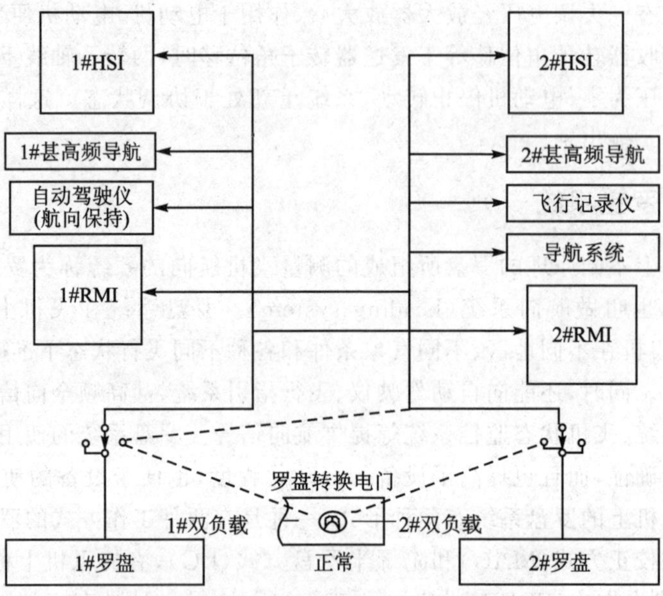

图 9-77　罗盘系统航向信号分配图

9.3.6.1　组成原理

罗盘系统主要由磁传感器、方位陀螺、控制板、指示器、罗盘转换电门、转换指示灯及相应的转换继电器、罗盘耦合器、补偿器等组成，如图 9-78 所示。

1. *磁传感器*

磁传感器也叫罗盘传感器，是一个三相地磁感应元件，一般有两个，用于测量飞机的磁航向。通常安装于受飞机磁场影响较小的地方，如翼尖或垂直安定面内。

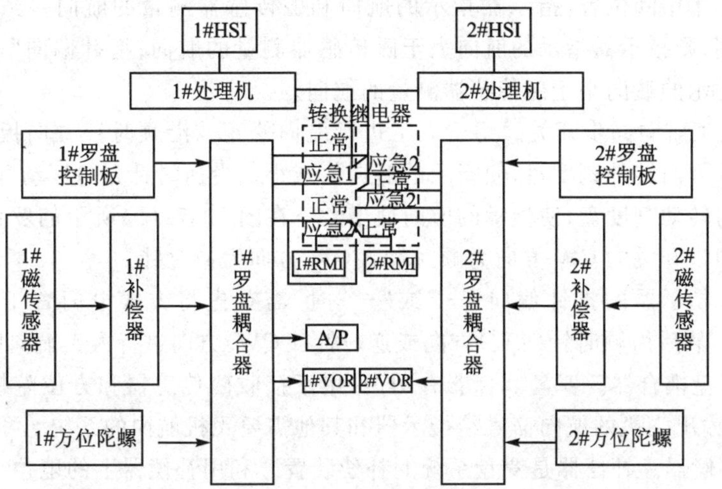

图 9－78　罗盘系统组成

2．方位陀螺

方位陀螺又称陀螺机构，简称 DG(Directional Gyro)，一般有两个，通常安装在电子/电气设备舱内。

3．控制板

罗盘系统的控制面板用于控制罗盘系统的工作方式。图 9－79(a)是运－7 等飞机上使用的罗盘系统控制板，图 9－79(b)是目前普遍采用的罗盘系统的控制板。

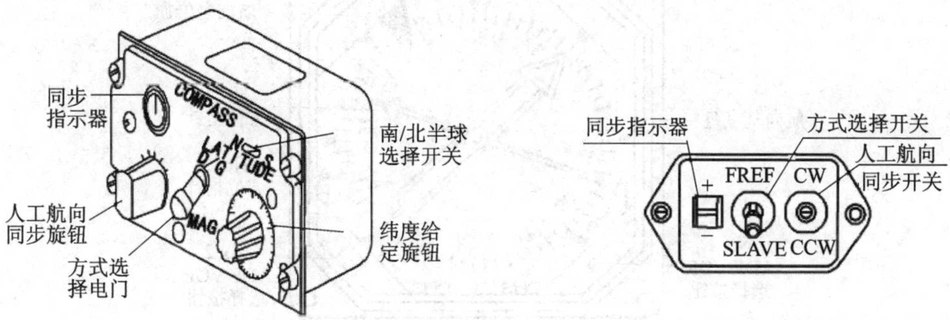

(a) 运－7等飞机使用的罗盘系统控制板　　(b) 目前普遍采用的罗盘系统控制板

图 9－79　罗盘系统的控制板

图 9－79 中各部分功能如下：

(1) 方式选择开关。用于选择罗盘系统的工作方式。有陀螺半罗盘方式(DG)和地磁校正方式(MAG)，如图 9－79(a)，或自由方式(PREE)和伺服方式(SLAVE)，如图 9－79(b)。

(2) 同步指示器。用于显示指示器指示的航向和磁传感器测量的航向是否一致。指针位于中间位置，指示器指示的航向和磁传感器测量的航向一致：指针偏向“+”的一侧，则指示器指示的航向大于磁传感器测量的航向；指针偏向“-”的一侧，则指示器指示的航向小于磁传感器测量的航向。

(3) 人工航向同步开关。用于人工进行航向修正。沿顺时针方向扳动开关，可以沿顺时针方向转动刻度盘，使指示的航向值减小。沿逆时针方向扳动开关，可以沿逆时针方向转动刻度盘，使指示的航向值增大。在图 9-79(b)所示的罗盘控制板上人工航向同步开关的 CW 方向为顺时针，CCW 方向为逆时针。

当同步指示器的指针偏向“+”或“-”时，需首先将方式电门置于“DG”位或“PREE”位，然后沿顺时针(CW)方向或逆时针(CCW)方向进行人工航向同步。

(4) 罗盘耦合器。罗盘耦合器有两个，用于接收磁传感器和方位陀螺的输入信号，综合后输出飞机的航向信号给指示器和其他需要飞机航向的系统。

(5) 补偿器。补偿器是罗盘系统的补偿装置。利用补偿器上的电位计对磁传感器罗差进行补偿，使磁传感器控制同步器直接输出磁航向信号。

(6) 指示器 RMI 和 HSI

罗盘系统无单独的指示器，而是将它的航向信号输送到两个综合指示器上，与无线电信号进行综合指示，这两个指示器就是无线电磁指示器 RMI 和水平状态指示器 HSI。本书只介绍与航向有关的信息，无线电的信息请参考其他书籍。

(1) 无线电磁指示器 RMI。无线电磁指示器(RMI)的表面如图 9-80 所示。仪

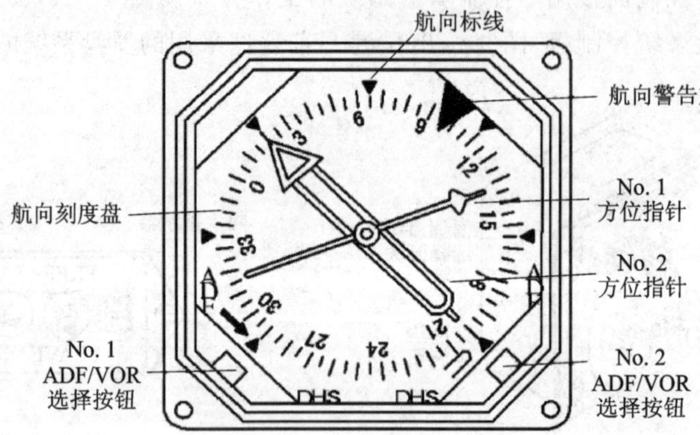

图 9-80 无线电磁指示器

表正上方是航向标线，代表飞机的纵轴。刻度盘由航向系统驱动，随飞机航向的改变而转动，其转动的方向和角度对应于飞机航向的改变量。航向标线在刻度盘上指示的值就是飞机的航向。航向警告旗在航向系统失效，或航向系统处于快速协调过程中时出现，航向警告旗出现时航向信号不可用。

(2) 水平状态指示器。水平状态指示器(HSI)的表面如图 9-81 所示，仪表正上方是航向标线，代表飞机的纵轴。刻度盘由航向系统驱动，随飞机航向的改变而转

动，其转动的方向和角度对应于飞机航向的改变量。航向标线在刻度盘上指示的值就是飞机的航向。预选航向游标用于设置预选的航向，一经选好后它就与罗盘刻度盘一起转动。航向警告旗在航向系统失效，或航向系统处于快速协调过程时出现。航向警告旗出现时航向信号不可用。

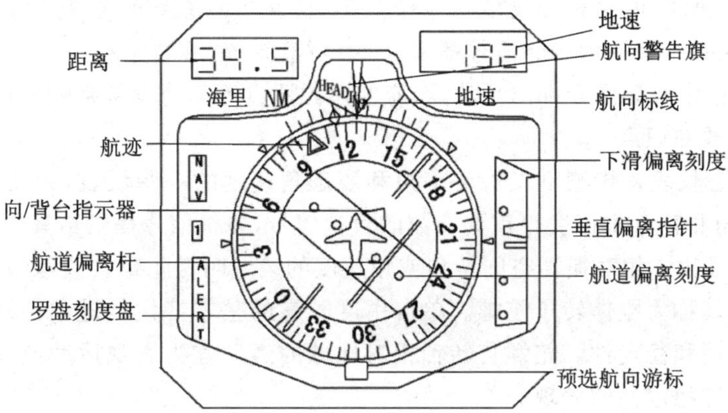

图 9-81　水平状态指示器表面

9.3.6.2　工作方式

图 9-76 所示是某型飞机上罗盘系统的原理图。从图中可以看出，罗盘系统是由感应式陀螺磁罗盘和远读式陀螺半罗盘组成，其工作方式有陀螺半罗盘方式(DG)和地磁校正方式(MAG)两种。这两种方式分别对应于某些飞机上罗盘系统的自由方式(FREE)和伺服方式(SLAVE)。

9.3.6.3　使用方法

(1) 接通罗盘系统电门前。指示器上的航向警告旗(HDG)出现。接通罗盘系统的准备工作是将罗盘控制板上的电门、旋钮放到正确的位置。正常情况下，应将方式电门置于"MAG"位或"SLAVE"位，使指示器指示飞机的磁航向。

(2) 接通罗盘系统电门后。在罗盘系统协调好后，指示器上的航向警告旗收回，同步指示器的指针应稳定在中间位置，说明系统正常工作。

(3) 利用航向系统指示飞机的大圆航向、磁航向和真航向。

1) 指示磁航向。接通航向系统电源，将方式电门置于"MAG"位(或 SLAVE 位)，待指示稳定不动或同步指示器指在中间位置时，指示值为磁航向。

2) 指示真航向。利用航向系统指示真航向的方法有下面两种：

①对于没有天文航向传感器的航向系统，可以将方式选择开关拨到"MAG"位(或 SLAVE 位)，使指示器指示磁航向，然后再将状态选择开关拨到"DG"位(或 FREE 位)，利用人工航向同步旋钮改变指示器指示，修正飞机所在位置的磁差，磁差修正后，指示器即可指示飞机的真航向。

②对于有天文罗盘的罗盘系统，将方式选择开关置于"天文罗盘"方式，只要同步

指示器指示同步，航向指示器上指示的就是真航向。

(4) 飞行中，指示器上的航向警告旗不能出现。当飞机上的某一套罗盘系统在飞行中出现故障后，应及时用罗盘系统转换电门，将有故障一边的指示器转接到无故障一边的罗盘系统上。如当左座的 HSI 上和右座的 RMI 上出现“HEADING”或“HDG”警告旗时，说明第 1 套罗盘系统故障，应将罗盘系统转换电门置于“BOTH-ON 2”位，此时所有指示器的信号都来自 2＃罗盘系统，反之亦然。

(5) 飞行中假如两套都出现故障，应使用磁罗盘等其他设备判断飞机航向。

本章重要知识点

(1) 姿态仪表是指测量飞机姿态角和姿态角速度的一些仪表，为飞行员提供俯仰角、倾斜角和转弯角速度等重要参数的目视信号，并将信号提供给其他系统设备。

(2) 测量物体相对惯性空间转角或角速度的装置叫做陀螺。能够绕一个支点高速旋转的物体称为刚体转子陀螺。单自由度陀螺的基本特性是进动性；两自由度陀螺具有进动性和稳定性。陀螺自转轴相对地球的运动称为表观运动或视在运动，表观运动是陀螺稳定性的表现。

(3) 激光陀螺的工作原理是：激光陀螺绕垂直测量轴转动时，正、反向两束激光的光程发生变化，从而使两束激光的频率发生变化，其频率差与转动角速度成正比，利用光电检测器测量这个频率差，就可得出载体的转动角速度，通过积分即得出载体的转动角度。

(4) 转弯仪是用来指示飞机转弯方向，并粗略反映转弯快慢程度的仪表。飞行中，空速矢量与飞机对称面不平行的飞行状态，称为侧滑。侧滑仪是用来指示飞机有无侧滑和侧滑方向的仪表，常与转弯仪配合，供驾驶员操纵飞机协调转弯。

(5) 航空地平仪就是用来测量飞机俯仰角和倾斜角的仪表，也称陀螺地平仪。基本原理是利用摆锤的地垂性修正陀螺，利用陀螺的稳定性建立稳定的人工地垂线，从而根据飞机和陀螺的关系测量飞机的俯仰角和倾斜角。纵向安装地平仪的准确度更高。

(6) 姿态系统提供飞机的俯仰角和倾斜角信号，一方面，输送到姿态指引指示器(ADI)供飞行员判读飞机的姿态；另一方面，还向飞机上其他需要飞机姿态信息的系统输送姿态信息。

(7) 测量航向的仪表叫做航空罗盘。地磁强度与水平面的夹角叫做磁倾，磁经线偏离真经线的角度叫做磁差。真经线与飞机纵轴在水平面上的夹角，叫做真航向；磁经线与飞机纵轴在水平面上的夹角，叫做磁航向；罗经线与飞机纵轴在水平面上的夹角，叫做罗航向。

(8) 飞机在空中飞行时所用的飞行路线称为航线。

(9) 磁罗盘的基本原理是利用自由旋转的磁条跟踪罗经线的方法来指示飞机的罗航向。一般在飞机上主用罗盘失效后使用。其具有罗差和飞行误差，飞行误差主要包括俯仰倾斜误差、加速度误差、涡动误差和转弯误差。

(10) 陀螺半罗盘是利用两自由度陀螺稳定性工作的仪表,稳定性好,不受外界磁场影响,可以在加速、转弯、盘旋时,在强磁地区或高纬度地区使用,存在自走误差。

(11) 陀螺磁罗盘既能独立测量航向又具有良好稳定性和较高灵敏度,由两种以上不同原理的罗盘所组成的测量飞机航向的系统称为罗盘系统,也叫做航向系统。

思考题

1. 什么是磁倾、磁差？它们有什么特点？
2. 什么是航向？可以分为哪些种类？
3. 磁罗盘的测量原理是什么？有哪些误差？
4. 陀螺半罗盘的工作原理是什么？使用特点有哪些？
5. 陀螺磁罗盘的工作原理是什么？有哪些特点？
6. 什么是同位器？什么是随动系统？二者有何区别？
7. 简述罗盘系统的工作原理。

第 10 章　发动机仪表系统

航空发动机仪表(aeroengine instrument)是测量、显示航空发动机工作参数和工作状态的仪表。通常采用远距测量方法,工作过程一般包括感受、变换、传输、指示 4 个基本环节。利用仪表的传感器与发动机或其系统交联,感受要测的物理量,并转化为电信号,输送给指示设备,进行显示。飞行员根据发动机仪表的指示,监视和控制发动机的工作参数,从而保持所需要的工作状态。

为了全面了解发动机的工作状态,需要测量的发动机参数及测量仪表较多。根据被测参数的性质,大致可分为测量压力的仪表、测量温度的仪表、测量转速的仪表、测量油量的仪表、测量流量的仪表和测量振动的仪表等。

10.1　测量压力的仪表

10.1.1　进气压力表

进气压力表(manifold pressure)用于测量活塞式发动机进气管中的进气压力。可以与转速表配合反映活塞式发动机的功率,测量单位一般用毫米汞柱(mmHg)或英寸汞柱(inHg)。

进气压力表属于机械式压力表,与气压式高度表的结构和原理类似,其敏感元件也是一个真空膜盒,用来感受进气压力,并经连杆、齿轮机构传送给指针,由指针在刻度盘上指示进气压力大小。

当发动机不工作时,进气压力表指示所在位置的大气压力;发动机工作时,指示发动机进气压力值。

图 10－1 所示为一种典型的发动机进气压力表的表面,红色位置表示进气压力上限,绿色弧线表示发动机正常范围内的进气压力。

图 10－2 是一种飞机进气压力和燃油流量组合显示的仪表表面。左侧表示进气压力,右侧表示燃油流量,组合显示可有效减少仪表数量,也便于综合多种信息判断发动机工作情况。进气压力刻度范围是 10～35 inHg。

图 10-1　发动机进气压力表

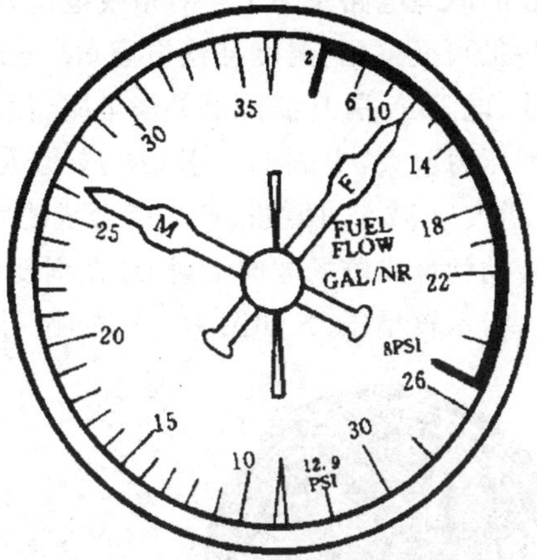

图 10-2　进气压力与燃油流量表

10.1.2　电动压力表

电动压力表(electrical pressure gauge)用来测量燃油压力、滑油压力、螺旋桨扭矩及储压器压力等,测量单位是公斤/厘米^2(kg/cm^2)或磅/英寸^2(lb/in^2)。电动压力表又可以分为直流二线式、交流二线式、交流电动式等多种形式。

1. 直流二线式压力表

直流二线式压力表由传感器和指示器两部分组成,如图 10-3 所示。

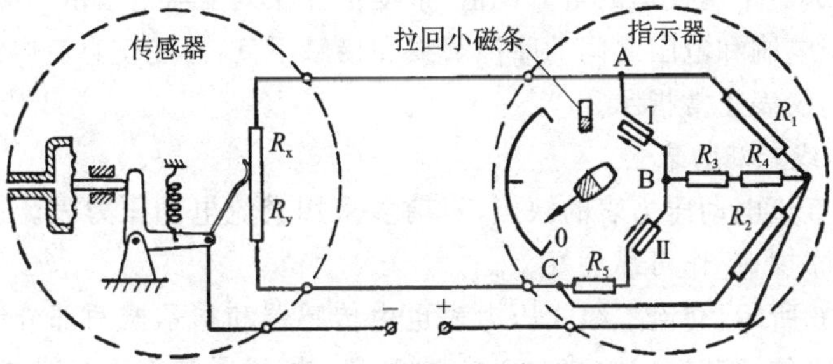

图 10-3　直流二线式压力表

传感器用于将被测压力转变成电量。其主要由压力敏感元件膜片或膜盒和电位器等组成,电位器用于将膜盒或膜片的位移转换为电信号。被测压力较大时用膜片,压力较小则采用膜盒。

指示器为两线框动铁式电流比值表。指针装在一个活动小磁铁上,磁铁的转动受两线框产生的合成磁场控制,而合成磁场又由两线框的电流比值决定。该指示器不受电源波动影响。

图 10-4 中指示器的刻度范围是 0~15 kg/cm^2。

仪表的原理电路是一个半对角线电桥，电阻 R_1、R_2 是电桥的固定臂阻；电阻 R_x、R_y 是电桥的可变臂阻；温度补偿电阻（R_3+R_4）是电桥的半对角线；I、II 两线框是电桥对角线；电阻 R_5 是 II 线圈的补偿电阻（使 AB、BC 电阻相等）。

被测压力增大，电刷 D 下移，R_x 增大，R_y 减小，U_{BA} 升高，U_{BC} 降低；U_B 基本不变，因此，I_{II} 增大，I_I 减小，两线框产生的合成磁场方向顺时针转一个角度，小磁铁带动指针跟随转动到合成磁场方向上，指针在刻度盘上指示出较大压力，如图 10－5 左侧所示，反之，指示较小压力，如图 10－5 右侧所示。

图 10－4　直流二线式压力表指示器

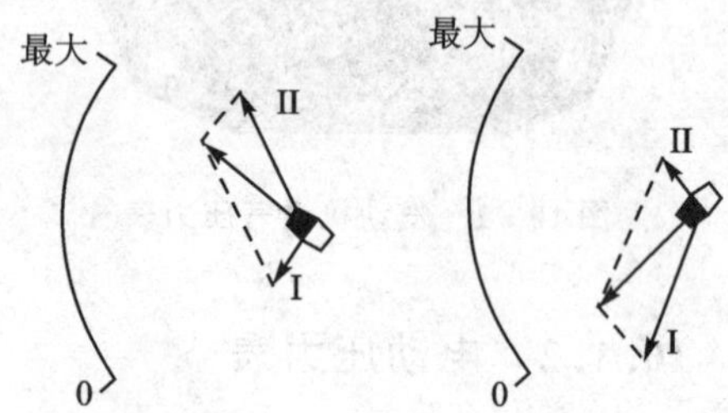

图 10－5　压力表的指示情况

当被测压力为零时，指针指零。电源断开后，磁铁在拉回小磁条的作用下，使指针停在机械零位。

综上，其原理就是传感器中的膜片受压力作用后产生位移，使电位器电阻改变，从而改变了指示器中两线框的电流比值，带动指针在刻度盘上指示相应压力。

但是，由于电刷和电阻之间的摩擦磨损和接触不良，可能使直流电动压力表指针摆动，从而影响仪表正常指示。

2. 交流二线式压力表

为了克服直流电动压力表的缺点，目前多采用交流电动压力表。这种压力表的传感器不接触摩擦，工作可靠性好。

如图 10－6 所示，交流二线式压力表也由传感器和指示器两部分组成。传感器主要由膜片和将位移转换成电感的变换器组成。指示器与直流二线式指示器相似，只是增加了两只锗二极管对交流电进行半波整流。整流的脉动直流电含有交流成分和直流成分，既适合电感变换器工作，又能使指示器稳定指示。

其基本工作原理是：利用膜片感受被测压力作用后的位移，来改变活动衔铁和固定铁心之间的相对位置，由此改变固定铁心上两个线圈的感抗，从而改变指示器两线框的电流比值，使指针转动，指示出相应压力。

当被测压力较小时，活动衔铁偏在左边，其与线圈 2 所在铁心的间隙小，与线圈 1 所在铁心的间隙大，线圈 2 的感抗大于线圈 1。因此，电桥中 U_{BA} 低，U_{BC} 高，I_I 大于 I_{II} 线框的电流，合成磁场方向偏左下，活动磁铁带动指针指示出较小的压力。被测压

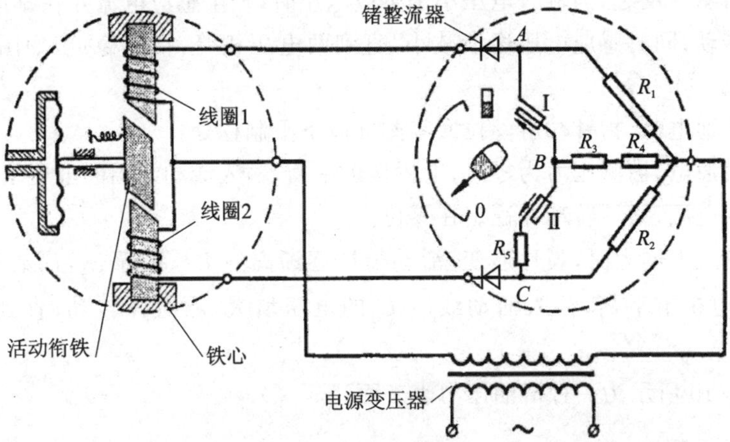

图 10-6　交流二线式压力表

力增大时，结果相反。

图 10-7 所示是一种双指针压力表，刻度范围为 0～150 kg/cm²。

3. 交流电动式压力表

图 10-8 所示为交流电动式压力表的原理电路。其传感器中两个可变电感 L_1、L_2 和指示器中两个固定电感 L_3、L_4 组成四个桥臂，一条对角线接指示器的活动线圈 L_5，另一条接交流电源。

传感器是一个将压力转变成电感的电感式变换器。如图 10-9(a)所示，指示器是一个带有吊钩形铁心的电动式电流表，磁场线圈 L_3、L_4 安装在铁心颈部，活动线圈 L_5 可以沿铁心转动，指针安装在活动线圈上，通过游丝向线圈供电。活动线圈一方面由测量

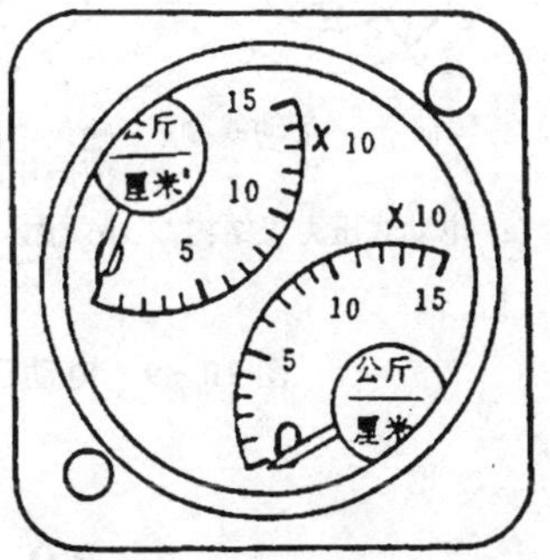

图 10-7　双指针压力表表面

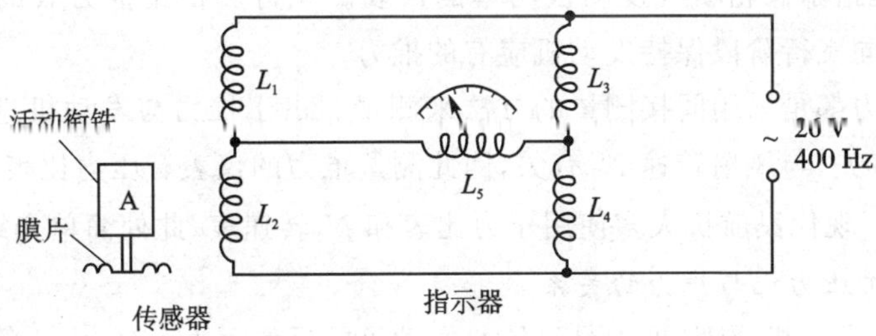

图 10-8　交流电动压力表基本原理

电路输入电压，另一方面由磁场线圈的交流磁场感应产生感应电压。当输入电压大于感应电压时，产生输入电流，并在磁场作用下产生吸引力矩使活动线圈顺时针转动；同时感应电压逐渐增大，直到输入电压等于感应电压，活动线圈停止转动，如图

10－9(b)所示。反之,当输入电压小于感应电压时,产生感应电流并在排斥力矩作用下反时针转动;同时感应电压逐渐减小,直到两电压相等,指针稳定,如图 10－9(c)所示。

仪表未通电时,指针被游丝拉回零刻度以下限制柱处。

当仪表通电,被测压力为零时,电桥接近平衡,输入活动线圈的电压很小,感应电压大于输入电压,指针转动并稳定在零位。

当被测压力增大时,膜片形变,活动衔铁逐渐离开 L_2,靠近 L_1,L_2感抗减小,L_1感抗增大,电桥不平衡,输入活动线圈 L_5 的电压增大,顺时针转动,直到指示被测压力。

图 10－10 所示为一种滑油压力表表面。

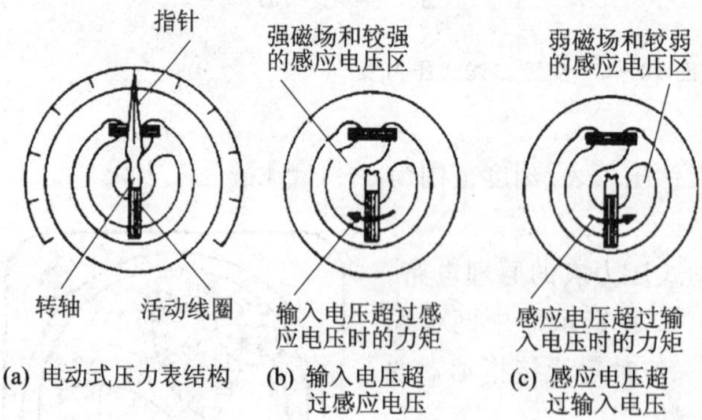

图 10－9　电动压力表指示器原理

图 10－10　滑油压力表表面

10.2　测量推力的仪表

推力表是指示涡轮喷气发动机功率的仪表。飞行员根据推力表的指示调节油门,可以在不同飞行阶段保持发动机应有的推力。

目前,推力都是采用间接测量的方法来测量。由于推力与发动机进口压力和涡轮出口压力有关,与风扇转速 N_1 有关,因此测量推力的仪表有压力比表、压力差表和 N_1 转速表等。现代民航机大多使用压力比表和 N_1 转速表,此处简单介绍压力比表。

1. 发动机压力比与推力的关系

根据喷气发动机原理,推力是气体给发动机的反作用力,它的大小等于发动机给气体的作用力。这个力的大小,决定于压气机进口的全压和涡轮出口的全压(或涡轮出口和风扇出口的综合压力),以及飞行速度。也就是说,推力是压力和飞行马赫数的函数,当飞行马赫数不变时,发动机的推力只与压力比有关。测量该压力比,就可以反映发动机推力。

2. 压力比表工作原理

压力比表又称 EPR 表(engine pressure ratio gauge),是通过测量发动机涡轮排气全压与压气机进气全压比值,从而反映发动机推力的仪表。

压力比表由传感器和指示器两部分组成。常用的传感器有电容式变换器和电感式变换器两种。图 10-11 所示为一种采用电容式变换器的 EPR 表原理电路。

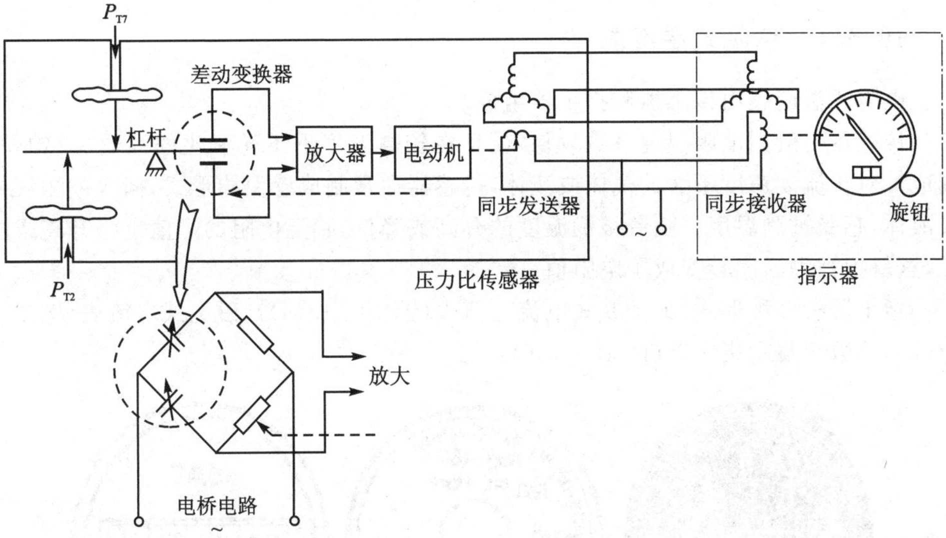

图 10-11　压力比表原理电路

传感器由两只开口膜盒、差动电容变换器、同步发送器等组成;指示器由同步接收器、指示机构、调定旋钮等组成。

发动机工作时,涡轮排气全压和压气机进气全压分别通入两个开口膜盒,膜盒的位移使杠杆按压力比值 P_{T7}/P_{T2} 转动。杠杆又带动差动电容器的动极板移动,使一个电容增加,另一个电容减小,其变化量和杠杆位移成比例,也就是和压力比成比例。差动电容器的容抗变化由交流电桥测量,经放大后使双向电机工作。电机一方面改变可变电阻,使电桥恢复平衡(故称自动平衡电桥),同时带动同步器转子转动,由定子输出和压力比成比例的电压信号。这个信号传送到指示器的同步接收器,驱使转子线圈同步转动,同时带动指针,指示出压力比值。起飞前,飞行员应根据当时场压、大气温度和飞机全重,从飞机性能曲线上查出起飞压力比值。然后,转动调定旋钮,使推力游标"△"和数码窗指示出起飞压力比值。起飞时,飞行员控制发动机油门,当指针对准推力游标时,便说明发动机达到了起飞推力。飞行中,指针指示发动机压力比值。图 10-12 所示为一种压力比表表面。

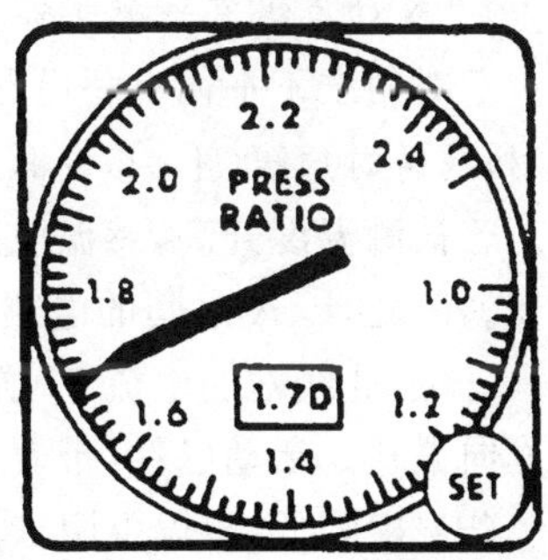

图 10-12　压力比表指示器

10.3 测量温度的仪表

飞机上常用的温度表有两类:电阻式温度表和热电偶式温度表。

10.3.1 电阻式温度表

电阻式温度表由传感器和指示器组成。

传感器一般用电阻温度系数较稳定、且在较高温度下不易氧化的镍丝(或铂丝)制成。对于流动速度不大的气体或液体,传感器通常制成感温棒形式,插入被测气体或液体,感受被测温度。随着被测温度的升高或降低,感温电阻的阻值也将升高或降低,这就把被测温度转变成了电阻值。

指示器有多种形式,如动铁式电流比值表(图 10-13(a))、磁电式电流表(图 10-13(b))及数字显示指示器(图 10-13(c))等。

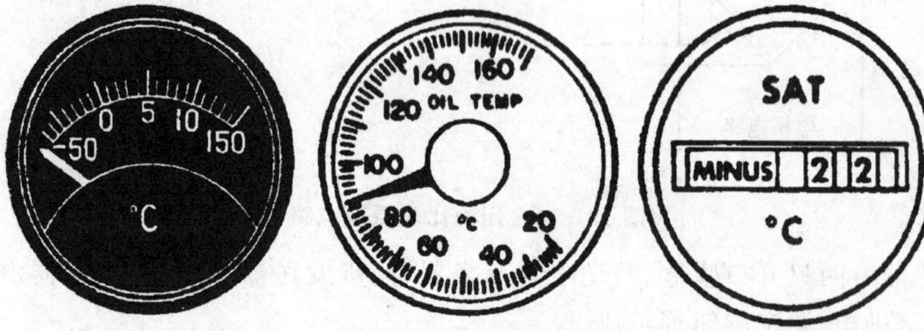

(a) 混合气、大气温度表　　(b) 滑油温度表　　(c) 大气温度表

图 10-13　电阻式温度传感器

电阻式温度表的测量电路形式也很多,常用的有双对角线不平衡电桥、惠斯登电桥等。

1. 双对角线不平衡电桥

双对角线不平衡电桥电路如图 10-14 所示。它由两条分压支路 R_2、R_3、R_4,R_1、R_X 和两条对角线(Ⅰ、Ⅱ线框)组成。

若被测温度升高,感温电阻 R_X 增大,A 点电位相应升高,B、C 点电位基本保持不变。因此,B、A 之间的电位差减小,A、C 之间的电位差增大;流过Ⅰ线框的电流 I_1 减小,流过Ⅱ线框的电流 I_2 增大,两线框电流比值 I_2/I_1 增大,其合成磁场向较高温度方向偏转。活动磁铁(带着指针)停在合成磁场方向,指针指示较高温度。

若温度降低,感温电阻 R_X 减小,则 A 点电位降低,I_1 增大,I_2 减小,合成磁场向较低温度方向偏转,指针指示较低温度。

电源断开后,拉回小磁铁使指针转到最低温度下的限制柱处。

2. 惠斯登电桥

图 10－15 所示为波音、麦道等飞机测量燃油或滑油温度的测量电路。图中 I 线圈称为偏转线圈，接在电桥的对角线上，它的电流大小和方向随被测温度的高低和正负而变化。II 线圈称为复原线圈，它与一条桥臂中的部分电阻(R_4、R_5)并联，流过Ⅱ线圈的电流基本保持不变。I、II 线圈安装在一起，可以在永久磁铁磁场中转动，并带动指针偏转。R_X是感温电阻。

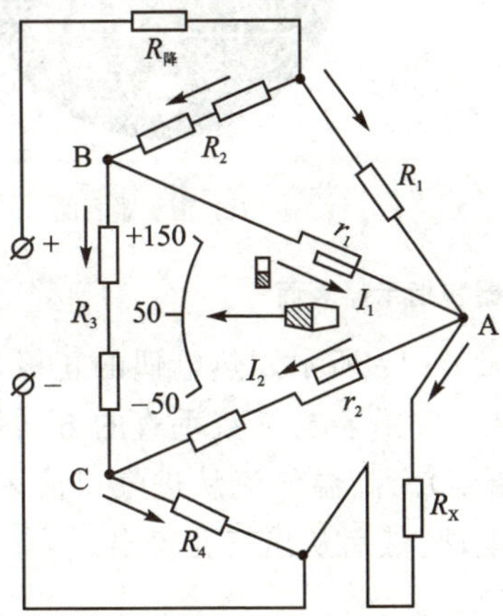

图 10－14　双对角线式不平衡电桥

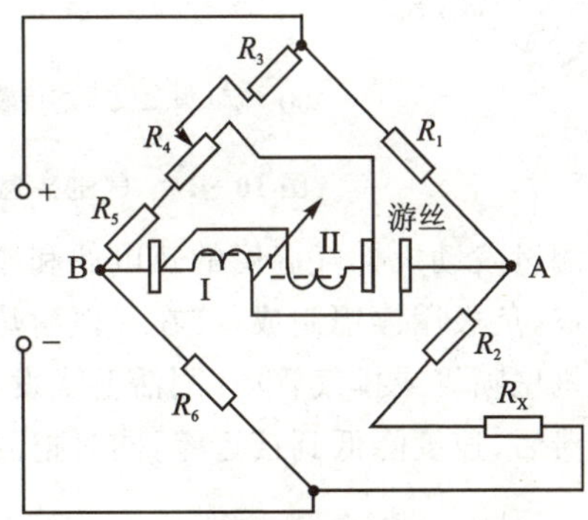

图 10－15　双对角线式不平衡电桥

当被测温度为 0 ℃时，A 点电位等于 B 点电位，电桥处于平衡状态。偏转线圈Ⅰ中电流为零。复原线圈中的电流与磁铁磁场相互作用，使指针偏转。当游丝反作用力矩与电磁力矩相平衡时，指针稳定，指示 0 ℃。

当被测温度升高时，感温电阻 R_X 增大。电桥中 A 点电位高于 B 点电位，偏转线圈Ⅰ当被测温度升高时，感温电阻 R_X增大。电桥中 A 点电位高于 B 点电位，偏转线圈Ⅰ的电流增大，并在磁场中产生电磁力矩，使Ⅰ、Ⅱ线圈和指针一起转动。当游丝反作用力矩和电磁力矩相平衡时，指针指示较高的温度。

当被测温度降低到 0 ℃以下时，R_X减小。电桥中 A 点电位低于 B 点电位，偏转线圈Ⅰ中电流反向，电磁力矩反向，指针反向偏转，指示出负的温度。

10.3.2　热电偶式温度表

热电偶式温度表(thermoelectric thermometer)是利用热电偶的热电效应制成的测温仪表。它广泛用于测量较高的温度，如活塞式发动机的气缸头温度、喷气发动机的排气温度以及热气防冰加温温度等。

热电偶式温度表由热电偶和指示器组成。测量气缸头温度的热电偶和指示器如图 10－16 所示。热电偶的正极用镍铬制成，负极用锰铜制成。为了便于传导温度，热电偶的工作端(热端)焊在铜垫圈上，装在发动机电嘴下，紧贴气缸。指示器实质上是一个刻度为温度的毫伏表。

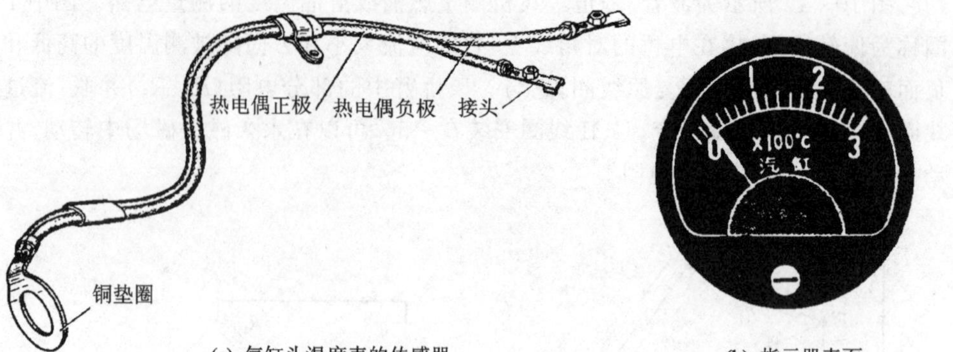

(a) 气缸头温度表的传感器　　(b) 指示器表面

图 10－16　气缸头温度表的传感器和指示器表面

测量发动机排气温度的热电偶和指示器如图 10－17 所示。热电偶的正极用镍铬制成，负极用镍铝制成，装在一根耐热不锈钢管中，并沿着与气流垂直的方向插在发动机尾喷管或排气管中(测活塞式发动机排气温度)。高温气流从进气口流入，受到阻滞后，速度降低到接近零，同时把温度传给热电偶，然后从出气孔流出。

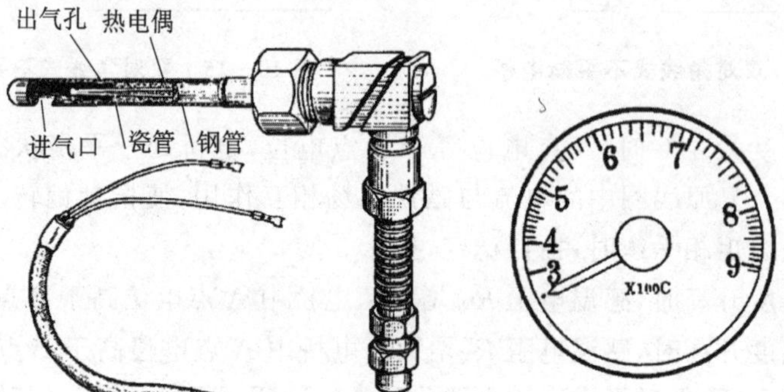

(a) 喷气发动机排气温度表的传感器　　(b) 指示器表面

图 10－17　喷气发动机排气温度表的传感器和指示器表面

热电偶温度表的原理电路如图 10－18 所示。发动机工作时，热电偶的热端感受被测温度，由于热电效应产生热电动势。如果保持热电偶冷端(即另一端)温度不变(规定为零度)，则热电动势的大小只与热端温度有关。利用毫伏表测量热电动势的大小，即能反映出被测温度的高低。

实际使用的热电偶不可能太长，冷端温度受热端温度的影响会发生变化。为了保持冷端温度恒定，通常采用和热电偶材料热电性质相近而成本较低的材料制成补偿导线，作为连接导线。这样，就相当于增加了热电偶的长度，使冷端远离发动机，保持温度恒定，减小误差。

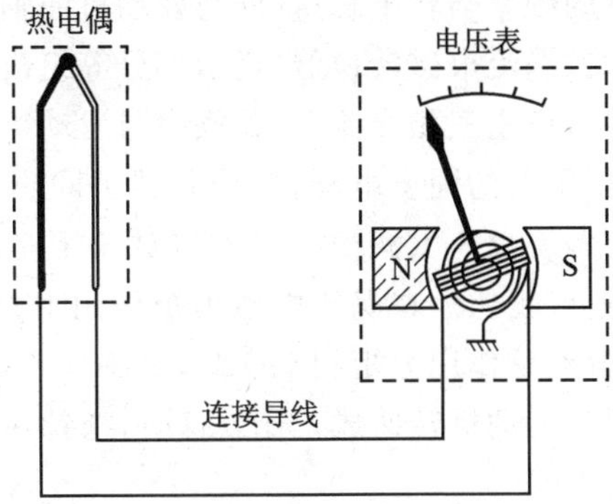

图 10-18 热电偶温度表工作原理

10.4 测量转速的仪表

测量发动机曲轴、涡轮轴或直升机旋翼轴转速的仪表，叫做发动机转速表(tachometer)。

根据转速表和进气压力表的指示，可以了解活塞式发动机的功率；根据转速表和排气温度表的指示，可以了解涡轮喷气发动机的推力。因此，转速表是一种重要的发动机仪表。目前，飞机上广泛使用的转速表有磁转速表和磁电式转速表等。

10.4.1 磁转速表

1. 工作原理

磁转速表由传感器和指示器组成，它的原理电路如图 10-19 所示。传感器是一个永磁式三相交流发电机，转子经传动机构直接由发动机曲轴或涡轮轴带动。由电

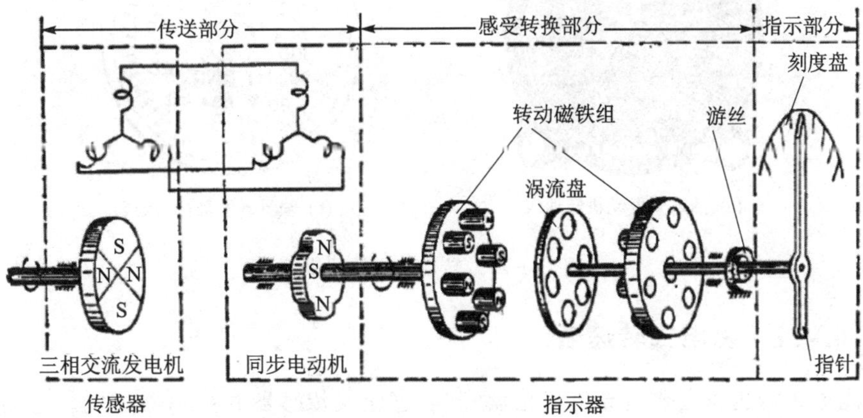

图 10-19 转速表的基本原理

工原理可知，三相交流电的频率与转子转速（即与发动机曲轴或涡轮轴转速）成正比。指示器主要由同步电动机、涡流电磁转换器、指示部分等组成。

发动机工作时，传感器产生三相交流电，其频率与发动机曲轴或涡轮轴转速成正比。三相交流电输送到指示器的同步电动机，使其转子同步旋转。同步电动机又带动转动磁铁组旋转，并使涡流盘产生涡流。涡流与磁场相互作用，产生电磁力矩，其大小与转动磁铁组的转速成正比。在涡流电磁力矩作用下，涡流盘随转动磁铁组同向转动。当这个力矩和游丝反作用力矩相平衡时，涡流盘停止转动，涡流盘的转角与涡流电磁力矩成正比，即与发动机转速成正比。这时，指针在刻度盘上指示出发动机转速。

发动机工作时，传感器产生三相交流电，其频率与发动机曲轴或涡轮轴转速成正比。三相交流电输送到指示器的同步电动机，使其转子同步旋转。同步电动机又带动转动磁铁组旋转，并使涡流盘产生涡流。涡流与磁场相互作用，产生电磁力矩，其大小与转动磁铁组的转速成正比。在涡流电磁力矩的作用下，涡流盘随转动磁铁组同向转动。当这个力矩和游丝反作用力矩相平衡时，涡流盘停止转动，涡流盘的转角与涡流电磁力矩成正比，即与发动机转速成正比。这时，指针在刻度盘上指示出发动机转速。

2. 转速的指示

图 10－20 所示为两种转速表表面。10－20(a)图是活塞式发动机转速表，单位为转/分（r/min）。短指针指一大格为 1000 r/min，长指针为 100 r/min。10－20(b)图是喷气式发动机转速表。由于喷气式发动机转速较高，直接读数不方便，因此用百分比表示，100％即表示额定转速，小刻度盘表示 0～10％。

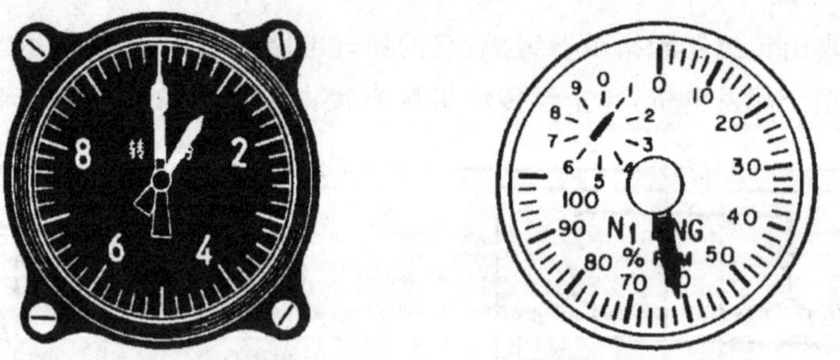

(a) 活塞式发动机转速表　　(b) 喷气式发动机转速表

图 10－20　转速表指示器表面

10.4.2　磁电式转速表

磁电式转速表主要由导磁齿轮盘、磁电感应式传感器和指示器组成。它的测量原理如图 10－21 所示。

导磁齿轮盘与发动机转轴相连接，传感器固定安装在导磁齿轮盘旁边。

发动机工作时，带动齿轮盘转动。导磁齿间隔地闭合或断开传感器磁路，其磁阻周期性地交替变化，磁通量随之变化，从而在感应线圈上产生感应电动势，电动势的频率与转速和齿盘齿数成正比，因此在齿数一定时测量电动势的频率，即可测得转速。

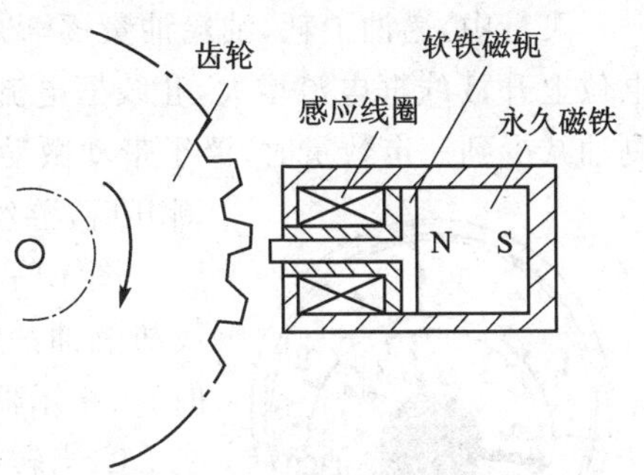

图 10-21　磁电式转速表基本原理

10.5　测量油量的仪表

油量表(fuel quantity gauge)用于测量飞机的燃油、滑油和液压油油量，并可在油量减少到一定数量时发出剩油警告。测量单位是公升、加仑、公斤、磅等。

在飞行过程中，及时了解飞机的剩油量，对于正确估计续航时间、完成飞行任务和确保飞行安全，有着重要意义。因此，油量表是一种重要的发动机仪表。

目前，飞机上常用的油量表有浮子式和电容式两种。前者结构简单，但误差较大；后者准确度较高，在多种飞机上使用。

10.5.1　浮子式油量表

浮子式油量表是利用浮子把油箱液面高度转变成电量，从而测量油量的油量表，原理电路如图 10-22 所示。浮子式油量表主要由传感器、指示器和转换开关等组成。

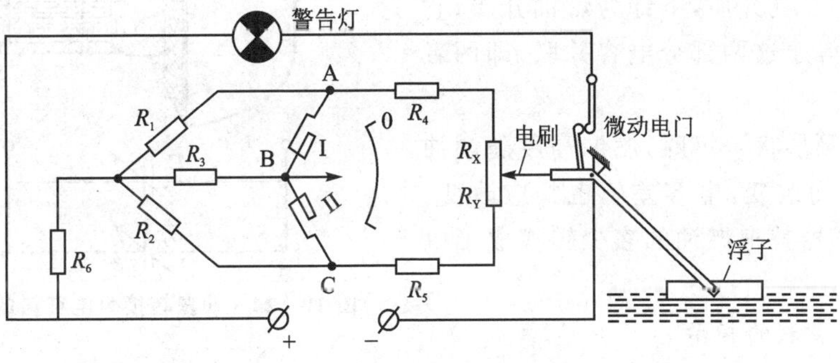

图 10-22　浮子式油量表基本原理

浮子式油量表的工作原理与直流二线式压力表类似。浮子用泡沫塑料或金属盒子做成，随液面高低而升降，并通过传动机构带动电刷移动，从而把油量转变成电量。当飞机加油时，浮子随油面升高，电刷下移，使指示器 A 点电位升高，C 点电位降低，流过 I 线框电流减少，Ⅱ线框电流增大，动框在电磁力矩作用下向下转动，使指针指示出加油量。

飞行中，燃油消耗，油箱油量逐渐减少，浮子下降，电刷上移，A 点电位下降，C 点电位上升，Ⅰ线框电流增大，Ⅱ线框电流减少，动框向上转动，指针指示出剩油量。当剩油减少到一定数量时，浮子带动微动电门接通剩油警告灯，提醒飞行员注意。电源断开后，游丝使指针转到零以下的限制位处。

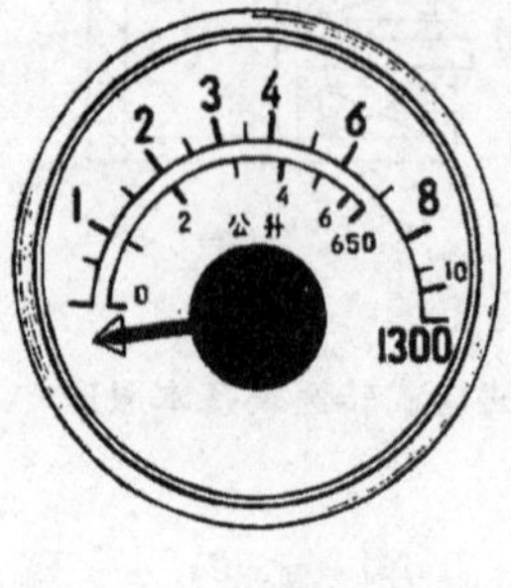

图 10－23　油量表指示器

图 10－23 所示为运五飞机燃油油量表指示器。运五飞机燃油油箱分为左、右两组。当转换开关放在左或右位时，由指示器内圈刻度表示单组油箱油量，刻度范围为 0～650 L；当转换开关放在总油量位时，由指示器外圈刻度表示总油量，刻度范围为 0～1 300 L。

浮子式油量表的测量精度受飞行状态影响较大，检查油量要在平飞时进行。

当剩油警告灯亮时，飞行员应结合飞行过程判断剩油状况。如果确认剩油不多，应立即报告地面指挥，并迅速作出正确处置。

10.5.2　电容式油量表

电容式油量表是利用电容器把油量转变成电容量，从而测量油量的油量表。

1．油量转换成电容量的原理

电容式油量表的传感器是一种变介电常数式电容器，由两只同心圆筒形极板组成，如图 10－24 所示。传感器插入油箱后，上部为空气介质，下部为燃油介质，它的电容量等于这两部分电容并联，即两者之和。

当油箱形状一定时，燃油高度随燃油量的改变而改变，电容差值也相应改变。这样，传感器就把燃油的多少转换成了电容的大小。

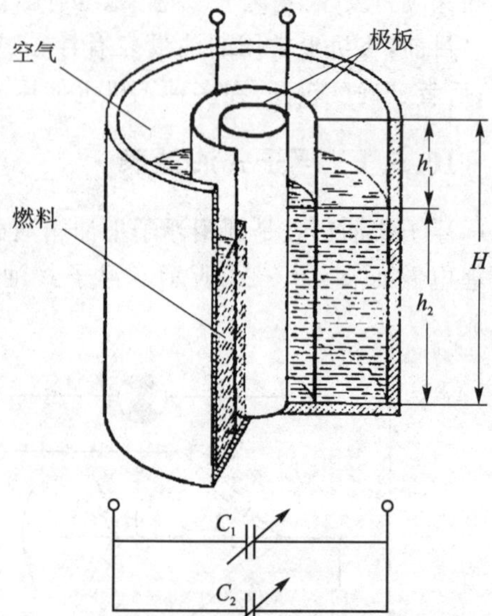

图 10－24　油量转换为电容量的原理

2．油量表的指示

油量表指示器的形式很多。图 10－25 所示为运七飞机油量表指示器和转换开关。当转换开关放在“总”位时，指示器“左(Z)”、“右(Y)”指针分别在内圈刻度盘指示出左、右机翼各油箱总油量。转换开关放“1”或“2”位时，则分别在外圈刻度盘指示左、右机翼的第 1 或第 2 组油箱油量。指示器内圈刻度范围为 0～2400 kg，外圈为 0～1 600 kg。

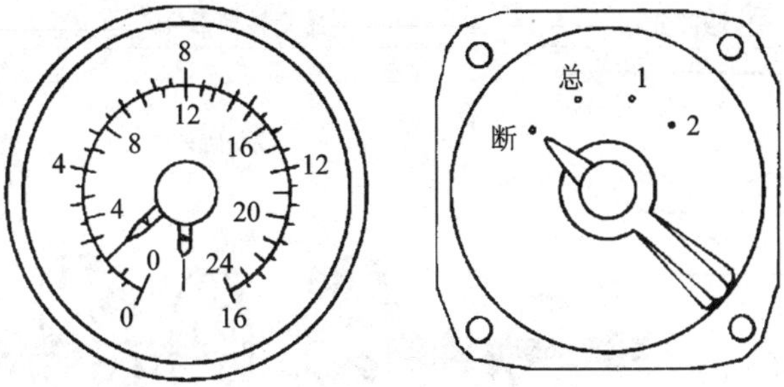

图 10-25　运-7飞机油量表与转换开关

10.6　测量流量的仪表

流体在单位时间内流过管道某一截面的体积或质量，称为流量。前者叫作体积流量，后者叫作质量流量。

测量燃油流量的仪表叫燃油流量表(fuel flow meter)。有的燃油流量表除了测量流量外，还能指示燃油的消耗量或油箱中的剩余油量，因此又叫燃油耗量表。

根据燃油流量表的指示，飞行员可以了解发动机的供油情况，它是检查和调整发动机工作状态的依据之一。

目前，飞机上常用的流量表有两种：一种是叶轮式流量表，用来测量体积流量；另一种是角动量式流量表，用来测量质量流量。

10.6.1　叶轮式流量表

叶轮式流量表是利用叶轮把燃油流量转换成叶轮转速，从而测量流量的仪表。

1. 流量转换成叶轮转速的原理

叶轮式流量表的敏感元件是两个叶轮，它在燃油的冲击下绕轴转动，在测量管道的截面一定时，流量越大，流速越快，同时叶轮的转速也越快。因此，测量叶轮转速就可以测出流体流量。

由于这种方法测量的是单位时间内流过的体积，只有当流体密度一定时才能表示流体质量，所以指示器上需标注流体的密度。

2. 测量流量的原理

流量表的工作原理如图10-26所示，它由叶轮式传感器和同步指示器组成。

发动机工作时，燃油不断流过供油管路，管路中的叶轮受燃油冲击而转动，其转速与流量成正比。叶轮带动永久磁铁转动，并在涡流圆环上产生电磁转矩，使圆环跟随转动。当游丝反作用力矩与涡流电磁力矩平衡时，圆环停止转动。圆环转动的角度与叶轮转速成正比，即与流量成正比。圆环的转角通过感应式同步器传送给指示器，指针指示流量值。

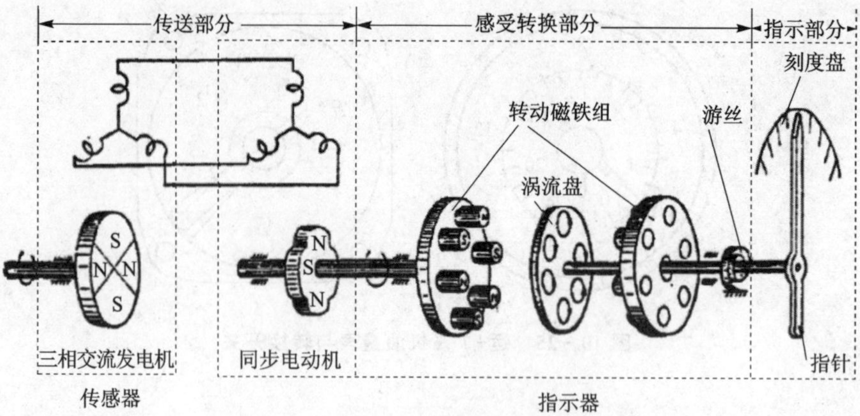

图 10－26　流量表原理

3. 测量总消耗量的原理

燃油的总消耗量就是瞬时消耗量(流量)对时间的积分。因此,测量总消耗量也可利用叶轮把流量转换成转速,然后对转速进行积分。如果再从总油量中减去这段时间的总消耗量,则可得出当时油箱内的剩余油量(无燃油泄漏和交输供油时)。

图 10－27(a)所示为一种总耗量表的传感器原理结构,它是一个无触点式转数变换器。图 10－27(b)所示为这种总耗量表的测量原理图,它由交流电桥、放大器和电磁计数式指示器等组成。

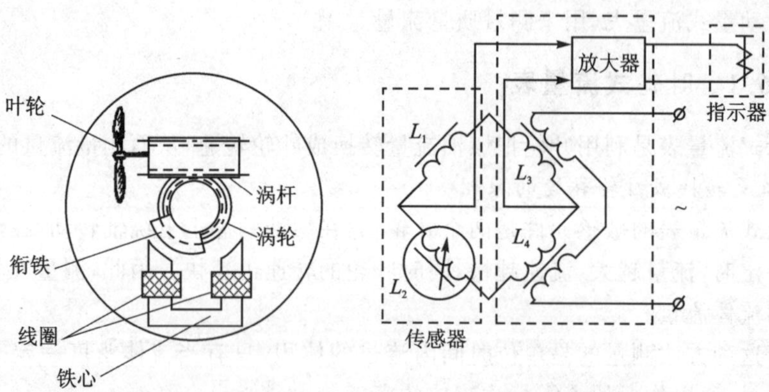

(a) 总耗量表的传感器原理结构　　(b) 测量原理图

图 10－27　总消耗量测量原理

发动机运行时,燃油流经传感器使叶轮转动。由于叶轮转数与消耗量成正比,因此测量叶轮转数,便可以测得燃油总消耗量。

传感器叶轮转动时,经涡轮、涡杆减速带动衔铁转动。衔铁远离铁心时,交流电桥平衡,没有信号输出。衔铁靠近铁心时,电感 L_2 增大,电桥不平衡,输出一个脉冲信号,使电磁计数器工作一次,指示器的数码盘跳动一个数字。燃油消耗量越大,叶轮转数越多,电桥不平衡次数越多,输出脉冲数越多,指示器跳动的数字就越多。因此,指示器数码盘显示的数字就表示燃油消耗量的大小,若从总油量减去耗量,则可以表示油箱剩余油量。

流量表表面如图 10－28 所示,指针指示燃油流量,单位为公斤/小时,数码窗显示油箱存油量(剩余油量),单位为公斤。

为了指示油箱剩余油量,应在飞机加完油后,把数码窗调到油箱实际油量数(压下并转动表下方的调整旋钮可以调整数码窗数字)。发动机工作时,油量数将不断减小,只要不采用交输供油,数码窗将显示剩余油量。

这种表测量油量不存在姿态误差,但不能反映油箱泄漏情况。

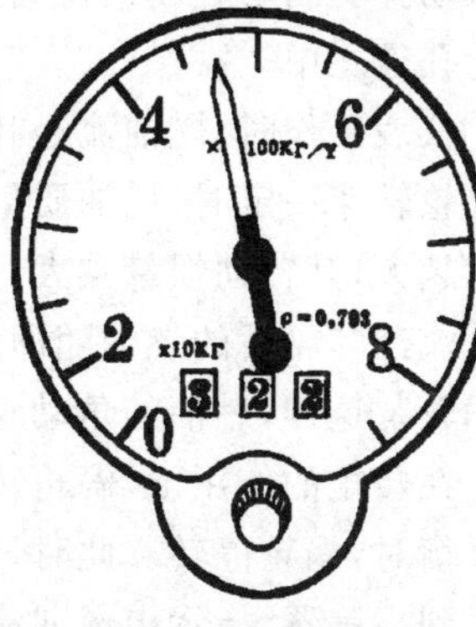

图 10－28　流量表指示器

10.6.2　角动量式流量表

角动量式流量表是把燃油流量转换成角动量(即动量矩),从而测量流量的流量表。由于角动量式流量表直接测量燃油质量流量,与流体的密度、温度等参数无关,测量精度高,所以被广泛使用在大中型飞机上。

1. 流体流量与角动量的关系

根据动量定理可知,任何物体在外力作用下运动状态发生改变时,其动量随时间的变化率等于其所受的外力。也就是说,流体的动量等于质量流量和它流过距离的乘积。若距离一定,则动量和质量流量成正比。如果再让这段流体绕固定轴转动,则当转速恒定时,它对该轴之矩(即动量矩)也和质量流量成正比。所以,测量流体的角动量就可以反映质量流量。

2. 工作原理

角动量式流量表主要由传感器和指示器等组成,其传感器如图 10－29 所示。

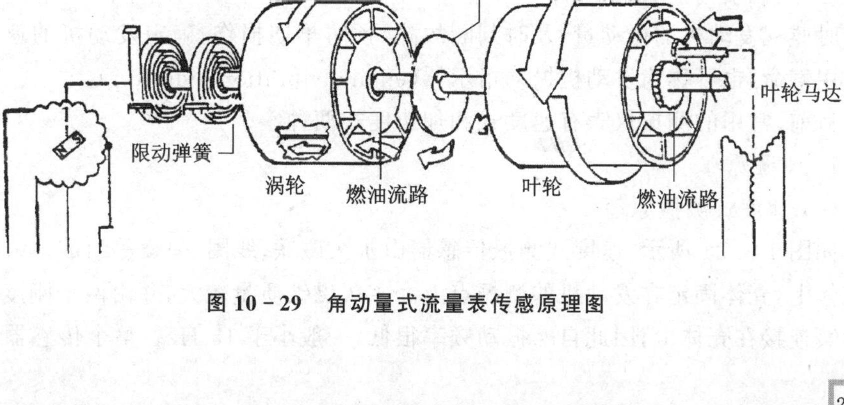

图 10－29　角动量式流量表传感原理图

传感器叶轮和涡轮安装在各自的轴上。叶轮在叶轮马达驱动下恒速转动，涡轮被限动弹簧制动。断耦盘固定安装在叶轮和涡轮之间，使来自叶轮的燃油只能进入涡轮孔道之中。

仪表工作时，燃油流经叶轮，将被叶轮强迫转动，获得一个横向动量，即角动量。在叶轮转速一定时，燃油质量流量越大，角动量也越大。即燃油单位时间流经叶轮的质量越大，其转动惯量越大，角动量也越大。

流经叶轮后的燃油随即进入涡轮，又将被涡轮强迫导直，从而把全部角动量传递给涡轮。这样，燃油的角动量对涡轮形成一个转矩，其大小就和燃油质量流量成正比。在转矩的作用下，涡轮转动，弹簧变形。当弹簧反作用力矩与涡轮轴上的燃油转矩平衡时，涡轮停转。此时，涡轮轴转角与燃油质量流量成正比。该转角通过同步器传送到指示器，指示出燃油流量。信号经积分后，就可得出总耗量。

图 10－30 所示为两种常用的角动量式流量表表面，10－30(a)只能指示流量，单位为 lb/h(磅/小时)，10－30(b)用指标指示流量，数字显示总耗油量，单位为lb(磅)。

(a) 只指示流量　　(b) 指示流量和总耗油量

图 10－30　两种角动量式流量表指示

10.7　测量振动的仪表

涡轮喷气发动机是一种高速旋转机械，转子虽然经过严格的平衡，但工作时还是有或大或小的振动现象。发动机振动会使轴承磨损驾驶零部件疲劳损伤，发动机寿命缩短，飞机结构强度减弱，噪声增大等。因此，现代大中型飞机都装有测振仪表，以便随时监视发动机的振动量，及时判断故障，预防早期损伤，确定发动机的返修周期与使用寿命，也可称为发动机振动指示器(engine vibration indicator)。

目前，常用的测振仪表有速度式和加速度式两种。

1. 测量原理

(1) 速度式测振原理

如图 10－31 所示，速度式测振传感器由永久磁铁、线圈、弹簧等组成。线圈安装在壳体上，壳体固定在发动机的测振点上。永久磁铁质量较大，并由两个刚度很小的软弹簧连接在壳体上，因此自然振动频率很低，一般小于 15 Hz。整个传感器相当于一个把振动速度转换成交流电压的永磁式发电机。

发动机运行时，传感器壳体随发动机一起垂直振动，沿测量方向作高频往复直线运动。由于磁铁自然振动频率低，壳体的振动来不及传递给永久磁铁，所以磁铁并不随发动机振动，而是基本上保持静止状态。这样，永久磁铁相对于线圈的往复运动就反映了发动机的振动。

根据电磁感应原理，永久磁铁与线圈相对运动时将产生感应电动势，感应电动势与发动机振动速度成正比。所以，测量感应电动势的大小，可以表示发动机的振动速度。

测出振动速度后，通过积分可以得到振幅。当发动机振动频率一定时，又可以得到振动载荷系数。

通常在发动机上安装两个振动传感器，一个安在压气机附近，另一个安在涡轮转子附近，测量这两处的径向振动参数。

(2) 加速度式测振原理

当物体加速运动时，将受到惯性力的作用。惯性力的大小等于加速度与物体质量的乘积，惯性力的方向与加速度的方向相反。当物体质量一定时，测量它所受惯性力的大小，就可知其加速度。加速度式测振传感器是一个压电式力传感器，其原理结构如图 10－32 所示。

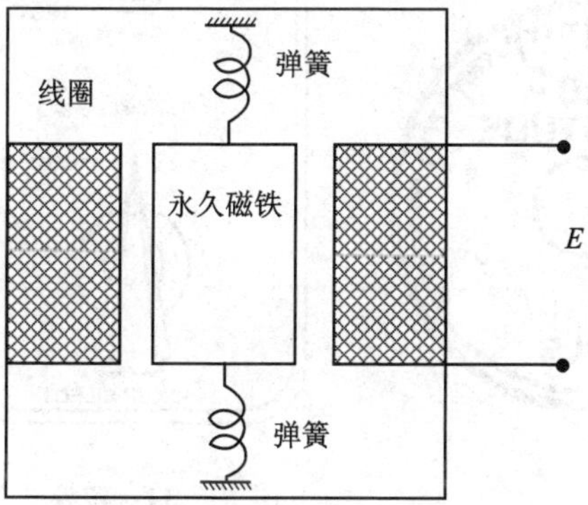

图 10－31　速度式测振原理

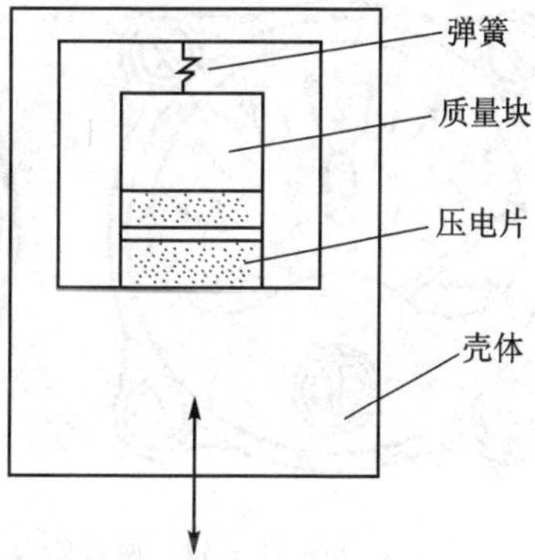

图 10－32　加速度式测振原理

质量块是加速度敏感元件，它被硬弹簧紧压在压电晶体片上，并随壳体一起运动。壳体安装在发动机上，随发动机一起运动。

发动机工作时，传感器随发动机一起垂直振动。由于弹簧刚度大，质量块的质量相对较小，可认为质量块的惯性很小。因此，质量块感受与传感器基座相同的振动，其振动加速度与发动机振动加速度成正比。这样，质量块就有一个正比于加速度的交变力作用在压电片上。由于压电片具有压电效应，因此在它的两个表面上就产生了交变电荷(电压)，其电荷量(电压)与作用力成正比，即与发动机振动加速度成正比。测量传感器的输出电压就可以表示发动机振动加速度的大小。通过积分，就可以得到振动速度和振幅。该传感器结构简单，工作可靠，体积小巧，因此得到了广泛的应用。

2. 振动的指示

振动指示器一般是测量电压的毫伏(或毫安)表。图 10－33 所示为两种振动指示器表面。图 10－33(a)指示振动载荷系数，民航飞机正常工作时振动载荷系数一般在 3～4。图 10－33(b)指示振动幅值，单位为密耳(mil，1 mil＝103 in)，正常值通常在 2～3 mil 之间。

图 10－34 所示为一种振动指示器的转换开关板，与指示器配合使用。把转换开关放在扩散器位时，指示器指示的振动值是扩散器附近的传感器测得的振动值；放在涡轮位时，则指示涡轮附近的传感器测得的振动值。

试验按钮用来检查指示器和警告灯。发动机未工作时，按下试验按钮，指针指示一定数值(如 3.8～4.2 mil)，并且警告灯亮；松手后，指针回零，灯灭。

发动机振动指示器是一种监视仪表，使用前应该用试验按钮进行检查；使用中若警告灯亮，表示振动过大(如有的发动机振动达 4mil，警告灯亮)，应结合其他仪表指示判断故障情况，并迅速作出处置。

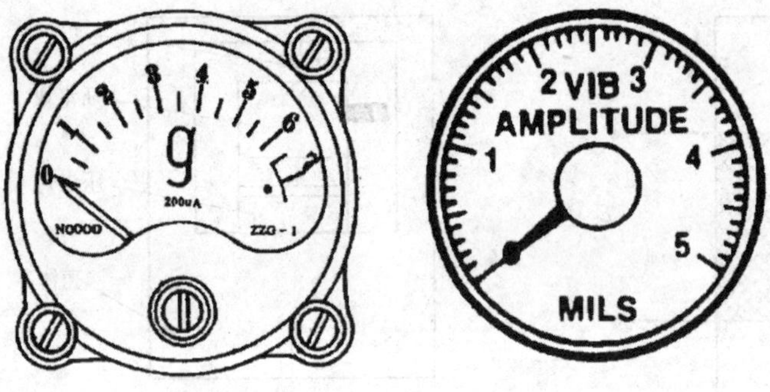

图 10－33　两种振动指示器表面

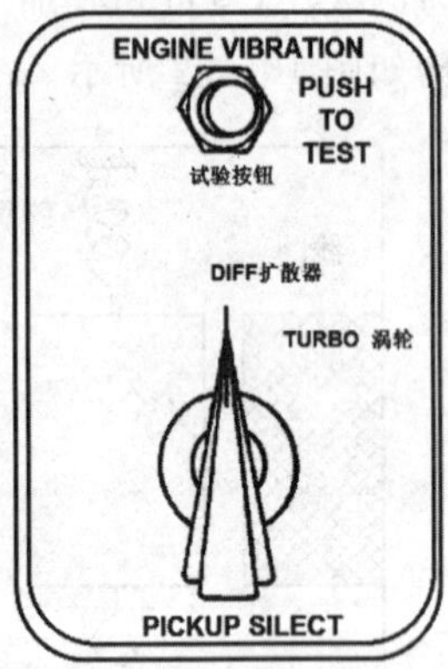

图 10－34　转换开关

10.8　全权限数字电子控制系统

10.8.1　系统概述

FADEC(Full Authority Digital Electronic Control)系统，即全权限数字式电子控制系统，是一种基于嵌入式计算机构成的具有全部控制权限的航空发动机数字式电子控制系统(简称数控系统)。FADEC 系统中，航空发动机的所有控制功能全部由数字式电子控制器负责，并且负责 FADEC 系统的故障诊断和容错控制，以提高控制系统的可靠性。此外,FADEC 系统还可以实现航空发动机的状态监视,以提高发动机的运行可靠性。目前,国内外无论是新研制的航空发动机还是改型的航空发动机几乎都采用 FADEC 系统。

10.8.2　组成结构

FADEC 系统以数字式电子控制器为核心,包含电子式传感器和电控式执行机构。在传统的液压机械式控制系统中,一般由不同的功能部件分别实现航空发动机的启动控制、加减速控制、状态调节和加力控制等功能,包括硬件和软件两大部分。硬件有电子控制器及其接口、执行机构和传感器等;软件则存储在电子控制器中支配控制系统完成实时控制和状态监视功能,包括各种类型信号的数据采集、控制规律和逻辑计算的处理、输出控制、系统监控与自诊断等。

根据发动机功能的不同,FADEC 系统的构成有一定的差别,但是其基本构成和工作原理是相同的。FADEC 系统的基本体系结构一般由输入部分、电子控制器、执行机构和控制程序四部分组成。

(1) 输入部分。系统中的信号来自飞机和发动机,有飞机的高度、速度参数,有大气温度、压力;有表征发动机各截面工作状态的参数,即温度、压力、转速、位移等,由各类测量元件、传感器来完成。

(2) 电子控制器。电子控制器是系统的核心部件,由输入模块、CPU、输出模块和电源模块组成。

(3) 执行机构。系统中的执行机构也就是控制信号驱动的液压部件,包括主供油装置、加力供油装置、加力分配器、喷口作动筒、静叶及导叶作动筒、间隙调解机构等。受控的电液转换装置有电磁阀、电液伺服阀和力矩马达等。

(4) 控制程序。控制程序是系统工作的核心。规律控制、算法控制、参数的整定、逻辑判断、故障诊断都是靠软件来完成的,控制程序是根据系统的要求及所选用的控制方法进行设计的,需要不断地修改、调试才能编制出高质量的控制程序。

10.8.3　工作原理

FADEC 系统由电子控制器通过各类传感器采集发动机的转速、温度、压力、位移以及其他发动机工作状态信号,再根据驾驶员输入的油门杆角度以及飞机的飞行高度、速度等,在电子控制器内按给定的调节计划和控制算法计算得到各个执行机构的控制量,执行机构实施对发动机各相关部件的控制,从而调节发动机的工作状态。

驾驶员输入的油门杆角度决定发动机的工作状态,将此状态与发动机的实际工作状态相比较,如果偏离了给定的工作状态,控制器就给出偏离控制信号,再通过各执行机构的控制作用,使发动机最终工作在所要求的工作状态上。

图 10－35 所示为 CFM56－5 发动机 FADEC 系统图。

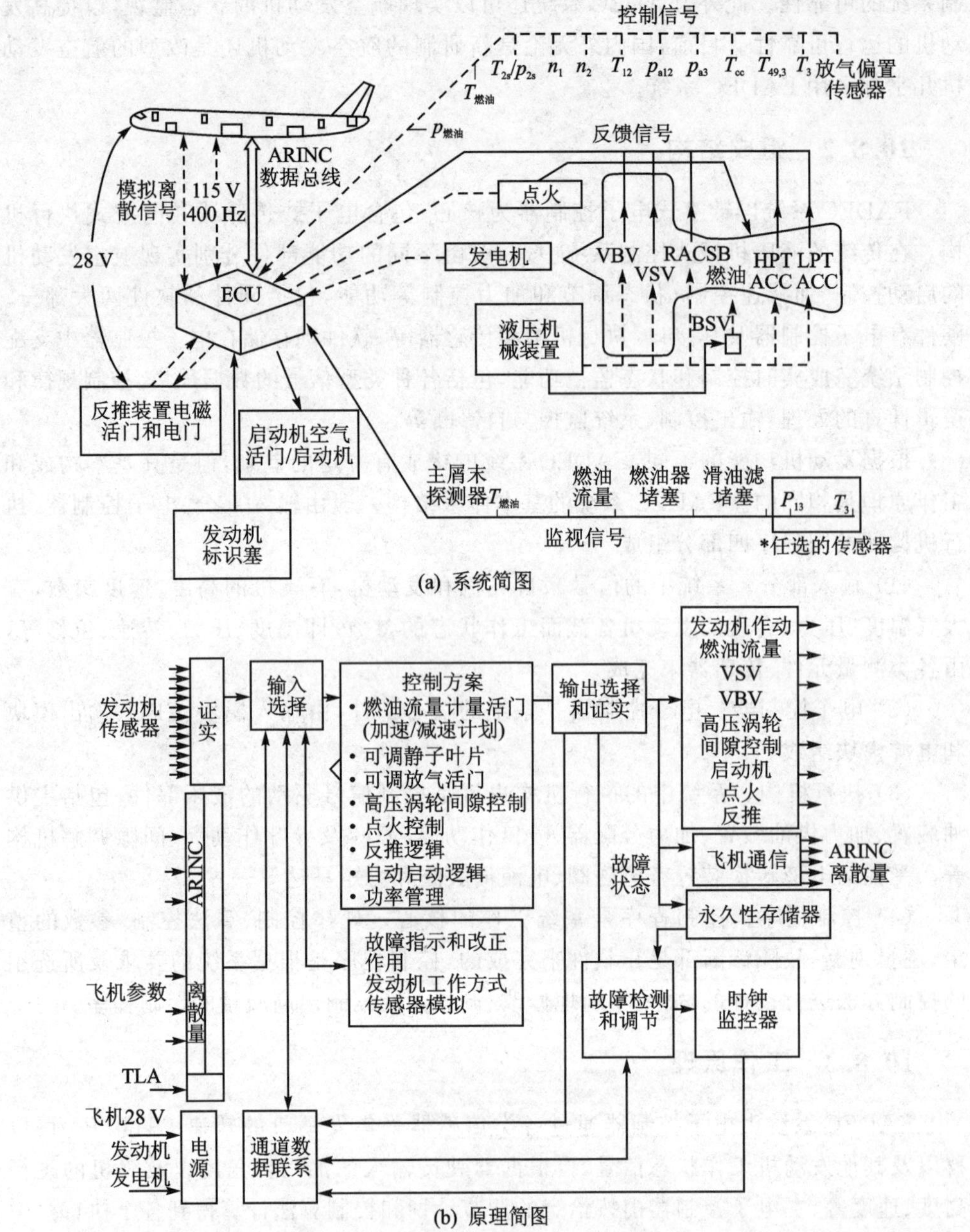

(a) 系统简图

(b) 原理简图

图 10-35 CFM56-5 发动机 FADEC 系统图

本章重要知识点

(1) 航空发动机仪表是测量、显示航空发动机工作参数和工作状态的仪表。通常采用远距测量方法,包括感受、变换、传输、指示 4 个基本环节。

(2) 进气压力表用于测量活塞式发动机进气管中的进气压力。

(3) 电动压力表用来测量燃油压力、滑油压力、螺旋桨扭矩及储压器压力等，又可以分为直流二线式、交流二线式、交流电动式等多种形式。

(4) 推力表是指示涡轮喷气发动机功率的仪表。飞行员根据推力表的指示调节油门，可以在不同飞行阶段保持发动机应有的推力。

(5) 电阻式温度表一般用电阻温度系数较稳定，并且在较高温度下不易氧化的镍丝(或铂丝)制成。常用于测量较低的温度。

(6) 热电偶式温度表是利用热电偶的热电效应制成的测温仪表，广泛用于测量较高的温度。

(7) 测量发动机曲轴、涡轮轴或直升机旋翼轴转速的仪表，叫做发动机转速表(tachometer)。

(8) 油量表用于测量飞机的燃油、滑油和液压油油量，并可在油量减少到一定数量时发出剩油警告，飞机上常用的有浮子式和电容式两种。

(9) 测量燃油流量的仪表叫燃油流量表。有的燃油流量表，除了测量流量外，还能指示燃油的消耗量或油箱中的剩余油量，因此又叫燃油耗量表。常用的流量表有叶轮式流量表和角动量式流量表。

(10) 测振仪表，便于随时监视发动机的振动量，及时判断故障，预防早期损伤，确定发动机的返修周期与使用寿命，常用的有速度式和加速度式两种。

(11) FADEC 系统，即全权限数字式电子控制系统，是一种基于嵌入式计算机构成的具有全部控制权限的航空发动机数字式电子控制系统。FADEC 系统中，航空发动机的所有控制功能全部由数字式电子控制器负责，并且负责 FADEC 系统的故障诊断和容错控制，以提高控制系统的可靠性。FADEC 系统的基本体系结构一般由输入部分、电子控制器、执行机构和控制程序四部分组成。

思考题

1. 飞机上常用的发动机仪表有哪些？
2. 电阻式温度表和热电偶式温度表有何异同？
3. 测量油量的仪表是如何工作的？
4. 测量流量的仪表是如何工作的？
5. 什么是 FADEC？其功能是什么？

第 11 章　自动飞行及管理系统

11.1　飞行管理系统

飞行管理系统(Flight Management System,FMS)是大型飞机数字化电子系统的核心,它通过组织、协调和综合机上多个机载电子系统的功能与作用,生成飞行计划,并在整个飞行进程中协助驾驶员完成从起飞到着陆的各项任务,全程保证该飞行计划的实施,实现飞行任务的自动控制。FMS 是当代民航先进飞机上所采用的一种集导航、制导、控制及座舱显示于一体的新型机载设备。

目前,一个典型的 FMS 不仅能够根据飞机和发动机性能、起飞着陆机场状况、航路设施能力、航路气象条件及其装载情况生成具体的全剖面飞行计划,而且能够实现其他多种功能,例如:通过主飞行显示系统显示和指示有关飞行信息;通过无线电通信与导航系统获得通信、空中交通和无线电导航数据;通过飞行操纵系统控制飞机的姿态;通过自动油门系统调节发动机功率;通过中央数据采集系统收集、记录和综合处理数据;通过空地数据链系统收发航行数据;通过机上告警系统提供系统监控和告警等功能。

11.1.1　功能分析

为了理清飞行控制系统的功能需求,首先对电传飞行操纵(主飞行控制)、自动驾驶仪/飞行指引系统以及飞行管理系统的相互关系进行梳理,按照 ATA(Air Transport Association of American)相关章节的分类,这些独立且关联的功能可以用三个嵌套的控制回路予以描述,见图 11-1。三个回路分别为:电传飞行操纵(或主飞行控制),对应于 ATA 27 章;自动驾驶仪与飞行指示系统(AFDS),对应于 ATA 22 章;飞行管理系统(FMS),对应于 ATA 34 章。

1. 姿态控制(人工/电传操纵)

由飞机的操纵控制布局可知,内环的电传操纵系统实施对飞机运动/姿态的控制。来自驾驶员座舱操纵装置(驾驶杆/盘或侧杆、脚蹬和油门)输入的指令信号,通过飞机操纵面以及飞行动力学特性,决定了飞机在飞行航线范围内不同状态(高度和速度)的不同响应特性。惯性和大气数据传感器测量飞机的响应,并且闭合俯仰、滚转和偏航控制回路,确保飞机在各种飞行状态都具有满意的协调操纵特性。在某些现代飞机上,实现了放宽静稳定裕度控制功能,从而减小飞机自平衡阻力,降低水平安定面的气动载荷。同时,飞机的俯仰、滚转(倾斜)姿态和偏航角或航向角等信息显

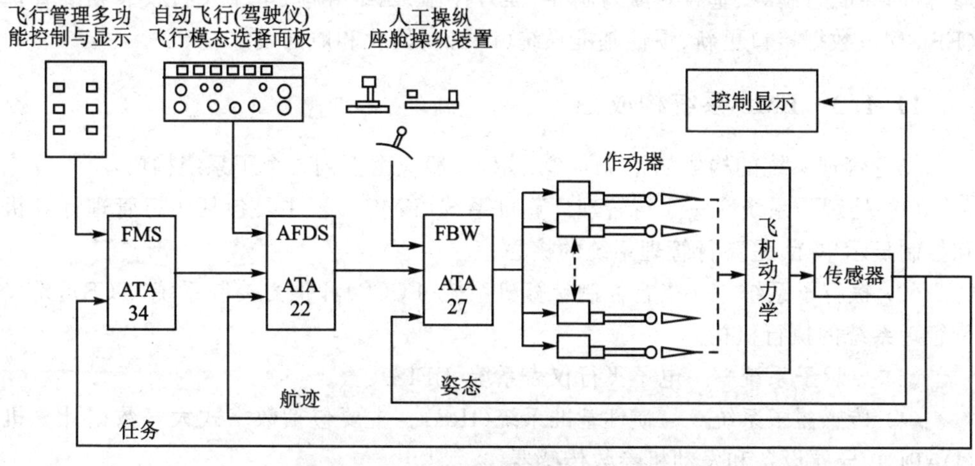

图 11-1　飞行控制系统功能划分关系

示在控制显示器上。

2. 轨迹控制(自动驾驶仪系统)

自动驾驶仪飞行指引系统闭合了控制飞机轨迹的控制回路。AFDS 控制飞机的高度、速度和航向。同时,AFDS 还兼具与特定飞行(如航向保持和航向截获有关)的导航功能。通过将自动驾驶仪与仪表着陆系统(ILS)或微波着陆系统(MLS)进近系统交联可以实现进近与着陆制导。飞行方式选择器面板(FMSP)提供与自动驾驶仪工作方式有关的控制和指示功能。

3. 任务控制(飞行管理系统)

通过执行导航或任务功能的 FMS 闭合最外侧回路,确保 FBW 操纵系统和 AFDS 使飞机能够在空域的正确点定位,并与从起飞机场到目的地机场飞行航路上的各航路点保持一致。驾驶员通过多功能控制显示组件(MCDU,或称为控制与显示组件 CDU),与飞行管理系统(FMS)接口,启动与监控飞机的进程。

不同的飞机,由于飞行任务与成本要求不同,选装的分系统也不同。大型飞机上一般全安装,小型飞机一般选装部分设备。有的飞机上安装的自动飞行控制系统不能实现自动着陆;有的飞机上的自动飞行控制系统没有推力管理系统;有的飞机上没有飞行管理计算机系统,因此实现的功能各不相同。

自动飞行系统可在飞机起飞、离场、爬升、巡航、下降和进近着陆的整个飞行阶段中使用。

11.1.2　FMS 主要功能

飞行管理系统的主要功能一般可归结为 4 个:自动飞行控制、性能管理、制导导航、咨询报警显示和乘员操纵。

飞行管理系统的核心是飞行管理计算机系统(FMCS),其基本功能包括性能管理、侧向导航与制导、垂直导航与制导、推力控制、四维导航、电子飞行仪表系统管理(EFISM)、数据接口更新、惯性基准系统(IRS)初始化和航向设定。

11.1.3 FMS系统构成

飞行管理系统的构成如图11-2所示,一般应由下列4个子系统构成:

(1) 处理子系统——飞行管理计算机系统(FMCS)。主要包括飞行管理计算机和控制显示单元,是飞行管理系统的核心。

(2) 执行子系统——飞行控制计算机系统(FCCS)和推力控制系统(TCS),是飞行管理系统的执行机构。

(3) 显示子系统——电子飞行仪表系统(EFIS)。

(4) 传感器子系统——惯性基准系统(IRS)。主要包括数字式大气数据计算机(DADC)、导航设备和发动机参数传感器。

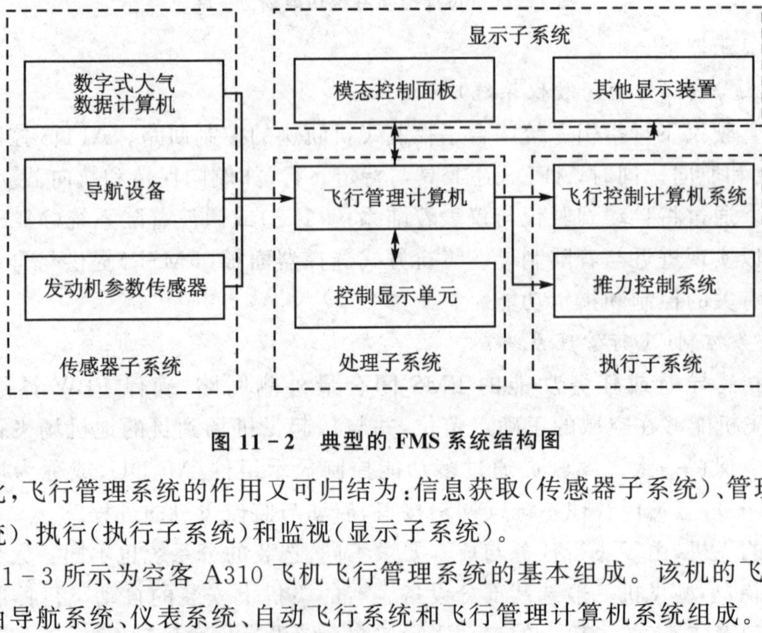

图11-2 典型的FMS系统结构图

因此,飞行管理系统的作用又可归结为:信息获取(传感器子系统)、管理决策(处理子系统)、执行(执行子系统)和监视(显示子系统)。

图11-3所示为空客A310飞机飞行管理系统的基本组成。该机的飞行管理系统主要由导航系统、仪表系统、自动飞行系统和飞行管理计算机系统组成。

11.2 主飞行控制系统

11.2.1 组成结构

目前,主流大飞机的主飞行控制系统一般都是电传飞行操纵系统FBW(Fly-by-Wire),常规布局如图11-4所示。虽然各种飞机上操纵面数量和飞行控制计算机的执行算法不尽相同,但所有的现代主飞行控制系统都符合这种常规形式。某种飞

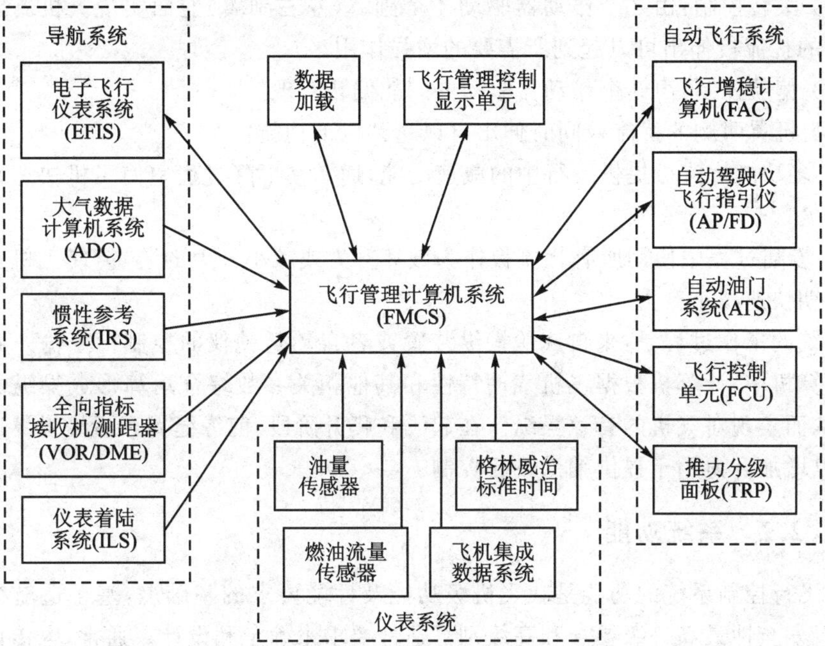

图 11-3　A310 飞机的飞行管理系统的基本组成

机(假想)主飞行控制系统的主要操纵面配置如下:

(1) 俯仰控制:由 8 个作动器驱动 4 个升降舵面实现。

(2) 俯仰配平:由 1 个尾翼水平安定面(THS)作动器(双通道控制器分别作为正常与备份系统)驱动全动水平尾翼(或称水平安定面)实现。

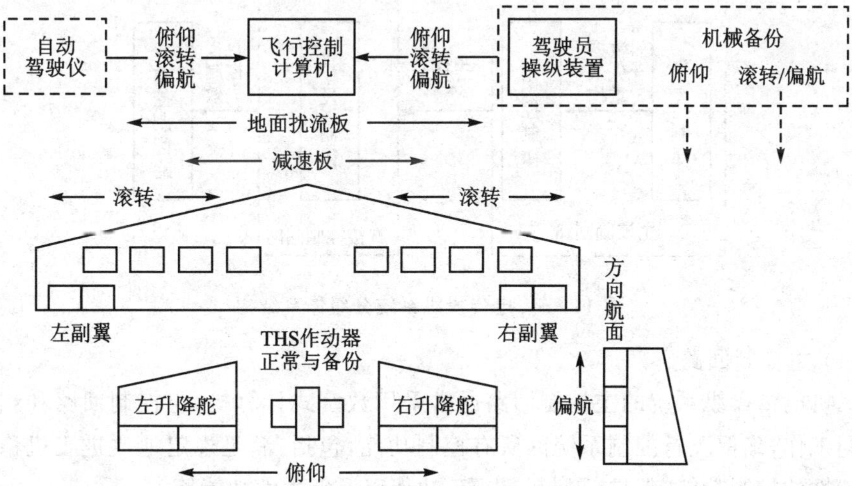

图 11-4　主飞行控制系统常规布局

(3) 滚转控制:由 8 个作动器驱动 4 个副翼(左右副翼)舵面实现。机翼内侧一定数量的扰流板伸出可以起到所需要的增强作用。

(4) 偏航控制:由 3 个作动器驱动方向舵偏转实现。

(5) 机翼两侧的扰流板同时伸出可以达到以下功能:

① 多功能扰流板提供飞行中的减速功能,通常在下降过程中使飞机快速减速至理想速度;

② 着陆过程中使用所有扰流板作为破坏升力或减小升力的装置,使飞机在着陆滑行早期快速减小升力。

系统的工作过程是:来自底舱操纵装置或者自动驾驶仪的控制指令输入到飞行控制计算机中,计算机根据飞机气动特性和其他相关参数综合运算形成操纵面控制指令,从而实现对飞机的有效操纵。在起飞和爬升阶段,前缘缝翼和后缘襟翼适当伸出,可以增加升力用于提供辅助飞行控制。

11.2.2 系统功能

主飞行控制系统的功能是在飞机级功能及性能要求的基础上,基于适航标准要求、飞行安全性最高等级要求和高级别舒适性要求来确定和设计。通常,电传操纵系统的所有功能可以归纳为三种类型:控制功能、保护功能和舒适性功能。

1. 控制功能

控制功能主要涉及飞机稳定性和操纵性的控制。一般要求电传操纵系统划分为三个控制回路:主控制回路(分为正常控制和备用控制)、直接控制回路和应急控制回路。由这三个控制回路构成的电传操纵系统体系结构如图 11-5 所示。

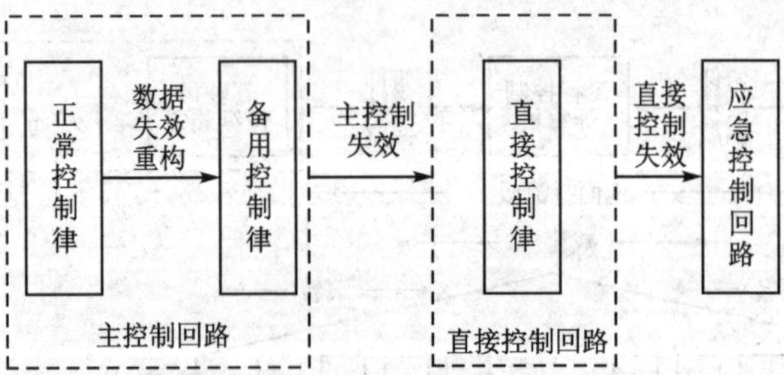

图 11-5 电传操纵系统分级体系结构

(1) 主控制回路

民机电传操纵系统的主控制回路通常采用数字式计算机,主控制回路和相关设备共同工作,确保飞行控制系统的所有控制功能,包括:满足规定地改进飞机稳定和操纵特性的控制功能、保护(限制与告警)功能以及舒适性功能等。

(2) 直接控制回路

电传操纵系统的直接控制回路是在主回路失效后接通的,跨过数字处理环节,通过作动器控制电路(ACE)直接控制作动器完成对飞机的操纵,一般采用模拟式或模拟/数字混合式控制电路,确保足够安全地完成飞行中所有受限制的控制功能。

直接控制回路与主控制回路的工作状态是各自独立的。在主控制回路故障的情况下,应能自动地转换到直接控制回路。

(3) 应急回路

根据飞行安全可靠性要求,电传操纵系统的应急回路(如果需要时)在主控制回路和直接控制回路都出现故障的情况下,应以最简单的方式完成切换,并应保证最低等级的可操纵性,确保飞机正常驾驶至安全着陆。

空客和波音的飞机(A320、B777)都设置了基本的机械操纵作为应急备份系统。空客飞机通过水平安定面和方向舵完成对飞机的纵向和横向控制;波音飞机通过水平安定面和一对扰流片(1号和7号)完成对飞机的纵向及滚转控制。

2. 保护功能

保护并防止飞机进入运动参数极限值的目的在于提高飞行安全性。通过预先警告驾驶员和主动控制操纵面,防止飞机进入操纵特性变化较大的状态和危险的运动状态。对于民用飞机而言,限制迎角是最为有效的措施。

要实现飞机的安全性保护,必须防止某些运动参数超出极限范围值,这些参数超出极限范围可能会引起飞行事故。例如,当紧急迫降时,首先必须防止飞机失速和超出极限速度。

保护功能又可以细化为限制功能和告警功能。两者既有所区别,又密切相关。

3. 舒适性功能

舒适性功能与图11-5所示的电传操纵系统分级体系结构有关,主控制回路的舒适性功能最完善,乘客和机组人员的舒适性等级最高,直接控制回路次之,应急控制回路仅满足安全驾驶要求最低等级的可操纵性。

11.3　自动飞行控制系统

11.3.1　基本概念

自动飞行控制系统(AFCS)应具备保证驾驶员用最小的心理和体能消耗完成规定功能的能力。此外,还应能够解决飞机配平、运动参数稳定性、消除相关设备故障影响、防止外部干扰和运动参数限制等问题。

AFCS综合电气、电子、机械、液压、光学以及气动等多种组件,通过控制飞行轨迹、姿态、机体对扰动的响应,或传送控制指令从而提供驾驶员辅助功能。包括自动驾驶仪、自动耦合功能控制模态、结构模态控制等。

自动飞行控制原理如图11-6所示。由图可见,自动控制信号与飞机的位置、速度、加速度信号经控制律综合计算,生成伺服作动器的控制指令,由舵机驱动飞行操纵面,实现相应的自动飞行控制功能。

每一种自动飞行控制系统的功能设计,应制定功能接通与断开,选择逻辑以及功能安全准则和限制。一般情况下,采用自动飞行控制系统功能时要求适用于平静大气,规定性能依据传感器基准值,即包括传感器误差,因此应基于功能要求选择传感器精度。对于非结构的自动飞行控制系统的模态响应,其阻尼比应不小于 0.3。

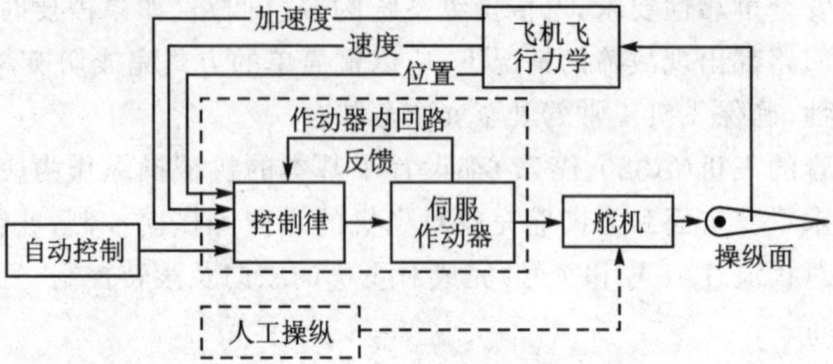

图 11-6　自动飞行控制回路

在现代运输飞机上,自动飞行控制系统能自动完成驾驶、导航、性能和推力管理。包括的功能主要有控制飞机的姿态与航向、飞机的轨迹、飞机的飞行速度以及改善飞机的操纵性和稳定性。

要实现上述四项功能,现代飞机上的自动飞行系统应包括自动驾驶仪 AP(Auto Pilot)、飞行指引仪 FD(Flight Director)、自动油门系统 AT(Auto Throttle)、偏航阻尼系统 YD(Yaw Damper)、自动俯仰配平系统 APT(Auto Pitch Trim)和飞行管理计算机系统 FMCS(Flight Management Computer System)等,如图 11-7 所示。由于自动驾驶仪和飞行指引仪的操作原理非常类似,因此,在现代飞机上将这两种系统

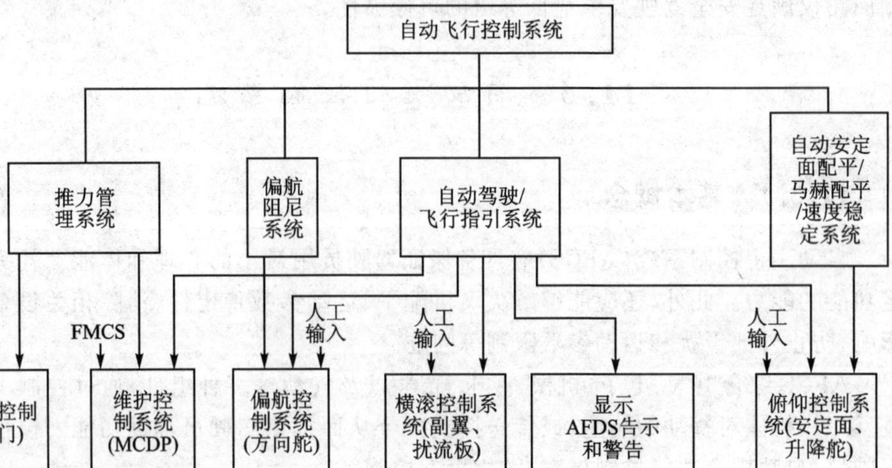

图 11-7　自动飞行控制系统方框图

综合在一起，共享某些处理功能，这就是自动飞行指引系统 AFDS(Auto Pilot Flight Director System)。

11.3.2　自动驾驶仪

自动驾驶仪的基本功能就是在飞行中代替飞行员控制飞机舵面，以使飞机稳定在某一状态或操纵飞机改变状态。其具体功能根据完善程度不同而不同。归纳起来，可实现如下功能：

(1) 按给定的平飞姿态和航向保持飞机平直飞行。

(2) 按给定的倾斜角或预选的航向操纵飞机转弯。

(3) 按给定的俯仰角或升降率实现上升或下降。

(4) 按甚高频全向信标台(VOR)的无线电信号操纵飞机进入 VOR 径向线并保持按 ILS 的信号完成飞机着陆前的进近。

(5) 按飞行管理计算机系统或其他导航系统要求，实现按预定的航路飞行，保持航迹。

11.3.2.1　组成结构

自动驾驶仪操纵飞机的过程与驾驶员操纵飞机的过程一样。它通过三套控制回路分别控制飞机的副翼、升降舵和方向舵来实现对飞机的控制。每套自动控制回路又称为通道(channel)。控制飞机升降舵的回路，称为俯仰通道；控制飞机副翼的回路，称为横滚通道；控制飞机方向舵的回路，称为航向通道。三个通道既相对独立，又相互联系、响应，共同完成对飞机的控制。有的飞机上，自动驾驶仪只控制副翼和升降舵，而方向舵由偏航阻尼器控制。因此，自动驾驶仪接通时，偏航阻尼器也自动接通。

自动驾驶仪的每个通道由测量装置、自动驾驶、计算机、放大器和舵机、回输装置和控制显示装置等组成，其组成方块图如图 11-8 所示。

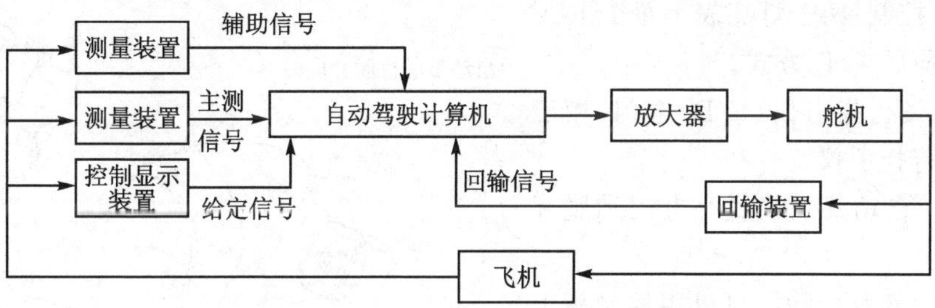

图 11-8　自动驾驶仪单通道组成方框图

(1) 测量装置：包括主测装置和辅助测量装置。主测装置用来感受飞机偏离初始位置的角位移信号；辅助测量装置用来感受飞机的角速度和角加速度信号。

(2) 自动驾驶计算机：接收自动驾驶仪操纵飞机时的各种信号，经过计算机处理后，将信号送给放大器。早期的计算机是机械式，后来发展为电磁组合式、电子元件组合式,目前均为数字式。

(3) 放大器:接收自动驾驶计算机送来的微小信号,经放大后,将信号送至舵机。

(4) 舵机:按照放大器输入的指令操纵飞机舵面。常用电动舵机和液压式舵机。

(5) 回输装置:反映舵面的偏转角和偏转角速度,并控制舵面的回收。

(6) 控制显示装置:用于通断自动驾驶仪、选取工作方式以及方式通告显示。不同型号的自动驾驶仪,其控制显示装置的式样有所不同。图 11 - 9 所示为 B737 控制板。

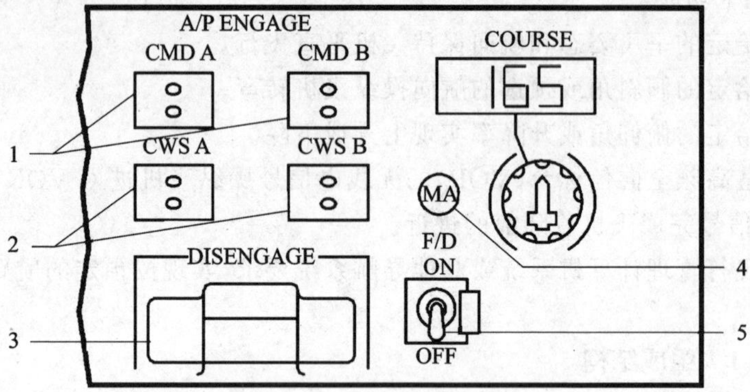

图 11 - 9 B737AP/FD 控制板

① 指令接通(CMD ENGAGE)电门(A 或 B):按压接通 A/P。

② 驾驶盘控制接通(CWS EHGAGE)电门(A 或 B):按压接通 A/P 人工驾驶。

③ 自动驾驶仪脱开(DISENGAGE)杆:推下暴露黄色背景。脱开两部自动驾驶并防止自动驾驶接通。推上盖上黄色背景并允许自动驾驶接通。

④ 主(MA)飞行指引仪指示灯(白色):如果 F/D 电门在 ON 位,则此灯表明哪个 FCC 控制 F/D 方式。亮表示相应的 FCC 控制 F/D 方式;灭表示 F/D 方式受另一边 FCC 控制;两个灯亮表示每个 FCC 控制相应的 F/D 方式。

⑤ 飞行指引仪(F/D)电门:用于通断飞行指引仪。

(7) 自动驾驶仪脱开电门和脱开警告灯:

自动驾驶仪除了可以用控制板上的接通/断开电门脱开外,飞机上还专门设置有便于驾驶员脱开自动驾驶仪的脱开电门。此电门一般安装在驾驶盘上,如图 11 - 10 所示。

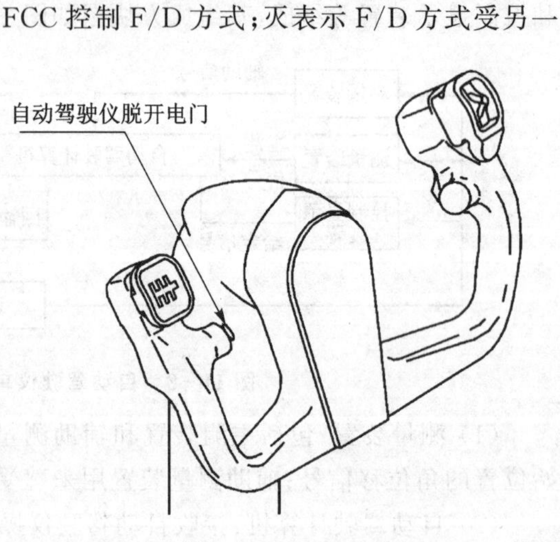

图 11 - 10 自动驾驶仪脱开电门

11.3.2.2 工作原理

自动驾驶仪 3 个通道除了测量信

号与控制舵面不同外,工作原理相同。以下仅以俯仰通道为例进行说明。

1. 稳定飞机的原理

(1) 图 11－11 所示为自动驾驶仪稳定飞机的原理图。图中,给定装置是一个俯仰电位器,给定电刷 A 输出的信号为给定信号。地垂陀螺为自动驾驶仪的测量部分,它能将俯仰电位器上边的电刷 B 稳定在地垂线上,电刷 B 输出的是测量信号。A、B 两电刷间的电压即为控制信号。

回输电位器为回输装置,电刷 C 由舵机带动。电刷 C 输出的信号为回输信号,回输信号起着抵消控制信号的作用。

利用自动驾驶仪保持飞机平飞时,给定电刷 A 应在俯仰电位器的中央。飞机平飞时,A、B 两电刷电位相等,控制信号为零,舵面中立,回输信号也为零,如图 11－11(a)所示。

当飞机受外界干扰上仰时,俯仰电位器的电阻和给定电刷 A 一齐随飞机上仰,而电刷 B 被地垂陀螺稳定,保持与地面垂直,如图 11－11(b)所示。由于 A、B 电刷电位不等,将产生控制信号,该信号送给计算机,经计算机计算、放大器放大后加给舵机。于是,舵机带动升降舵向下偏转,产生一个使飞机低头的操纵力矩。舵机在操纵舵面的同时,还带动回输电位器产生回输信号。当回输信号等于控制信号时,舵面停止偏转。在舵面的作用下,飞机开始改平,A、B 间电位差减小,即控制信号减小,此时回输信号大于控制信号。此信号差由计算机计算,经放大器放大后送给舵机,舵机带动舵面反向偏转,使舵面回收一些,舵面的回收使回输信号减少。飞机在舵面的作用下继续往原始位置运动,造成控制信号又减少,控制信号与回输信号的差值又会使舵机带动舵面往回偏转,使回输信号也减少,飞机在舵面的作用下又往回修正。这样周而复始,当飞机回到原始位置时,控制信号为零,舵面中立,回输信号也为零。这就是自动驾驶仪稳定飞机的过程。

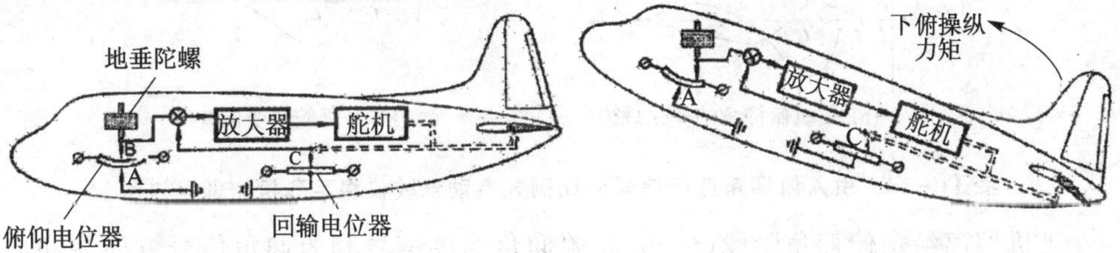

(a) 平飞未受干扰时　　(b) 受干扰后的稳定过程

图 11－11　自动驾驶仪稳定飞机的原理

(2) 引入飞机角速度的原因。由上面的分析可知:飞机受干扰上仰后,自动驾驶仪使升降舵向下偏转。升降舵偏转的角度与飞机上仰的角度成正比。在升降舵的下俯操纵力矩作用下,飞机的上仰角速度逐渐减小为零。此时,飞机上仰的角度和舵面偏转的角度均为最大值。以后,随着飞机仰角的逐渐减小,升降舵相应地回收。当飞机回到给定俯仰角时，俯仰角信号为零。在回输信号的作用下，舵机带动升降舵回到起始位置，飞机下俯的角速度为最大值。因此，飞机不能稳定在给定俯仰角上，必然产生过调。

飞机的俯仰角小于给定俯仰角后，俯仰角信号改变方向，舵机带着升降舵向上偏转，制止飞机继续下俯，并进而使飞机上仰。如此周而复始，飞机的稳定过程便是振荡的。由于空气的阻力作用，这种振荡为衰减振荡，飞机俯仰角和升降舵的变化规律如图 11－12 所示。图中，$\theta-\theta_{给}$ 为飞机俯仰角的偏差角，$\delta_{升}$ 为升降舵偏转角。

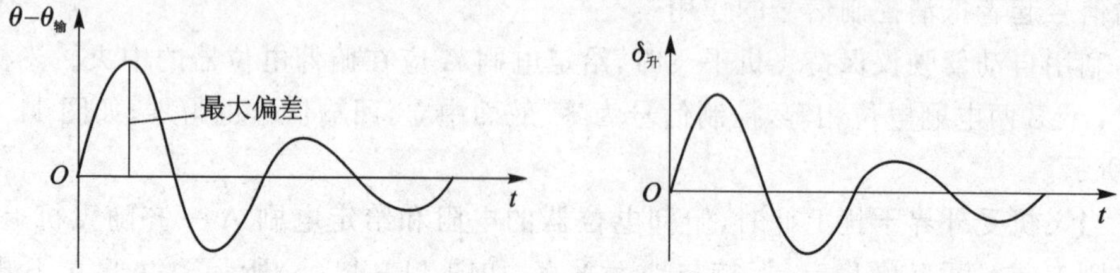

(a) 飞机俯仰角的变化规律　　(b) 升降舵的变化规律

图 11－12　比例式自动驾驶仪稳定飞机俯仰角过程

为了减小调节过程的振荡次数，提高自动驾驶仪操纵飞机的稳定性，在自动驾驶仪中引入飞机的角速度信号，它与角度信号一起共同控制飞机。由于角速度是角度的微分，所以角速度信号在相位上要超前角度信号 90°，飞机俯仰角和俯仰角速度的变化规律及升降舵转角的变化规律如图 11－13 所示。

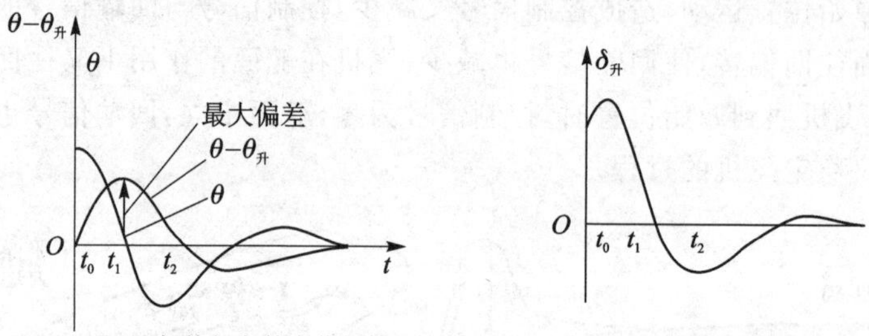

(a) 飞机俯仰角的变化规律　　(b) 升降舵的变化规律

图 11－13　引入俯仰角速度信号的比例式自动驾驶仪稳定飞机俯仰角过程

飞机偏离给定俯仰角阶段(t_0-t_1)，俯仰角速度信号和俯仰角信号方向相同，升降舵转角比没有俯仰角速度信号时要大一些。所以，飞机的偏离能够很快地被制止，俯仰角的最大偏差，比没有俯仰角速度信号时要小一些。

飞机恢复给定俯仰角阶段(t_1-t_2)，俯仰角速度信号改变方向，使升降舵先迅速回收，以致产生向上的偏转角，阻止飞机向给定俯仰角恢复，减小过调量。

比较图 11－12 和图 11－13，可以发现前者的俯仰偏转角和升降舵转角同时达到最大值，同时达到零值，同时改变方向。后者的升降舵转角总是超前一些，即俯仰偏差角为零时(起始时)，升降舵已经偏转一定的角度；俯仰偏差角还没有达到最大值时，升降舵转角已经达到最大值；俯仰偏差角恢复为零时，升降舵转角已经改变了方向。升降舵的迅速偏转、迅速回收、提前“反舵”，起到了阻止飞机来回摆动的作用，减少了振荡次数，有效地缩短了稳定时间，提高了飞行控制的稳定性。

2. 操纵飞机的原理

以自动驾驶仪操纵飞机由平飞转为爬升为例说明，如图 11－14 所示。

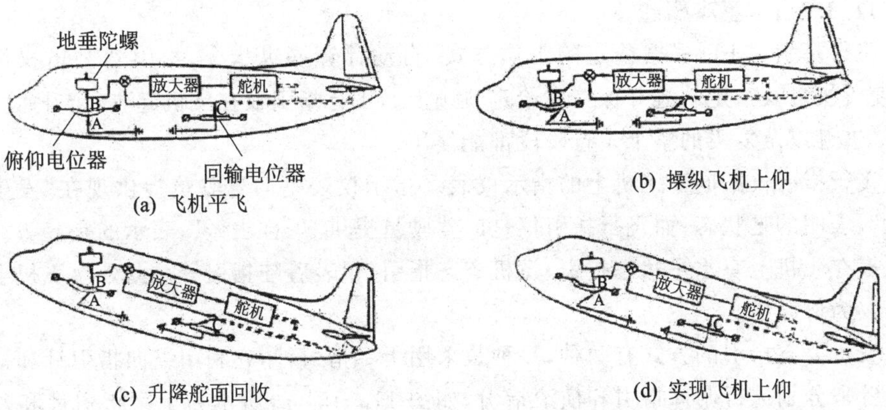

(a) 飞机平飞　(b) 操纵飞机上仰　(c) 升降舵面回收　(d) 实现飞机上仰

图 11－14　自动驾驶仪操纵飞机由平飞转为爬升原理图

飞机平飞时，舵面中立，回输信号为零，测量信号也为零，如图 11－14(a)所示。若需自动驾驶仪操纵飞机上仰一定的角度时，驾驶员通过自动驾驶仪控制板输入一个信号，使电刷 A 向后移动，出现上仰指令信号，如图 11－14(b)所示。电刷 A 偏离中立位角度越大，飞机的上仰角也越大。计算机接收指令信号，经计算、放大后输至舵机，舵机带动舵面向上偏转，同时产生回输信号，当回输信号等于指令信号时，舵面停止偏转。飞机在舵面作用下开始上仰，此时测量装置地垂陀螺测出上仰信号并输出至计算机。这时，输入计算机中的指令信号、回输信号和测量信号之差不为零，其极性与指令信号相反，该信号经计算、放大后，送至舵机并使其带动舵面反向偏转一定幅度，但总舵面仍处于向上偏转状态，幅度减小。舵面回收，使回输信号减少，飞机在舵面作用下继续上仰，测量信号增大，如图 11－14(c)所示。如此反复，当测量信号与指令信号相等时，如图 11－14(d)所示，A－B 电刷对齐，升降舵中立，回输信号为零。此时，自动驾驶仪操纵飞机达到目标状态，飞机上仰的角度可从地平仪观反映出来。

11.3.2.3　使用方式

自动驾驶仪的使用范围是除起飞以外的所有飞行阶段。当到达自动驾驶仪的接通高度并满足其他接通条件后，按下自动驾驶仪的接通电门即可接通自动驾驶仪。自动驾驶仪接通后，根据需要选取自动驾驶仪的工作方式。飞行中根据飞行需要，可以切换操纵方式。

脱开自动驾驶仪的最常用方法是通过按压驾驶盘上的自动驾驶仪脱开电门来脱

开，并解除其脱开警告信号。在脱开自动驾驶仪时，飞行员一定要控制好飞机，以防出现意外。另外，还有一些其他方法也可以脱开自动驾驶仪，如：断开自动驾驶仪接通电门进行脱开；向自动驾驶仪的俯仰、横滚和航向通道施加足够的力，人工强行脱开等。

11.3.3 飞行指引仪

11.3.3.1 基本概念

飞行指引仪 FD 根据选定的工作方式，自动计算操纵指令，指引驾驶员操纵飞机，使飞机进入给定轨迹并保持在给定轨迹上。飞行指引仪在飞机起飞、爬升、巡航、下降、进近以及复飞的整个飞行阶段都能使用。

飞行指引仪不同于飞机上的指示仪表。指示仪表是向驾驶员提供现在"发生了什么"，表明的是状态；而飞行指引仪是向驾驶员提供"怎样去做"，表示的是趋势。指引仪表在飞机上有水平状态指引、飞机姿态指引、仪表着陆指引等。此处以飞机姿态指引仪为例介绍。

飞机姿态指引的方式有两种，一种是采用十字指引针，它利用纵向指引针和横侧指引针来分别进行俯仰指引和横滚指引，如图 11－15 (a)所示为十字指引针和八字指引针。当两针的交叉点位于飞机符号中央时表示达到预定状态；若纵向指引针在飞机符号上面，驾驶员应操纵飞机抬头，反之应操纵飞机低头，使纵向指引针与飞机符号对齐，以达到预定的俯仰角。若横侧指引针在飞机符号左边，驾驶员应操纵飞机

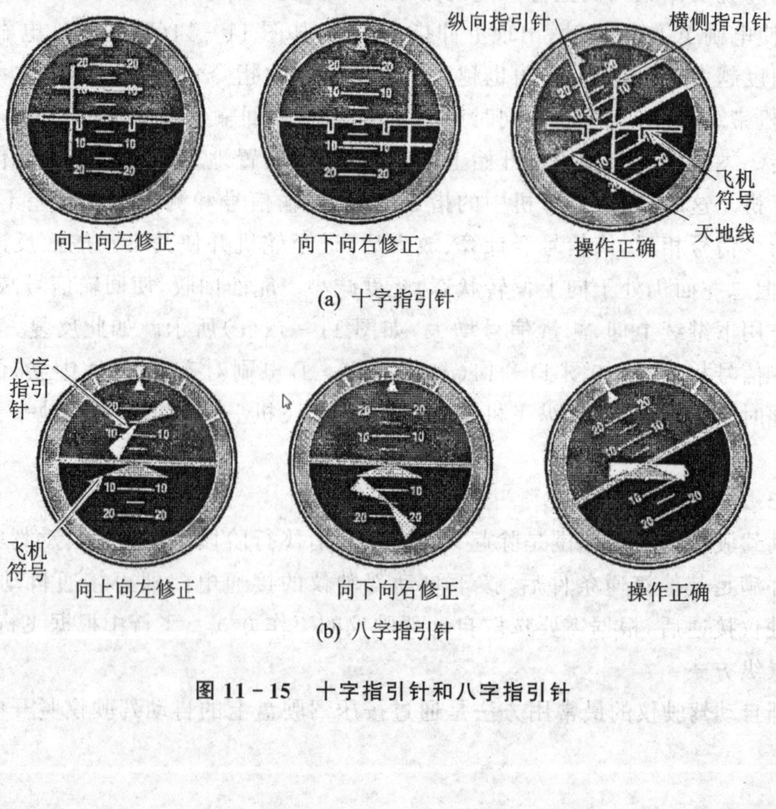

图 11－15　十字指引针和八字指引针

向左压坡度，反之应向右压坡度，使横侧指引针与飞机符号对齐，以达到预定坡度。

另一种是采用八字指引针，又称“V”形指引针。它利用八字指引针与飞机符号的上下关系来进行俯仰指引，利用八字指引针与飞机符号的左右关系来进行横滚指引，如图 11－15(b)所示为八字指引针。当八字指引针包围飞机符号时表示达到预定状态。若八字指引针在飞机符号之上，驾驶员应操纵飞机抬头，反之则应操纵飞机低头以达到预定的俯仰角。若八字指引针相对飞机符号右倾斜，应向右压坡度，反之应向左压坡度以达到预定的倾斜角。

11.3.3.2　组成结构

飞行姿态指引仪主要由飞行指引计算机、飞行指引方式选择板、动态通告牌、姿态指引指示器和输入装置等组成，如图 11－16 所示。

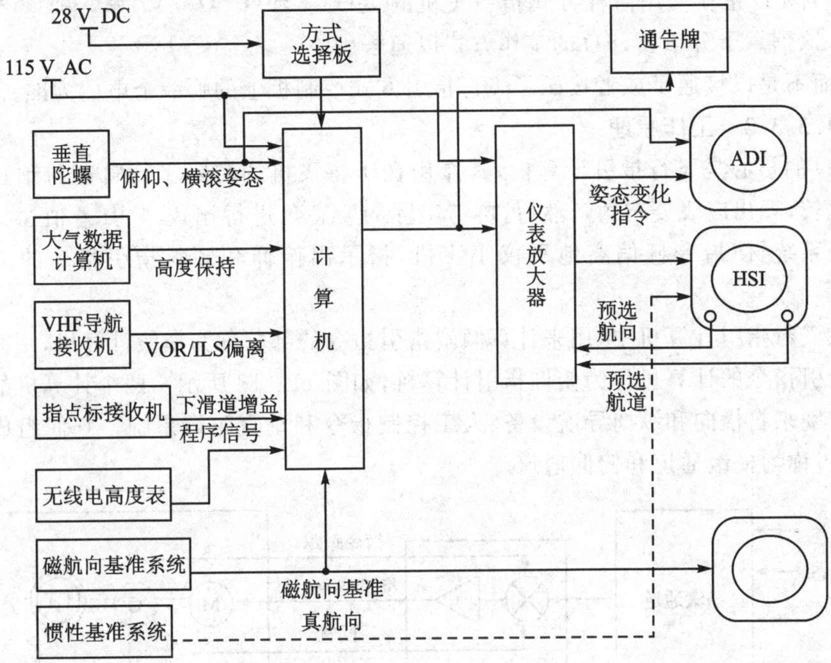

图 11－16　飞行姿态指引方框图

1. 姿态指引指示器

它是飞机姿态指示与飞机姿态指引的综合指示器。为了便于驾驶员观察飞机上其他设备的指示，指示器内也综合有其他信息显示，如无线电高度表的指示、仪表着陆系统的指示等。目前主要有两种：一种是机电式姿态指引指示器 ADI，另一种是电子姿态指引指示器 EADI。飞机的姿态来自垂直陀螺或惯性基准系统。飞行姿态指引针受飞机姿态指引计算机输出信号的驱动，如图 11－17 所示。

2. 飞行指引计算机

飞行指引计算机 FDC(Flight Director Computer)是飞行姿态指引仪的核心部

件,它为姿态指引仪提供飞机的俯仰和横侧指令、故障旗收放指令和飞行指引通告牌指示。

3. 飞行指引方式控制板

飞行指引方式控制板用于驾驶员接通/断开飞行指引系统以及选择飞行指引方式。不同型号的飞行指引系统,其控制板也存在差异。波音737－800飞机上的自动驾驶仪和飞行指引方式控制板是一体的,如图11－9所示。

4. 飞行指引方式通告牌

FD也有相应的飞行指引方式通告牌,用于向机组通告FD正在使用何种方式指引飞机的飞行姿态。该信息十分重要,FD的工作方式以通告牌为准,而不是以接通了或者按压了飞行指引方式控制板上的哪一个电门为准。

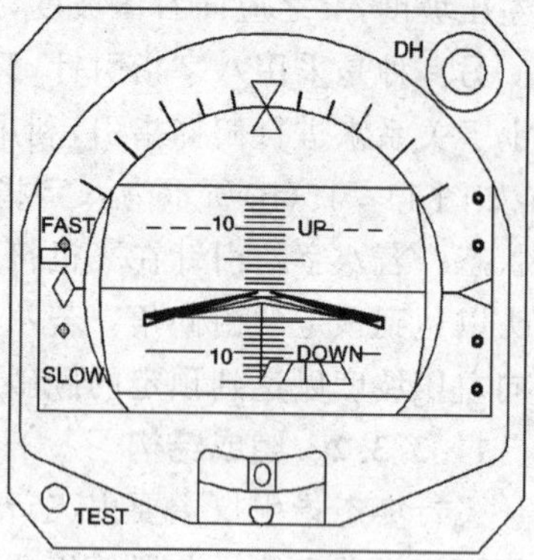

图11－17 飞行姿态指引指示器

11.3.3.3 工作原理

FD的核心是飞行指引计算机,其作用在于将飞机的实际飞行轨迹与预选路线进行比较,算出应飞姿态角。然后,再与实际的姿态角进行比较,将其差值送给指令杆伺服系统,使指令杆偏离地平仪小飞机,指示出俯仰和倾斜指引指令的大小和方向。

在飞行指引计算机中,用来计算倾斜指引指令的部分称为横滚计算机,用来计算俯仰指引指令的计算机称为俯仰指引计算机,如图11－18所示。两个计算机的输入信号分别来自横向和纵向导航设备、人工控制指令和垂直陀螺系统。它们组成的两个通道,称为横滚通道和俯仰通道。

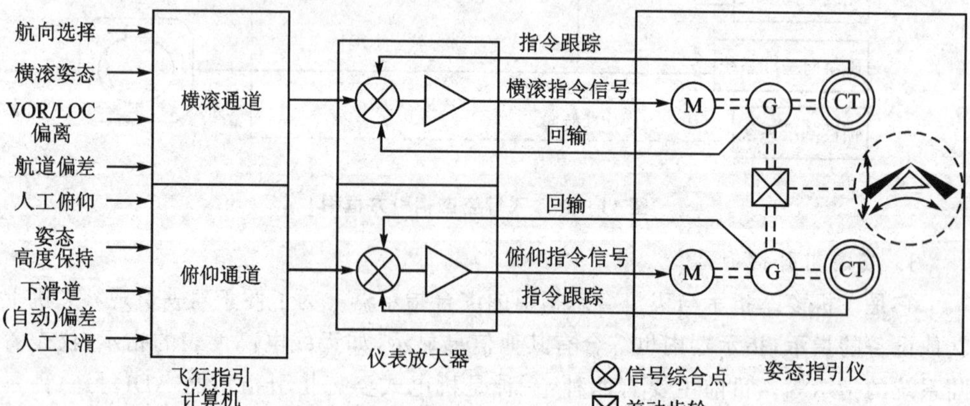

图11－18 俯仰指引计算机工作原理图

例如,假定飞行指引系统选定为航向方式,若未输入预选航向,指引仪将工作在航向保持指引方式。如果飞机偏航,则航向误差信号进入横滚计算机,误差信号经计算转换成一个指引信号，驾驶员就可以按指引操纵飞机，消除飞机的航向误差，在消除的同时，指引信号逐步变为零。若要改变飞机航向，控制板上的预选航向信号进入计算机，则计算机经过计算转换成最佳坡度转弯信号，然后与当前坡度比较，得出指引坡度信号，此信号经放大处理后，输至随动系统，由电动机 M 带动测速发电机 G 和减速器，驱使指引杆转动，形成相对飞机符号的指引。同时，测速发电机形成回输信号，另外旋转变压器 CT 也形成回转信号去抵消倾斜信号，使输入至放大器的信号为零。驾驶员根据指引操纵飞机坡度转弯。航向系统测得飞机的实际航向，当预选航向与飞机现在的航向接近(或相等)时，计算机输出信号通过随动系统操纵指引杆回平，驾驶员依据指引操纵飞机回平，飞机就保持在新的航向上。

11.3.3.4　使用方式

下面以航向指引方式为例介绍指引仪的使用。航向方式指引如图 11－19 所示。

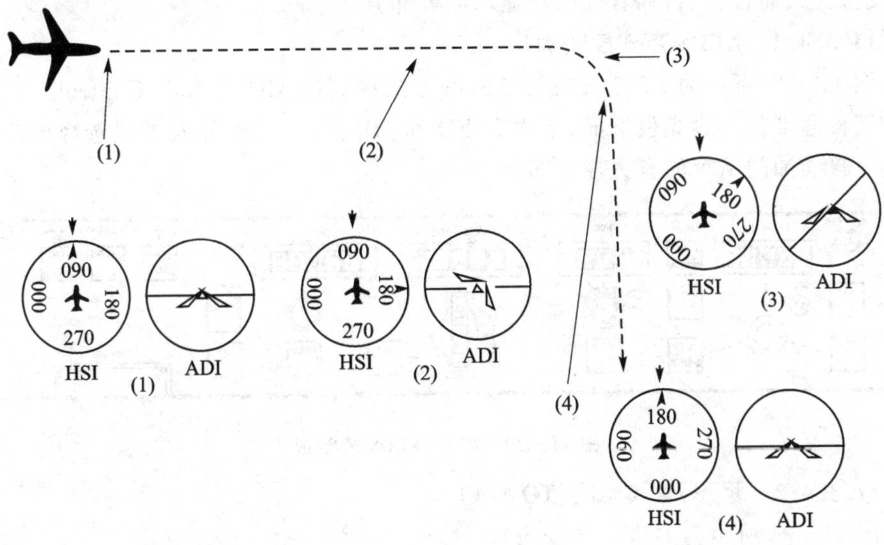

图 11－19　航向方式指引

飞机原来航向 90°，如果现在要飞 180°，首先设置 180°的预选航向，则水平状态指示器上的航向预选指标也指向 180°。将指引方式选择电门放在航向位，此时姿态指引仪上的指引杆指引右坡度。按指引杆的指引操纵飞机右转弯，指引杆逐渐回平。

图中(1)，预选航向 90°，飞机航向 90°，工作方式为航向方式，指令杆定中。

图中(2)，转动预选航向旋钮，使预选航向为 180°，指令杆指示右坡度。

图中(3)，操纵飞机右转弯，指令杆逐渐回平。

图中(4)，当飞机接近新航向时，指令杆向相反的方向偏移，继续跟随指令杆，机翼改平在新航向上。

11.3.4 自动飞行指引系统

由于自动驾驶仪和飞行指引仪的操作原理非常类似，因此，在现代飞机上一般将这两种系统综合在一起，共享某些处理功能，组成自动飞行指引系统 AFDS(Auto Pilot Flight Director system)。

有的飞机上，AFDS 系统可能包含有一个单独的飞行指引计算机，它除了向飞行姿态指引指示器上的指引针提供指令信号外，还将同样的指令信号送给自动驾驶计算机，经转换后，送给伺服机构控制飞机舵面。有的飞机上，自动驾驶仪的计算机和飞行指引仪的计算机合为一体，称为飞行控制计算机 FCC(Flight Control Computer)。飞行控制计算机不但输出信号去控制指引针，还输出信号去控制飞机舵面及飞行方式通告牌。AFDS 主要包括飞行控制计算机、AFDS 方式控制板、起飞/复飞电门、飞行方式通告牌、自动着陆状态显示器等部分。

11.3.4.1 AFDS 方式控制板

图 11-20 所示为 B747 飞机的 AFDS 方式控制板 MCP(Mode Control Panel)。主控制板通常位于遮光板下面，上面有 FD 和 AP 的接通、断开及方式选择电门，另外还有自动油门系统的有关控制部件。

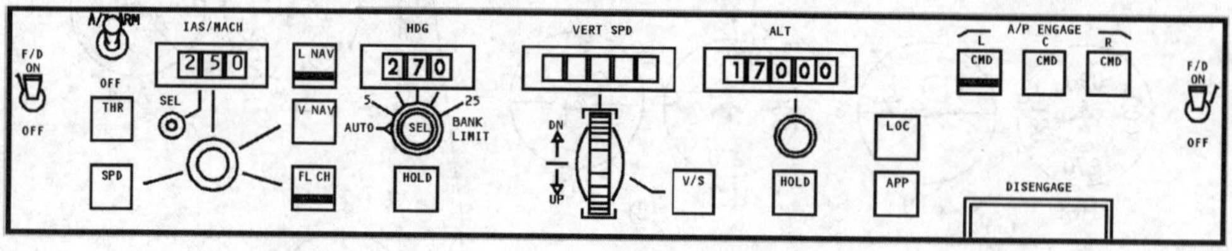

图 11-20 B747 AFDS 控制板

11.3.4.2 起飞/复飞电门(TO/GA)

图 11-21 所示为 B737-300 飞机的起飞/复飞电门。起飞前，按下该电门，即接通飞行指引的起飞方式。截获下滑道后，自动驾驶/飞行指引和自动油门的复飞方式就处于预位状态，按下油门杆上的复飞按钮，就将激活复飞方式。

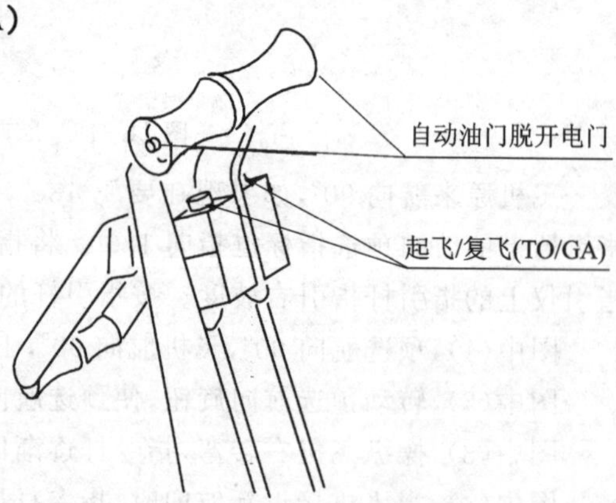

图 11-21 B737 起飞/复飞电门

11.3.4.3 飞行方式通告牌

AFDS 的工作方式显示在飞行方式通告牌 FMA 上。飞行方式通告牌非常重要，它表明了 AFDS 的工作方式。因此，飞行中，AFDS 的工作方式以通告牌为准，而不是以接通或者按压了方式控制板上的哪一个电门为准。在 EFIS 飞机上，通告牌一般位于 EADI/PFD 上，显示在顶部或下部左、右角上。图 11－22 所示为 B737－300 飞机的飞行方式通告牌显示。EADI 通告牌上的绿色字符为工作状态，白色字符为预位状态。预位状态说明此种方式预位，但还没有控制飞机，一旦预位方式控制飞机时，白色字符就变为绿色。

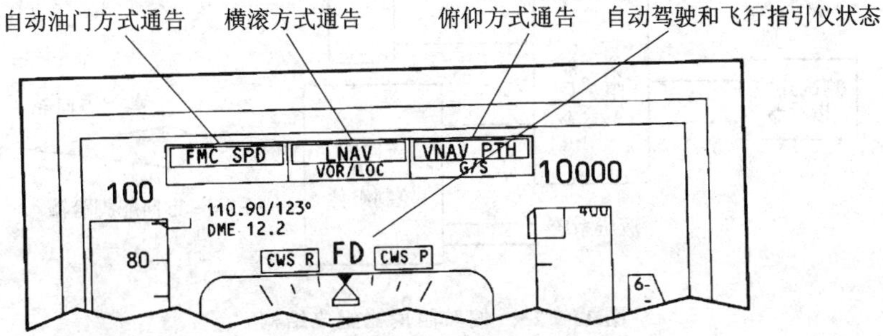

图 11－22　B737 飞行方式通告牌

11.3.4.4　AFDS 的工作方式

AFDS 的工作方式分为人工方式 CWS 和指令方式 CMD 两种。其中 CMD 方式又包括 ALT、HOLD、FLCH、V/S、VNAV、HDG SEL、LOC、LNAV、APP 和 GA 等方式。若没有接通自动驾驶仪但接通了飞行指引仪，这几种指令方式又可以作为飞行指引仪的工作方式。另外，飞行指引仪还具有起飞(TO)指引方式。

11.3.5　偏航阻尼系统

飞机以小速度大迎角飞行时，其方向静稳定性和横侧静稳定性发生变化，导致两者匹配失当，造成飞机侧向稳定性变差，可能发生机体倾斜与偏航的合成振动，即飘摆，又称荷兰滚(dutch roll)。

为了消除飘摆，现代飞机上都装有偏航阻尼器 YD，它根据空速和偏航角速度信号，经处理后适时提供指令使方向舵相对飘摆、振荡反向偏转，从而增大偏航运动阻力，消除飘摆。

偏航阻尼器可以在人工驾驶飞机时用，也可以在自动驾驶仪操纵飞机时与自动驾驶仪合用。

11.3.5.1　偏航阻尼器的组成

偏航阻尼器由偏航阻尼指示器、偏航阻尼控制板、偏航阻尼相合器和偏航阻尼伺服系统等组成，如图 11－23 所示。

1. 偏航阻尼器指示器

偏航阻尼器指示器 YDI(Yaw Damper Indicator)用于指示偏航阻尼器驱动方向舵时舵面偏转的方向和大小，如图 11－24 所示。

2. 偏航阻尼器耦合器

偏航阻尼器耦合器 YDC(Yaw Damper Coupler)用于产生偏航信号或接收偏航

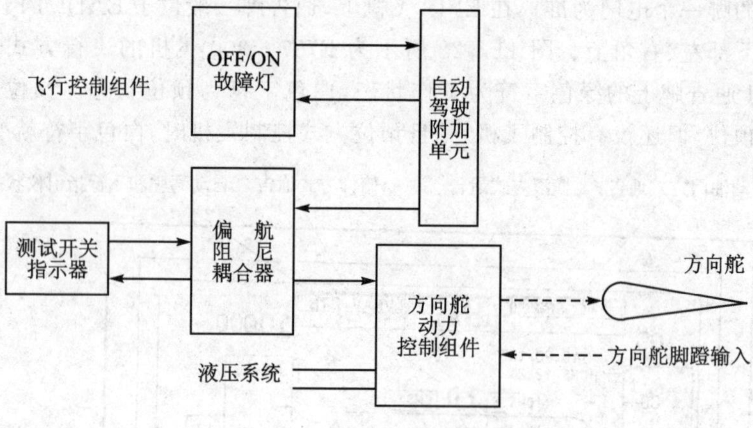

图 11-23 偏航阻尼器组成结构

信号，经计算后输出信号到方向舵动力控制组件去控制方向舵。

3. 偏航阻尼器控制板

与飞行操纵控制板一起，板上有偏航阻尼器的接通/断开电门和偏航阻尼器警告灯，如图 11-25 所示。接通/断开电门用于接通或断开偏航阻尼器。警告灯为琥珀色，任何时候只要偏航阻尼器出现故障，此灯就亮，同时也会引起飞行操纵警告灯和主警告灯亮。

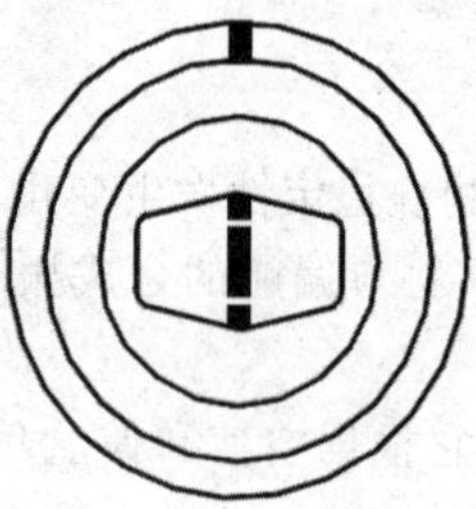

图 11-24 偏航阻尼器指示器

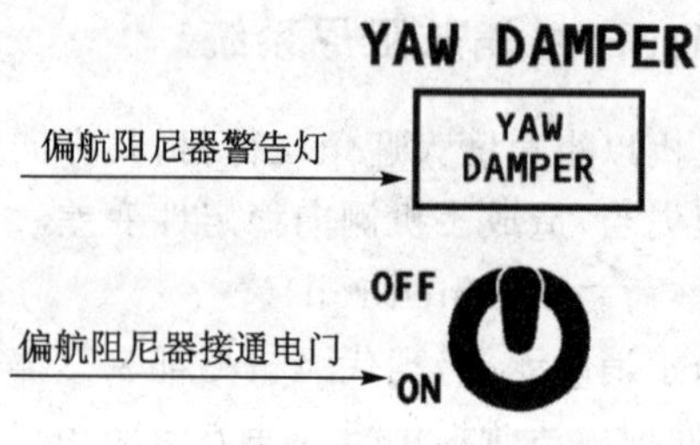

图 11-25 偏航阻尼器控制板

4. 偏航阻尼器伺服系统

包括方向舵位置传感器、方向舵转换活门、电磁活门和偏航阻尼作动器等。

11.3.5.2 偏航阻尼器的工作原理

当飞机发生飘摆时，偏航速率陀螺将感受到飞机在垂直轴(偏航轴)的摆动，输出角速度信号，并送给带通滤波器。滤波器滤除飞机正常转弯时的低频信号和飞机振动产生的高频信号，仅输出飞机的飘摆信号。该信号经放大后，送至转换活门控制液压油路的方向。偏航阻尼器作动器接收转换活门来的液压油动作，与方向舵角度输入相综合，移动方向舵的主作动器，操纵方向舵偏转。同时，偏航阻尼器作动器的运动将带动位置传感器产生回输信号，供指示器指示偏航阻尼器驱动方向舵时舵面偏转的方向,并抵消偏航角速度信号,使舵面在偏摆停止时回到原始位置。

另外,飞机的倾斜角信号、无线电高度信号和大气数据计算机输出的飞机速度信号也将送给滤波器,其作用是改变带通滤波器的时间常数。

11.3.5.3　使用特点

偏航阻尼器在起飞前接通,着陆后断开,整个飞行阶段均可使用。液压系统正常工作后,偏航阻尼器警告灯应熄灭。若液压系统故障,偏航阻尼器会自动断开。若安装有测试装置,应对系统进行测试,以判断系统是否正常。偏航阻尼器可单独使用,也可和自动驾驶仪配合工作。

11.3.6　自动俯仰配平系统

飞机配平的主要目的是减轻驾驶员的体力劳动,保持飞机飞行速度的稳定性与飞行安全。在现代大型民用运输机上,飞机在俯仰方向上的配平通常包括俯仰配平、速度配平和马赫配平等。俯仰配平通过操纵可调水平安定面来实现,其操纵方式有三种,即人工机械配平、人工电气配平和自动驾驶仪配平。用操纵飞机的水平安定面来配平飞机,可保持水平尾翼的流线性,起到既配平飞机,又减小飞机飞行阻力的作用。

自动俯仰配平系统主要包括安定面配平和升降舵不对称组件、人工电气配平电门、人工配平手柄(有的飞机是人工配平手轮)、安定面配平指示器、安定面配平切断电门、安定面配平控制组件、极限电门和位置转换组件、水平安定面配平螺纹作动筒组件等。大气数据计算机和飞行控制计算机只是一个信号源,不属于组成部件。

1. 自动驾驶仪配平

自动驾驶仪配平又称自动配平,是指自动驾驶仪操纵升降舵偏转后,由飞行控制计算机输出配平指令信号给安定面配平系统,实现纵向配平。当自动驾驶仪操纵升降舵时,升降舵中立位移传感器测量升降舵偏离中立位置的情况,并将该信号送给飞行控制计算机,飞行控制计算机根据自动驾驶仪操纵升降舵偏离中立位置的多少,再发出相应的配平指令信号给安定面配平和升降舵不对称组件,经加工处理后控制安定面控制组件,带动安定面配平。所以,当自动驾驶仪在控制飞机升降舵的同时,也可能发出信号去操纵安定面,配平飞机。

在自动驾驶仪配平过程中,手轮也将随之转动,以指示安定面偏转情况。

2. 速度配平

自动驾驶仪断开,飞机重心靠后,襟翼放出,飞机速度较低时,由于速度变化,飞机纵向将出现不平衡。ADC 输送空速信号至安定面配平和升降舵不对称组件,然后再输出信号到安定面配平控制组件,实现自动配平,保证速度稳定性。在起飞和复飞过程中,速度配平最频繁。

飞行中,当正在进行人工机械配平、人工电气配平或自动驾驶仪配平时,速度配平不起作用。

3. 马赫配平

当飞机速度达到临界马赫数时，由于机翼根部的气流接近于声速，产生湍流区，使这部分的升力减小，出现气动力作用中心后移的跨声速效应，产生机头自动下沉现象。为了使飞机在高速飞行下处于平衡状态，马赫配平系统以飞机的马赫数作为函数自动地调整升降舵上偏，实现配平。

飞机襟翼收起后，若速度大于一定的马赫数（波音 737 飞机为 0.615 马赫，波音 757 飞机为 0.75 马赫），则马赫配平系统自动进入工作。飞机在地面和飞机起飞后襟翼未收起，或襟翼收起后，马赫数较小，马赫配平系统均不工作。

飞行中，当正在进行人工机械配平、人工电气配平或自动驾驶仪配平时，马赫配平不起作用。

11.3.7 自动油门控制系统

大型飞机上一般装有推力管理系统 TMS（Thrust Management System）。TMS 的核心为推力管理计算机 TMC（Thrust Management Computer）或飞行管理计算机 FMC（Flight Management Computer），其主要功能是执行发动机推力限制计算和自动油门方式管理。发动机推力限制计算与发动机型号、工作方式和飞机的飞行阶段有关。发动机在起飞、爬升、巡航、下降、复飞和着陆阶段所需的推力限制值不同。推力管理系统根据推力限制方式（推力限制方式可以通过推力控制板人工选择或在垂直导航方式衔接后，由 FMC 自动选择），结合其他一些输入（如自动油门方式、飞机姿态等），自动计算不同飞行阶段的推力限制值，并向自动油门伺服机构发布指令信号，驱动油门杆移动。油门杆角度传感器把油门杆移动转换为角位移，又把位置信息反馈给 TMC 或 FMC，使 TMC 或 FMC 完成自动油门计算，实现自动推力管理。在所有飞行阶段，自动油门都由 TMC 或 FMC 控制。这里主要结合自动飞行控制系统介绍自动油门的工作，暂不介绍发动机推力限制计算问题。

自动油门的工作方式可以通过自动油门方式选择板人工选择。在自动驾驶飞行指引系统接通的条件下，自动油门的工作方式根据自动驾驶飞行指引系统所选的方式及不同的飞行阶段自动确定。

自动油门系统 ATS（Auto throttle System）与自动驾驶飞行指引系统一起工作，可以维持飞机的空速和垂直轨迹，实现自动飞行。当自动驾驶飞行指引系统维持飞机空速时，自动油门将控制和保持发动机推力；当自动驾驶飞行指引系统控制飞机垂直轨迹时，自动油门操纵油门杆保持所需空速。

飞机起飞时，自动油门调定发动机推力 EPR 或 N_1 值，保持飞机到达安全高度；爬升中，自动油门保持爬升推力或空速；巡航中，自动驾驶飞行指引系统维持高度，自动油门维持飞机空速；飞机下降中，若自动驾驶飞行指引维持空速，自动油门收油门至慢车位；若自动驾驶飞行指引系统维持垂直飞行轨迹，自动油门将维持空速；自动进近中，自动驾驶飞行指引系统维持飞机垂直飞行轨迹，自动油门系统维持飞机的空速复飞时，若自动油门接通，则飞机姿态由人工操作或由自动驾驶指引系统操纵，发动机的复飞推力由自动油门保持；飞机接地前，自动油门系统控制油门到慢车位，飞机落地后，自动油门自动断开。由此可见，自动油门系统在飞机起飞至着陆后都可自动控制油门。

11.3.7.1　基本组成

图 11－26 所示为 B757 飞机自动油门系统的组成图。

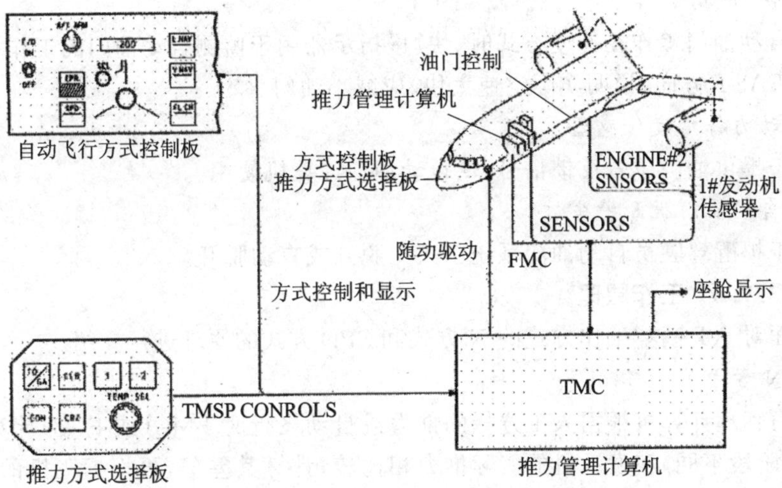

图 11－26　B757 飞机自动油门系统组成结构图

1. 自动油门方式控制板

位于自动飞行方式控制板上，有自动油门的预位电门、发动机推力方式选择电门、速度方式选择电门、飞行高度层方式选择电门、垂直导航方式选择电门以及速度/马赫数选择旋钮和速度/马赫数显示窗。

2. 推力方式选择板

用于选择推力限制方式和输入假设温度，板上有 4 个推力限制方式选择电门：TO/GA(起飞/复飞)、CLB(爬升)、CON(连续)和 CRZ(巡航)。

3. 推力管理计算机

用于计算发动机的推力限制，向自动油门伺服机构提供油门杆定位信号，同时输出信号到自动油门方式显示通告牌上进行自动油门的方式显示，输出信号到 ADI 上进行快慢指示以及自动油门的故障探测等。

4. 自动油门伺服机构

由伺服作动器、扭力电门机构等组成。

伺服作动器由电动机、电器离合器、齿轮、回输测速发电机等组成。其作用是接收自动油门计算机信号，由电动机带动机械装置去控制油门杆。

扭力电门机构用于驾驶员操控自动油门伺服机构。只要在油门杆上加一定大小的力，就会使扭力电门机构动作，由人工控制油门杆。

5. 自动油门的脱开电门和复飞电门

脱开电门用来在空中或地面人工脱开自动油门。飞机进近着陆时，当自动油门复飞方式预位后，按压复飞电门，自动油门就工作于复飞推力方式。

6. 自动油门方式通告牌

用于显示自动油门当前的工作方式。

7. 快/慢指示器

当自动油门工作在速度方式时，快/慢指示器用于监测自动油门的工作情况。指针指在 FAST 方向，说明实际空速太快，应减小油门。

8. 动力杆角度传感器

用于提供油门位置反馈信号，供自动油门计算机使用。

9. 自动油门脱开警告灯

用于提醒驾驶员自动油门系统已人工脱开或自动脱开。

11.3.7.2 工作原理

下面对 AT 基本工作方式的 N_1 方式和 SPD 方式的原理进行介绍。

1. N_1 方式

推力管理计算机根据人工选择的推力或自动飞行时 FMC(或 FCC)计算的推力(各飞行阶段不同)和发动机的实际推力相比较，计算其差值，再根据飞机的高度、速度、大气温度、姿态等因素，计算出要维持选择的 N_1(EPR)值所需的油门位置信号。该信号驱动自动油门伺服机构、移动油门杆、油门位置动作后，发动机上的动力杆角度传感器产生回输信号。当发动机 N_1(EPR)与所需 N_1(EPR)相等时，油门杆维持在某一位置，保持所需推力，简化框图如图 11-27 所示。

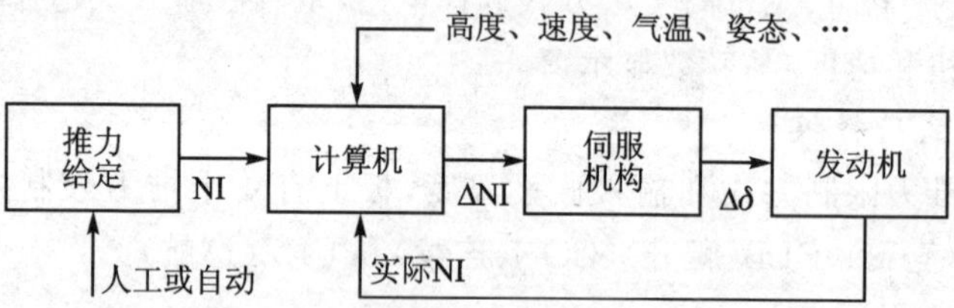

图 11-27 N1 方式简化框图

2. SPD 方式

TMC 根据 MCP 板上给定的速度或 FMC 计算的目标空速和来自 ADC 的实际空速进行比较，计算其差值，再根据飞机当前的高度、姿态等因素，计算出油门控制指令，经放大后，送到自动油门伺服作动器，驱动油门伺服机构，移动油门杆，控制发动机推力，改变飞机的速度，使飞机的速度达到预定速度，简化框图如图 11-28 所示。

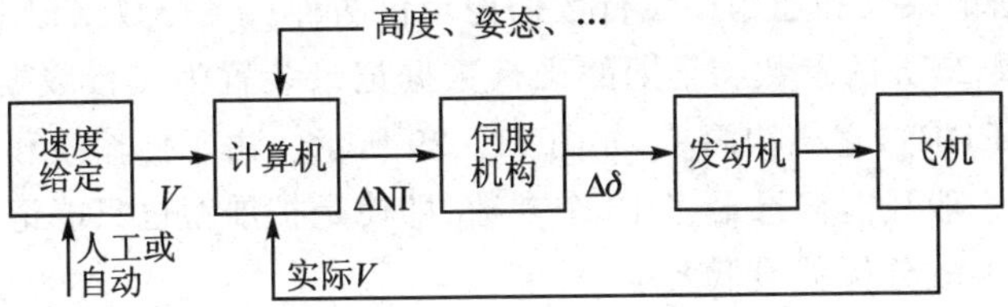

图 11-28　SPD 方式简化框图

11.3.7.3　使用特点

飞行中，自动油门系统可以与自动驾驶飞行指引系统联合使用，实现对发动机推力的控制。也可单独使用，通过人工接通自动油门系统的相应方式，实现对发动机推力的控制。

当自动油门系统与自动驾驶飞行指引系统联用时，接通有关俯仰方式，自动油门 AT 可根据飞行阶段，自动转换工作方式。

自动油门系统可以通过按压油门杆上的自动油门脱开电门人工脱开，也可以通过人工断开自动油门的预位电门来脱开。自动油门脱开时，会出现警告信号，可人工解除其信号。飞行中，当自动油门计算机出现故障时，自动油门系统会自动脱开，且有警告信号。

11.4　飞机状态监控系统

按照航空法的规定，大型商业飞机上必须安装飞行数据记录器(FDR)。国际民航组织对于飞行记录器记录的参数有统一的约定，称之为指定参数。但航空公司也可设置需要监控的其他记录参数，该数据存储在飞机状态监控系统(Airplane Condition Monitoring System，ACMS)中，称之为非指定参数(选择参数)。

飞机状态监控系统 ACMS 又称为飞机综合数据系统 AIDS(Aircraft Integrated Data System)。该系统按照时间顺序记录大量的数据信息，为发现事故隐患、查找事故原因提供可靠的依据，为训练飞行员、进行飞机设计以及为维护提供必要的真实数据，飞机状态监控系统是飞机上不可缺少的设备之一。

随着科技的发展，ARINC624-1 标准使得航空电子维修实践活动通过机载维护系统 OMS(Onboard Maintenance System)得以持续改进。该标准描述了集故障监测、故障检测、BITE、ACMS 和已知飞机综合数据系统(AIDS)于一身的机载维护系统(OMS)。

11.4.1　系统功用

飞机状态监控系统是由飞行数据记录器发展而来的，其中的飞行数据记录器有数字式飞行数据记录仪和通用型飞行数据记录仪两种。飞行数据记录仪可以在不间断的磁带上记录 25 h 的参数。早期的飞行数据记录装置为飞行数据记录器(Flight Data Recorder,FDR),它结构简单,如图 11-29 所示。由于传输线和接口的限制,记录的参数较少,一般只能记录最多 18 个参数,即使是扩展型也只能记录 30 个左右的参数,只能满足事故分析的最低要求。

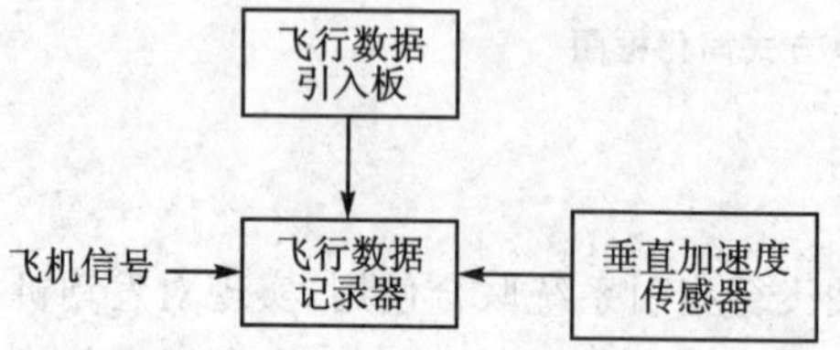

图 11-29　飞行数据记录器的组成

目前国际商用和通用航空运输机上采用的飞机状态监控系统可以记录大量的参数,如飞机飞行的航班号、日期、飞行高度、空速、航向和垂直加速度。根据需要还可以记录发动机的状态参数,飞机的实际姿态以及使飞机达到预定航迹时作用在飞机上的力以及这些力的来源,有的飞机状态监控系统记录的参数多达 2 100 个。

飞机状态监控系统的功用可归纳为以下几个方面:

(1) 在飞机设计中,可充分利用样机、原理机上所记录的大量数据来指导飞机的设计,使飞机有更好的安全性能和经济性能。

(2) 在试飞中,可利用记录的数据分析、排除故障,消除飞机上的各种隐患。

(3) 在飞行员培训中,可利用记录器记录的数据来评定飞行员的驾驶技术,确保训练质量。

(4) 航空公司在对飞机的使用和维护过程中,可利用飞行记录器记录的数据,快速准确地判明飞机的故障、飞机性能及发动机性能的变化趋势,以便制定合理的维修周期和维修重点,进行“视情维修”。

(5) 飞机坠毁后,根据所记录的数据分析事故原因。

现代飞行数据记录器有两种类型,一种是磁带式飞行数据记录器,另一种称为数字式飞行数据记录器。目前飞机大多选用数字式飞行数据记录器为固态飞行记录器(solid state flight data recorder)存储数据。为使记录器上的信息在较为恶劣的环境下不丢失,记录器必须具有抗坠毁、耐火烧、耐海水和各种液体浸泡的能力。

11.4.2　磁带式

盒式磁带记录器又称为快速存取记录器,它是安装在飞行数据采集组件内部的磁带式记录器,和飞行数据记录器相类似,但没有防撞功能。磁带式飞行数据记录器以磁带作为记录介质,该项技术的应用始于 20 世纪 60 年代末期和 70 年代初期。典型飞行数据记录器的外形如图 11-30 所示。

有些飞行数据采集组件将数据存储在记忆器中,飞机落地后,飞机维护人员定期从快速存取记录器上拆下磁带进行分析。磁带从飞机上拆下,并用飞机状态监控系统的地面设备进行阅读。快速存取记录器比安装在飞行数据采集组件内部的磁盘存

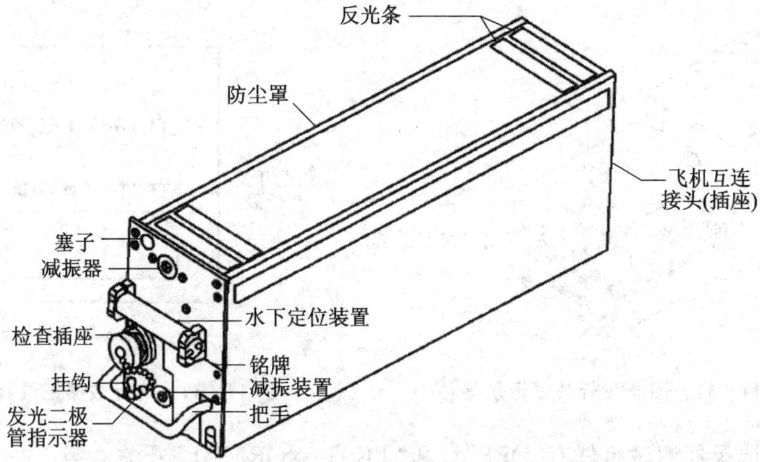

图 11-30　飞行数据记录器外形

储的数据要多得多，如果用户要求收集大量的数据，如进行飞机性能监控需要的飞机系统的数据时就需要使用快速存取记录器。这些数据也可以从飞机状态监控系统的打印机上打印出来，供维护人员使用。

11.4.3　数字式

现代飞机多采用数字式飞行数据记录器系统，记录器采用固态飞行记录器，如图 11-31 所示。该部件消除了全部活动部分，用固态的存储器作为存储部件，要求最低可存储 25 h 的飞行参数。其外壳由坚硬的合金钢制造，以作保护。内部的存储器组件抗压能力高，抗冲击重载荷，耐高温火烧，耐深海水 20 000 ft 压力持续 30 天，耐腐蚀性液体浸泡。

飞行数据记录器前面板上安装着水下定位装置，它不是记录系统的一部分，但两者必须固定在一起。如果飞行记录器和水下定位信标机坠入海中，则信标机的电源自动接通，启动晶体振荡电路，产生 37.5 kHz 的声波信号，经放大驱动扬声器件，发出单音调音频信号，穿过海平面向空气中辐射。使用声波探测装置可以接收到这一特定频率的信号，从而确定声源的方位和距离，便可顺利地找到飞行记录器。水下定位装置在水下的辐射范围是 1.8～3.0 km 远，最大工作水深可达 20 000 ft，声波信号可保持发射 30 天。

水下定位信标机使用干电池作为电源，一般选用锂电池，所以飞机坠入大海后，它仍能独立工作。

如图 11-32 所示，飞行记录器测试组件向飞行机组提供飞行记录器系统工作状态的目视指示，在该面板上，可人工控制记录器的电源。

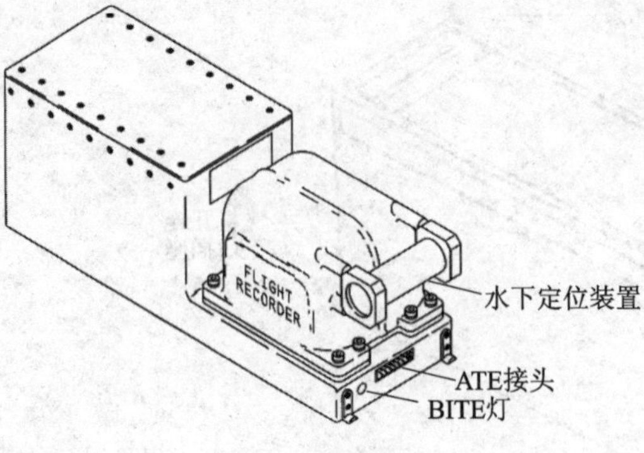

图 11-31　固态飞行数据记录器

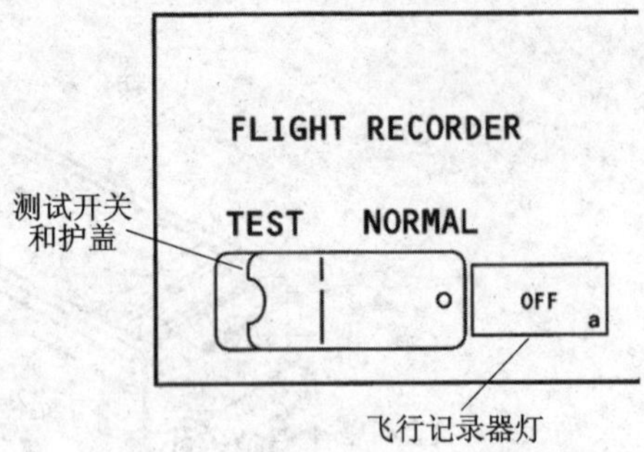

图 11-32　飞行数据记录器控制板

飞行记录器测试组件有“OFF”灯和“TEST/NORMAL”开关。当飞行记录器或数字式飞行数据采集组件(DFDAU)出现关键性故障时,琥珀色“OFF”灯点亮;当飞行记录器没投入工作时,“OFF”灯也会亮。

在国外,飞机状态监控系统还可以利用机载飞机通讯寻址报告系统 ACARS (Aircraft Communication Addressing and Reporting System)由 VHF COMM 系统发送到地面,由地面设备进行实时处理。这样,即使飞机还在航路上飞行,地面人员也可以通过计算机了解飞机的状态和故障,以帮助飞行员进行分析和判别。

11.4.4　使用方式

对于不同型号的飞机,状态监控系统在使用上是有区别的,就是同一型号的飞机状态监控系统,在不同型号飞机上的安装位置也不相同,所以使用方法是有差别的,但其步骤和使用注意事项则是基本相同的。一般使用步骤为:

(1) 飞行前,在地面用编码器或 FMS 的 CDU 输入飞机的航班号和飞行日期。

(2) 在地面必须进行测试,以确认系统正常工作。

(3) 飞行中,飞机状态监控系统自动接通工作。自动接通的方法,不同的飞机上是不同的。如有的是用空速信号控制,有的是由飞机抬前轮控制,有的是由供电系统控制。在起飞后和着陆前,飞机状态监控系统的故障黄灯应灭,如亮,说明飞机状态监控系统有故障。

(4) 飞行中需要输入特殊标记时,应按压“事件”按钮。

(5) 飞机落地后,如需要对飞机的状态或飞行员的飞行技术进行监控,可通过打印机打印出有关数据,以便进行分析、处理和评估。

本章重要知识点

(1) 飞行管理系统(Flight Management System,FMS)是大型飞机数字化电子系统的核心,它通过组织、协调和综合机上多个电子和机载电子系统的功能与作用,生成飞行计划,并在整个飞行进程中协助驾驶员完成从起飞到着陆的各项任务,全程保证该飞行计划的实施，实现飞行任务的自动控制。其主要功能一般为：自动飞行控制、性能管理制导导航、咨询报警显示和乘员操纵。

(2) 目前，主流大飞机的主飞行控制系统一般都是电传飞行操纵系统 FBW(Fly - by - Wire)。

(3) 自动驾驶仪的基本功能是在飞行中代替飞行员控制飞机舵面，以使飞机稳定在某一状态或操纵飞机改变状态。飞行指引仪根据选定的工作方式自动计算操纵指令，指引驾驶员操纵飞机，使飞机进入给定轨迹并保持在给定轨迹上。现代飞机上一般将这两种系统综合在一起，共享某些处理功能，组成自动飞行指引系统 AFDS。

(4) 为了消除飘摆，现代飞机上都装有偏航阻尼器 YD，它根据空速和偏航角速度信号，经处理后适时提供指令使方向舵相对飘摆、振荡、反向偏转，从而增大偏航运动阻力，消除飘摆。

(5) 飞机配平的主要目的是减轻驾驶员的体力劳动，保持飞机飞行速度稳定性与飞行安全。在现代大型民用运输机上，飞机在俯仰方向上的配平通常包括俯仰配平、速度配平和马赫配平等。

(6) 飞机状态监控系统 ACMS 又称为飞机综合数据系统 AIDS。该系统按照时间的顺序记录大量的数据信息，为发现事故隐患、查找事故原因提供可靠的依据，为训练飞行员、进行飞机设计以及维护提供必要的真实数据，所以飞机状态监控系统是飞机上不可缺少的设备之一。

思考题

1. 飞行管理系统、主飞行操纵系统和自动飞行控制系统三者关系是怎样的？
2. 自动驾驶仪的工作原理是什么？飞行控制中为什么要引入加速度？
3. 飞行指引仪的工作原理是什么？与自动驾驶仪有何不同？
4. 什么是荷兰滚？偏航阻尼器的作用是什么？
5. 飞机监控系统有哪些部分组成？有什么作用？

第12章 雷达系统及应用

12.1 雷达基础知识

雷达一词来自英文 radio detection and ranging，缩写为 radar，意为无线电探测与测距，也就是说，雷达可以探测空间目标的位置，同时提取目标反射特征等方面的信息。对于地球上的某一定点（雷达站）而言，任一个空间目标的位置都可以用斜距、方位角、仰角（或水平距离、方位角和高度）三个基本的参数表示，雷达在任何复杂气象条件下均能探测远距离的目标。

无线电波测定目标的位置是基于电波在传播中具有以下3条规律：

(1) 无线电波可以定向辐射和接收。

(2) 无线电波遇到障碍物会发生反射。

(3) 无线电波以光速（3×10^8 m/s）在空间传播。

雷达即是利用以上规律工作的。

12.1.1 雷达的分类

雷达按工作原理可分为：

1. 脉冲雷达

脉冲雷达断续发射射频脉冲，在不发射的间歇期间，接收回波信号，并利用发射脉冲同回波信号之间的间隔时间，来达到测定目标距离和方位的目的，如气象雷达。

2. 连续波雷达

连续波雷达通常指的是调频雷达，它发射连续的无线电信号，工作频率按照某一规律周期性改变。在每一瞬间，调频雷达接收到的回波信号的频率，总是不同于当时发射信号的频率。目标距离近，发射信号和回波信号的频率差小，反之，频率差大。因此，只要将发射信号和回波信号进行比较，求出频率差，即可知道目标的距离，如无线电高度表。

按接收回波方式可以分为：

(1) 一次雷达

由发射系统发射一束射频信号，然后再接收其中由目标反射回来的一小部分信号的雷达称为一次雷达。

(2) 二次雷达

由雷达发射一组目标飞机应答机可以识别的特征脉冲，然后由目标飞机在约定的精确时间间隔内发射一串编码脉冲。靠发射这些脉冲来提供飞机信息的雷达叫做二次雷达。

12.1.2　雷达的工作原理

雷达是根据接收到目标的回波信号来发现目标和测定目标的位置的。

目标的空间位置可以用多种坐标来表示。对于雷达,最为简便的是采用极坐标。

1. 测距原理

雷达测距是基于无线电波在空间以等速直线传播这一物理现象,测出雷达从发射电波到接收到目标回波所需的时间间隔,从而确定目标到雷达的距离。

2. 测向原理

雷达对目标角坐标的测量(即测向)是基于电波的直线传播,并通过天线的方向性发射和接收来实现的。在雷达发现目标时,只要测出回波的方向,就可测出目标所在的方向。

为了测向,雷达通常采用方向性很强的天线将发射波束集中成很窄的波束。只有波束照射到目标时,雷达才能收到回波。当波束最大值对准目标时,回波才最强,回波最强时天线的指向也就是目标的方向。

3. 测高原理

测定目标高度的原理是以测距和测仰角的原理为基础的,通过很窄的仰角波束测量仰角,根据仰角和距离就能计算出目标高度。这只适合用来计算近距离目标的高度。当目标距离较远,地球表面弯曲的影响已不能忽略时,还必须加上高度修正量。

12.1.3　组成结构

图 12－1 为脉冲雷达的简单组成原理图。其工作过程是,发射机在定时器的触发下,周期性地产生短促高频强力脉冲,并通过天线形成很窄的无线电波束向空间辐射。天线由天线控制设备所操纵,使波束在空间进行扫探以探测目标。当天线波束照射到目标时,回波又被天线所接收,经过天线收/发转换开关送到接收机,接收机将接收到的信号进行放大、变频、检波后,以视频脉冲加载至显示器,完成对目标的观测。

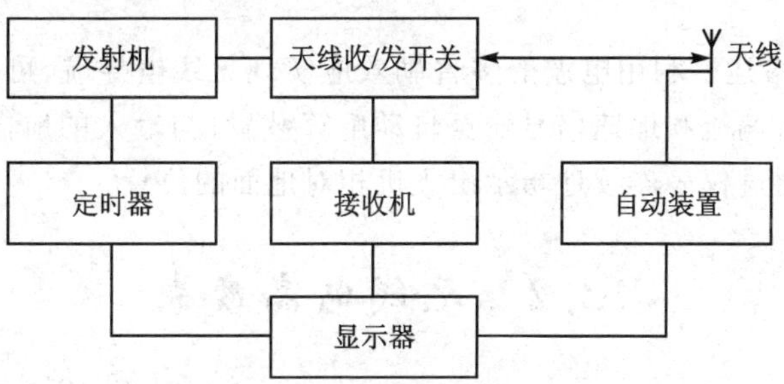

图 12－1　脉冲雷达组成结构图

图 12-2 为气象雷达的平面位置显示器荧光屏。图中显示的是目标在飞机前方飞行高度平面内的平面位置分布图形。

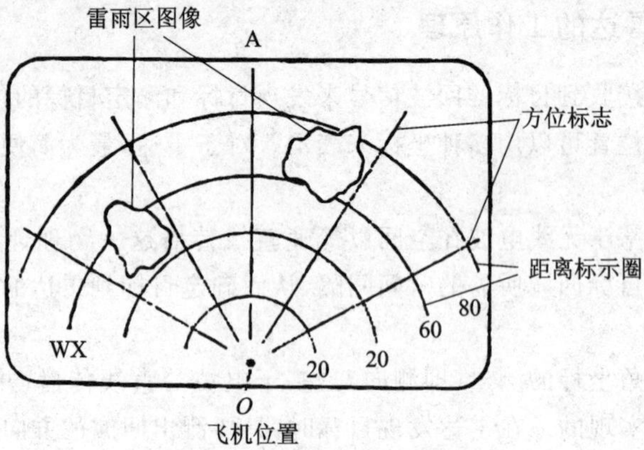

图 12-2　雷达目标显示图像

图中显示的画面底部中央(即 O 点)代表飞机的位置,从 O 点出发的画面正中央的射线 OA 代表飞机纵轴的延长线。以 O 点为圆心的弧形亮线为代表不同距离的距离标志圈,利用距离标志圈可以方便地判读目标与飞机的相对距离,通常在每圈距离标志圈的一端显示有该圈所代表的距离(海里)数。显示器上显示出的从 O 点出发的明亮射线,就是方位线,利用方位线可以判读目标相对于飞机纵轴的方位。

12.1.4　雷达在民航中的应用

(1) 气象雷达。机载气象雷达专门设计来探测恶劣气象区域,并显示出其范围,使飞行员可以选择一条安全的路径避绕这些区域。

(2) 无线电高度表。又称雷达高度表,是现代飞机多种电子设备中的一种,是进近和着陆过程中保证飞行安全的重要设备。

(3) 二次雷达应答机。与地面二次雷达配合工作,其功能是向地面管制中心报告飞机的识别代码、飞机的气压高度及一些特殊代码,也是机载防撞系统的主要组成设备之一。

(4) 多普勒雷达。利用电波的多普勒效应实现无线电导航,可以自动测量飞机的偏流和地速,将偏流和地速信号输至自动解算装置,与输入的航向、真空速信号作连续运算,即可通过仪表连续地指示出飞机相对地面的位置。

12.2　无线电高度表

无线电高度表用于测量飞机的真实高度,提供预定高度或决断高度(DH)的声音和灯光信号。它是在进近和着陆过程中保证飞行安全的重要设备。利用无线电高度表可以在复杂的气象条件下飞行，穿云下降，以及在能见度很低的情况下着陆等。还可以同其他导航设备（如仪表着陆系统（ILS））配合完成仪表着陆任务；或同自动着陆系统（ALS 系统）配合工作，完成 IIIB 或 IIIC 类条件下的全自动着陆。

无线电高度表的指示随地形而改变，与地面的覆盖层和大气条件（气压、温度、湿度等）无关。单独、巨大的建筑物、高山、河谷、湖泊也可以在指示器中反映出来。

12.2.1　工作原理

无线电高度表是利用无线电波从飞机到地面，再从地面返回飞机，测量其所经历的时间从而指示出垂直距离的。

发射机产生载波频率为 4 300±50 MHz 的恒幅、调频连续波射频信号，由天线向下发射到地面，地面反射回来的回波信号由接收机天线接收，并送往接收机。由于射频信号为调频波，其频率在 4 250～4 350 MHz 之间变化，接收时刻的发射频率不同于回波信号的频率，其差值与电波的往返时间成正比，也与飞机的飞行高度成正比。因此，只要测出频率差，即可计算出飞行高度。图 12－3 为典型的无线电高度表系统原理。

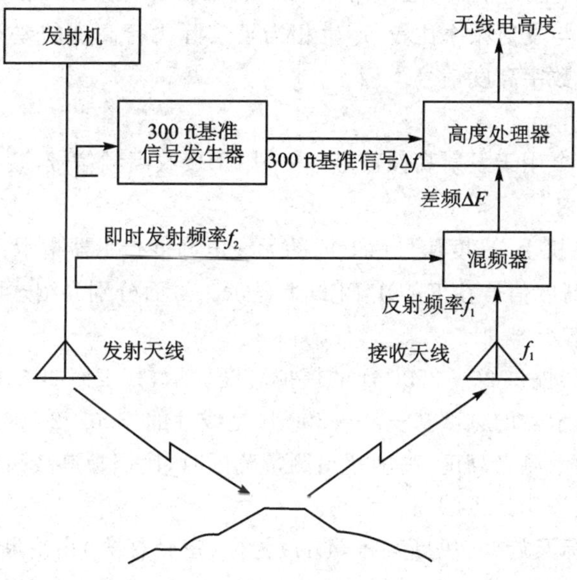

图 12－3　无线电高度表系统原理图

12.2.2　组成结构

无线电高度表通常由收发机、指示器和收/发天线组成，如图 12－4 所示。

1. 收/发机

用于测量飞机离地面的真实高度，它发射和接收从地面返回的信号，并进行计算

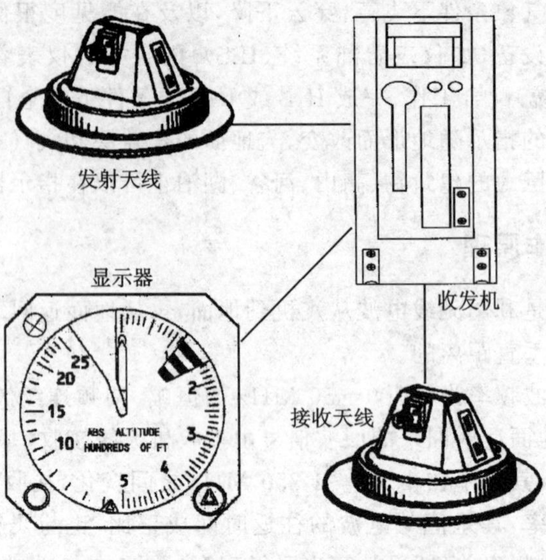

图 12-4　无线电高度表组成

和处理。发射机产生并输出中心频率为 4 300 MHz 的调频等幅信号;接收机接收反射回来的信号,并与发射频率比较,产生相当于实际飞行高度的差频信号,此信号经处理,输出模拟和数字高度信号。

2. 天线

共有两个,一个用于发射高频信号,一个用于接收高频信号,装于机身正下方。

3. 高度指示器

在非 EFIS 飞机上,高度信号由专门的无线电高度指示器指示;在 EFIS 飞机上,高度信号和决断高度信号在 EADI/PFD 上显示。下面分别介绍这两种指示方法。

(1) LRRA 指示器

LRRA 指示器提供 20～2500 ft 的模拟高度显示,其表面如图 12-5 所示。

高度刻度:指示器的刻度从－20～500 ft 是线性的,500～2 500 ft 是对数的。

高度指针:指示测量高度,高度超出测量范围时,遮挡板遮蔽高度指针。

警告旗:出现表明指示的高度无效。

决断高度游标及旋钮:决断高度(DH)游标(三角标志)由决断高度控制旋钮控制,转动旋钮将游标设置在某一预定的基准高度上,就调定了决断高度。

决断高度灯:飞机的无线电高度等于决断高度时,该灯亮。

自检按钮:自检开关用于引发整个系统、指示器和收/发机的测试。

(2) EADI 上无线电高度的显示。无线电高度在 EADI 上的显示如图 12-6 所示。

无线电高度和决断高度显示在右上角。无线电高度的显示范围为－20～2 500 ft,其显示数据为白色,单位为 ft。当高度高于 2 500 ft 时,显示数据处为空白。另外,当 LOC 有效且无线电高度低于 200 ft 时,绿色跑道标志的不断上升也能表示无

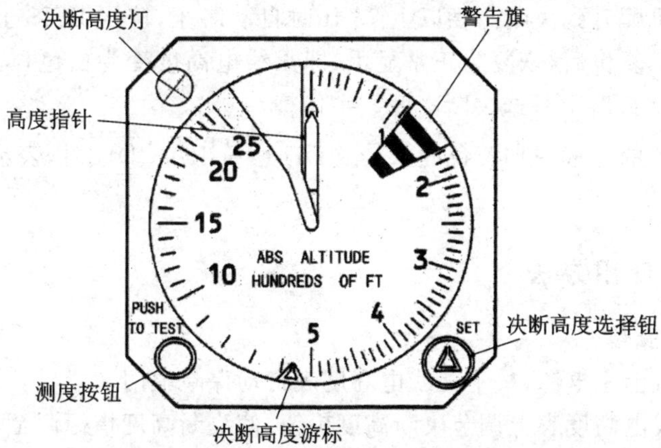

图 12-5　无线电高度指示器

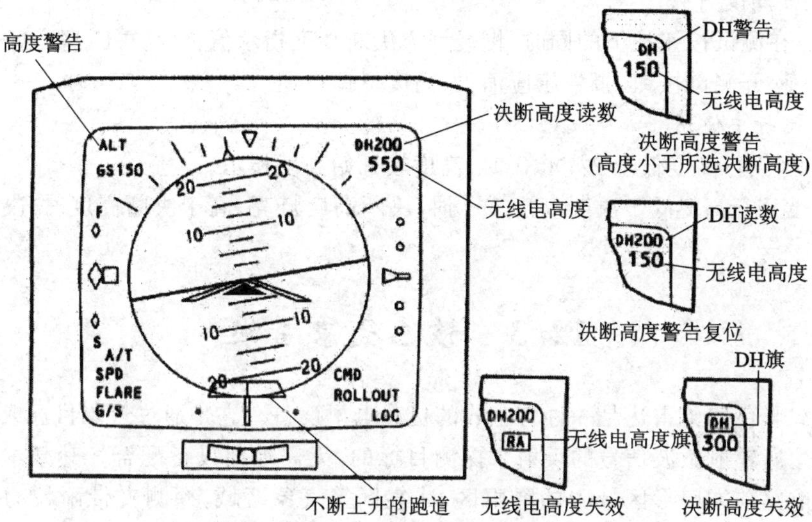

图 12-6　EADI 上的无线电高度指示

线电高度。无线电高度为 0 时，跑道升至与飞机标志相连；无线电高度大于 200 ft 时，跑道标志处于显示底部的最低位置；高于 2 500 ft 时，跑道标志消失。

当飞机下降到 2 500 ft 时，EADI 显示器的左上角显示白色的 ALT 高度警告。当飞机下降到 500 ft 或上升到 2 500 ft 以上时，高度警告自动消失。

决断高度显示在无线电高度的上面一行，由字母 DH 后跟所选决断高度数字(0～999 ft)组成，显示的数字为绿色。如果所选决断高度为负值，决断高度数字显示处为空白。

当飞机下降到所选决断高度时，无线电高度数字由绿色变为黄色，绿色的决断高度数字消失，DH 字符变为黄色且闪亮，并伴有音响警告。决断高度警告可自动终止或人工复位。

着陆或飞机爬升到决断高度以上 75 ft 时自动终止，按压 EFIS 上的 RST 按钮，即可人工复位。复位后，恢复为正常显示，即无线电高度变为白色，黄色的 DH 字符由绿色的 DH 字符后跟所选决断高度数字代替。

当出现黄色的方框内加黄色的 RA 或 DH 字符 RA 、DH 时，表示无线电高度或决断高度失效。

12.2.3 使用方法

1. 飞行前检查

(1) 接通机上主电源，按下无线电高度表自动保险电门。

(2) 在无线电高度表上调节决断高度旋钮，使决断高度指标调至规定值。

(3) 按下测试按钮，指示的高度(模拟值)应大于决断高度指示的值，同时警告旗出现，决断高度灯灭。

(4) 在测试按钮按下的同时，慢慢增大决断高度指示值，直至决断高度灯亮。

(5) 松开测试按钮，警告旗应消失，高度指针指零。

2. 飞行中使用

(1)当飞行高度低于 2 500 ft 时，高度表开始高度指示。

(2)当飞行高度低于决断高度 DH 时，决断高度灯亮；高于决断高度时，决断高度灯灭。

12.3 彩色气象雷达

机载彩色气象雷达是一种自主式的机载电子设备。它是通过气象目标或其他目标对雷达所辐射微波信号的反射来探测目标的，无需地面设备配合。其基本功能包括探测航路前方扇形区域中的降雨区、冰雹区等气象区域，探测夹带雨粒的湍流区域，观察飞机前下方的地形，发现航路上的山峰、相遇飞机等空中障碍物，显示由其他系统输入的文字或图形信息。

飞行员可以根据气象雷达所提供的气象目标图像，选择安全的航线以避绕各种危险的气象区域。需要注意的是，其基本功能是探测大面积的气象降雨区，它对山峰、相遇飞机的探测能力和所显示的相应图像及位置的准确程度，均不能满足地形回避和防撞要求。因此，不可将其显示数据作为地形回避和空中防撞的依据。

12.3.1 基本原理

12.3.1.1 探测气象

1. 探测降雨区

(1)探测原理

雷达是通过目标对雷达波的反射进行探测目标，并进而确定目标的位置及其性质。

水是一种导体，液态的水滴具有良好的导电性，因此，包含有较大雨滴的空中降雨区域，能够对气象雷达的 X 波段电磁波产生一定程度反射，形成降雨区域的雷达回波，从而被气象雷达接收。

对于空中的降雨区域来说，由于雨滴不可能完全充填降雨区域，加之气象雷达所发射的电磁波的波长很短，因而当雷达波由无雨区射向降雨区界面时，除了会在雨区界面处反射一部分入射波能量外，雷达波仍可继续穿入整个降雨区域从而产生不断的反射。不仅如此，雷达波在穿透整个雨区而射向位于该雨区后面的其他气象目标时，也同样可使这些较远的气象目标产生各自的雷达回波。雷达波的这种穿透能力使气象雷达能够透过近距离目标的遮挡，而发现较远的气象目标，从而较为全面地把探测范围内不同距离处的气象目标分布情况以平面位置显示图形的形式提供给飞行员。

(2)降雨率与图像颜色

单位时间中的降雨量称为降雨率。降雨率用来定量描述降雨程度。

彩色气象雷达用象征性的颜色来表示降雨率的不同区域。大雨区域用红色，用以表示该区域具有一定的危险性；中雨区域用黄色，用以提醒注意；小雨区域用绿色，其意为安全；微雨或无雨区域在荧光屏上显示为黑色，荧光屏上该区域不产生辉亮图像。

表 12-1 为气象雷达常采用的图像颜色与降雨率的对应关系。

表 12-1　气象雷达常用的图像颜色与降雨率的对应关系

图像颜色	描　述	降雨率/mm · h^{-1}
黑	微雨或无雨	<0.76
绿	小雨	0.76～3.81
黄	中雨	3.81～12.7
红	大雨	12.7～50.8
紫	暴雨	>50.8

2. 探测冰雹区

冰雹区域是严重危害飞行安全的恶劣气象区域。

湿冰雹由于表面包裹着水层，其水层对入射的雷达波能产生有效反射，加之冰雹的直径通常较雨滴大，因此，湿冰雹易于被气象雷达所检测。干冰雹由于表面没有水层，对雷达波反射能力差，难以检测。只有当直径达到雷达波长的 80%左右时，才能被雷达正常检测，但干冰雹也属危险天气。

3. 探测湍流

机载气象雷达是利用与湍流夹杂在一起的水粒反射雷达波时产生多普勒效应这一特性来检测湍流的。被捕流所夹带的水粒在反射雷达波时，由于其急速多变的运动特性,会形成一个偏离发射频率且频谱宽度较宽的多普勒频谱,它与一般降雨区所产生的反射回波明显不同。雷达通过接收、处理回波信号检测出湍流的存在。

如果湍流没有夹带足够的雨滴(此湍流即为晴空湍流),对雷达波不会产生有效的回波,则难于被气象雷达所检测。机载气象雷达能显示中度(速度变化在6～12 m/s之间)及以上的湍流。

不同型号的机载气象雷达对湍流区的显示色彩不同,如紫色、红色、白色等,一般与强降雨区的图像颜色相同或相似。

4. 其他气象目标的探测

猛烈的暴雨区域、夹带雨滴的中度以上的湍流区域、表面包裹着水层的冰雹以及直径较大的干冰雹均可产生较强的雷达回波,因而可以被有效检测。但是,直径较小的干冰雹、干雪花以及洁净透明的湍流区域,由于对雷达电波的反射很微弱,因而难以有效地被雷达检测。

降雨区、冰雹等气象目标所产生的雷达回波的强弱情况如图12-7所示。

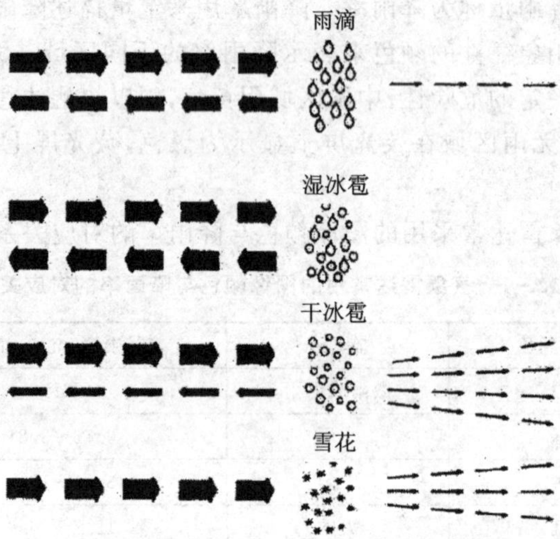

图12-7 气象目标的反射特性

由图可知,雨滴、湿冰雹均能对雷达电波产生强反射,而干冰雹、雪花对雷达电波反射很弱。

5. 天线波束扫掠与平面位置显示

机载气象雷达的天线方向性很强。当天线指向某一方位时,它所形成的波束即照射这一方位的目标,使该方位所有位于雷达有效探测距离范围内的气象目标产生各自的反射回波。当天线以一定的转速连续进行方位扫掠时,即可使天线波束依次照射不同方位的目标,从而照射飞机前方整个扇形区域中的气象目标。天线波束扫掠气象目标的回波在平面位置显示器上显示的情况,如图12-8所示。

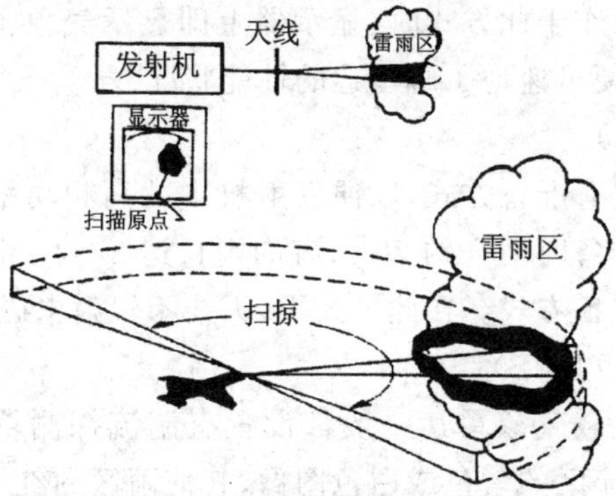

图 12-8　天线波束扫掠与气象目标的平面显示

12.3.1.2　观察地形

机载气象雷达根据地物对雷达信号反射特性的差异来显示地形轮廓。

含有大量钢铁或其他金属结构的工业城市具有的大地反射性更强；河流、湖泊、海洋对电波的反射能力则明显不同于其周围或相邻的大地表面。当雷达电波投射到大地表面时，不同的地表特征便形成了强弱差别明显的雷达回波。根据这一特性，气象雷达便可在显示屏上显示出地表特征的平面位置分布图形。

较强的地物回波在荧光屏上呈现为黄色甚至红色；较弱的回波在荧光屏上呈现为绿色；难以形成足够强度的回波在荧光屏上显示为黑色背景；反射率相差明显或地形变化陡峭的地物分界处，例如海岸线、河湖的轮廓线、大型工业城市的轮廓线等，可以在所显示的地图上形成明显的分界线。

12.3.2　气象雷达的工作方式

不同型号的机载气象雷达，其工作方式有所不同。下面就气象雷达的基本工作方式和一些特殊工作方式进行介绍。

1. 气象方式(WX)

为机载气象雷达最基本的工作方式。雷达工作于此方式时，显示器上所呈现的是空中气象目标及其他目标的平面位置分布图形。此时，天线波束在飞机前方及其左右两侧的扇形区域内往复扫描，以探测飞机航路前方扇形平面中的气象日标(通常是飞机所处的飞行高度层中的目标)。

2. 地图方式(MAP)

是各型机载气象雷达所共有的另一个基本工作方式。雷达工作于此方式时，呈现在荧光屏上的是飞机前下方地面的地表特征，诸如山峰、河流、湖泊、海岸线、大城市等的地形轮廓图像。为此，应将天线下俯一定角度使雷达天线波束照射飞机前下方的广大地区。

3. 测试方式(TEST)

大多数新型机载气象雷达都设置有功能完善的机内测试电路，以便对雷达进行快速性能检查。雷达工作于此方式时,显示器上即显示气象雷达的自检测试图。通过观察自检图,即可方便迅速地了解雷达的性能状况。

4. 准备方式(TBY)

有的气象雷达设置有准备方式,以便发射机中的高频功率振荡器及显示器有一定的加温准备时间。准备时间大约 70 s,有的则长达 3~4 min。应用全固态器件的雷达通常不需要设置准备方式。在此方式下,天线不辐射电磁能量。

5. 湍流探测方式(TURB)

性能完善的现代机载气象雷达一般都设置有湍流探测功能。雷达工作于此方式,显示屏上只显示湍流区的紫色或白色图像,其他雨区的红、黄、绿色图像不显示。

6. 气象与湍流方式(WX/T)

雷达工作于此方式,屏幕上除了显示大、中、小降雨区的红、黄、绿色图像外,还用醒目的紫色或白色图像显示出危险的湍流区域。

7. 轮廓(循环)方式(CYC)

此方式的工作情况与气象方式基本相同,显示器上所提供的也是空中气象目标的平面分布图形。所不同的是,这时屏幕上的红色图像将会按每秒一次的间隔闪烁——半秒显现、半秒消失,所消失的红色图像区域呈现为一个黑洞,其作用相当于早期黑白气象雷达中的“轮廓”效应。

12.3.3 组成结构及显示

机载气象雷达系统一般由收/发组件(R/T)、天线组件(ANT)和控制显示组件(CDU)三部分组成,如图 12-9 所示,其中垂直陀螺用于向气象雷达提供俯仰和倾斜信号,不属于雷达系统的组件。

1. 收/发组件(R/T)

功能是产生射频脉冲信号,输往天线进行辐射,同时接收、放大和处理回波信号,提取目标信息,输送给雷达显示器,属于系统的核心部件。

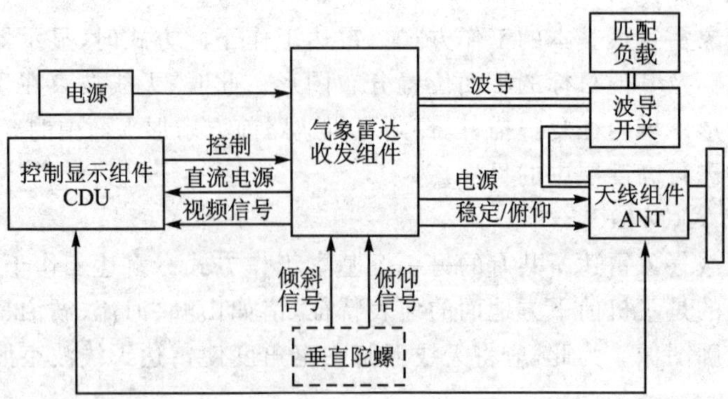

图 12-9 气象雷达系统组成结构

2．天线组件(ANT)

现代气象雷达一般采用平板天线，天线以恒定的速率进行周期性的方位扫掠，以达到探测飞机航路及其左右两侧扇形区域中目标或观察飞机前下方地貌的目的。与此同时，天线还在姿态基准信号(由垂直陀螺组件供给)的控制下进行复杂的稳定修正运动。

3．控制显示组件(CDU)

装有各种按键、开关、调节旋钮及显示器。开关、旋钮用以对雷达系统进行控制，显示器是气象雷达的终端设备，用以显示雷达接收机所检测出的目标信息。

(1) 在没有装 EFIS 的飞机和小型飞机上，装备有专用的气象雷达显示器，可显示工作方式等信息并附有工作方式选择、显示扇区选择、天线稳定通断、画面保持、人工天线俯仰调节、亮度调节、标志线亮度调节、地面杂波抑制控制等。

(2) 在装备 EFIS 的飞机上，气象雷达系统所提供的信息通常显示在 EHSI 或 ND 上，与 EFIS 的其他信息相互叠加，综合显示。控制部件位于气象雷达控制板和 EFIS 控制板上，如图 12－10 所示。雷达图像在 EHSI 上的显示由 EFIS 控制盒控制，当 EFIS 方式选择开关置于特定方式时，可在 EHSI 上显示雷达回波图像。

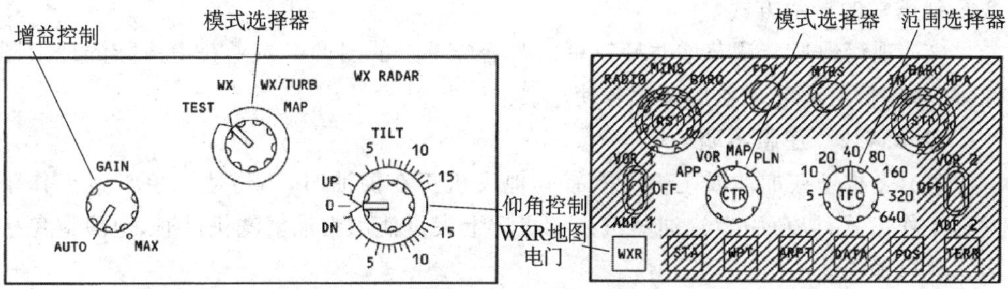

图 12－10　气象雷达控制板与 EFIS 控制板

如图 12－11 所示，在 EHSI 上所显示的雷达系统信息主要有气象雷达回波、雷

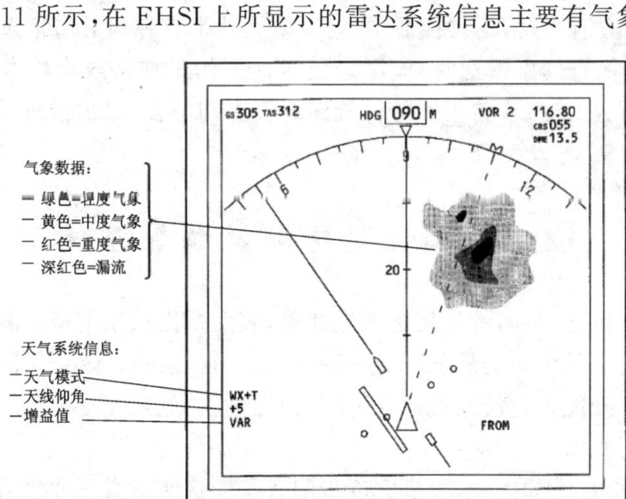

图 12－11　气象雷达图像显示

达的工作方式通告信息、天线的俯仰角度、距离标志围及所选择的显示距离。

12.3.4 操作方式及注意事项

12.3.4.1 操作使用

(1) 显示距离的选择。气象雷达的最大显示距离可达 320 nmile。显示距离通常分为 6 档,用按键或旋钮式开关来选择,以适应不同情况下观察气象目标或地形的需要。

(2) 天线俯仰调节。俯仰旋钮的位置决定了天线波束在垂直面内的扫射方向,并对雷达所能探测的目标范围具有明显的影响。

(3) 增益调节。当雷达工作于地图方式时,调节增益旋钮,可得到较为清晰的地形图像;当雷达工作于气象或气象与湍流方式时,其增益通常应置于自动增益位;当飞机飞越或者邻近暴雨区时,可人工调高增益水平,以助于对干冰雹的识别。

(4) 气象回避。在利用气象雷达所提供的彩色图像回避各种恶劣气象区域时,应特别注意回避一切在屏幕上呈现为红色和紫色(有的雷达为白色)的区域。回避半径不低于规定值。在需要保持(冻结)画面以细致观察回波图像时,应在观察后尽快恢复到正常的显示方式。

(5) 观察地形。调节增益旋钮可以改变屏幕上的图像。为了获得清晰的地形图像,应将俯仰旋钮和增益旋钮配合使用。

12.3.4.2 注意事项

(1) 飞机正在加油或飞机周围有其他飞机正在加油时,不得使气象雷达工作于发射工作方式,以免引燃汽油蒸汽。在机坪上大量使用汽油清洗机件时,也应避免接通雷达电源。

(2) 在机库内或在机头朝着近距离内的建筑物、大型金属反射面的情况下不能使气象雷达工作于发射方式,以免回波过强而损坏气象雷达接收机及其他电子设备。

(3) 飞机前方有人时,不得接通雷达,以防大功率有害辐射伤害人体。

(4) 在地面检查气象雷达时,应尽量使雷达工作于准备或自检方式。在需要使雷达工作于发射方式时,应将天线俯仰旋钮调至上仰位置,以尽量避免天线波束照射近处地面目标。

12.4 风切变探测及预警系统

风切变是指风速、风向的突然迅速地变化,其经常出现于雷暴或其他不稳定的气流中。微下冲气流是风切变最危险的一种形式,一旦飞机进入微下冲气流,将严重限制飞机的最大爬升能力,直接威胁飞行安全。在过去,风切变是全世界所有商用飞机发生空难的重要原因。

近些年,随着技术的进步,飞机上逐步配备了能探测出微下冲气流的多普勒气象雷达,该系统称为预警型风切变探测系统 PWS(Predictive Windshear System)。

12.4.1　多普勒效应

多普勒效应是波源和观察者有相对运动时，观察者接收到波的频率与波源发出的频率并不相同的现象。远方急驶过来的火车鸣笛声变得尖细(即频率变高，波长变短)，而离我们而去的火车鸣笛声变得低沉(即频率变低，波长变长)，就是多普勒效应的现象。同样现象也发生在私家车鸣响与火车的敲钟声。多普勒效应现已被广泛用来佐证观测天体和人造卫星的运动。

多普勒雷达是利用多普勒效应实现无线电导航的一种自备式导航设备。应用该雷达发射的电波在波源与观测者之间存在相对运动时频率发生变化的原理，可以自动测量飞机的偏流和地速，并将偏流和地速信号输至自动解算装置，与输入的航向、真空速信号作连续运算，通过仪表连续地指示出飞机相对地面的位置。

12.4.2　工作原理

PWS 利用多普勒气象雷达探测风的数据来识别风切变的存在。雷达天线向空中发射电波，当电波射向风切变所处区域时，产生的回波频率将偏离发射频率，频偏的大小正比于风速，根据回波即可探测风速、风向等大气数据。气象雷达收发机利用这些数据以及惯性数据等来确定风切变的存在。气象雷达处理器识别在相对小的区域内风速、风向的变化情况，当所检测到的风切变强度达到预设的强度时，系统将向机组报警。如果 PWS 在远距离就探测出风切变，机组可完全避开。如果风切变不可避免，在飞机进入风切变之前，PWS 能给机组足够的时间来增加飞机速度或高度。速度和高度的增加将显著改善飞机的爬升性能。

预警型风切变探测系统的有效探测距离为飞机前方 3 nmile，如图 12－12 所示。

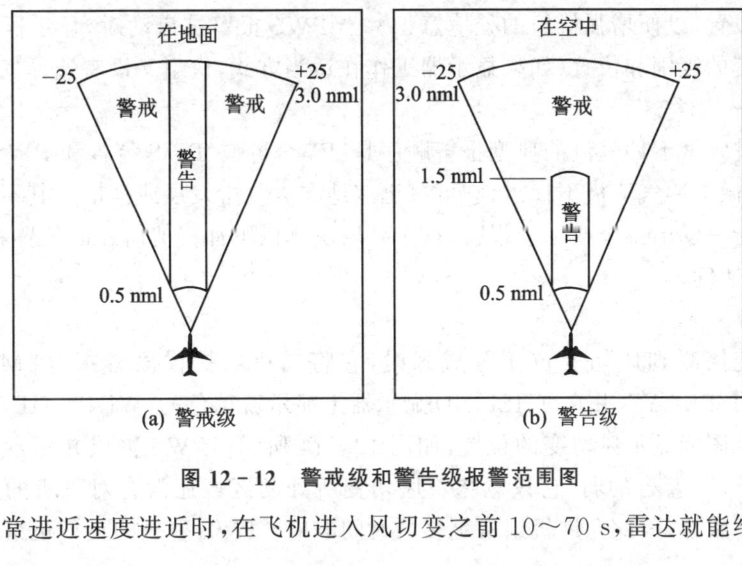

(a) 警戒级　　(b) 警告级

图 12－12　警戒级和警告级报警范围图

飞机以正常进近速度进近时，在飞机进入风切变之前 10～70 s，雷达就能给出风切变报警。具体报警时间取决于风切变的特征及雷达所探测的环境。从理论上讲，较大的风切变在很远的距离就可以探测到，因为它的特征很容易和地面杂波或其他杂波区分开，较小的风切变则可能需要雷达作较多的扫描和处理。

12.4.3 报警显示

反应型风切变探测系统 RWS(Reactive Windshear System)和 PWS 作为基本设备安装在飞机上使用。在 1 500 ft 之下它们能提供互补的风切变探测，如图 12-13 所示。PWS 和 RWS 的报警情况不同。

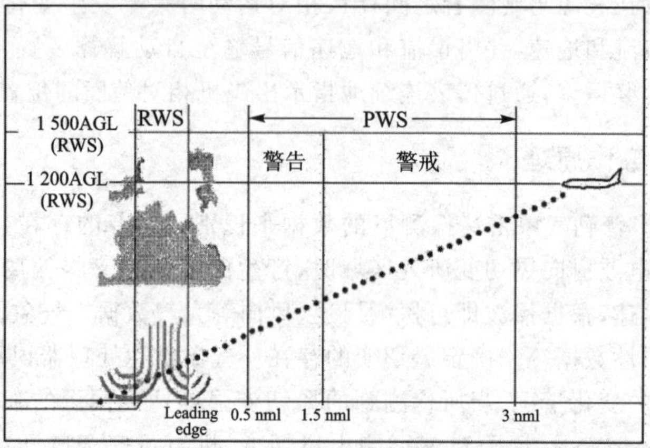

图 12-13 PWS 和 RWS 报警示意图

PWS 与 EGPWS、TCAS 一样，使用了警戒和警告两种等级来向机组报警，报警级别取决于所探测到的风切变相对于飞机的位置。在 EHSI/ND 上显示风切变相对于飞机的位置，以便增强机组的处境意识。当 PWS 报警被启动时，显示器上将自动显示风切变的级别和位置(如果显示器工作在适当方式，机组又没有选择气象雷达显示方式)。

连续进入微下冲气流的典型报警顺序是：PWS 警戒、PWS 警告和 RWS 警告。

但是，微下冲气流极不稳定，它可以迅速地在大气中发展或消散。其不稳定性导致系统可能只发出 1 个或 2 个报警，这主要取决于微下冲气流所在的位置和发展、消散的方式、速度。

1. PWS 警戒

当系统探测到风切变位于警戒区时，它将向机组提供语音报警“MONITOR RADAR DISPLAY”，并在 EHSI/ND 显示器上显示琥珀色的“WINDSHEAR”信息，并用一红色图标显示风切变的位置，如图 12-14 所示。PWS 警戒并不意味着风切变强度比 PWS 警告的弱，它只意味着风切变所处的区域还没有对飞机的飞行路线形成立即的威胁，因此允许机组有更多的时间响应。PWS 警戒的飞行机组程序是采取适当措施避开风切变，如果继续接近风切变，PWS 将发展为 PWS 警告。

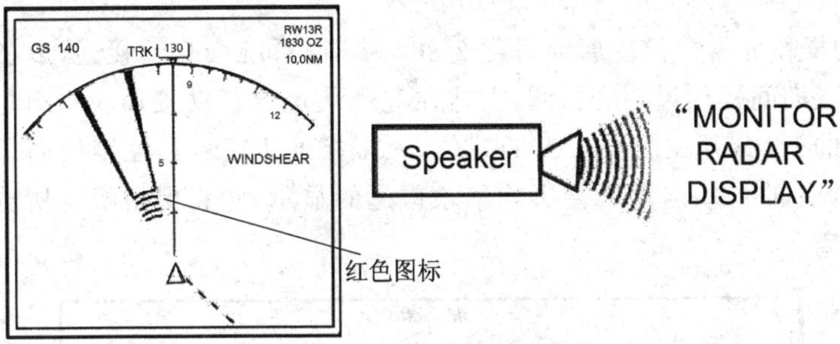

图 12－14　PWS 的警戒报警示意

2. PWS 警告

当系统探测到风切变位于警告区时，将向机组提供语音警告。飞行阶段不同，PWS 提供的语音报警也不同。起飞阶段探测到风切变，其语音为“WINDSHEAR AHEAD”(响 2 次)；进近阶段探测到风切变，语音报警为“GO－AROUND WINDSHEAR AHEAD”(响 1 次)。

除了语音报警外，PFD/EADI 显示器和 EHSI/ND 上都将显示红色的“WINDSHEAR”信息，且主警告灯点亮。EHSI/ND 上还将显示探测到的风切变的位置，如图 12－15 所示。对 PWS 警告，飞行机组一般是立即增加高度和空速，使高度损失减到最小，以防飞机进入风切变区域。

3. RWS 警告

当飞机进入风切变时，RWS 向机组提供语音警告。在波音飞机上，由近地警告计算机(GPWC)提供 RWS 警告，出现 3 声“WINDSHEAR”语音报警，PFD/EADI 显示器上显示红色的“WINDSHEAR”信息，主警告灯点亮，如图 12－16 所示。对 RWS 报警，机组应立即执行解脱操作。

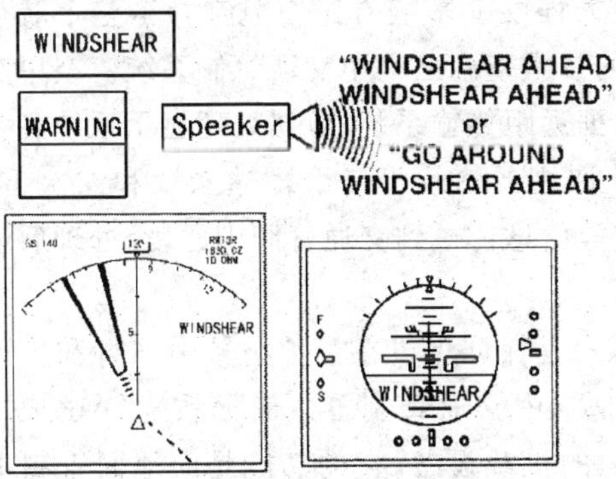

图 12－15　PWS 的警告报警示意

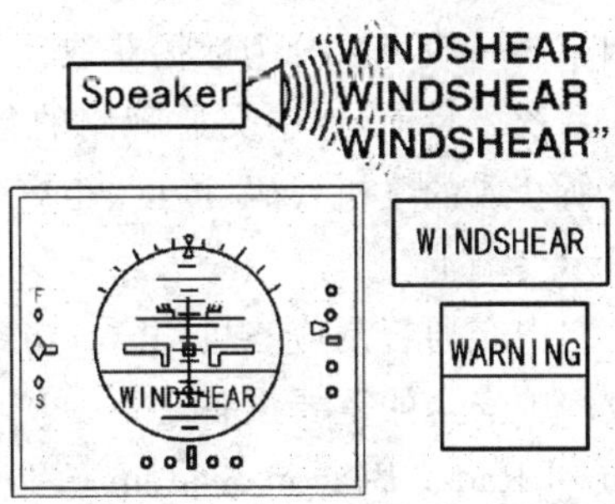

图 12－16　RWS 的警戒报警示意

12.4.4 使用方法

PWS的操作非常简便。离地高度2 300 ft时，系统会自动接通，以备进近和着陆。为在起飞期间提供风切变探测，雷达在起飞前也会自动接通。机组也可以通过将控制板上的PWS开关放至“AUTO”位，人工接通PWS，其控制板面板如图12-17所示。PWS的自动启动不会影响气象雷达的显示，它将保留机组所选的工作方式和显示距离。

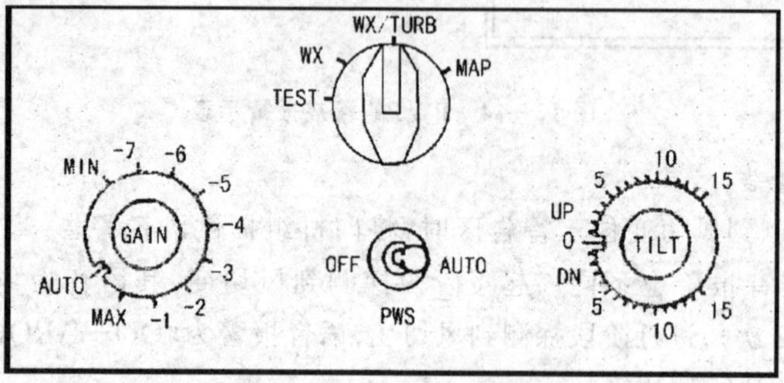

图12-17 PWS控制面板

雷达工作在风切变方式时，PWS自动设置气象雷达增益和天线俯仰。雷达进行气象扫描时，使用雷达控制板上所选的增益和俯仰。PWS需要气象雷达作专门的扫描来探测风切变。如果在2 300 ft以下使用气象雷达，雷达罩将交替作正常气象雷达扫描和PWS扫描。目前只有X波段的气象雷达能作风切变探测。

12.5 空中交通管制应答机

随着空中交通密度的不断增加，空中交通管制的作用和重要性日益明显。对空中交通的组织指挥与管理实施状况，在很大程度上影响着民用航空乃至整个航空事业的安全与效率。空中交通管制所依赖的技术基础是空中交通管制系统。空中交通管制系统一般可以分为数据获取系统、数据远距传输系统、数据处理显示系统和空地通信系统。目前，空中交通管制的数据获取主要依赖于二次雷达系统和一次雷达。系统所获取的飞机代码、高度、距离、方位等信息传送到交通管制中心，经处理后显示在显示终端上。

空中交通管制应答机(atc transponder)是保证飞机在繁忙空域中飞行和进近着陆过程中安全的重要设备之一。应答机是空中交通管制雷达信标系统(Air Traffic Control Radar Beacon System，ATCRBS)的机载设备，它的功能是向地面管制中心报告飞机的识别代码和飞机的气压高度，是机载防撞系统的主要组成设备之一，它可以利用数字形式传送更为广泛的信息。机载应答机是和地面二次雷达配合工作的，所以有时侯把它叫作二次雷达应答机。

应答机有 A/C 模式应答机和 S 模式应答机两种。A/C 模式应答机的地面设备为航管雷达信标系统，S 模式应答机的地面设备为离散选址信标系统。

12.5.1　航管雷达信标系统

空中交通管制雷达信标系统也称为航管二次雷达系统，由一次雷达和二次雷达两部分组成。

12.5.1.1　一次雷达

地面一次雷达(PSR)包括工作于 L 波段和 S 波段的区域雷达、终端管制区域雷达和进近监视雷达，其工作方式是通过检测目标对雷达天线所辐射的射频脉冲能量的反射而完成探测的。天线以一定速率在 360°范围内旋转扫描，将雷达发射信号形成方向性很强的波束辐射出去，同时接收飞机机体反射波，以获取飞机的距离、方位信息，监视终端空域中飞机的活动情况。

12.5.1.2　二次雷达系统

二次雷达(SSR)工作于 L 波段，与一次雷达不同，它由地面二次雷达(即询问器)与机载应答机配合，采用问答方式工作。地面二次雷达发射机通过天线发射询问脉冲信号，机载应答机接收到有效询问信号后发射相应应答信号；地面二次雷达接收机接收到应答信号后进行处理，获得所需的飞机代码等信号。

图 12-18 为航管二次雷达系统的组成图。二次雷达的条形天线安装在一次雷达天线上方，二者同步扫描，协同工作。

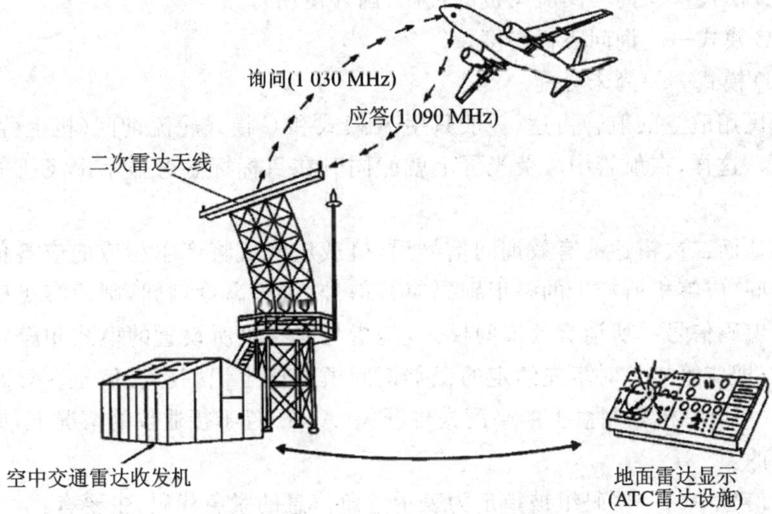

图 12-18　二次雷达系统组成

二次雷达发射机在编码器的控制下，产生一定模式的询问脉冲对信号，通过条形方向性天线以 1 030 MHz 辐射。天线波束的方向与一次雷达协调一致，发射时刻也与一次雷达同步。在其天线波束扫射范围内的机载应答机对所接收到的询问信号进行接收处理与译码识别，如果判明为有效的询问信号，则由应答机中的编码电路控制发射电路产生 1 090 MHz 的应答发射信号，所产生的应答信号为规定格式的射频脉冲串，代表飞机代码或高度信息。应答信号被地面二次雷达天线接收后，经过译码等一系列处理，将所获得的信息输往 ATC 的数据处理与显示系统。与此同时，辐射同一方位的一次雷达也会接收到飞机的反射信号并送往数据处理与显示系统。在控制中心平面位置显示器上的同一位置，产生飞机的一次雷达回波图像与二次雷达所获得的飞机代码及高度信息。

由此可见，航管二次雷达系统可以获得的信息主要有：飞机的距离与方位信息、飞机代码、飞机的气压高度以及一些紧急告警信息，如飞机发生紧急故障、无线电通信失效或飞机被劫持等。综上，二次雷达兼有雷达与进行指定信息交换的功能，它所提供的信息比一次雷达广泛。当然，装备二次雷达的主要目的是获取飞机的代码信息与高度信息，以便空中交通管制员识别、指挥飞机。

12.5.1.3 询问与应答

二次雷达系统所发出的询问信号、机载应答机发回的应答信号均按照规定的格式进行编码，形成射频脉冲串，编码格式不再详述。

机载应答机所回答的信息内容，取决于地面二次雷达的询问信号。询问信号的模式与询问的方式，由管制中心确定，一般有四种不同的询问方式：

(1) A 模式——询问空中飞机的代码。

(2) B 模式——询问民航飞机的代码(国外使用)。

(3) C 模式——询问飞机高度。

(4) D 模式——尚未分配。

近代民用航空的航管雷达，一般只用 A 模式和 C 模式轮流询问(机上称 A/C 模式应答机)，这样，在航管中心荧光屏上就能同时在目标标签旁显示出飞机的代号和高度。

收到地面二次雷达的有效询问信号后，机载应答机将产生相应的应答信号。对于识别询问，应答机所产生的是识别码应答信号；对于高度询问，则回答飞机的实时气压高度编码信号。所谓有效询问模式，是指与应答机所设置的模式相符合的主板询问信号，即应答机只对事先约定的识别询问模式产生识别应答信号。对高度询问的模式 C，在应答机控制盒上的高度报告开关(ALT)置于接通位的情况下，应答机是自动应答的。

应答信号中的一些码组被指定为表示危急信息的紧急代码，主要有：

● 7500 用于飞机受到非法干扰(如劫持)。

● 7600 用于双向无线电通信设备出现故障(当机组无法与地面通信时，通过选择这一紧急代码可报告地面管制人员)。

● 7700 用于飞机处于紧急状态。

● 0000 通用码。

不论飞机原来的识别码如何，在选择这些紧急代码时，地面显示终端上的该机图象就会闪烁报警，以便管制人员采取应急措施。因此，即使在维修过程中，也不应随意将应答机设置为这些紧急代码，以免引起误会。

12.5.1.4　地面二次雷达荧光屏显示

如图 12－19 所示为空中交通管制雷达地面显示器显示屏幕。此显示屏幕比一般雷达屏幕大(一般为 40～58 cm)，而且亮度高，即使在白天明亮的房间里，也能清楚地看出显示的图像、字符。ATC 雷达能对所管辖空域内飞行的飞机进行跟踪，它不断地将飞机的方位、距离、代号、高度甚至地速等信息输送给电子计算机进行存储和处理。

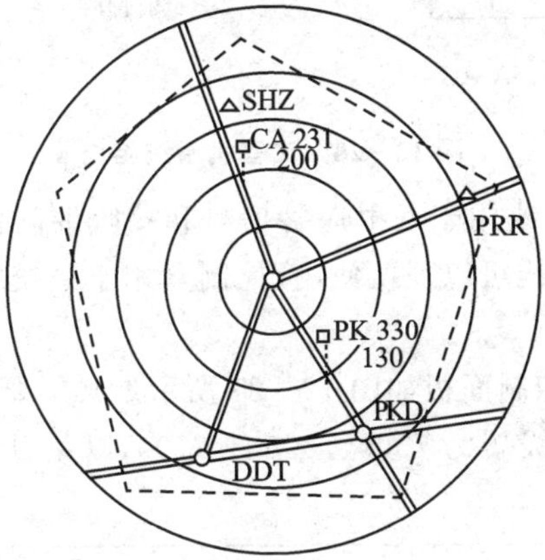

图 12－19　地面二次雷达荧光屏显示

经过电子计算机综合处理的信号，在屏幕上显示的不再是目标回波的亮度，而是用方形、圆形或菱形等符号表示的飞机代号和高度；用连续的黑点表示航迹，背景衬以所管辖空域的航路图，有利于调度人员识别和调度指挥。

图中，“O”表示机场，“Δ”表示导航台，“＝”表示航路(也可是一条线)，“□”表示飞机及位置，“…”表示飞机航迹，“----”表示区域管辖范围。如：“□CA231”表示是中国民航 231 航班飞机，“200”表示飞行高度。

12.5.2　机载 ATC A/C 模式应答机

民航飞机通常装备两套相同的应答机，以保证对询问信号的可靠应答。两套应答机共用一个控制盒，由控制盒上的系统选择电门决定由哪一套应答机产生应答信号。图 12－20 所示为机载 ATC 应答机系统的组成方块图。由图可见，系统由控制盒、应答机(收发机)及天线 3 部分组成。

应答机用来接收地面雷达站的询问信号，并向地面雷达站发射代表飞机代号和

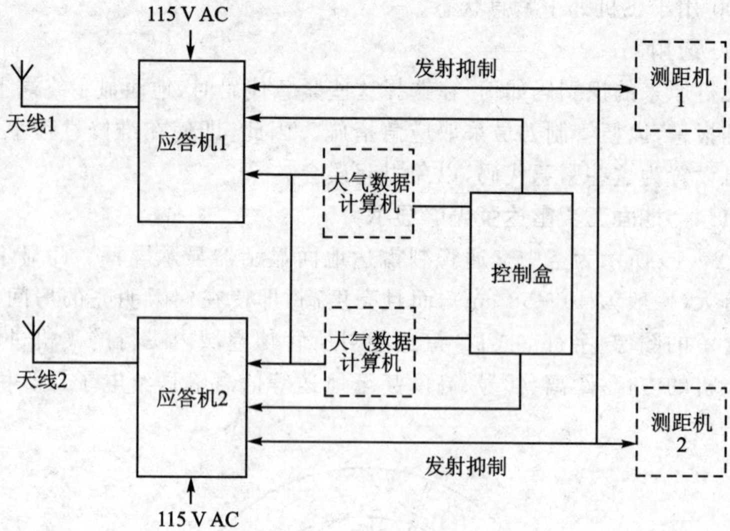

图 12-20　应答机系统组成

高度的脉冲码等信号;天线用于发射应答信号和接收询问信号,因为 ATC 和 DME 工作于同一波段,因此天线可以互换使用;控制盒用于系统控制、设置飞机代号和报告飞行高度。

B737 飞机的 ATC 控制面板如图 12-21 所示。必须要注意的是,设置应答机代码时,不应随意将应答机设置为 7500、7600 或 7700,以免引起误会,造成严重后果。

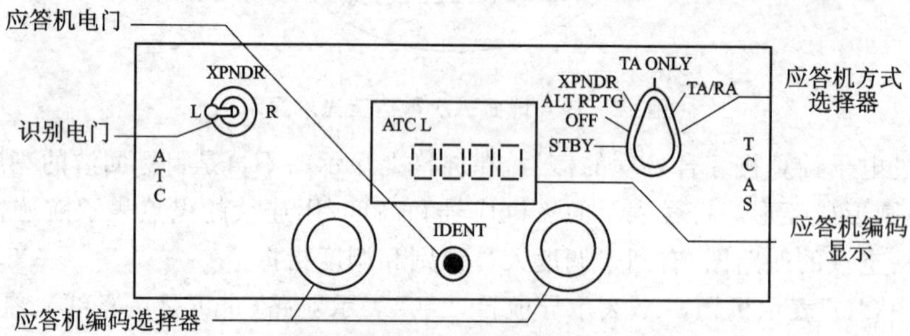

图 12-21　ATC 控制板

12.5.3　离散选址信标系统

空中交通的迅速发展,使得一些繁忙空域特别是中心机场终端区内的飞机密度不断增大,这使现行的 ATCRBS 难以满足需要,系统本身一些固有弱点的影响日益明显,如地面二次雷达询问信号引起多架飞机应答机应答信号的干扰问题,多台询问所引起的问题,以及系统容量不足和定位精度不高等问题。为进一步提高空中交通管制系统的性能,离散选址信标系统 DABS(Discrete Address Becon System)和选择寻址二次监视雷达系统(ADSEL)应运而生。这两类系统的工作原理和信号格式相同,主要区别在于地面系统所采用的天线体制不同。下面以 DABS 为例进行介绍。

12.5.3.1　基本概念

离散选址信标系统的基本做法是赋予每架飞机一个指定的地址码,由地面系统中的计算机控制进行"一对一"的点名问答。即地面询问只针对某一选定的地址码飞机,而该飞机对地面询问也用本机所编地址码回答,因而每次询问都能指向所选定的飞机。离散选址信标系统由地面 S 模式询问机和机载 ATC/S 模式应答机组成。整个系统仍采用"问答"方式,但询问是通过具有选择性的 S 模式工作。询问频率仍为 1 030 MHz,回答频率也是 1 090 MHz,与现用航管雷达的工作频率相一致。因此,两个系统能兼容共用,即机载 S 模式应答机可以回答现行地面二次雷达的 A 模式和 C 模式询问,而 A/C 模式应答机也能对新的离散选址信标系统的全呼叫询问作出应答。

12.5.3.2　询问与应答

离散选址信标系统发射两种不同类型的询问,一种是全呼叫 ATCRBS/DABS,另一种是只呼叫 DABS。其中 ATCRBS/DABS 全呼叫询问格式的大部分参数与现行的 ATCRBS 相同,增加了 P4 脉冲,询问信号的射频仍为 1 030 MHz。对于这种 ATCRBS/DABS 全呼叫询问,现行的 A/C 模式应答机对于 P4 脉冲则不予理睬;而新型的 S 应答机则能够识别这一包括 P4 脉冲在内的全呼叫,作出全呼叫应答。P4 脉冲的作用就是使 S 模式应答机能认出是 DABS 的 S 模式询问。

DABS 的机载应答机称为 S 模式应答机。这种应答机所产生的应答信号与询问信号相似,应答的内容根据询问要求而定。应答数据字符包括控制码、飞机地址码、高度码,其他需要交换的机载设备信息,应答信号的载频仍为 1 090 MHz。

因此,S 模式应答机除具有现行 A/C 模式应答机的所有功能外,还具有选择地址和空中数据交换能力。

12.5.3.3　工作模式

为了适应 A/C 模式和 S 模式应答机的询问,DABS 地面询问机首先对其所管辖范围内的所有飞机作一个"全呼叫"询问(让所有应答机应答并确定工作模式)。若是 A/C 模式应答机收到这个"全呼叫"询问,则它只对"全呼叫"询问中信息脉冲译码,而对 P4 脉冲不予理睬。译码成功后,以 A 或 C 模式作回答。如果 S 模式应答机收到"全呼叫"询问,则由 P4 脉冲确认是 S 模式的询问而成功译码后,以含有本飞机 24 位飞机地址码的 S 模式信号作回答。

地面询问机从天线接收到回答信号后,使用单脉冲处理技术来确定飞机的方位,并且对回答信号作处理。若收到的是 A/C 模式应答机的回答信号,则询问机对该信号进行处理和译码后,在荧光屏上显示出该飞机的代号/高度和位置;若是 S 模式应答机对"全呼叫"询问所作出的 S 模式全呼叫回答信号,则这个 S 模式全呼叫回答信号就是飞机的地址。询问机把天线扫描所得的 S 模式应答机飞机的位置和地址分别存入存储器内，并核实确实是本询问站所负责管辖的飞机，就把这些飞机的位置和地址分别编入到各个飞机点名册内，并把这些信息传送到邻近空域管制台，如图 12－22 所示。

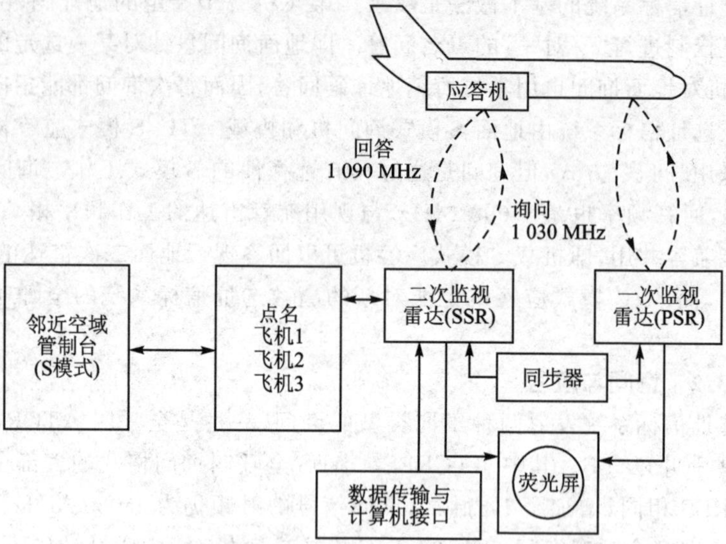

图 12－22　AC 模式和 S 模式系统示意图

当地面询问机确定了 S 模式应答机飞机的位置和地址后，就切断“全呼叫”询问，而以带有飞机地址段的 S 模式询问格式(DABS 询问)对飞机进行点名式的询问。被点名的飞机以 S 模式应答格式进行回答。回答飞机代号或回答飞机高度，由所接收到的询问格式确定。

S 模式应答机收到地面询问机的询问，若一直都未捡拾到 P4 脉冲，则 S 模式应答机开始对 A/C 模式地面询问机作 A/C 模式回答；当 S 模式应答机捡拾到 P4 脉冲时，就结束对 A/C 模式地面询问机的回答。

12.6　空中交通警戒与防撞系统

1956 年在科罗拉多大峡谷上空两架客机相撞，受这一事件的刺激，航空界开始了防撞概念的研究。20 世纪 60 年代末至 70 年代初，若干厂家开发了航空器防撞系统 ACAS。20 世纪 70 年代中期，开发了信标防撞系统 BCAS。1981 年，FAA 决定发展并装备空中交通警戒与防撞系统 TCAS(Traffic Alert and Collision Avoidance System)。TCAS 用的是 BCAS 的设计，但增加了新的功能，特别是 TCAS2 能提供垂直方向的避让措施，能在交通密度高达每平方海里 0.3 架飞机的空域正常运行。因此，TCAS 系统是完全不依赖地面系统的机载设备。它通过 ATC 应答机相互对话，自行完成探测和跟踪邻近空域的飞机。根据接近程度，向机组提供不同级别的音响和目视警告,必要时推荐避让措施。

根据功能的不同,TCAS 分为四类:TCASl、TCAS2、TCAS3 和 TCAS4。TCAS1 仅仅提供接近警告,用以帮助飞行员目视搜寻对方飞机,主要用于通勤航空器和通用航空器上。TCAS2 既提供交通警戒信息,同时产生垂直方向避让措施的决策信息,以避开冲突的交通目标,主要用于航线运输飞机、较大的通勤飞机和公务飞机。TCAS3 由于技术原因,已停止发展。TCAS4 目前还在开发之中,为避开冲突飞机,将提供交通警戒信息,并推荐在垂直方向和水平方向的避让措施。

12.6.1　TCAS2 概述

TCAS2 是比 TCASI 更先进的 TCAS 系统,具有被称为"决断告警"(Resolution Advisory,RA)的附加功能。当采用 RA 方式时,TCAS 可发出类似"Climb,Climb"或"Descend,Descend"之类的机动指令,或者会告诉驾驶员无需采取措施。具体为:飞机到最近接近点(CPA)的时间小于交通咨询产生的规定时间时,会发布交通咨询 TA。最近接近点是指两架飞机相碰撞点,可以根据两架飞机目前的航迹和速度预测出来的。产生交通咨询(TA)后,如果两架飞机继续沿着可能有危险的航迹飞行,则在离到达最近接近点(CPA)的时间小于决断告警产生的规定时间时,系统会发布决断告警(RA),并给出处理建议。代表其他飞机的符号会变为固定的红色方块,同时伴有诸如"Climb,Climb"之类的规避机动语音提示。系统还会在垂直速度指示器上用颜色块显示所需的机动速度。

TCAS2 系统的几个基本概念如图 12-23 所示。

(1) 碰撞区:由 TCAS2 定义的一个三维空域,其大小随接近速度而变。设计 TCAS2 的目的就是为了防止其他飞机进入该区域。

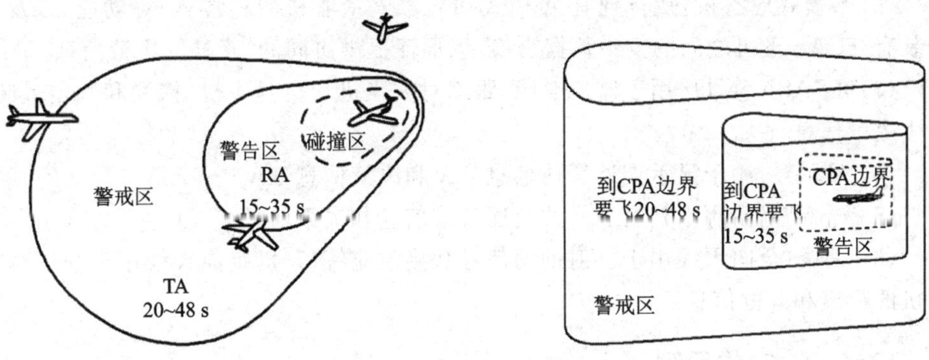

图 12-23　TCAS2 的警戒区和警告区示意图

(2) 警戒区:离碰撞区边缘还有 20～48 s 的一段空域。

(3) 警告区:离碰撞区边缘还有 15～35 s 的一段空域。

(4) 交通警戒信息 TA(Traffic Ad visory):对方飞机进入警戒区时发布,交通情况显示器上用一橙色实心圆表示该飞机，发布声音信息"TRAFFIC－TRAFFIC"。

(5) 决策信息 RA(Resolution Advisory)：对方飞机进入警告区时发布，交通情况显示器上用一红色实心方块表示该飞机，同时 VSI 上或 PFD 上出现避让措施通告，并伴有相应的语音通告。

12.6.2 组成结构

TCAS2 是以 S 模式应答机为基础工作的，装备 TCAS2 就必须装备 S 模式应答机。图 12－24 为 TCAS2 的组成图。

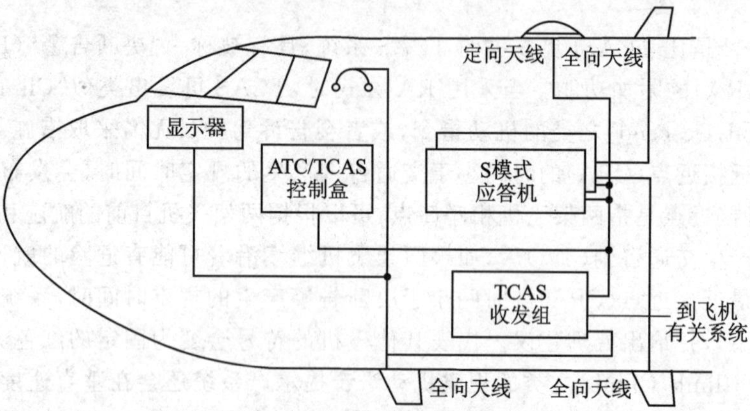

图 12－24 TCAS2 组成结构

(1) S 模式/TCAS 控制面板：用以选择和控制所有 TCAS 组件，包括 TCAS 计算机、S 模式应答机和 TCAS 显示器等。

(2) S 模式应答机：执行现有 A 模式和 C 模式应答机的正常 ATC 功能，以及用于装有 TCAS 飞机之间的空中数据交换，以保证提供协同的、互补的决策信息。

(3) TCAS 计算机：用于监控空域，跟踪对方飞机和自身飞机、探测和判定威胁、产生决策信息。

(4) 显示器：用于显示交通警戒信息 TA 和决策信息 RA。

(5) 语音警告：用来补充显示的交通警戒信息和决策信息。

(6) 天线：全向天线用于发射询问信号和接收应答信号，定向天线用于获取对方飞机的距离和方位信息。

12.6.3 工作原理

对方飞机所带应答机的类型不同，TCAS2 的监视原理也就存在一定的差异。下面分别介绍对方飞机带不同类型的应答机时 TCAS2 的探测原理。

1. 对方飞机带有 S 模式应答机或 TCAS2 系统

由于 S 模式应答机具有选择地址进行通信的特性，对装有 S 模式应答机的飞机，

TCAS 的监视功能相对简单。S 模式应答机以每秒约 1 次的速率，断续发送间歇振荡信号，该信号中含有发射者的 S 模式地址。装有 TCAS2 的飞机在监视范围内将接收这些断续发送的强振荡信号并对装有 S 模式应答机的飞机发出 S 模式询问。根据回答信号可确定该 S 模式飞机的距离、方位和高度。根据对方飞机的几次应答，可确定对方的高度变化率和双方距离变化率。换句话说，根据对方报告的高度可确定对方爬升或下降有多快；根据询问和应答之间的来回时间可确定它是否接近或离开监视范围；根据对方的方位变化可确定对方大概的航迹。由此，TCAS 计算机可计算出对方飞机的轮廓线和飞行道是否将会导致与自己相撞或接近相撞。然后，TCAS 在自身飞机轮廓线的基础上，给出合理的避撞措施 RA。

如果对方飞机带有 TCAS2 系统，则每一架飞机都通过 S 模式应答机向对方发出询问以保证互补决策的选择，如图 12-25 所示。如果某架飞机正在发出一个 RA，其他飞机就会向那架飞机每秒钟发出一次协同询问。协同询问中包含有飞机打算作的垂直机动等信息，这种信息为互补形式。例如，某一架飞机针对威胁选择了“爬升”RA，在其协同询问中它将向对方发出通知，限制对方的 RA 只能是“下降”。

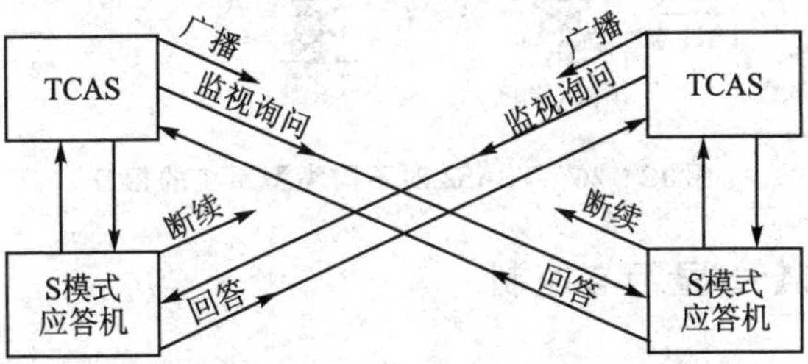

图 12-25　TCAS/S 模式应答机的询问与应答

2. 对方飞机带有 A/C 模式应答机

TCAS 使用一种修改的 C 模式询问，即所谓全呼叫 C 模式询问，它以每秒一次的正常速率询问 A/C 模式应答机。若应答机工作在 C 模式，则其回答信号中包括有高度信息，因此，TCAS 可发布决策信息 RA。若工作在 A 模式，则回答信号中没有高度信息，因此，TCAS 不能发布决策信息 RA，只能产生交通警戒信息 TA。

3. 对方飞机无应答机或应答机不工作

对方飞机若无应答机或应答机不工作，则其对 TCAS 的询问无法做出响应，因此，TCAS 无法探测该类飞机。

4. 冲突解除

一旦飞机脱离危险，TCAS 将发布语音信息“CLEAR OF CONFLICT”(冲突解除)，以确定这次遭遇结束。并且 RA 撤销后，显示器上红色实心方块即变成其他符号，措施通告消失(红、绿区消失)，此时机组应将飞机返回冲突发生前的许可剖面。

综上所述，TCAS 提供的保护等级取决于对方飞机所配备的应答机类型。若对方飞机为 A 模式应答机，则 TCAS 仅提供交通警戒信息 TA；若对方飞机为 C 模式或S模式应答机，则TCAS既提供交通警戒信息TA，还提供决策信息RA；若两架飞机均配备TCAS2设备，则通过S模式应答机交换数据对冲突进行协同解决；若对方飞机无应答机或应答机不工作，TCAS将无法探测，如图12-26所示。

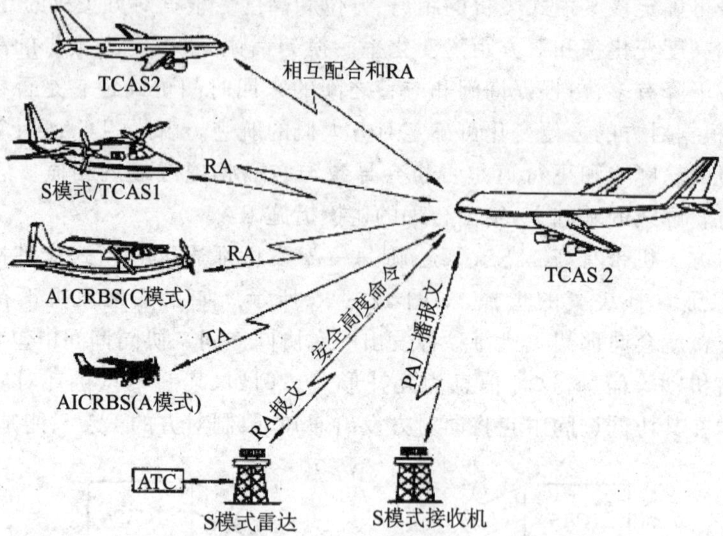

图12-26 TCAS2对不同类型系统的相应

12.6.4 TCAS2显示与控制

1. 显示方法

驾驶舱中TA/RA信息的显示取决于飞机设备类型。有的使用垂直速度/交通情况组合的显示器，如MD-90等。TCAS未接通时，该显示器作为升降速度表用；TCAS接通后，综合显示TA和RA信息，如图12-27所示。有的TA和RA信息显示在EFIS上，其中，措施通告显示在PFD/EADI上的俯仰区（如B737、B747等）或升降速度带上（如MD-11、A320、A340等），如图12-28(a)和12-28(c)所示：交通情况显示在ND/EHSI上，如图12-28(b)所示。

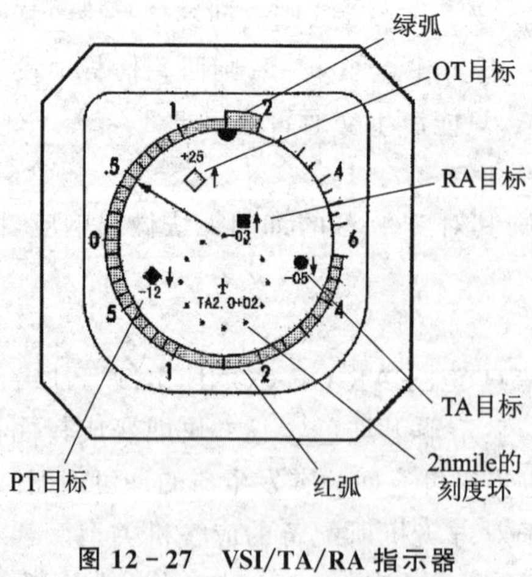

图12-27 VSI/TA/RA指示器

2. 符号的含义

在驾驶舱中的TCAS交通情况显示器上，用4种不同的符号分别代表不同级别的威胁飞机，如图12-27和图12-28所示。每一符号的含义如下：

(1) ■——红色实心方块：红色实心

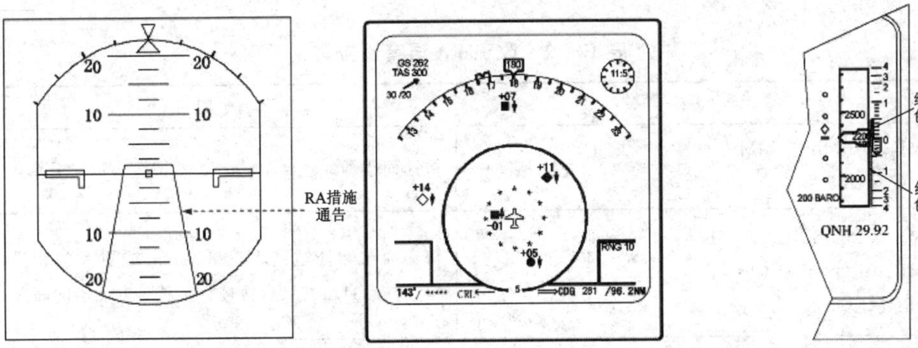

(a) PFD上的指示　　(b) ND上的指示　　(c) 空速带上的指示

图 12－28　TA/RA 在 EFIS 上的指示

方块代表进入警告区的飞机，称为 RA 目标。

（2）●——橙色实心圆：橙色实心圆代表进入警戒区的飞机，称为 TA 目标。

（3）◆——蓝色或白色实心菱形：蓝色或白色实心菱形代表相对高度小于 1 200 ft、距离小于 6 nmile 的飞机，称为接近交通目标（PT 目标），它对自身飞机不构成威胁。但在某些情况下，它可能变为 TA 或 RA 目标。显示接近交通目标可以增强态势感知。

（4）◇——蓝色或白色空心菱形：蓝色或白色空心菱形代表相对高度 2 700 ft 以内，既不是 RA 目标，也不是 TA 目标和 PT 目标的其他飞机，称为其他交通目标（OT 目标）。它对自身飞机完全不构成威胁。

（5）↑和↓——若对方飞机以大于或等于 500 ft/min 的垂直速度爬升或下降时，符号右侧将出现一个向上或向下的箭头。

3. 数据标记

当对方飞机报告高度信息时，在符号的上面或下面将出现一数据标记。数据标记由两位数和一个“＋”或“－”号组成，颜色与符号同色。两位数代表自身飞机与对方飞机间的垂直间距，以百 ft 计。如果对方飞机在自身飞机上面，数据标记将位于符号的上面，且前面加一个“＋”号；如果对方飞机在自身飞机下面，数据标记将位于符号的下面，且前面加一个“－”号。

4. 语音通告

TCAS 发布目视通告时，TCAS 计算机也将产生音响警告以对显示的交通警戒信息和决策信息进行补充。显示交通警戒信息时，发布声音信息“TRAFFIC－TRAFFIC”。

此时，机组应目视搜寻对方飞机，若看到对方飞机，则保持目视，以确保安全的间隔距离。若冲突不能自身解决，则发布决策信息，预防决策信息的声音信息为“MONITOR VERTICAL SPEED－MONITOR VERTICAL SPEED”，改正决策信息的语音如表 12－2 所列。一旦冲突解除，将发布声音信息“ CLEAR OF CONFLICT”

(冲突解除)。

表 12-2 改正 RA 语音通告

语 音	响 应
CLIMB - CLIMB - CLIMB 爬升-爬升-爬升	快速而柔和地达到 1 500 ft/rn 或更大的爬升率
CLIMB. CROSSING CLIMB CLIMB. CROSSING CLIMB 爬升,穿越爬升	快速而柔和地达到 1 500 ft/min 或更大的爬升率。注意自己的飞行轨迹将穿越对方飞机的高度
REDUCE CLIMB - REDUCE CLIMB 减小爬升-减小爬升	快速而柔和地减小垂直速度到 VSI 上绿色区域所示的值
DESCEND - DESCEND - DESCEND 下降-下降-下降	快速而柔和地达到 1 500 ft/min 或更大的下降率
DESCEND. CROSSING DESCEND - DESCEND CROSSING DESCEND 下降,穿越下降-下降,穿越下降	快速而柔和地达到 1 500 ft/min 或更大的下降率。注意自己的飞行轨迹将穿越对方飞机的高度
REDUCE DESCEND - REDUCE DESCEND 减小下降-减小下降	快速而柔和地减小垂直速度到 VSI 上绿色区域所示的值
INCREASE CLIMB - INCREASE CLIMB 增大爬升-增大爬升	快速而柔和地增大爬升速度到 2 500 ft/min 或更大
INCREASE DESCEND - INCREASE DESCEND 增大下降-增大下降	快速而柔和地增大下降速度到 2 500 ft/min 或更大
CLIMB. CLIMB NOW - CLIMB. CLIMB NOW 爬升,现在爬升-爬升,现在爬升	快速而柔和地达到 1 500 ft/min 或更大的爬升率。当 TCAS 确定有必要反转目前垂直速度的方向才能提供足够的间隔距离时,紧接着 DESCEND 信息之后发布该改正信息
DESCEND. DESCEND NOW－DESCEND. DESCEND NOW 下降,现在下降-下降,现在下降	快速而柔和地达到 1 500 ft/min 或更大的下降率。当 TCAS 确定有必要反转目前垂直速度的方向才能提供足够的间隔距离时,紧接着 CLIMB 信息之后发布该改正信息

5. 模式及失效通告

TCAS 的工作模式信息和失效信息将在显示器上显示,如图 12-29 所示。当选择 TCAS 的工作模式为“TA”时,显示器上将显示信息“TA ONLY”,在地面为白色,空中为黄色。

如果 TCAS 失效,显示器上将显示信息“TCAS FAIL”;如果 TCAS 的交通显示失效,将显示“TD FAIL”;当模式选择“STBY”、“XPDR ON”或高度报告关闭时,显示信息“TCAS OFF”，此时 TCAS 不工作。当出现“TD FAIL”、“TCAS OFF”、“TCAS FAIL”信息时，显示器上飞机符号和距离圈消失。当 TCAS 不能公布决策信息时，将显示“RA FAIL”。有效的垂直速度输入失效或丧失使决策信息不能显示时，显示器上将显示信息“VSI FAIL”（垂直速度失效）和“RA FAIL”，且指针消失。

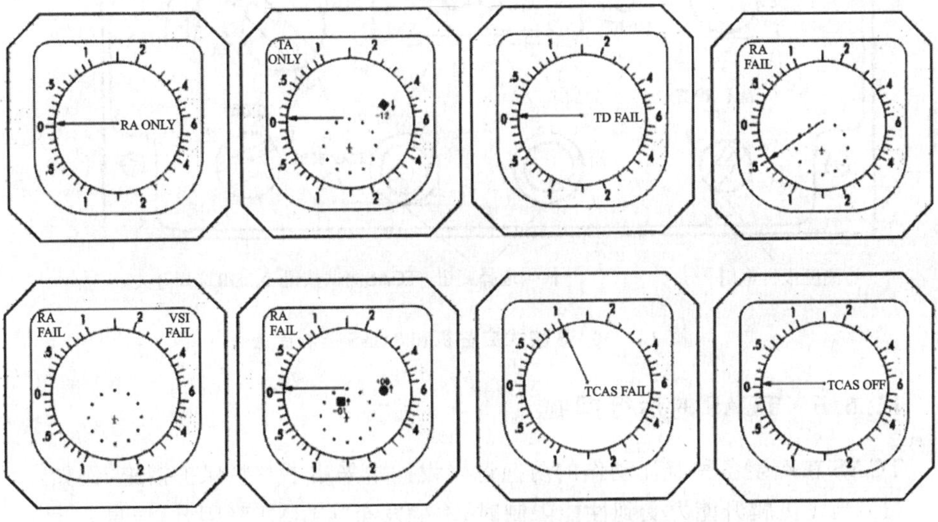

图 12-29　TCAS 的工作模式及失效显示

12.6.5　S 模式应答机控制

S 模式应答机一般与 TCAS 配套使用，故大多数情况下，S 模式应答机的控制盒和 TCAS 的控制盒也配套使用。图 12-30 为双套 S 模式应答机和单套 TCAS 收发组件的控制面板图。

(1) TCAS/XPDR 模式选择开关：此开关有 4 个位置，用以选择应答机和 TCAS 的工作模式。

(2) TCAS 测试按钮：按该按钮，TCAS 进行自测。测试应在地面且模式选择钮处于“STBY”位时进行。测试时，发布声音信息“TCAS TEST”，字符“TCAS TEST”出现在交通情况显示器上，同时出现测试图。

(3) XPDR 代码窗：显示应答机代码。

(4) IDENT（识别）按钮：与通常的 XPDRIDENT 按钮功能一样。

(5) ALT 开关：与通常的 XPDR 的高度报告功能开关一样。

(6) XPDR FAIL（XPDR 失效）灯：当所选的应答机或它的高度信息源失效时，该灯亮。

(7) XPDR 选择开关：此开关用以选择 XPDR＃1 或 XPDR＃2。

(8) TA 显示开关：该开关有“AUTO”、“ON”、“OFF”和 3 个位置。

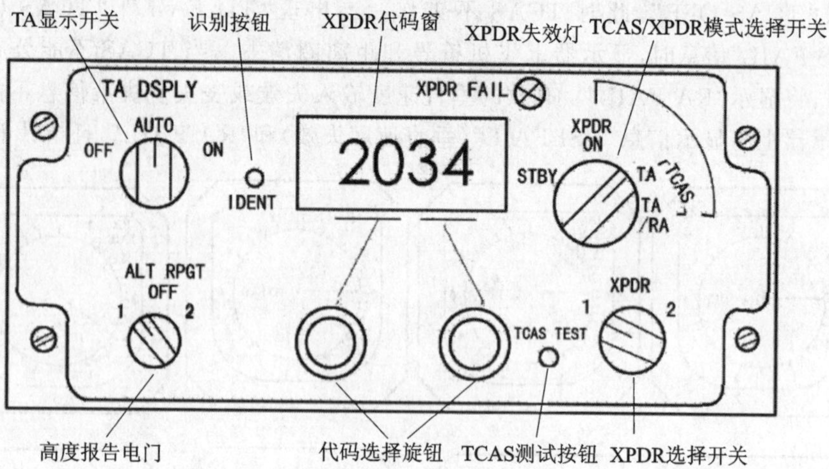

图 12-30 S 模式应答机和 TCAS 控制面板

12.6.6 TCAS 的运行抑制

TCAS 在产生各种避让动作的防撞逻辑设计中采用了一些保护措施，例如：

(1) 当飞机爬升能力受到性能限制时，不能发布“CLIMB”(爬升)信息。

(2) 当无线电高度低于 1 450 ft 时，不能发布“INCREASE DESCENT”(增大下降)信息。

(3) 当无线电高度低于 1 000 ft 时，不能发布“DESCEND”(下降)信息。

(4) 当无线电高度低于 500 ft 时，不能发布任何 RA 信息。

(5) 当无线电高度低于 400 ft 时，声音信息“TRAFFIC - TRAFFIC”被抑制。

(6) 出现 GPWS 警告时，TCAS 所有声音警告被抑制。

(7) 在 RA 期间，如果对方飞机的高度信息丧失，则该 RA 信息自动结束，但不会发布“CLEAR OF CONFLICT”通告。

12.7 近地警告系统

近地警告系统 GPWS(Ground Proximity Warning System)的作用是当飞机相对于地面的飞行航迹可能有危险时，以声音警告和目视警告的方式提醒飞行人员。声音警告和目视警告信号是由计算机依据甚高频导航的下滑偏离信号、低高度无线电高度表的低高度信号、大气数据计算机的气压高度变化率及空速信号、襟翼位置电门操纵的襟翼位置和起落架手柄操纵起落架位置的信号等输出的。

近地警告系统不是一个全时的报警系统，它只在起飞或复飞和进近着陆阶段，且无线电高度低于 2 450 ft 时起作用。在上述条件下，根据飞机的形态和地形条件，如果接近地面时出现不安全的情况，近地警告系统就会在驾驶舱内发出目视和音响两种报警信号，以提醒飞行员采取有效措施。近地警告系统还具有风切变警告的能力，当飞机遇到风切变情况时，它就发出风切变警告，及时提醒机组人员从风切变中解脱出来。但当飞机飞向垂直陡峭的地形或建筑物，以及慢慢下降至未经平整过的地面时，近地警告系统不能提供警告。

12.7.1　组成及功能

图 12－31 所示为 B767 飞机 GPWS 的组成框图，它包括近地警告计算机、115 V 400 Hz 交流电源、近地形态起落架超控灯（白色）/电门、近地襟翼超控灯（白色）/电门、红色拉升灯、近地警告测试电门、琥珀色近地灯/下滑抑制电门、红色风切变灯等。

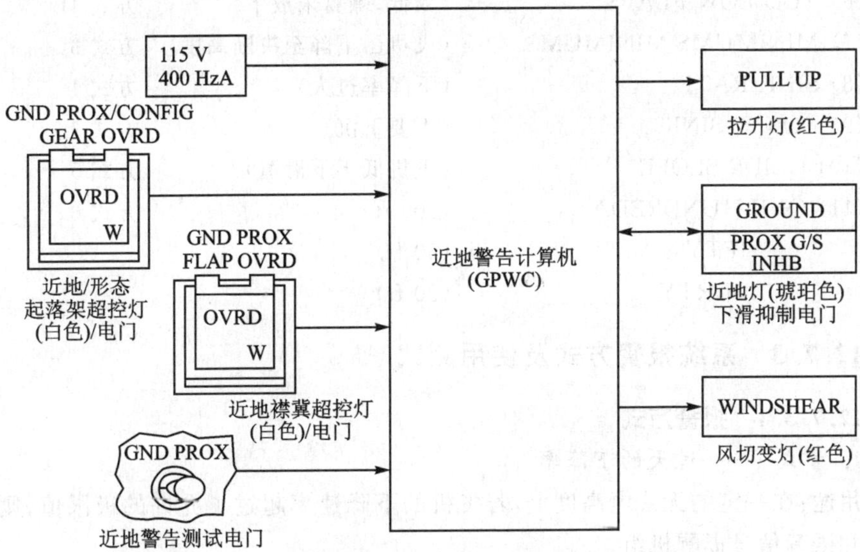

图 12－31　近地警告系统组成

12.7.2　工作原理

近地警告系统的核心部件是近地警告计算机（GPWC）。该计算机中存储了各种警告方式的极限数据。GPWC 还从其他飞机系统接收实际状态数据，如来自无线电高度表的无线电高度，来自大气数据计算机 ADC 的气压高度和气压高度变化率，来自惯性导航系统的惯性垂直速度，来自 ILS 的下滑道偏离信号、襟翼位置、起落架位置、设定的报告高度、迎角、姿态角、俯仰角速率等信号。计算机将存储的极限数据与飞机实际状态的数据相比较，如果实际状态超过了某一种警告方式的极限，计算机就输出相应的音响和目视的控制信号，作用于驾驶舱中的警告喇叭和信号灯，使之发出与方式相关的语音和亮灯信号，甚至在 EICAS 显示器上显示有关信息。

近地警告计算机是一种模拟/数字系统，可与航空无线电公司 ARINC429 数字信号和模拟信号相交联，使用来自不同的飞机系统和传感器的输入信号，计算出飞机实时的飞行状态。当飞机的现时飞行轨迹和位置相对于当时的地形有不安全因素时，计算机就提供报警信号，以提醒飞行员改变飞机的操纵。

近地警告不同的方式发出不同的语音，归纳起来有11种语音。如果同时出现多种近地警告报警方式，则只能有一种最优先的信号发生音响。其优先排列顺序如下：

(1) WINDSHEAR	（注意风切变）	方式7
(2) WTHOOP WTHOOP PULL UP	（喂！喂！拉起来）	方式1和方式2
(3) TERRAIN	（注意地形）	方式2
(4) TOO LOW TERRAIN	（飞机太低，注意地形）	方式4
(5) TOO LOW GEAR	（太低，起落架未放下）	方式4A和方式4B
(6) TOO LOW FLAPS	（太低，襟翼未放下）	方式4B
(7) MINIMUMS MINIMUMS	（飞机已下降至决断高度）	方式6
(8) SINK RATE	（下降率过大）	方式1
(9) DON'T SINK	（不要下沉）	方式3
(10) GLIDE SLOPE	（飞机低于下滑道）	方式5
(11) ONE HUNDRED	(100 ft)	方式6
FIFTY	(50 ft)	
THIRTY	(30 ft)	

12.7.3 系统报警方式及使用测试

12.7.3.1 报警方式

1. 方式1——过大的下降率

用途：在一定的无线电高度上，若飞机的下降速率超过了允许的极限值，则发出目视和语音信号提醒机组。

输入信号：无线电高度、惯性垂直速度、气压高度率和从机内自测试组件来的抑制信号。

此方式与襟翼和起落架的位置无关。图12-32所示为方式1的工作特性。

2. 方式2——过大的接近地形率

用途：当飞机在上升地形的上空飞行时，若飞机接近地面的速率过大，则发出目视和语音信号提醒飞行员。

输入信号：无线电高度、空速、气压高度、气压高度变化率和起落架、襟翼位置信号。

此方式与襟翼位置和起落架位置有关。

根据襟翼位置的不同，又分为两个分方式：若襟翼放下小于25单位（也称襟翼不在着陆形态），称为方式2A；若襟翼放下等于或大于25单位（也称襟翼在着陆形态），称为方式2B。

(1) 方式2A。图12-33所示为方式2A的工作特性

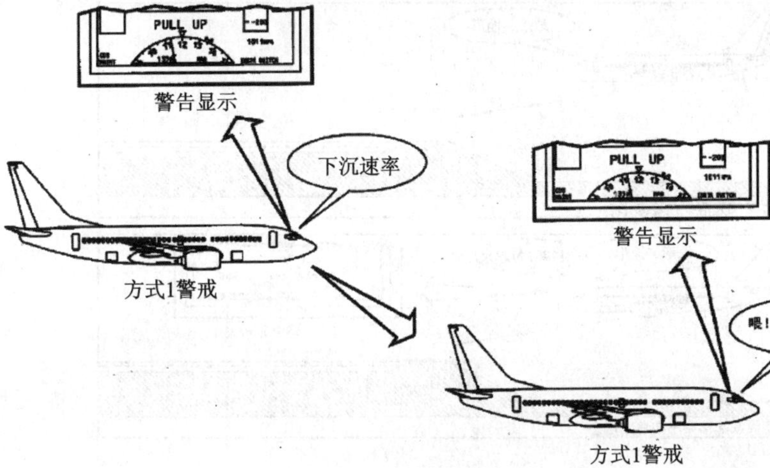

图 12－32　方式 1 过大的下降率

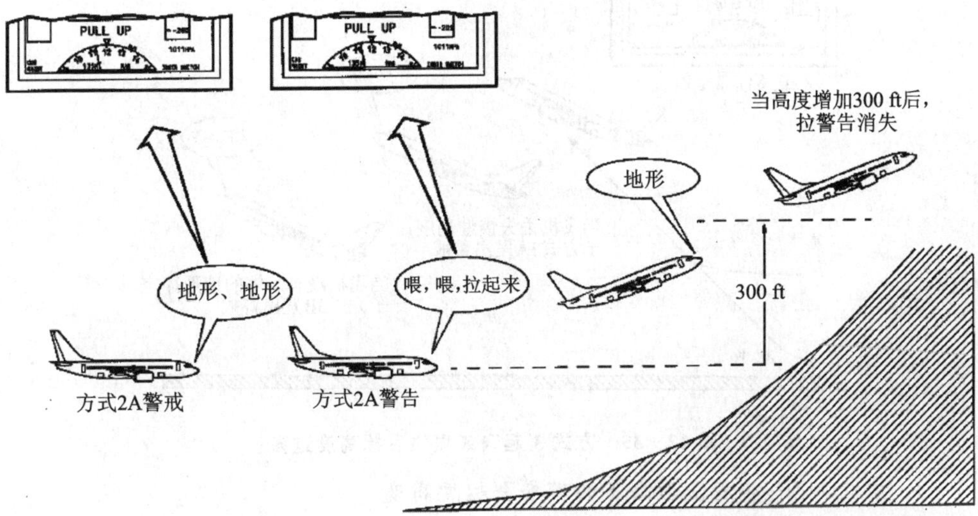

图 12－33　方式 2A 襟翼小于 25 单位的过大地形接近率

(2) 方式 2B。图 12－34 为方式 2B 的工作特性。

3. 方式 3——起飞或复飞后掉高度太多

用途：在起飞或复飞过程中，由于飞机掉高度影响到安全时，向飞行员提供报警信号。

输入信号：无线电高度、气压高度变化率、气压高度、内部处理器来的时间和起落架、襟翼位置信号。

图 12－35 为方式 3 的工作特性。

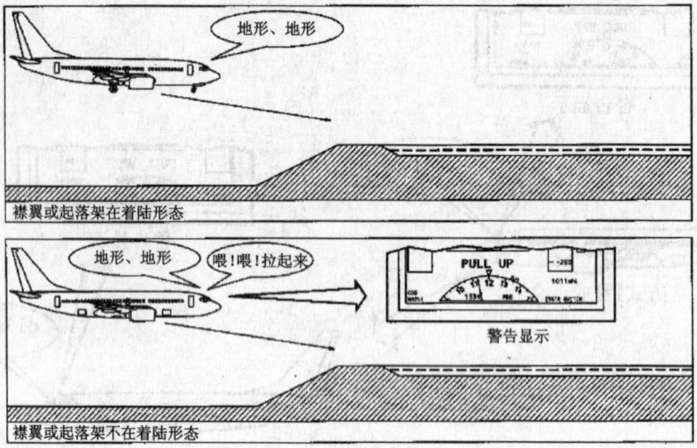

图 12－34　方式 2B 襟翼大于等于 25 单位的过大地形接近率

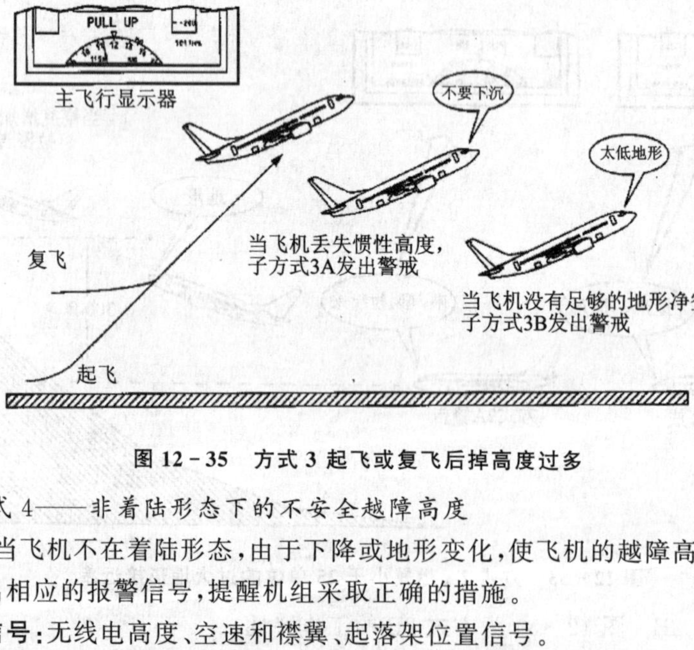

图 12－35　方式 3 起飞或复飞后掉高度过多

4. 方式 4——非着陆形态下的不安全越障高度

用途：当飞机不在着陆形态，由于下降或地形变化，使飞机的越障高度不安全时，向机组发出相应的报警信号，提醒机组采取正确的措施。

输入信号：无线电高度、空速和襟翼、起落架位置信号。

图 12－36 为方式 4 的工作特性。

根据襟翼和起落架的位置，方式 4 又分成两种分方式：方式 4A 和方式 4B。

若襟翼＜25 单位且起落架收上时的报警方式称为 4A 方式；若翼＜25 单位，起落架放下，或襟翼≥25 单位，起落架收上，则为 4B 方式。

5. 方式 5——进近着陆时低于下滑道太多

用途：正航道进近时，提醒机组飞机在下滑道下方偏离太多。

输入信号：无线电高度、起落架位置、下滑道偏离和背航道信号。

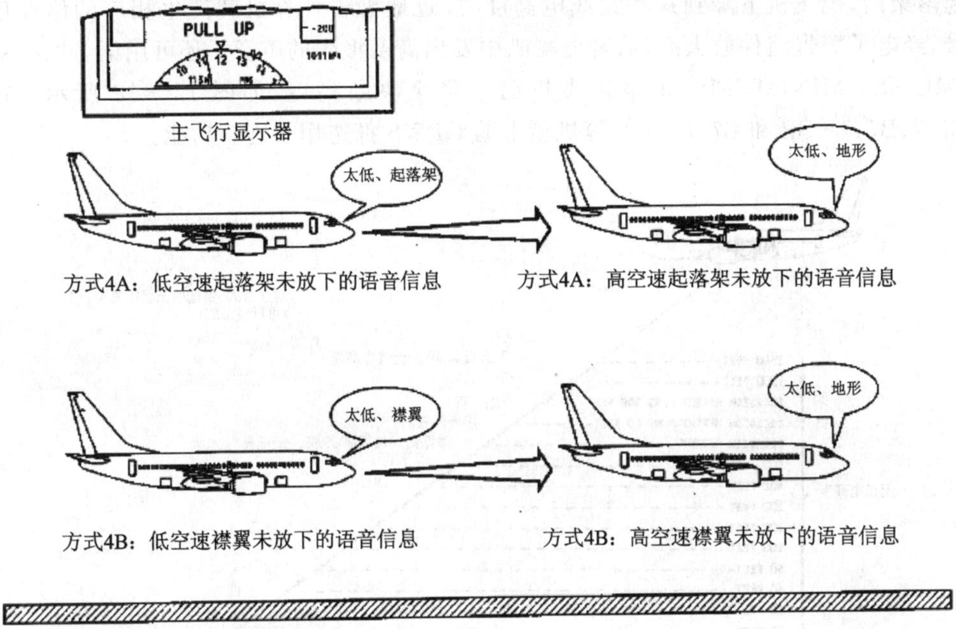

图 12-36　方式 4 非着陆形态下的不安全越障高度

当飞机在进近中，起落架放下，且下降到低于 1 000 ft 无线电高度时，方式 5 就处于准备状态。其工作特性如图 12-37 所示。

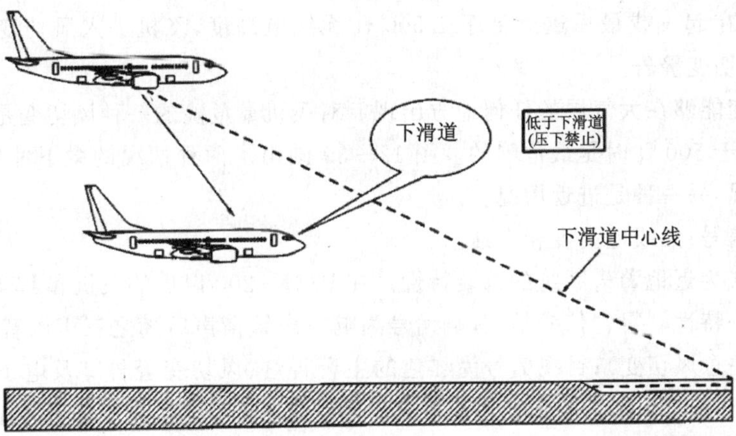

图 12-37　方式 5 低于下滑道太多

6. 方式 6——到达给定的无线电高度和决断高度(DH)时的报告

用途：在着陆过程中，代替人报告无线电高度及决断高度。

输入信号：无线电高度和选定的决断高度。

需要发出报告的无线电高度由航空公司选定，存储在近地警告计算机中。放下起落架后，当飞机下降到这些无线电高度时，近地警告计算机就产生相应的语音信号，经电子警告组件放大后，从警告喇叭中发出高度报告的声音。还可用语音"MINIMUMS - MINIMUMS"来报告飞机已下降至决断高度，如图 12 - 38 所示。在 B707、B747 - SP 和 B747 - 200 等机型上的 GPWS 都选用了这一功能。

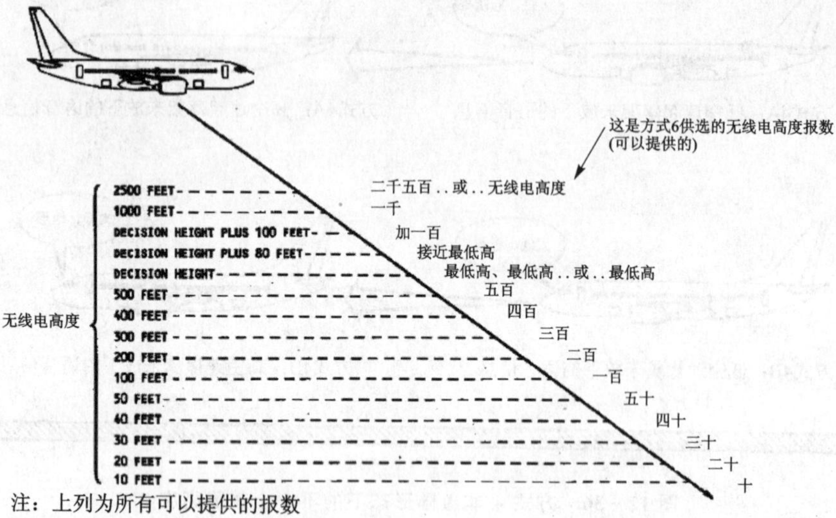

图 12 - 38　决断高度报告

7. 方式 7——低空风切变

用途：在起飞或最后进近低于 1 500 ft 无线电高度，飞机进入风切变警告范围时，发出风切变警告。

风切变能够在大气层的任何地方出现。对飞机最危险的一种风切变是微下冲气流，它在低于 500 ft 时是最危险的。图 12 - 39 画出了两种情况的微下冲气流：一种是起飞情况；另一种是进近情况。

输入信号：无线电高度和空速。

此方式为近地警告系统的选装特性。在 B767 - 200 以后的飞机和 B747 - 400 上选用了这一特性。警告信号是：音响信号为响一声警笛声后随之三声语音"WINDSHEAR"(注意风切变)；目视信号为红色的主警告灯、风切变警告灯及电子姿态指引仪或主飞行显示器上显示的红色字符"WINDSHEAR"，如图 12 - 40 所示。

在发出风切变警告后，对其他近地警告方式的报警至少抑制 5 s，只要解脱操作仍在进行，此抑制条件就继续。

12.7.3.2　GPWS 的使用和测试

1. 使　用

(1) 飞行前应检查 GPWS 的电源跳开关是否压入。

(2) 在起飞或进近着陆过程中，若 GPWS 发出报警信号，飞行员应按语音内容

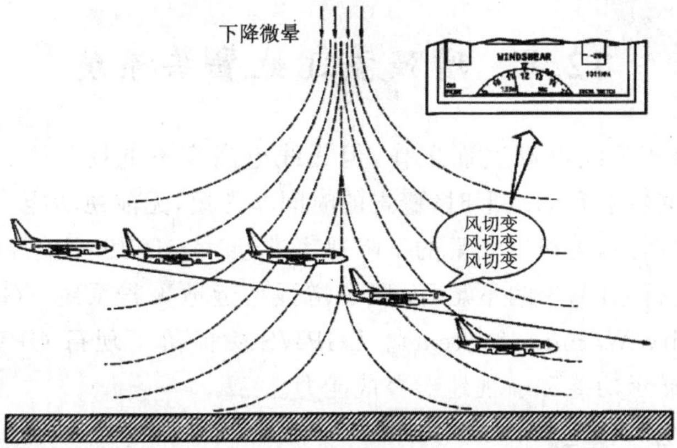

图 12-39 风切变

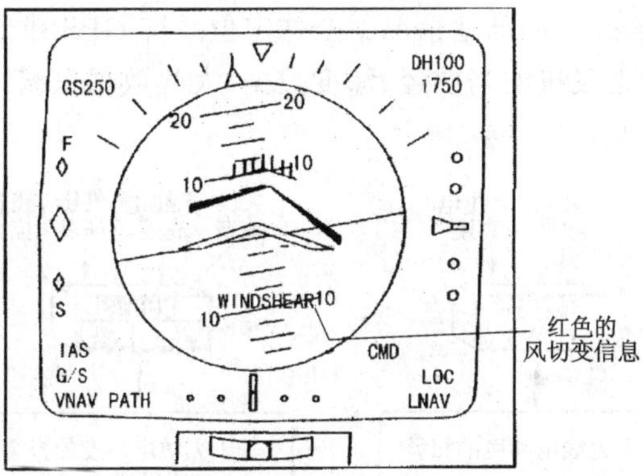

图 12-40 风切变信息显示

正确操作飞机。

(3) 若在批准使用小于正常着陆襟翼位置或规定起落架收上的程序时，可以用起落架或襟翼超控电门抑制或终止报警信号。

(4) 当用低于下滑道进近时，可用下滑道抑制电门抑制或终止方式 5 的报警。

(5) 当飞机朝着建筑物或垂直陡峭的地形飞行时，近地警告系统不提供警告。

(6) 当襟翼和起落架均在着陆形态，飞机以正常的下降速率进近，进入意想不到的地形时，GPWS 不提供地形警告。

2. 测 试

压下近地警告测试电门，若压下时间短于 5 s，则系统只进行信任测试；若压下时间超过 5 s，则系统先进行信任测试，接着进行全语音测试。即先产生信任测试信号，然后依近地警告方式的顺序产生各种语音信号。

12.8 增强型近地警告系统

GPWS依赖于无线电高度而工作，但无线电高度不能反映飞机前方的地形情况，当飞机进入突然上升的地形时，警告的时间非常短，无前视功能。另外，当襟翼和起落架均在着陆形态，飞机以正常的下降速率进近时，GPWS不能提供地形警告。

为了克服现行GPWS的不足，发展了增强型近地警告系统EGPWS(Enhanced Ground Proximity Warning System)。EGPWS除保留了现行GPWS的警戒功能外，还具有地形显示功能和前视地形警戒能力。

12.8.1 基本原理

EGPWS的计算机内有一个全球机场位置数据库和一个全球地形数据库，地形数据库内包含有全球95%的陆地情况。全球定位系统GPS或惯性导航系统IRS向EGPWS的计算机输送飞机的当前经、纬度数据，大气数据系统向EGPWS计算机输送飞机的气压高度，如图12-41所示。

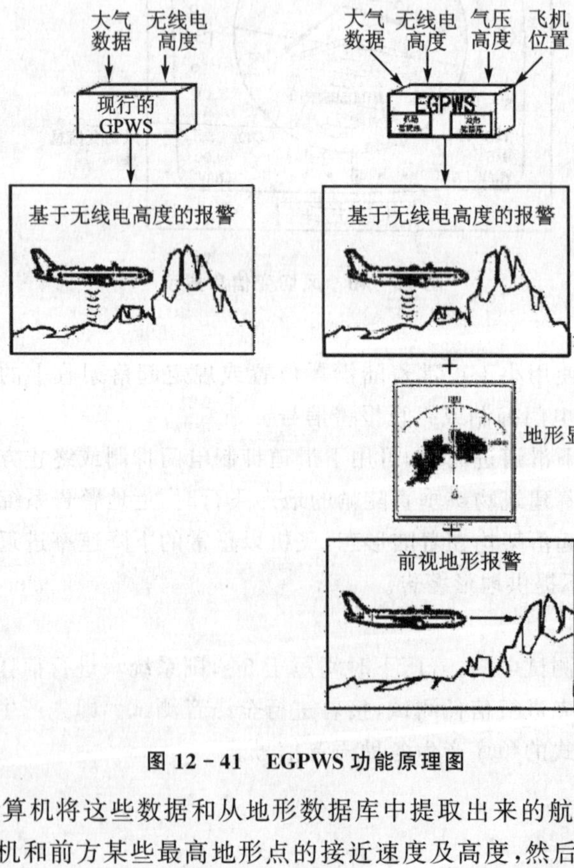

图12-41 EGPWS功能原理图

EGPWS计算机将这些数据和从地形数据库中提取出来的航线前方地形资料进行对照，算出飞机和前方某些最高地形点的接近速度及高度，然后和既定告警判据相比较，一旦超过，则判定为地形威胁而触发报警。

12.8.2　前视警戒

EGPWS 根据潜在的地形威胁向机组提供警戒级和警告级两种报警。有两种前视报警包线：一种为警戒级报警包线，另一种为警告级报警包线。报警包线根据飞机前方的前视距离和飞机下方的高度偏离以及飞机两侧的横向距离而确定，如图 12－42 所示。

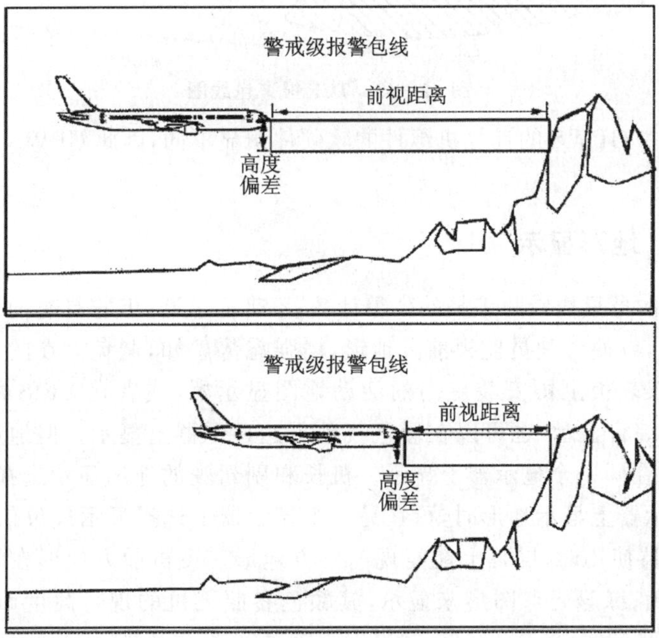

图 12－42　警戒级和警告级报警包线图

前视距离主要取决于地速，地速增加，前视距离增大，这样能保证在所有速度上报警时间大致相同。前视距离以沿着飞机飞行的轨迹（爬升、下降或平飞）为基点。

在潜在的地形碰撞威胁前 40～60 s，触发前视警戒级报警，20～30 s，触发警告级报警。

除了前视报警包线外，GPWS 还有一个附加保护功能：最小地形间隔 TCF（Terrain Clearance Floor）保护，它是对气压高度错误的补偿。TCF 是一种机场周围的警戒包线，该包线依据飞机的无线电高度而定，如图 12－43 所示。当飞机按照正常的 3°下滑轨迹下滑到跑道上时，飞机将保留完美的 TCF 警戒包线。如果飞机穿越 TCF 包线，同时也就穿越了以气压高度为基准的 EGPWS 的前视警戒包线，系统将启动前视警戒功能。如果气压高度错误，则 TCF 提供基于无线电高度的报警。

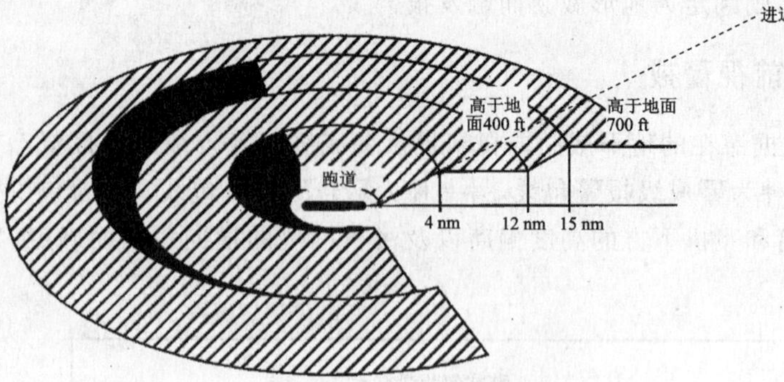

图 12－43　TCF 报警包线图

EGPWS 和 GPWS 的计算机组件的软硬件明显不同，因此 GPWS 不能升级改装为 EGPWS。

12.8.3　地形显示

EGPWS 本身只作威胁来临的告警计算，不带显示器，但它具有向显示器输出活动地图的接口，以便驾驶员监视前方地形，增强态势感知，避免潜在的地形冲突。因此，在驾驶舱仪表板上可安装专门的活动地图显示器，或者在 EFIS 的导航显示器 ND(EHSI)上综合显示，也可以在彩色气象雷达显示器上显示。但地形和气象雷达数据不能同时在同一个显示器上显示。机长和副驾驶的地图显示选择是独立的，因此，当一个显示器上显示地形时，可在另一个显示器上选择显示气象信息。当 EGPWS 结合显示器使用时，屏幕上能复现前下方地形。飞机前方地形在显示器上以星罗棋布的红、黄、绿等光点图形来显示，其颜色参照飞机的现行高度而定，如图 12－44 所示。

图 12－44　地形显示色彩与飞行高度的关系

EGPWS 数据库中没有的地形或区域在显示器上用洋红色的光点图形表示。地形显示可通过 EFIS 开关板上的地形显示选择按钮人工选择，如图 12－45 所示。但当前视警戒或警告报警被激活时，地形也将自动显示。

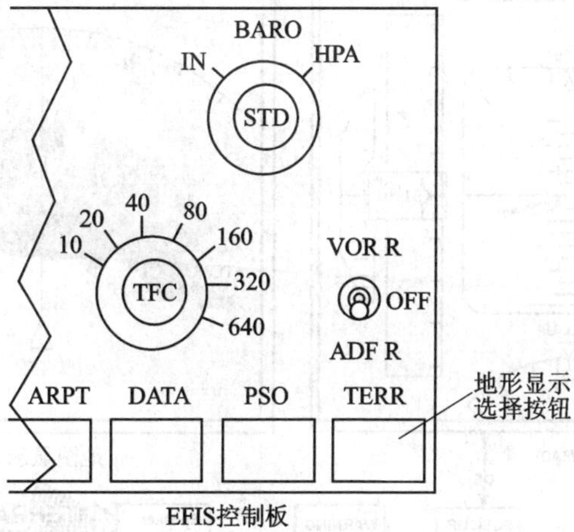

图 12－45　EFIS 开关板

12.8.4　驾驶舱报警

EGPWS 在潜在的地形碰撞威胁前 40～60 s 触发警戒级报警，发出"CAUTION TERRAIN"（注意地形）的声音警告。威胁地形显示为整体实心黄色图形以加强，琥珀色的近地灯点亮，提醒驾驶员采取措施，如图 12－46 所示。若 7 s 内机组未作出响应，系统将再次发出警告。

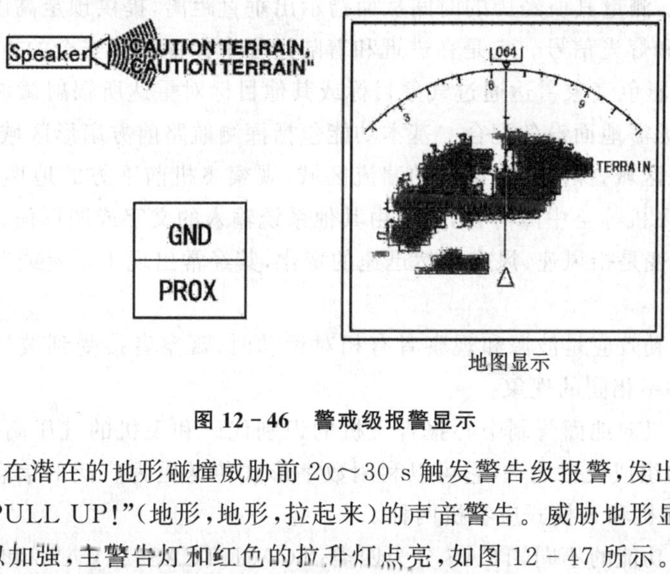

图 12－46　警戒级报警显示

EGPWS 在潜在的地形碰撞威胁前 20～30 s 触发警告级报警，发出"TERRAIN TERRAIN，PULL UP!"（地形，地形，拉起来）的声音警告。威胁地形显示为整体实心红色图形以加强，主警告灯和红色的拉升灯点亮，如图 12－47 所示。若机组及时拉升飞机，则在威胁解除后，警告撤销。若机组改变航向回避，则语音警告中止，但显示器上仍显示有威胁地形向旁侧离去。

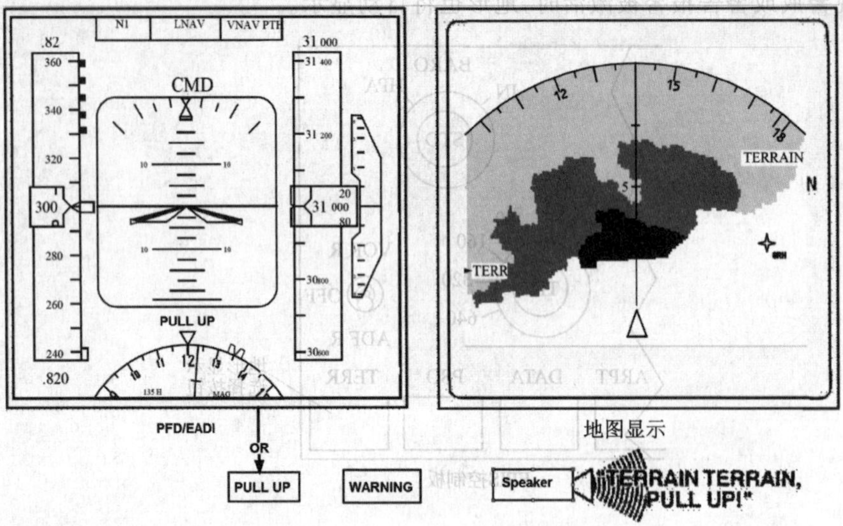

图 12－47　警告级报警显示

当 TCF 警戒被启动时，报警语音为“TOO LOW TERRAIN”(太低，地形)，同时玻珑珀的近地灯点亮。

本章重要知识点

(1) 雷达是根据接收到目标的回波来发现目标和测定目标的位置的。

(2) 无线电高度表用于测量飞机的真实高度，利用无线电波从飞机到地面，再从地面返回飞机，测量其所经历的时间从而指示出垂直距离，提供预定高度或决断高度(DH)的声音和灯光信号。它是在进近和着陆过程中保证飞行安全的重要设备。

(3) 机载彩色气象雷达通过气象目标或其他目标对雷达所辐射微波信号的反射来探测目标，无需地面设备配合。基本功能包括探测航路前方扇形区域中的降雨区、冰雹区等气象区域，探测夹带雨粒的湍流区域，观察飞机前下方的地形，发现航路上的山峰、相遇飞机等空中障碍物，显示由其他系统输入的文字或图形信息。

(4) 风切变是指风速、风向突然迅速的变化，其经常出现于雷暴或其他不稳定的气流中。

(5) 多普勒效应是波源和观察者有相对运动时，观察者接受到波的频率与波源发出的频率并不相同的现象。

(6) 应答机向地面管制中心报告飞机的识别代码和飞机的气压高度，是机载防撞系统的主要组成设备之一，它可以利用数字形式传送更为广泛的信息。应答机有 A/C 模式应答机和 S 模式应答机两种。

(7) 根据功能的不同，TCAS 分为四类：TCAS1、TCAS2、TCAS3 和 TCAS4。

(8) 近地警告系统 GPWS 的作用是当飞机相对于地面的飞行航迹可能有危险时,以声音警告和目视警告的方式提醒飞行人员。EGPWS 除保留了现行 GPWS 的警戒功能外,还具有地形显示功能和前视地形警戒能力。

思考题

1. 雷达的工作原理是什么?有哪些种类?
2. 雷达在民航领域有哪些应用?
3. 彩色气象雷达是如何探测前方气象区域的?
4. 风切变探测及预警系统是如何工作的?
5. 空中交通管制应答机有哪些种类?分别有何特点?
6. TCAS2 有哪些功能?
7. GPWS 和 EGPWS 有何区别?

第13章　飞机通信系统

13.1　通信的基本知识

13.1.1　通信概述

1. 通信的基本概念

通信的目的是传递信息。从广义上来讲，通信是指信息从发送者传递到接收者的过程。

实现通信的方式有很多，目前使用最广泛的通信方式是电通信。所谓电通信，是指用电信号携带所要传递的信息，然后经过各种信道进行传输，以达到通信的目的。电通信能使信息在几乎任意的距离上实现迅速而又准确的传递。如今，在自然科学领域内涉及“通信”这一术语时，一般指的就是电通信。从广泛的意义上来说，光通信也属于电通信，因为光也是一种电磁波。

电通信（简称通信）所传递的信息有各种不同的形式，例如，语言、文字、图像、数据等。根据所传递信息的不同，可将当今的通信业务分为电报、电话、传真、数据传输、可视电话等。其实，从广义的角度讲，广播、电视、雷达、无线电导航、遥控遥测等均属于通信的范畴。

实际上，无论何种通信，为了实现信息的传递和交换，都需要一定的设备和传输媒质。

所谓通信系统，是指为实现通信任务所需要的一切设备和传输媒质的总体。图13－1所示为通信系统的一般组成结构。

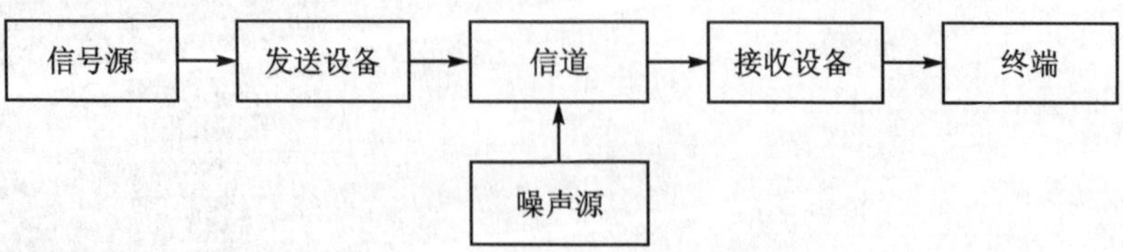

图13－1　通信系统的一般组成

信号源是将原始信号，如语言、文字、图像、数据，转换为电信号的设备。这种电信号通常称为基带信号，常用的信号源有话筒、摄像机、传真机等。

发送设备对基带信号进行处理和变换，使其适于在信道中传输。这些处理和变换通常包括调制、放大和滤波等。

信道是指传输媒质，它可以是导线、电缆、空间、电离层等。

接收设备的功能与发送设备相反，它将接收到的电信号进行必要的处理和变换，以恢复原始的基带信号。

终端是将恢复的低频信号转换成相应的原始信息，提供给最终的信息接收者。常见的终端有显示器、扬声器等。

噪声源是噪声的集中表现，它散布在系统的各个部分，对信号产生干扰。

2. 有线通信和无线通信

电信号在传播的过程中需要一定的传输媒质，按照传输媒质的不同，通信方式可分为两大类：有线通信和无线通信。有线通信是指用导线作为传输媒质的通信方式，这里的导线可以是架空明线、电缆、波导以及光纤等。有线通信的优点是信号稳定可靠、保密性好，其缺点是传输距离有限，线路铺设费用高，如程控固定电话。无线通信则不需要架设导线，而是利用电磁波在空间的传播来传递信息。由于空间中存在丰富的噪声，因此无线信号在传输过程中受到的干扰比有线信号要大得多，而且其保密性也相对较差。但是无线通信适用于移动通信，因此它在航空、航天、航海等领域得到广泛的应用。

无线通信的方式主要有短波通信、微波通信、卫星通信等，现在使用的手机、对讲机等都属于无线通信设备。

3. 模拟通信与数字通信

模拟信号指幅度的取值是连续，时间也连续的信号；数字信号指时间离散，幅度离散，幅值表示被限制在有限个数值上并以二进制码表示的信号。由于二进制码受噪声的影响小，易于用数字电路进行处理，因此得到了广泛的应用。

模拟通信以模拟信号为传输对象。模拟通信的优点是直观且容易实现，但存在两个主要缺点：

(1) 保密性差。模拟通信，尤其是微波通信和有线明线通信，很容易被窃听。只要收到模拟信号，就容易得到通信内容。

(2) 抗干扰能力弱。电信号在沿线路的传输过程中会受到外界和通信系统内部的各种噪声干扰。噪声和信号混合后难以分开，使通信质量下降。线路越长，噪声的积累也就越多。

数字通信以数字信号为传输对象，数字信号的特点决定数字通信具有如下特点：

(1) 数字化传输与交换可以实现通信的保密性。

(2) 数字化传输抗干扰能力强。数字信号在传输过程中会混入杂音，可以利用电子电路构成的门限电压去衡量输入的信号电压，只有达到某一电压幅度，电路才会有输出值，并自动生成一个整齐的脉冲，人们把这一情况称为整形或再生。较小杂音电压到达时，由于它低于阈值而被过滤掉，不会引起电路动作。因此再生的信号与原信号完全相同，除非干扰信号大于原信号才会产生判决错误，出现误码。为了防止误码，通常在电路中设置了检验错误和纠正错误的功能，即在出现误码时利用后向信号要求对方重发。因而数字传输适用于较远距离的传输，也适用于性能较差的线路。

(3) 数字化传输可构建综合数字通信网。采用时分交换后，传输和交换统一起来，可以形成一个综合数字通信网。

但数字化通信也带来了一些问题，主要体现在以下几个方面：

(1) 占用频带较宽。因为线路传输的是脉冲信号，传输一路数字化语音信息需占 20～64 kHz 的带宽；而一个模拟话音信号只占用 4 kHz 带宽，即一路 PCM(脉冲编码调制)信号占了几个模拟话路。对某一话路而言，它的利用率降低了。

(2) 技术要求复杂，尤其是同步技术要求精度很高。接收方要能正确地理解发送方的意思，就必须正确地把每个码元区分开来，并且找到每个信息组的开始。这就需要收发双方严格实现同步，如果组成一个数字网，同步问题的解决将更加困难。

(3) 模/数转换带来量化误差。随着大规模集成电路的使用以及光纤等宽频带传输介质的普及，对信息的存储和传输，越来越多使用的是数字信号的方式，因此必须对模拟信号进行模/数转换，在转换中不可避免地会产生量化误差。

4. 民航中的无线通信

由于无线通信在移动通信领域中有无可比拟的优势，因此在航空通信业务中得到了广泛的应用。根据国际电信联盟《国际无线电规则》和国际民航公约附件十——《航空电信》的规定，民用航空地空通信分为 4 类：

(1) 空中交通服务(ATS)。空中交通管制部门与飞机之间的通信，包括：放飞许可、放飞证实、管制移交、管制移交证实、飞行动态、自动相关监视(ADS)、航行通告、天气报告、航路最低安全高度告警、飞行计划申请与修订、地面管制、塔台管制、离场管制、进近管制、航路管制、飞行员位置报告、终端自动情报服务等。

(2) 航务管理通信(AOC)。飞机运营部门与飞机之间的通信，包括：气象情况、飞行计划数据、飞行员/调度员通信、飞行情报、维修情况、公司场面管理与放行、登机门指派、飞机配重、除冰、飞行中紧急情况、机体及电子设备监测数据、医药申请、改航情报、滑行、起飞与着陆情报、发动机监测数据、位置情况、起飞和延误情报等。

(3) 航空行政管理通信(AAC)。飞机运营部门与飞机之间的通信，例如：设备与货物清单、旅客旅游安排、座位分配、行李包裹查询等。

(4) 航空旅客通信(APC)。空中旅客与地面之间的通信，包括机组人员的私人通信，有话音、数据、传真等。

以上 4 类通信中，前两类(ATS 和 AOC)与飞行安全、飞行正常及飞行效率有关，称为安全通信，具有高优先等级；后两类(AAC 和 APC)与飞行安全、飞行正常无直接联系，称为非安全通信，优先等级较低。

现行的地空通信系统主要如下。

(1) 甚高频通信系统

甚高频通信系统(VHF COMM)是目前最重要也是应用最广泛的飞机无线电通信设备。几乎所有的飞机都装有甚高频通信系统，而且有 2 套或 3 套，它主要用于飞机起飞着陆期间以及通过管制区域时与地面交通管制人员之间的双向语音通信。

ICAO(国际民航组织)规定 VHF 通信系统的工作频率为 118.00～136.975 MHz,频率间隔最小为 25 kHz。由于甚高频信号主要以空间波的形式在视距内传播,所以通信距离较近,并受飞行高度的影响。

目前,VHF 地空话音通信的调制方式为普通调制(AM),工作方式是单信道单工,即交替用同一频率发射和接收。机载电台和地面电台都有按下发话(PTT)按钮,按下时处于发射状态,松开时则为接收状态。每个地面电台都有一个确定的工作频率并覆盖一定区域,在此地区内,飞机均用此频率与之通信。

(2) 高频通信系统

高频通信系统(HF COMM)是一种比 VHF 通信系统传播距离更远的机载远程通信系统,通信距离可达数千公里,主要用于越洋航线和边远地区上空长距离航线飞行的飞机。一般在大型飞机上装备有两套 HF 通信系统。HF 通信系统使用频段为 2.8～22 MHz,频率间隔为 1 kHz。HF 通信系统主要使用天波进行传播,信号传播距离远,但易受电离层干扰;同时 HF 信道拥挤,大量广播电台、军用电台、其他专业电台甚至业余电台都在利用 HF 频段,使 HF 信号容易受到衰落、多径干扰和同频或邻舍干扰的影响。

现代机载 HF 通信系统都是调幅和单边带兼容的系统,单边带通信可以大大压缩所用的频带宽度,增加电台容量,节省发射功率。HF 通信系统的工作方式通常为单通道单工,机载电台和地面电台与甚高频通信系统一样,也使用按下发话(PTT)按钮。

(3) 飞机通信寻址报告系统

飞机通信寻址报告系统(Aircraft Communications Addressing and Reporting System,ACARS)是基于 VHF 的数据通信系统,它由美国航空无线电公司(ARINC)研发,并于 1978 年投入使用。目前全球有几千架飞机装有此设备。该系统目前主要提供在航空公司与所属飞机之间的航务管理通信(AOC),其频率间隔为 25 kHz,最高速率为 2 400 b/s,工作方式为单信道单工。

ACARS 的机载设备相对于 VHF 通信系统,主要是增加了一个 ACARS 管理单元。该单元一方面与标准 VHF 通信收、发机相连,另一方面通过 ARIN429 总线与其他机载数字终端设备相连,完成数据采集、报文形成、调制解调、模式转换、话音/数据信道切换和 VHF 频率管理等功能。

ACARS 的地面设备中,首先有一个与机载 ACARS 设备相对应的 VHF 远端地面站,该地面站包括 VHF 天线、收发信机和一个数据控制与接口单元(DCIU)。DCIU 内包括地空链路的调制解调器(MODEM)、收发信机控制器、管理处理器和通信控制器。收发信机的工作方式为普通调幅(AM),MODEM 的工作方式为最小频移键控。其次,在 ACARS 的地面站中还必须有网络管理与数据处理系统,它将所有 VHF 即远端地面站连接起来,以实现资源共享。

另外，为了实现 VHF 远端地面站、网管与数据处理中心及用户终端的数据交换，还必须有地面数据通信网。

13.1.2 无线电波的传播特性

1. 传播原理

无线电波或射频波是指在自由空间（包括空气和真空）传播的电磁波，其频率在 300 GHz 以下（下限频率较不统一，在各种射频规范中，常见的有 3 kHz～300 GHz，9 kHz～300 GHz，10 kHz～300 GHz）。无线电技术是通过无线电波传播信号的技术，在天文学上，无线电波被称为射电波，简称射电。

无线电技术的原理在于，导体中电流强弱的改变会产生无线电波。利用这一现象，通过调制可将信息加载于无线电波之上。当电波通过空间传播到达收信端时，电波引起的电磁场变化又会在导体中产生电流。通过解调将信息从电流变化中提取出来，就达到了信息传递的目的。

2. 传播特性

在自由空间传播的无线电波一般分为地表波、天波和沿直线传播的空间波，如图 13-2 所示。

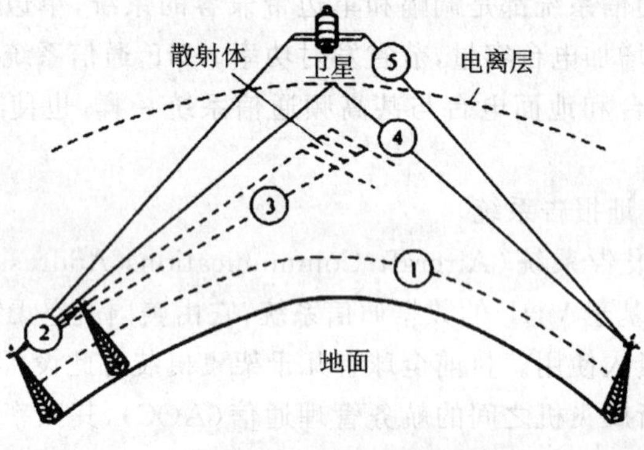

1—表面波；2—空间波；3—天波；4—散射波；5—外层空间波

图 13-2 无线电波的传播方式

(1) 地表波

在地球表面附近的空间传播的无线电波叫地表波。地面上有高低不平的山坡和房屋等障碍物，根据无线电波的衍射特性，当波长大于或相当于障碍物的尺寸时，波才能明显地绕到障碍物的后面。地面上的障碍物一般不太大，长波可以很好地绕过它们，中波和中短波也能较好地绕过，短波和微波由于波长过短，绕过障碍物相当困难。

(2) 天 波

依靠电离层反射传播的无线电波叫做天波。地球被厚厚的大气层包围着，在地面上空 50 km 到几百千米的范围内，大气中一部分气体分子由于受到太阳光的照射而丢失电子，发生电离，产生带自由电子和正电的离子，这层大气就叫做电离层。

电离层对于不同波长的电磁波表现出不同的特性。实验证明，波长短于 10 m 的微波能穿过电离层，波长超过 3 000 km 的长波几乎会被电离层全部吸收。对于中波、中短波和短波，波长越短，电离层对它吸收得越少，而反射得越多，因此短波最适宜以天波的形式传播，它可以被电离层反射到几千千米以外。但是，电离层是不稳定的，白天受阳光照射时电离程度高，夜晚电离程度低，因此夜间它对中波和中短波的吸收减弱，这时中波和中短波也能以天波的形式传播。有时收音机在夜晚能够收听到许多远地的中波或中短波电台，就是这个缘故。

(3) 空间波

沿直线传播的微波和超短波既不能以地波的形式传播，又不能依靠电离层的反射以天波的形式传播，它们跟可见光一样，是沿直线传播的。这种沿直线传播的电磁波叫空间波或视距波。

地球表面是球形的，微波沿直线传播，为了增大传播距离，发射天线和接收天线都建得很高，但也只能达到几十千米。在进行远距离通信时，要设立中继站。由某地发射出去的微波被中继站接收并进行放大，再传向下一站。直线传播方式受大气的干扰小，能量损耗少，所以收到的信号较强，而且比较稳定。电视、雷达采用的都是微波。

3. 频段划分

在通信中根据无线电波的波长(或频率)把无线电波划分为各种不同的波段(或频段)。其中微波频段的波长范围为 1 m～1 mm，频率范围为 300 MHz～300 GHz。

微波还可以细分为特高频(UHF)频段/分米波频段、超高频(SHF)频段/厘米波频段、极高频(EHF)频段/毫米波频段和至高频频段/亚毫米波频段。波段的划分在国际上没有统一的标准，中国对无线电波波段的划分法见表 13－1。

表 13－1　无线电频谱和波段划分表

段　号	频段名称	频段范围(含上限不含下限)/Hz	波段名称	波长范围(含上限，不含下限)/m
1	极低频(ELF)	3～30	极长波	$(100\sim10)\times10^8$
2	超低频(SLF)	30～300	超长波	$(10\sim1)\times10^8$
3	特低频(ULF)	300～3 000	特长波	$(100\sim10)\times10^4$
4	甚低频(VLF)	$(3\sim30)\times10^3$	甚长波	$(10\sim1)\times10^4$
5	低频(LF)	$(30\sim300)\times10^3$	长波	$(10\sim1)\times10^3$
6	中频(MF)	$(300\sim3\,000)\times10^3$	中波	$(10\sim1)\times10^2$
7	高频(HF)	$(3\sim30)\times10^6$	短波	100～10
8	甚高频(VHF)	$(30\sim300)\times10^6$	米波	10～1
9	特高频(UHF)	$(300\sim3\,000)\times10^6$	分米波	$(10\sim1)\times10^{-1}$
10	超高频(SHF)	$(3\sim30)\times10^9$	厘米波	$(10\sim1)\times10^{-2}$
11	极高频(EHF)	$(30\sim300)\times10^9$	毫米波	$(10\sim1)\times10^{-3}$
12	至高频(THF)	$(300\sim3\,000)\times10^9$	丝米波	$(10\sim1)\times10^{-4}$

(1)长波(LF、VLF):传播距离在 300 km 以内的长波主要为地表波;传播距离为 2 000 km 时,长波主要为天波。利用长波通信时,接收点的场强稳定,但由于地表波衰减慢,对其他收信台干扰大。长波受天电干扰的影响也很严重。此外,由于发射天线非常庞大,所以利用长波进行通信和广播的情况不多,仅在越洋通信、导航、气象预报等方面采用。

(2)中波(MF):中波主要为地表波和天波,白天主要靠地表波传播,传播距离相对夜晚较短。夜晚天波参加传播,传播距离较地表波远,主要用于船舶与导航通信和波长为 100~1 000 m 的中波广播。

(3)短波(HF):短波有地表波也有天波。由于短波的频率较高,地面吸收强烈,地表波衰减很快,因此短波的地表波传播只有几十千米。短波的天波在电离层中可被大量反射回地面,常用于进行远距离通信和广播。但由于电离层不稳定,通信质量不佳,短波主要用于广播和业余电台。

(4)超短波(VHF、UHF):由于超短波频率很高,而地波衰减很大,电波穿入电离层很深,乃至穿出电离层,使电波不能反射回来,所以不能利用地表波和天波的传播方式,主要利用空间直接传播实现视距内通信。超短波主要用于调频广播、电视、雷达、导航、中继及移动通信等。

(5)微波(SHF、EHF):主要利用空间直接传播,实现视距内点到点的通信,主要用于声音和视频广播、移动通信、个人通信、卫星通信等。

13.2 无线电收发原理

机载通信系统属于移动通信的范畴,为保证机组人员和地面人员之间信息畅通无阻,就目前的技术来说只能采用无线通信来完成任务。在前面章节中已经详细阐述了无线电波的传播规律以及不同信道对电波传播的影响。这一章将以模拟通信为例,对无线通信的基本原理作简单介绍,以期对无线电波从发射到接收的整个过程全面了解,建立一个整体概念。

13.2.1 无线通信系统的组成

通常把信息从发送者传送到接收者的过程称为通信,而实现信息传输过程的系统称为通信系统。无线通信系统由发射机、接收机和相连接的天线(含馈线)构成,如图 13-3 所示。

发射机的主要作用是将所要传送的信号对高频载波进行调制,形成已调载波,已调载波信号经过上变频变成射频载波信号,再经过高频功率放大器放大后送至天馈线。

天线是无线通信系统的重要组成部分,其主要作用是把射频载波信号转换成电磁波,从天线发射出去,或者将接收的电磁波变为射频载波信号。馈线的主要作用是

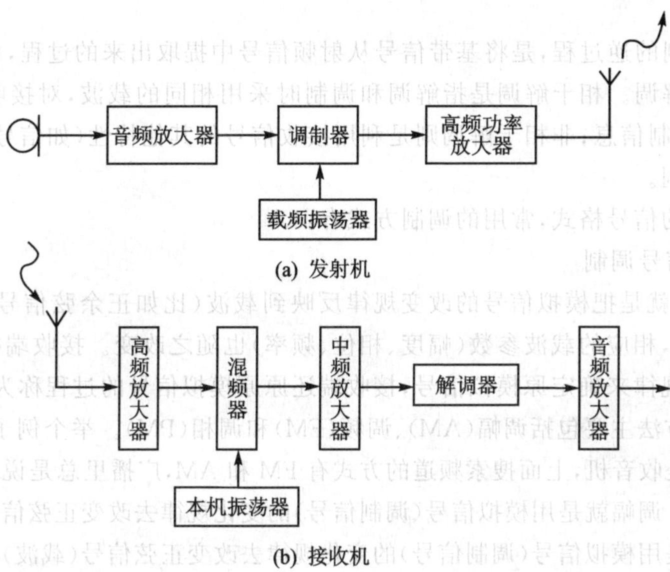

图 13-3 无线电通信系统组成框图

把发射机输出的射频载波信号送至天线。这既要求馈线的衰耗要小，又要求馈线的阻抗与发射机的输出阻抗和天线的输入阻抗相匹配。

接收机的主要作用是把天线接收下来的射频载波信号经过低噪声高频放大，再经过下变频、中频放大和解调后还原出原始信号，最后经低频放大器放大后输出。

目前，无线通信系统大部分要用双工通信方式，即通信双方各自都有发射机、接收机以及相连接的天馈线。

13.2.2 调制和解调

不管是模拟信号还是数字信号，最后的形式都是电磁信号。一般电磁信号不能直接发送而是需要先调制。由于很多实际的原因，比如各频段的传播特性不同，能量衰减不同等，还有现实中为不同的应用设计了不同的系统，因此为了人为地把各个系统的信号分开，可通过调制使得各系统都能使用各自的频率资源，而不相互干扰。

1. 调 制

调制的第一个目的是使信号适应信道，把信号转换成适合在信道传输的形式，提高传输可靠性，降低传输损耗。

调制的第二个目的是多址复用，把多个基带信号分别搬到不同的载频处，以实现信道的多路复用，提高信道利用率。

信源信息是含有直流分量和低频分量的基带信号，不能在无线环境中直接传输。调制就是将低频信号经过处理转变为适合无线传输的射频信号，通过改变射频载波信号的幅度、相位或频率，反映低频信号变化的过程。

2. 解　调

解调是调制的逆过程，是将基带信号从射频信号中提取出来的过程，可分为相干解调和非相干解调。相干解调是指解调和调制时采用相同的载波，对接收信号进行处理，提取出调制信息；非相干解调则是利用接收信号的其他特性（如信号包络）对接收信号进行解调。

对于不同的信号格式，常用的调制方式有：

（1）模拟信号调制

模拟调制，就是把模拟信号的改变规律反映到载波（比如正余弦信号）的某个参数上，信号改变，相应的载波参数（幅度、相位、频率）也随之改变。接收端根据得到的载波参数变化规律来确定原模拟信号，接收端还原原模拟信号的过程称为解调。

模拟调制方法主要包括调幅（AM）、调频（FM）和调相（PM）。举个例子，现实中印象较深的应该是收音机，上面搜索频道的方式有 FM 和 AM，广播里总是说某个电台是调频多少兆赫。调幅就是用模拟信号（调制信号）的变化规律去改变正弦信号（载波）的幅度。调频就是用模拟信号（调制信号）的变化规律去改变正弦信号（载波）的频率。调相就是用模拟信号（调制信号）的变化规律去改变正弦信号（载波）的相位。

（2）数字信号调制

数字信号调制的思想、方法和模拟信号调制类似，也分为调幅、调频、调相。但在数字通信系统里，它们有自己的名字，分别对应幅移键控（Amplitude Shift Keying，ASK）、频移键控（Frequency Shift Keying，FSK）和相移键控（Phase Shift Keying，PSK）。

幅移键控是指用数字基带信号（调制信号）的变化规律去改变正弦信号（载波）的幅度，频移键控是指用数字基带信号（调制信号）的变化规律去改变正弦信号（载波）的频率，相移键控是指用数字基带信号（调制信号）的变化规律去改变正弦信号（载波）的相位。

通过比较可以看出，数字信号调制比模拟信号调制相对简单，每一种数字调制更像是从数字信号序列按一种规则对应到模拟信号变形。

13.3　卫星通信系统

13.3.1　移动卫星通信系统

蜂窝移动电话系统虽然在理论上可以覆盖无限大的地理区域，但在人烟稀少的地区或经济不发达的地区，如果每隔十几公里就建一个基站太不经济了。因此，可以依靠卫星来为这些地方提供服务。由于卫星使用宽波束天线，故只要少数几个波束就可覆盖很大面积，如图 13－4 所示，在静止轨道（即同步轨道）上放置 3 颗卫星即可接近实现全球覆盖。

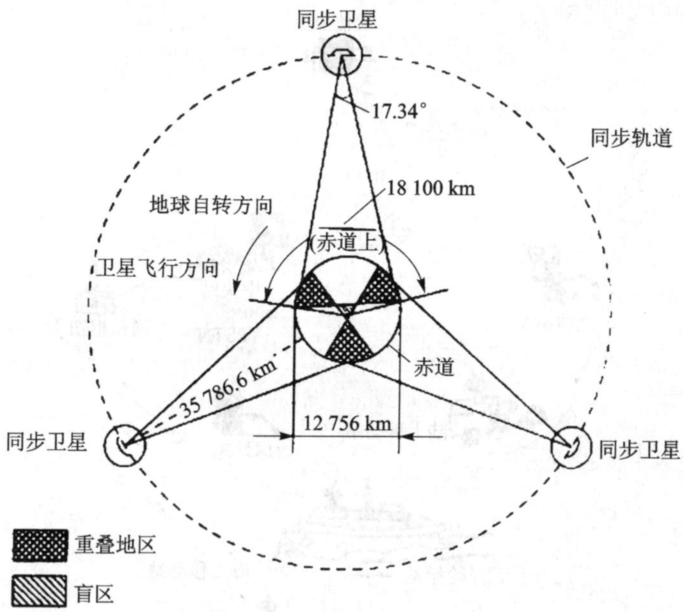

图 13－4　用 3 颗卫星实现全球覆盖

卫星通信是指利用人造地球卫星作为中继站转发或反射无线电波，在两个或多个地球站之间进行的通信。由于作为中继站的卫星处于外层空间，这就使卫星通信方式不同于其他地面无线电通信方式，而属于宇宙无线电通信的范畴。通信卫星按其结构可分为无源卫星和有源卫星，按其运转轨道可分为运动卫星(非同步卫星)和静止卫星(同步卫星)。目前，在通信中应用最广泛的是有源静止卫星，即将卫星发射到赤道上空 35 800 km 附近，它运行的方向与地球自转的方向相同，绕地球一周的时间与地球的自转周期基本相等，从地球上看去如同静止一般。由静止卫星作中继站组成的通信系统，称为静止卫星通信系统或称同步卫星通信系统。图 13－5 所示为一个简单的卫星通信系统，图中地球站 A 通过定向天线向通信卫星发射的无线电信号，首先被卫星的转发器接收，经过卫星转发放大和变换后，再由卫星天线转发到地球站 B。当地球站 B 接收到信号后，就完成了从 A 站到 B 站的信息传递过程。从地球站发射信号到通信卫星所经过的通信路径称为上行线路，反之称为下行线路。同样，地球站 B 也可以向地球站 A 发射信号来传递信息。为了避免通信过程中的相互干扰，上行线路和下行线路信号工作频率的选择是不同的。

早在 20 世纪 60 年代，民航系统就已经开始研究利用卫星实现飞机与地面通信的可行性，主要目的就是取代飞机在越洋飞行时使用的短波通信。

与其他通信手段相比，卫星通信的主要优点如下：

(1)通信距离远，且费用和通信距离无关。

(2)工作频段宽，通信容量大，适用于多种业务传输。

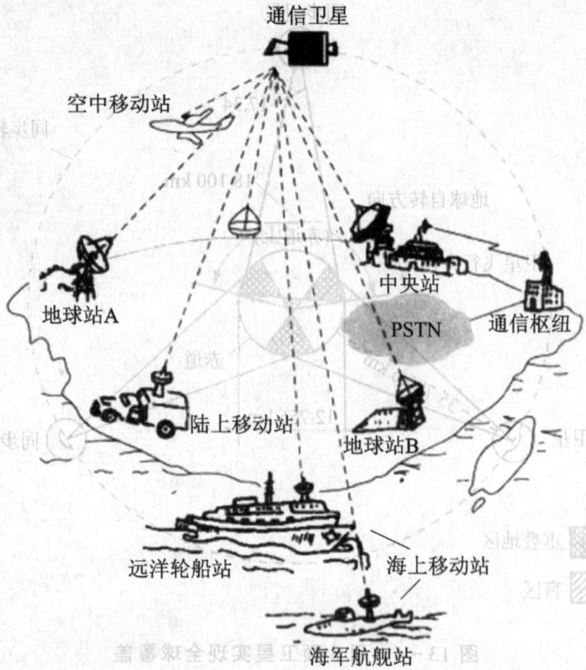

图 13－5　卫星通信示意图

(3)通信线路稳定、可靠,通信质量高。

(4)以广播方式工作,具有大面积覆盖能力而且通信灵活机动。

(5)可以自发自收进行监测。

当然,卫星通信也存在某些不足,如两极地区为通信盲区,高纬度地区通信效果不佳,卫星发射和控制技术比较复杂,存在日凌中断现象,有较大的信号延迟和回波干扰,需要有高可靠和长寿命的通信卫星等。总而言之,卫星通信有优点,也存在一些缺点。这些缺点与优点相比是次要的,有的缺点随着卫星通信技术的发展,已经或正在得到解决。

13.3.2　卫星通信系统的组成

卫星通信系统由通信卫星、地球站分系统、跟踪遥测及指令分系统,以及监控分系统组成,如图 13－6 所示。通信卫星由若干个转发器、数副天线、位置和姿态控制分系统、遥测指令分系统、电源分系统组成,其主要作用是转发各地球站信号。地球站由天线、发射、接收、终端分系统及电源、监控和地面设备组成,主要作用是发射和接收用户信号。跟踪遥测及指令分系统用来接收卫星发来的信标和各种数据,然后经过分析处理,再向卫星发送指令控制卫星的位置、姿态及各部分工作状态。监控分系统对在轨卫星的通信性能及参数进行业务开通前的监测和业务开通后的例行监测与控制,以便保证通信卫星的正常运行和工作。

1. 空间分系统

空间分系统即通信卫星。通信卫星内的主体是通信装置，另外还有星体的遥测指令、控制系统和能源装置等。

通信卫星主要是起无线电中继站的作用。它是靠卫星上通信装置中的转发器和天线来完成的。一个卫星的通信装置可以包括一个或多个转发器，每个转发器能接收和转发多个地球站的信号。显然。当每个转发器所能提供的功率和带宽一定时，转发器越多，卫星的通信容量就越大。

2. 地球站分系统

地球站群一般包括中央站(或中心站)和若干个普通地球站。中央站除具有普通地球站的通信功能外，还负责通信系统中的业务调度与管理，对普通地球站进行监测控制以及业务转接等。

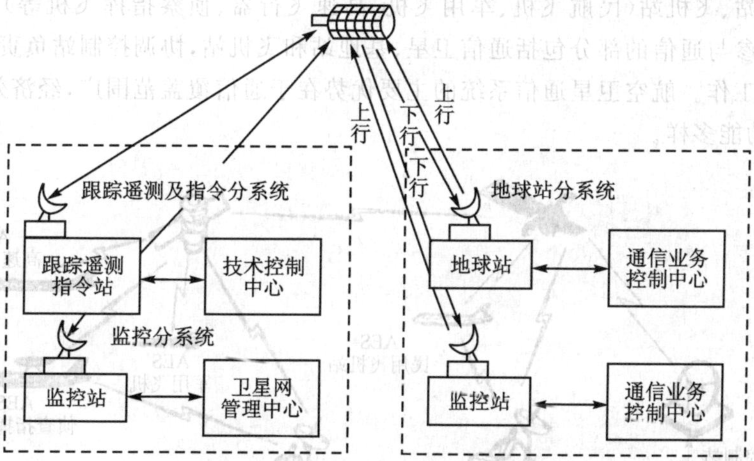

图 13-6 卫星通信系统的基本构成

地球站具有收、发信功能，用户通过它们接入卫星线路，进行通信。地球站有大有小，业务形式也多种多样。·般来说，地球站的天线口径越大，发射和接收能力越强，功能也越强。

3. 跟踪遥测及指令分系统。

跟踪遥测及指令分系统也称为测控站，它的任务是对卫星进行跟踪测量，控制其准确进入静止轨道上的指定位置；待卫星正常运行后，定期对卫星进行轨道修正和位置保持。

4. 监控分系统

监控分系统也称为监控中心，它的任务是对定点的卫星在业务开通前、后进行通信性能的监测和控制。例如对卫星转发器功率、卫星天线增益以及各地球站发射的功率、射频频率和带宽、地球站天线方向图等基本通信参数进行监控，以保证正常通信。

因此，卫星通信系统由通信卫星、地球站群、跟踪遥测及指令系统和监控管理系统四大功能部分组成。

13.3.3 航空卫星通信系统

航空卫星通信是卫星通信领域一个重要的组成部分，在民航与军事航空系统都有广泛的应用。民用航空领域主要依托国际海事卫星组织（INMARSAT）来完成相关的航空卫星移动（航路）服务（AMS(R)S）。在军事应用领域，随着各国军用航空跨越地域越来越广泛，军事航空卫星通信系统在通信和指挥中的地位更加凸显，世界各军事强国，特别是美军在战斗机、直升机、侦察机、运输机等各种军用飞机上安装了不同类型的卫星通信设备。

航空卫星通信系统的基本构成如图 13－7 所示，主要包括基地站（军用和民用）、协调控制站、飞机站（民航飞机、军用飞机、高速飞行器、侦察指挥飞机等）和通信卫星。直接参与通信的部分包括通信卫星、基地站和飞机站，协调控制站负责保障卫星通信正常工作。航空卫星通信系统的主要优势在于通信覆盖范围广，经济效益高，可靠性高，功能多样。

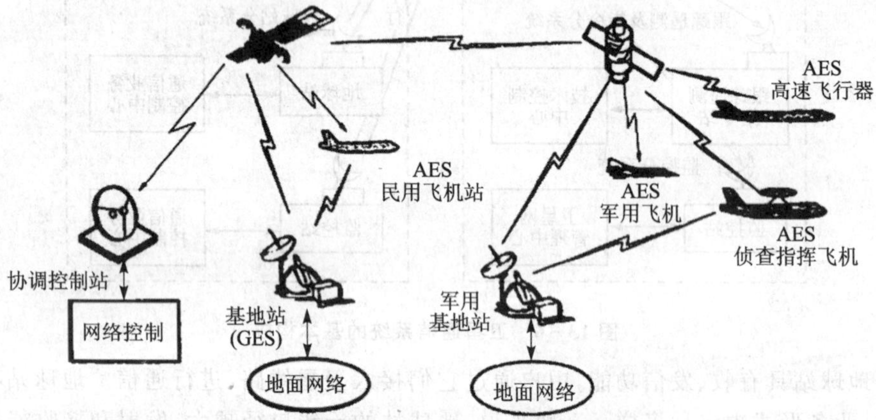

图 13－7 航空卫星通信系统的基本构成

航空卫星通信系统主要通过同步轨道（GEO）卫星通信系统和低轨道（LEO）卫星通信系统进行组网通信。机载卫星通信一般采用窄带传输，地面与卫星之间的通信一般使用宽带传输，可使用的复合卫星信道分配主要是：L 频段用于机载移动通信部分；C 频段、Ku 频段和 K 频段主要用于地面站的通信。

典型的航空移动卫星业务（AMSS）是以 INMARSAT 为代表的航空同步卫星通信系统和以“铱”星通信系统为代表的低轨道卫星通信系统，中轨道卫星通信系统暂时未应用于航空通信领域。

1. 航空卫星通信链路构成

航空卫星通信链路由发送端地球站、星-地传输路径、通信卫星转发器、空-天传输路径和飞机站接收终端构成，如图 13-8 所示。

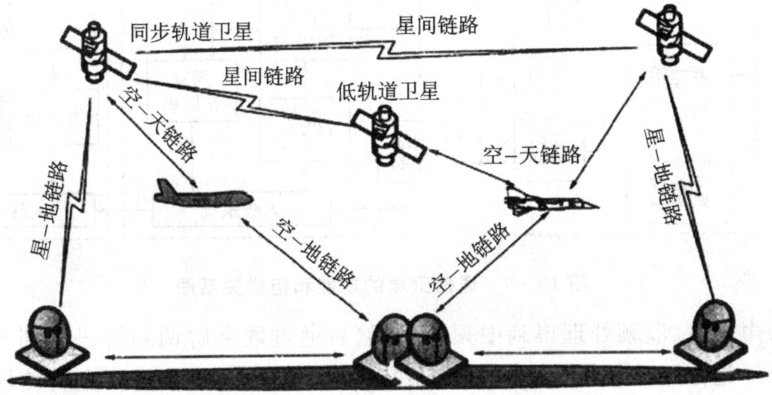

图 13-8　航空卫星通信链路

在发送端地球站，信息通过多路复用构成基带信号，然后对基带信号进行编码、中频调制、上变频、功率放大、射频传输发送到卫星。在地-星传输路径中，存在噪声干扰和大尺度信号衰减，因此到达卫星时，需要对接收信号进行带通滤波和低噪声放大，然后进行混频、分路、中频放大、合路、再混频，然后转换为天-空下行载频信号，通过功率放大和滤波处理后下行传输到飞机站接收终端。天-空传输路径中信号同样受到干扰和大尺度衰减。由于卫星发射功率较小，天线增益低，因此，飞机站接收必须使用高增益的天线和接收机。飞机站接收到卫星信号后，通过低噪声放大和下变频得到中频信号，然后通过解调和解码得到基带信号，最后对信号进行分发和处理。

2. 航空卫星通信系统地面站

地面站(GES)是航空卫星通信系统中飞行器与地面进行通信的枢纽部分。由于卫星覆盖范围比较广，一般选择 8 个时区内部署 2～3 个即可，因此可以选择交通方便、后勤供应条件好、靠近大型机场及管理局的地理位置建立 GES。这样有利于建立集中的飞机数据处理中心，能较好地实现与二次雷达、VHF 和 HF 数据链的相互备份，增强系统可靠性。

3. 通信卫星

通信卫星包括卫星平台和通信载荷两部分，卫星平台用于维持和保障卫星的正常工作，如卫星的轨道和姿态控制、电源控制、遥测指令收发等；通信载荷是指通信转发器和天线系统。如图 13-9 所示为通信卫星的功能和组成关系图。

4. 机载卫星通信终端

机载卫星通信终端(AES)是安装在飞机上的小型卫星通信接收站，主要由天线、接收机、发射机和数据传输控制单元组成。机载天线接收到通信卫星下行的信号后，

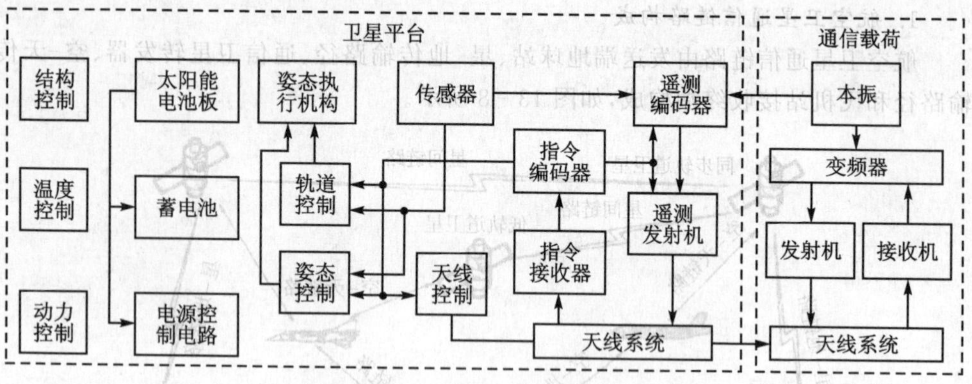

图 13-9　通信卫星的功能和组成关系图

通过低噪声放大、混频处理得到中频信号，然后通过数字解调和解码得到基带信号，基带信号经过分路处理后送到数据传输控制单元进行分配。需要上行传输时，数据经过数据传输控制单元和多路复用后得到基带信号，经过编码调制、中频放大，然后上变频混频，最后经过功率放大由天线送出射频信号。

5. 遥测跟踪指令站

遥测跟踪指令站（TTS）用于跟踪和控制卫星在空中的位置和姿态，保持卫星天线能够对准服务区域，保持太阳能电池板可以有效接收，监视和控制星上各种设备的工作状态。其与同步卫星遥测跟踪指令站的功能基本相同，遥测站用于接收卫星设备的工作情况，遥控指令部分用于向卫星发射系统控制指令。

13.4 典型飞机通信系统

民航客机的机载通信设备大体分为两类：一类负责机外通信联络，主要包括高频通信系统（HF COMM）、甚高频通信系统（VHF COMM）、选择呼叫系统（SEL CAL）、紧急定位发射机（ELT）等；另一类用于机内通信，包括音频选择系统（ASS）、座舱语音记录系统（CVR）、内话系统（INT）、旅客广播系统（PA）和呼叫系统（CALL）等。这些通信系统的安装和使用可实现机组人员与机内人员及地面人员的通信联络，保证了飞行安全，同时也满足了旅客娱乐和服务的需求。现在大型飞机还包括卫星通信系统（SATCOM）和飞机通信寻址与报告系统（ACARS），本章以 B737-300 为例，对机载通信设备作简单介绍。

13.4.1 高频通信系统

典型的高频通信系统由收发组、天线调谐组件、天线和控制盒组成。收发组由于功率较大，需要采取特殊的通风散热措施。天线调谐组件用于实现天线和发射机输出级之间的阻抗匹配。在某些系统中使用分离的天线耦合器和天线耦合控制组件。

高频通信系统提供远距离的声音通信，通信距离可达数千千米，它为飞机与飞机之间或地面站与飞机之间提供通信。HF系统利用地球表面和电离层使通信信号来回反射而传播，反射的距离随时间、射频和飞机高度的不同而有所改变。如图13-10所示为高频通信系统示意图。

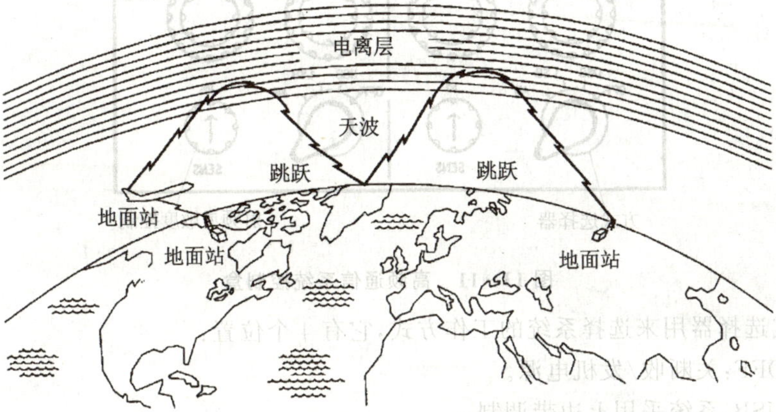

图13-10 高频通信系统

使用高频通信时应注意以下问题：高频通信由于传播距离远，易受到电离层扰动、雷电（静电）、电气设备和其他辐射引起的各种电气干扰，这样就会产生无线电背景噪声，而在普遍使用的VHF频带中则没有这种噪声背景。高频通信的另一个特性是衰落，即接收信号时强时弱，这是多路径信号接收的超程效应，信号强度变化是由电离层的长期和瞬时变化造成的。高频通信还存在一个电离层反射垂直入射波的临界频率，高于该临界频率的电波则穿过电离层，不会反射回地面。在给定距离、入射角的情况下，最高的可用频率（MUF）是由临界频率乘该入射角的正割得出的。同样还有个最低的可用频率（LUF），低于LUF的频率会由噪声电平和电离层吸收。以上两个限制条件在一天24 h内连续变化，因此需要在两个可用频率之间选择一个尽可能长时间持续工作的工作频率。

高频通信系统以AM或SSB方式工作。发射机和接收机二者共用一个频率合成系统，音频输入/输出通过遥控电子组件（或音频管理组件）与飞行内话系统相连接。天线调谐耦合器用于在所选择的频率上使天线与发射机阻抗相匹配。

HF通信系统（B737-300）的控制盒位于驾驶舱后电子板上，如图13-11所示。其中左边部分控制第一套HF通信系统，右边部分控制第二套HF通信系统。

频率指示器用来显示调谐的频率，其可调频率范围为2.000～29.999 MHz，频率间隔为1 kHz。

每个HF通信系统的控制盒上有4个频率选择钮，分别控制兆赫、百千赫、十兆赫和千赫的频率数字，所选择的频率显示在频率显示窗中，图13-11显示HF1所选频率为2.000 MHz。

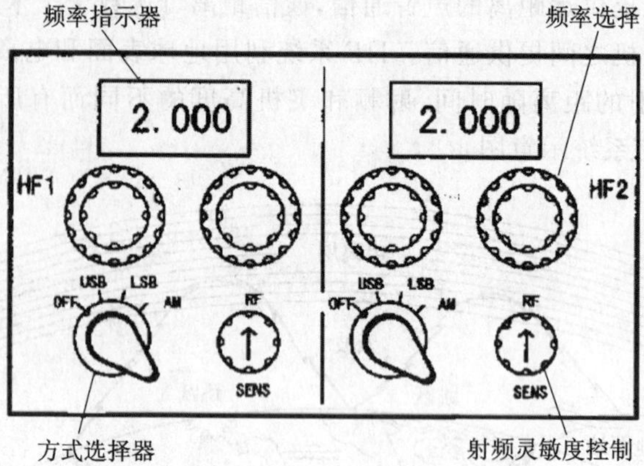

图 13-11　高频通信系统控制盒

方式选择器用来选择系统的工作方式，它有 4 个位置：

- OFF：关断收/发机电源。
- USB：系统采用上边带调制。
- LSB：系统采用下边带调制。
- AM：系统采用调幅方式。

射频灵敏度控制钮用来调节接收机的灵敏度，以获得最佳的接收效果。顺时针转动该旋纽将增强接收机灵敏度以接收微弱或远距离信号，但同时也将增加干扰信号；逆时针转动将降低灵敏度以减弱噪声或天电干扰，但如果灵敏度降低太多，会妨碍接收和选择呼叫系统对 HF 通信系统的监控。

13.4.2　甚高频通信系统

甚高频通信系统（VHF COMM）是最重要也是应用最广泛的飞机无线电通信系统。大型飞机通常装备 2 套或 3 套相同的甚高频通信系统，以保证甚高频通信的高度可靠。甚高频通信系统主要用于飞机在起飞、着陆期间以及飞机通过管制空域时与地面交通管制人员之间的双向语音通信。甚高频通信系统的工作频段通常为 118.00～135.975 MHz，波道间隔为 25 kHz，可提供 720 个通信波道。由于甚高频信号只能以直达波的形式在视距内传播，所以甚高频通信的距离较近，并受飞行高度的影响。当飞行高度为 10 000 ft（3 000 m）时，通信距离约为 123 nmile（228 km）；若飞行高度为 1 000 ft（300 m），则通信距离约为 40 nmile（74 km）。机载甚高频通信系统由收发机组、控制盒和天线三个基本组件组成。

VHF 通信与 HF 通信相比较，反射少（指电离层对信号的反射），传播距离近，抗干扰性能好，天电干扰、宇宙干扰、工业干扰等对 VHF 波段的通信干扰较小。

甚高频通信系统由机上 28 V 直流（DC）汇电条供电，该系统由无线电控制板、甚高频收发机、VHF 天线和遥控电子组件等组成，如图 13-12 所示。

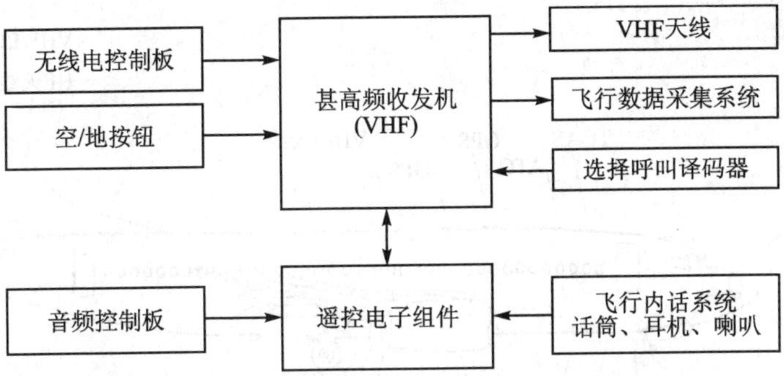

图 13-12　甚高频通信系统组成结构

1. 控制板

控制盒用于频率选择和转换、启动收发机的测试等。两个完全相同的甚高频通信控制盒位于中央操纵台后电子板上，左边为 VHF1，右边为 VHF2，如图 13-13 所示。

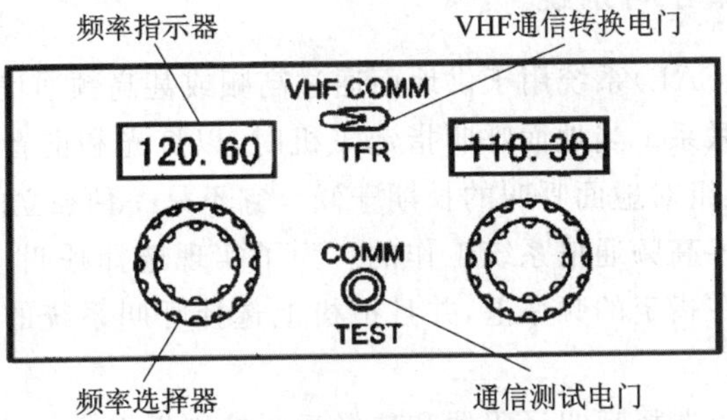

图 13-13　甚高频通信控制盒

频率指示器指示由相应频率选择器选择的频率。“VHF 通信转换电门”用来选择 1 台收发机的使用频率，而备用频率将被一横线盖住。通信测试电门可对相应通信系统进行可靠性检验。按下该电门能够去掉接收机的自动噪声抑制特性，允许接收背景噪声以验证接收机的工作，同时可使接收机的接收范围增大。频率选择器用来控制 VHF 收发机的使用频率和备用频率，旋转频率选择器的外圈可改变相应频率的左三位数，旋转内圈可改变右两位数。图 13-13 中显示该 VHF 通信系统的使用频率为 120.60 MHz，备用频率为 118.30 MHz。

2. 收发机

VHF 收发机由发射电路和接收电路组成。发射电路用于产生音频调制的 VHF 发射信号，输送给天线发射。接收机是一个二次变频的超外差接收机，用于接收 VHF 调幅信号，解调出音频信号，输送给音频集总系统。收发机由电源电路、频率合成器、接收机、调制器、发射机等部分组成。电源电压为 27.5 VDC，最小功率为 25 W。

3. VHF 天线

两部独立的 VHF 通信系统由相应的 ASP 控制信号的发射和接收，其刀形天线分别位于机身上部和下部，如图 13-14 所示。

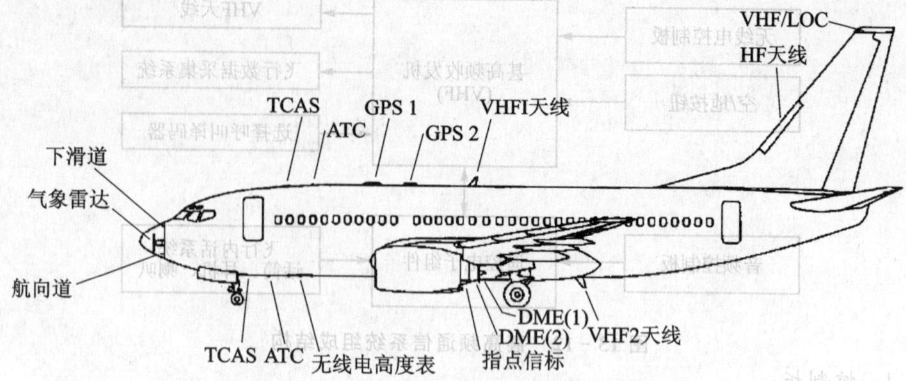

图 13-14　机载通信系统天线

13.4.3　选择呼叫系统

选择呼叫(SELCAL)系统用于供地面通过高频或甚高频通信系统对指定一架或一组飞机进行呼叫联系。当地面呼叫指定飞机时，以灯光和谐音的形式通知机组进行联络，从而免除机组对地面呼叫的长期守候。它不是一种独立的通信系统，而是配合高频通信系统和甚高频通信系统工作的。为了实现选择呼叫，机上高频和甚高频通信系统必须调谐在指定的频率上，并且把机上选择呼叫系统的代码调定为指定的飞机(或航班)代码。

选择呼叫系统由选择呼叫译码器和选择呼叫控制板组成。

1. 选择呼叫控制板

如图 13-15 所示，选择呼叫控制面板提供选择呼叫系统的目视指示和复位操作。当译码器收到正确编码的音频呼叫时，控制板的收发机所对应的提醒灯点亮。按压控制板上的灯/开关则对译码器通道进行复位。

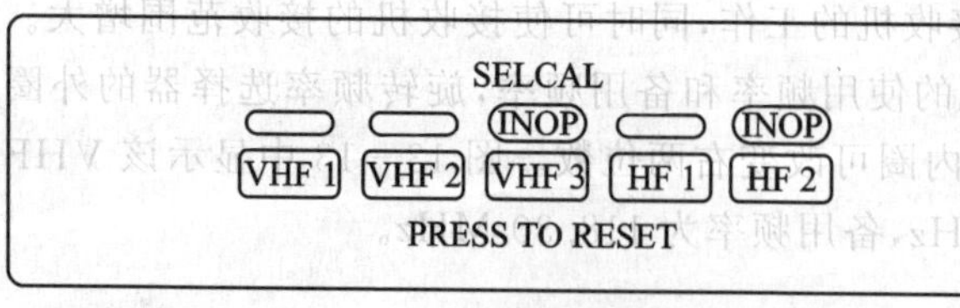

图 13-15　选择呼叫控制板

2. 选择呼叫译码器

选择呼叫译码器用于确定接收的编码是否为本机代码，并产生提醒信号。译码器内部装有 2 个或 5 个单独译码通道。每个译码通道由一个音频压缩放大器、16 个有源滤波器、译码阵列、逻辑电路和一个输出开关组成。每架飞机的四位编码由译码器前面板上的 4 根拇指轮开关设定(有的译码器四位编码由译码器的短接插头实现)。这 4 个开关用来将飞机的 4 个字母码输入 1 号编码器和 2 号编码器,每个开关都可以从 A 到 S(I、N 和 O 除外)的任何一个字母,两个字母为一组,把两组字母分别输入两个编码组件。

3. 声响警告组件

声响警告组件可产生多种谐音,提醒机组注意飞机的相应状况。内部装有谐音发生器、喇叭、火警警告铃和超速抖杆声。谐音发生器产生的提醒音调送到喇叭,驾驶员就可听到选择呼叫提醒声音。

13.4.4 音频选择与内话系统

13.4.4.1 音频选择系统

1. 系统功用

音频选择系统(ASS)在机载设备中主要起通信交换机的作用,它允许机组成员处理他们个人的通信需要。飞机上的 ASS 系统独立工作并允许机组使用甚高频通信系统、HF 通信系统、旅客广播系统、飞行内话和服务内话系统等,同时它还可以对机载导航设备的语音/识别码进行监控。图 13-16 为音频选择系统框图。

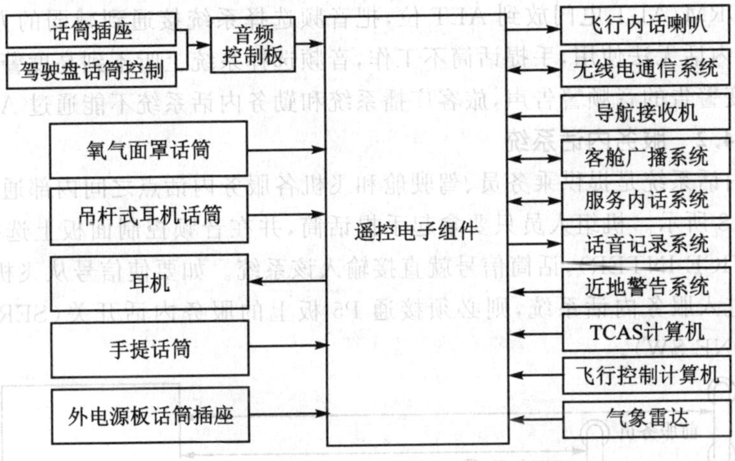

图 13-16 音频选择系统

2. 音频控制板

音频控制板(ACP)如图 13-17 所示,它主要用来对通信、导航等音频系统进行功能选择。选择开关信号被多路调制后获得一数据字传送到遥控电子组件(REU)。REU 利用这些选择信息把驾驶舱来的音频信号及按压"发话"(FIT)按钮信号连接到所选择的系统,所有音频信号也被送入话音记录器。

3. 工作方式

(1) 正常方式。机长、副驾驶和观察员的音频选择系统位于电子设备舱内共同的遥控电子组件上。它们独立工作并且有单独的跳开关。音频选择系统通常通过计

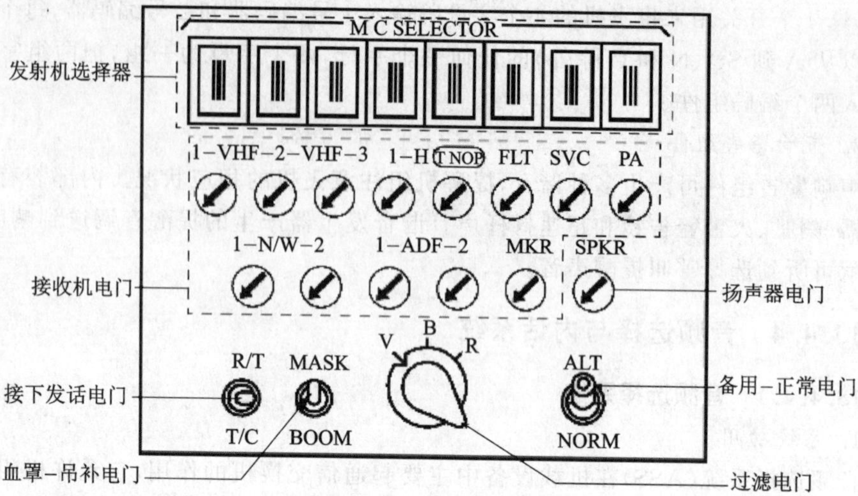

图 13-17　音频控制板

算机控制电路由相应的 ASP 来控制。

(2) 减弱方式。若遥控电子组件或 ASP 故障，则 ASP 不能控制遥控电子组件。通常把 NORM/ALT 电门放到 ALT 位，把音频选择系统接通到减弱的方式。该方式中，飞行内话无法使用，手提话筒不工作，音频选择系统上听不到高度警告、近地警告和风切变警告的音频警告声，旅客广播系统和勤务内话系统不能通过 ASP 实现。

13.4.4.2 服务内话系统

服务内话系统是提供乘务员、驾驶舱和飞机各服务内话点之间内部通信的系统，如图 13-18 所示。机组人员只要拿起手提话筒，并在音频控制面板上选择"服务内话"(SERVICE INTER)，话筒信号就直接输入该系统。如要使信号从飞机上各服务内话站点进入服务内话系统，则必须接通 P5 板上的服务内话开关(SERVICE INTER PHONE SW)。

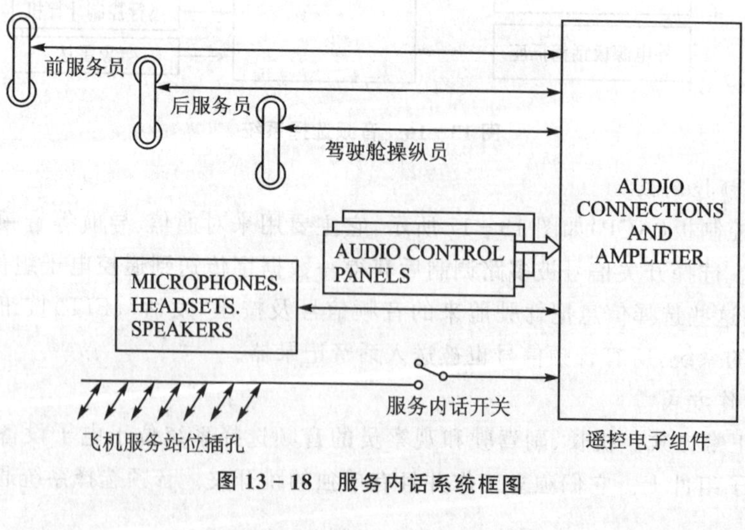

图 13-18　服务内话系统框图

服务内话系统内有三个手提话筒：一个装在驾驶舱前操作台下，另外两个装在前、后乘务员控制台上。飞机上有 7 个或 8 个服务内话插孔。服务内话开关置于"OFF"位时，机上各服务内话插孔只可收听到服务内话系统音频；当开关置于"ON"位时，各服务内话插孔的话筒信号才可输入内话系统。此开关的使用如下：在空中置于"断开(OFF)"位，以免飞机外部天线干扰信号输入内话系统；在地面置于"接通(ON)"位，可保证在地面维护工作中与各维修点的联络。

遥控电子组件(REU)内包含许多内话系统的放大器。其面板上有内话系统的增益音量调整点，其中 AAU(Audio Accessor Unit)电路板上"SVR INT EXT"调整的是各个服务站位插孔内话的增益，而"SVR INT ATT"调整的是乘务员和驾驶舱操纵台后部手提电话组件的音量，"FLT INT"调整飞行内话增益。这些调整在 REU 出厂时已调好，一般不得再调(应在内场调整)。

13.4.4.3　机组呼叫系统

1. 系统功能

机组呼叫系统用于机组、乘务员和地勤人员之间的通话呼叫提醒。乘务员或地勤人员呼叫机长"CAPTAIN CALL"时，在驾驶舱可听到高谐音，且机长呼叫灯亮，直至呼叫人释放"CAPTAIN CALL"开关为止；机长呼叫乘务员，或乘务员呼叫乘务员时，在服务站位处可听到高/低谐音，且客舱天花板上粉红色呼叫灯亮，按压乘务员板(ATT PAL)上的"复位(RESET)"按钮可熄灭呼叫灯；在驾驶舱内按下呼叫地勤人员按钮时，前轮舱的高分贝提醒(地勤呼叫)喇叭响。当飞机在地面时，如果电子设备冷却系统探测到风冷低流量(不管是进气还是排气)或 IRS 使用备用电瓶电源时，则该喇叭也会响起。

2. 工作原理

DC28 V 电压加到所有的呼叫开关，按下呼叫开关时接通 DC28 V 电源。不管是地勤呼叫喇叭或音响警告组件(AWU)，只要接通 DC28 V 电源就会产生音响，指示灯只要加上 DC28 V 电压就会发亮如图 13－19 所示。

(1) 呼叫机长。在外电源板或前、后乘务员板上按下"CAPTAIN CALL"按钮开关，直流 28 V 加至音响警告组件(AWU)，产生高谐音提醒信号，同时，直流 28 V 使机长呼叫板上的呼叫灯亮。

(2) 呼叫乘务员。无论在驾驶舱或前、后乘务员板上按下"ATY CALL"按钮，都有直流 28 V 加到 PA 放大器的谐音电路(TWOTONE CNIME)，产生高/低谐音提醒信号(587 Hz/494 Hz)，经 PA 放大器放大后送至喇叭，同时直流 28 V 经隔离二极管使前、后服务台的呼叫灯亮。此时在前乘务员板内的呼叫继电器通电而吸合，使呼叫灯持续发亮(粉红色)，直至按下前/后乘务员板上任一"RESET"开关时，呼叫继电器断开，呼叫灯灭。

(3) 呼叫地勤人员。在驾驶舱内按下"地勤呼叫"开关，直流 28 V 经飞行仪表附件盒内的 IRS 警告继电器加至前轮舱内的地面呼叫喇叭，产生 100 dB 的音调提醒地勤人员。

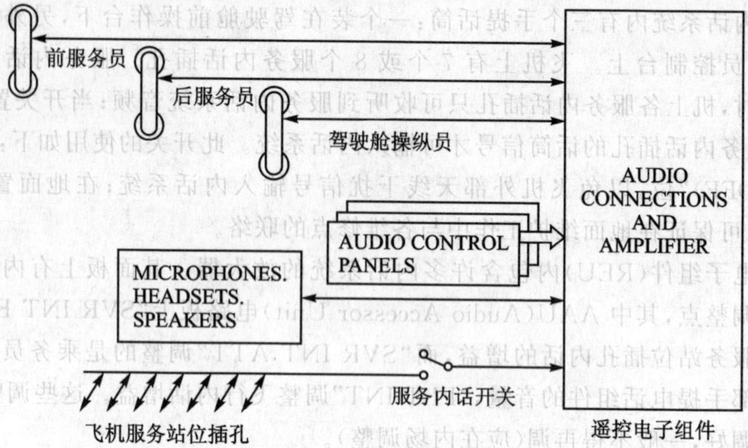

图 13－19　勤务呼叫系统原理图

13.4.5　旅客广播系统

旅客广播系统(PA)用于供机组、乘务员向乘客广播、播放预录通知或登机音乐，还用于产生高/低谐音。来自机组、乘务员及磁带放音机的音频信号，经优先权选择后由广播放大器放大，再送到客舱及服务站位处的喇叭。钟声信号是叠加在其他的旅客广播信号中传送的。当乘客呼叫乘务员时，钟声电路产生高谐声；机组呼叫乘务员时，钟声电路产生高/低谐音；出现系好安全带或禁止吸烟告示时，钟声电路产生低谐音。旅客广播系统如图 13－20 所示。

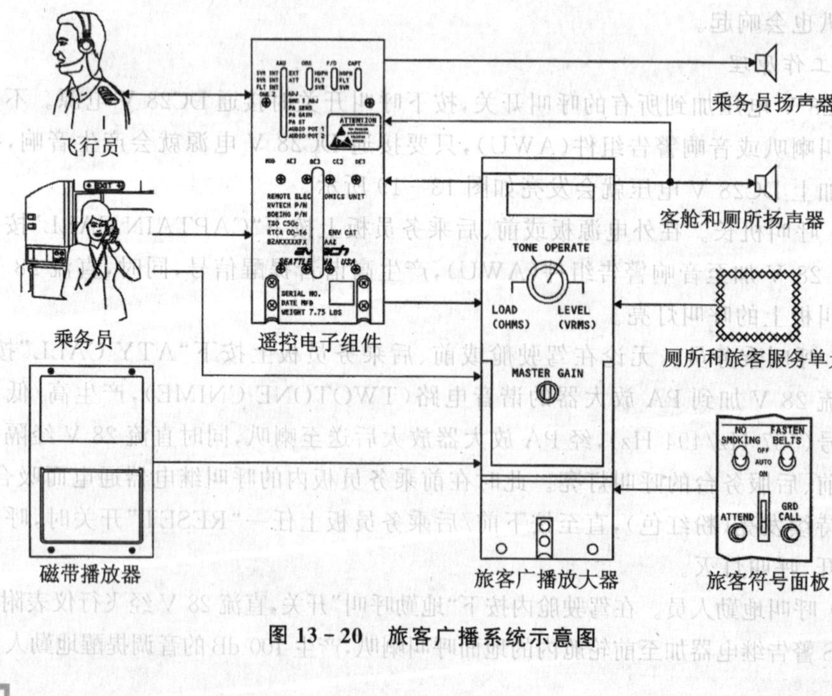

图 13－20　旅客广播系统示意图

13.4.6 座舱话音记录器

驾驶舱话音记录器用于自动记录驾驶舱内的话音，包括机组人员通过无线电系统与地面的通信话音、机内通话和驾驶舱内的谈话，以备发生事故后或需要时调用参考。因此，驾驶舱话音记录器与飞行数据记录器均称为“黑匣子”，安装在飞机后部不易损毁的位置。数字式话音记录器可记录飞机驾驶舱内最后 2 h 之内的驾驶舱话音。

记录器共有 4 个录音通道，分别记录正、副驾驶和随机工程师通过音频选择板的通信和内话的音频以及话音记录器控制板上话筒输入的驾驶舱内的声音。

话音记录系统主要由话音记录器和控制板等组成。

话音记录器控制板用于监测和遥控话音记录器系统组件如图 13－21 所示。控制板位于驾驶舱头顶板，区域话筒用于拾取驾驶舱内的声音和话音，抹音按钮可对录音带进行总抹音。

如果飞机在地面，并设置好停留刹车，按压“抹音(ERASE)”按钮 2 s 然后释放，这时可将磁带上的信息全部抹除。按压“测试(TEST)”按钮，则以 600 Hz 测试音频依次对 4 个记录器声道进行测试。如果 600 Hz 测试音频能够有效地被记录，监视仪表指针则在绿区摆动。耳机插孔用于监听 4 个记录声道。

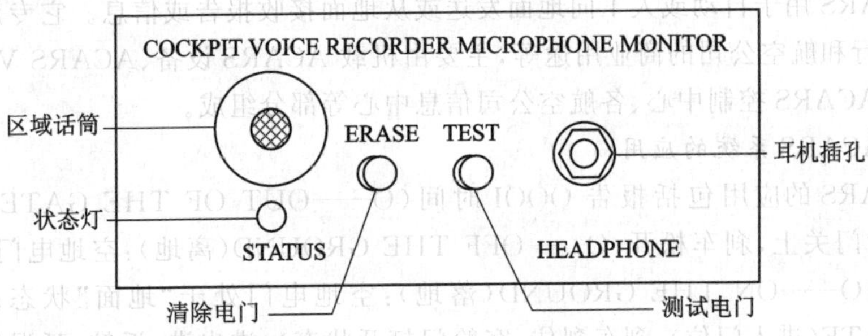

图 13－21 话音记录器控制板

录音机内的磁带及其传动机构密闭在一防震、隔热的密封壳里，另外还有测试控制和监测电路。录音机前面板有一个水下定位信标。当组件浸在水中时，水下定位信标就开始工作，发射 37.5 kHz 的超声波脉冲信号。其电池可持续工作 30 天，电池有效期标注在其表面。

13.4.7 飞机通信寻址报告系统

飞机通信寻址报告系统是一个可寻址的空/地数字式数据通信网络。它通过机上第三套甚高频通信系统(VHF)实现空地之间数据和信息的自动传输交换，使飞机作为移动终端与航空公司的指挥系统、控制系统和管理系统相连接，如图 13－22 所示。

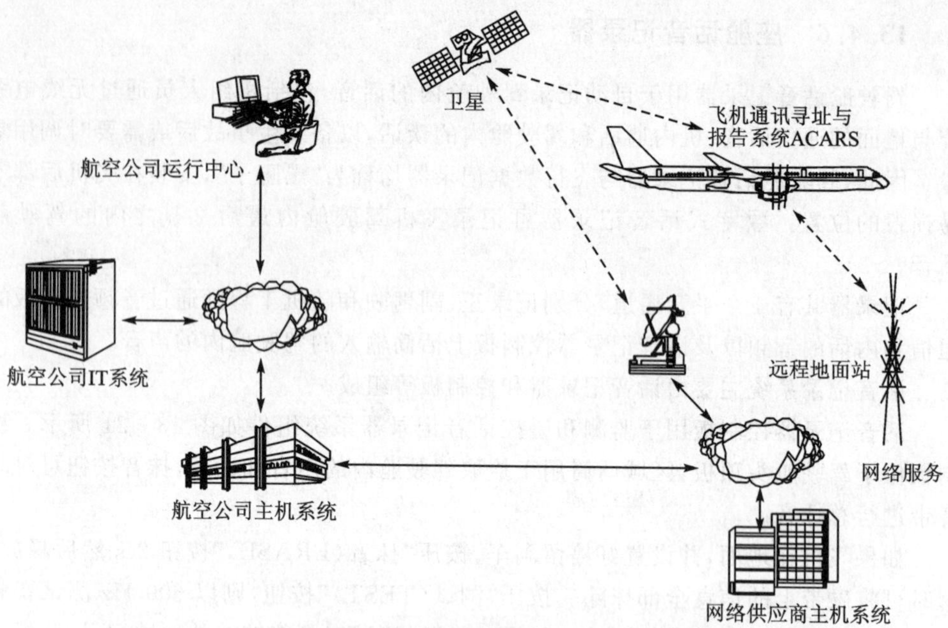

图 13－22　ACAS 系统组成

ACARS 用于自动或人工向地面发送或从地面接收报告或信息。它专用于飞机维护、运行和航空公司的商业用途等，主要由机载 ACARS 设备、ACARS VHF 无线电网络、ACARS 控制中心、各航空公司信息中心等部分组成。

1. ACARS 系统的应用

ACARS 的应用包括报告 OOOI 时间（O——OUT OF THE GATE（离开门位）：客舱门关上，刹车松开；O——OFF THE GROUND（离地）：空地电门处于“空中”状态；O——ON THE GROUND（落地）：空地电门处于“地面”状态；I——IN THE GATE（进入门位）：刹车刹住、客舱门打开状态）；进出港、返航、延误等信息报告；气象报告；发动机性能监视与燃油状态报告；故障报告和维修事项报告；燃油状态报告；载重与平衡；选择呼叫；乘客服务（预订票、旅馆等）等。

2. ACARS 通信系统的优点

（1）快速、实时。ACARS 能即时自动向地面报告 OOOI 时间、发动机参数、飞机故障等，使地面随时了解飞机状态，便于进行生产调度和维修安排。

（2）减轻机组负担。每次飞行通过 ACARS 系统与地面平均交换信息 20～25 次（很难做到人工报告），而且地面的空中交通管制台也无法接收并转发如此庞大的信息量。

（3）通信量大。由于 ACARS 快速，自动，因此它传输的信息量增加了很多倍，不仅包括飞机性能数据，而且还包括商用数据，如食品及饮料供应、乘客订票、订旅馆等，可扩大航空公司的服务项目。

3. ACARS 的工作方式

ACARS 主要包括 DEMAND(请求)方式和 POLLED(等待)方式。

(1)DEMAND(请求)方式。这是基本的工作方式，当电源接通或 ACARS 的 RF 通道无人使用时，系统就处于本方式。其信息包括：飞行员的输入(如延误信息、数据链测试等)、地面信息响应(如 GMT 时钟更新)、自动报告事件(如 DFDAU 报告)。

(2)POLLED(等待)方式。这是受地面台指令时进入的被动报告方式。当地面台同时收到很多报告请求时，就命令这些飞机处于等待方式，然后周期性(约 2 s)询问每一架飞机。如果飞机有信息，就自动回答；如无信息，就给一个简单的响应信号。询问完毕后，地面台可再发一个指令使之回到 DEMAND 方式或者 1.5min 后系统自动回到请求方式。

本章重要知识点

(1) 通信的目的是传递信息，从广义上来讲，通信是指信息从发送者传递到接收者的过程。按照传输媒质的不同，可分为有线通信和无线通信。通常把信息从发送者传送到接收者的过程称为通信，而实现信息传输过程的系统称为通信系统。

(2) 卫星通信是指利用人造地球卫星作为中继站转发或反射无线电波，在两个或多个地球站之间进行的通信。

(3) 民航客机的机载通信设备大体分为两类：一类负责机外通信联络，主要包括高频通信系统(HF COMM)、甚高频通信系统(VHF COMM)、选择呼叫系统(SEL CAL)、紧急定位发射机(ELT)等；另一类用于机内通信，包括音频选择系统(ASS)、座舱语音记录系统(CVR)、内话系统(INT)、旅客广播系统(PA)和呼叫系统(CALL)等。

(4) 高频通信系统是一种机载远程通信系统，通信距离可达数千千米，用于在远程飞行时保持与基地间的通信联络。

(5) 甚高频通信系统是最重要也是应用最广泛的飞机无线电通信系统，主要用于飞机在起飞、着陆期间以及飞机通过管制空域时与地面交通管制人员之间的双向语音通信。

(6) 选择呼叫系统用于供地面塔台通过高频或甚高频通信系统对指定一架或一组飞机进行呼叫联系。

(7) 音频选择系统在机载设备中主要起通信交换机的作用，它允许机组成员处理他们个人的通信需要。

(8) 服务内话系统是提供乘务员、驾驶舱和飞机各服务内话点之间内部通信的系统。

(9) 机组呼叫系统用于机组、乘务员和地勤人员之间的通话呼叫提醒。

(10) 旅客广播系统用于供机组、乘务员向乘客广播、播放预录通知或登机音乐，还用于产生高/低谐音。

(11) 驾驶舱话音记录器用于自动记录驾驶舱内的话音，包括机组人员通过无线电系统与地面的通信话音、机内通话和驾驶舱内的谈话，以备发生事故后或需要时调用参考。

(12) 飞机通信寻址报告系统是一个可寻址的空/地数字式数据通信网络，它通过机上第三套甚高频通信系统(VHF)实现空地之间数据和信息的自动传输交换，使飞机作为移动终端与航空公司的指挥系统、控制系统和管理系统相连接。

思考题

1. 什么是通信？有哪些种类？什么是通信系统？
2. 什么是调制、解调？二者有何关系？
3. 卫星通信系统是如何工作的？
4. 典型的飞机通信系统包括哪些？分别有何作用？

参考文献

[1] 阎成鸿. Cessna 172R 型飞机机型培训教程. 北京:航空工业出版社,2008.

[2] 朱新宇,王有隆,胡焱. 民航飞机电气仪表及通信系统. 成都:西南交通大学出版社,2006.

[3] 何晓薇,徐亚军. 航空电子设备. 成都:西南交通大学出版社,2004.

[4] 任仁良,张铁纯. 涡轮发动机结构与系统. 北京:兵器工业出版社,2006.

[5] 郝劲松. 活塞发动机飞机结构与系统. 北京:兵器工业出版社,2007.

[6] 王斌. 定向钻井测量仪器. 北京:石油工业出版社,1990. 08.

[7] 康颖. 大学物理. 北京:科学出版社,2010.

[8] 周炳琨,高以智,陈倜嵘,等. 激光原理. 5 版. 北京:国防工业出版社,2004.

[9] 场培根,龚智炳,等. 光电惯性技术. 北京:兵器工业出版社,1999.

[10]《空军大辞典》编审委员会. 空军大辞典. 上海:上海辞书出版社,1996.

[11] [美]ROBERT C. NELSON,著. 顾均晓,译. 飞行稳定性和自动控制. 北京:国防工业出版社,2008.

[12] 周洁敏. 飞机电气系统. 北京:科学出版社,2010.

[13] 徐文耀. 地球电磁现象物理学. 合肥:中国科学技术大学出版社,2009.

[14] 罗亮生. 新编高职高专民航概论. 北京:中国民航出版社,2009.

[15] 余志斌,马进. 航空航天生理学,西安:第四军医大学出版社,2008.

[16] 王成豪. 航空仪表. 北京:科学出版社,1992.

[17] 郝勇. 民用飞机与航空运输管理概论. 北京:国防工业出版社,2011.

[18] 胡朝江,陈列,杨全法. 飞机飞参系统及应用. 北京:国防工业出版社,2012.

[19] 赵廷渝. 飞行员航空理论教程. 成都:西南交通大学出版社,2004.

[20] 樊尚春,乔少杰. 高校计算机教学系列教材检测技术与系统. 北京:北京航空航天大学出版社,2005.

[21] 赵淑荣,罗云林. 大气数据系统. 北京:兵器工业出版社,2004.

[22] 马银才,张兴媛. 航空机载电子设备. 北京:清华大学出版社,2012.

[23] 孙健国. 现代航空动力装置控制. 北京:航空工业出版社,2009.

[24] 贺尔铭. 民用航空发动机控制原理及典型系统. 国防工业出版社,2002.

[25] 金德琨,敬忠良,王国庆,等. 民用飞机航空电子系统. 上海:上海交通大学出版社,2011.

[26] 何元清,李廷元,罗银辉. 大学计算机基础教程. 北京:中国铁道出版社,2010.

[27] 武维新,张楠. 飞行事故调查与分析设备. 北京:国防工业出版社,2010.

[28] 胡朝江,陈列,杨全法. 飞机飞参系统及应用. 北京:国防工业出版社,2012.
[29] 王世锦. 机载雷达与通信导航设备. 北京:科学出版社,2010.
[30] 孙传军. 雷达管制实务. 北京:国防工业出版社,2008.
[31] 史东承,梁超. 信息与通信技术学科概论. 北京:清华大学出版社,2011.
[32] 孙友伟,张晓燕,畅志贤. 现代移动通信网络技术. 北京:人民邮电出版社,2012.
[33] 周选昌. 高频电子线路. 北京:科学出版社,2013.
[34] 薛建彬. 现代通信技术. 北京:北京理工大学出版社,2013.
[35] 吴彦文. 移动通信技术及应用. 2 版. 北京:清华大学出版社,2013.
[36] 寇明延,赵然. 现代航空通信技术. 北京:国防工业出版社,2011.
[37] 吴森堂主编. 飞行控制系统. 2 版. 北京:北京航空航天大学出版社,2013.
[38] 郝勇编. 民用飞机与航空运输管理概论. 北京:国防工业出版社,2011.
[39] (英)伊恩. 莫伊尔,(英)阿伦. 西布里奇,著. 范秋丽,译. 民用航空电子系统. 北京:航空工业出版社,2009.
[40] 波音公司. 737 飞机使用手册,1997.
[41] 空中客车公司. A319/A320/A321 飞行机组操作手册,2007.
[42] FAA. Instrument Flying Handbook ,2012.
[43] FAA. Pilot's Handbook of Aeronautical Knowledge,2008.
[44] FAA. AIRPLANE FLYING HANDBOOK,2004.
[45] FAA. STUDENT PILOT GUIDE,2006.